ENSAIOS SOBRE POLUIÇÃO E DOENÇAS NO BRASIL

Sonia Corina Hess (org.)

ENSAIOS SOBRE POLUIÇÃO E DOENÇAS NO BRASIL

1ª edição
Outras Expressões
São Paulo – 2018

Revisão: *Dulcineia Pavan e Nilton Viana*
Projeto gráfico: *Krits Studio.*
Diagramação e capa: *Zap Design*

Dados Internacionais de Catalogação-na-Publicação (CIP)

E59 Ensaios sobre a poluição e doenças no Brasil. / Sonia Hess (org.).--1.ed.--São Paulo : Outras Expressões, 2018.
344 p.: Grafs., tabs, fots.

Vários autores.
Indexado em GeoDados - http://www.geodados.uem.br.
ISBN 978-85-9482-026-6

1. Poluição – Brasil. 2. Doenças – Brasil. 3. Alimentos tóxicos – Brasil. 4. Agrotóxicos – Brasil. 5. Plantas transgênicas – Brasil. 6. Nanotecnologia – Impactos na saúde. I. Hess, Sonia. II. Título.

CDU 614.7

Catalogação na Publicação: Eliane M. S. Jovanovich CRB 9/1250

1ª edição: julho de 2018

OUTRAS EXPRESSÕES
Rua Abolição, 201 – Bela Vista
CEP 01319-010 – São Paulo – SP
Tel: (11) 3112-0941 / 3105-9500
expressaopopular.com.br
livraria@expressaopopular.com.br
www.facebook.com/ed.expressaopopular

Sumário

LISTA DE FIGURAS 9

LISTA DE TABELAS 13

PREFÁCIO 15
Heiler Natali

APRESENTAÇÃO 19

1. ÁGUAS MAL TRATADAS 23
Sonia Corina Hess

2. DIETA ONÍVORA: DEVASTAÇÃO ANIMAL E AMBIENTAL. 41
Sônia T. Felipe

3. HORMÔNIOS SEXUAIS ARTIFICIAIS NO AMBIENTE 83
Sonia Corina Hess

4. PLANTAS TRANSGÊNICAS: DA FALTA DE PRECISÃO À FALTA DE EFICÁCIA 107
Rubens Onofre Nodari

5. BRASIL, O PAÍS CAMPEÃO NO USO DE AGROTÓXICOS 129
Sonia Corina Hess

6. GLIFOSATO, O MAIOR DOS VENENOS 151
Sonia Corina Hess, Rubens Onofre Nodari

7. O MODELO DE (DES)ENVOLVIMENTO AGRÍCOLA EM MATO GROSSO E OS IMPACTOS DOS AGROTÓXICOS NA SAÚDE AMBIENTAL E HUMANA 165
Wanderlei Antonio Pignati, Débora Fernandes Calheiros, Francco Antonio Neri de Souza e Lima

8. RISCOS ASSOCIADOS AOS PESTICIDAS DOMÉSTICOS PIRETRÓIDES 189
Sonia Corina Hess, Cristian Soldi

9. ADITIVOS EM ALIMENTOS – RISCOS À SAÚDE 211
Sonia Corina Hess, Dilma Budziak

10. POLUIÇÃO DO AR E EFEITOS PARA A SAÚDE 237
Laís Fajersztajn, Mariana Matera Veras, Paulo Hilário Nascimento Saldiva

11. PVC: QUEIMAR É UM PERIGO 257
Sônia Corina Hess

12. RISCOS À SAÚDE HUMANA DECORRENTES DA CONTAMINAÇÃO AMBIENTAL POR ARSÊNIO, CÁDMIO, CHUMBO E MERCÚRIO 263
Mari Lucia Campos, Ariane Andreola, Dreyce Kisholli Bueno, Eduardo da Silva Daniel, Humbelina Silva Siqueira Lopes, Karine Sousa Carsten Borges, Leticia Cristina Souza

13. CÂNCER – UMA EPIDEMIA AMBIENTAL? 281
Sonia Corina Hess, Telma de Cassia dos Santos Nery, Bruno Bignardi, Cicero Benedito Junior, Fernanda Cristina de Santana e Sarti, Flávia Munhoz Granja, Gustavo Garcia Marques, Ingredy Tavares da Silva, Renato Magalhães Patriani Rodrigues

14. CONVERSÃO DE AMBIENTES NATURAIS – UMA TRAGÉDIA BRASILEIRA 295
Aldem Bourscheit

15. NANOTECNOLOGIA E SEUS IMPACTOS NA SAÚDE, MEIO AMBIENTE E NO MUNDO DO TRABALHO 315
Arline Sydneia Abel Arcuri, Jorge Marques Pontes

SOBRE OS AUTORES 337

"A verdade não muda porque é, ou não é, acreditada por uma maioria das pessoas"

(Giordano Bruno)

LISTA DE FIGURAS

Figura 1.1 – Regiões hidrográficas do Brasil 28

Figura 5.1 – Quantidades de ingredientes ativos de agrotóxicos comercializados por unidade da federação, entre 2010 e 2014 130

Figura 5.2 – Proporção entre a quantidade de ingredientes ativos de agrotóxicos comercializados e a área total cultivada, por unidade da federação, entre 2010 e 2014 130

Figura 5.3 – Número de ingredientes ativos de agrotóxicos autorizados para uso no Brasil, segundo atividade biológica e classe toxicológica 131

Figura 5.4 – Número de ingredientes ativos de agrotóxicos das classes toxicológicas I e II com uso autorizado no Brasil, segundo cultura agrícola 132

Figura 6.1 – Quantidades de glifosato comercializado nas unidades da federação, entre 2010 e 2014 153

Figura 7.1 – Mapa da produção agrícola e do consumo de agrotóxicos em Mato Grosso, 2015 166

Figura 7.2 – Série histórica de área plantada (em milhões de hectares) e consumo de agrotóxicos (milhões de litros) em Mato Grosso 167

Figura 7.3 – Imagem de escolas no Município de Campo Novo dos Parecis – MT. A: Escola urbana, B: Escola rural 170

Figura 8.1 – Porcentual de produtos contendo cada piretróide em relação ao número total de produtos com atividades inseticidas, repelentes de insetos, formicidas, cupinicidas e/ou acaricidas (In) levantados 193

Figura 13.1 – Proporções (%) dos óbitos segundo as causas CID-10 em relação aos totais de óbitos registrados no Brasil, sexo masculino, de 2011 a 2015 282

Figura 13.2 – Proporções (%) dos óbitos segundo as causas CID-10 em relação aos totais de óbitos registrados no Brasil, sexo feminino, de 2011 a 2015 283

Figura 13.3 – Mortalidade masculina por 100 mil habitantes, neoplasias, unidades da federação, 2011 a 2015... 285

Figura 13.4 – Mortalidade feminina por 100 mil habitantes, neoplasias, unidades da federação, 2011 a 2015 285

Figura 13.5 – Mortalidade por 100 mil habitantes, sexo masculino, neoplasias, microrregiões do Rio Grande do Sul, 2011 a 2015 286

Figura 13.6 – Mortalidade por 100 mil habitantes, sexo feminino, neoplasias, microrregiões do Rio Grande do Sul, 2011 a 2015 287

Figura 13.7 – Mapa do Rio Grande do Sul com destaque para as oito microrregiões que apresentaram taxas de mortalidade por neoplasias por 100 mil habitantes, superiores às do país e do RS, para os sexos masculino e feminino, 2011 a 2015 287

Figura 13.8 – Mapa das taxas padronizadas de mortalidade por câncer de fígado segundo município de residência do Estado de São Paulo, 2000 a 2012 291

Figura 13.9 – Mapa das taxas padronizadas de mortalidade por câncer genital masculino segundo município de residência do Estado de São Paulo, 2000 a 2012 291

Figura 13.10 – Mapa das taxas padronizadas de mortalidade por leucemia linfoide segundo município de residência do Estado de São Paulo, 2000 a 2012 291

Figura 13.11 – Mapa da produção agrícola por município do Estado de São Paulo 292

Figura 14.1 – Índices de vegetação nativa remanescente e convertida nos domínios biogeográficos brasileiros 298

Figura 14.2 – Evolução das áreas cobertas por agricultura, pastagens e vegetação secundária na Amazônia Legal no período 2004 -2014 300

Figura 14.3 – Histórico de desmatamento na Amazônia Legal e projeção de atingimento da meta da Política Nacional sobre Mudanças do Clima 308

Figura 15.1 – Ilustração do tamanho de uma pulga em relação à distância entre São Paulo e Porto Velho, equivalente à diferença de tamanho entre 1 nanometro e 1 metro 318

Figura 15.2 – Aplicações das nanotecnologias..... 320

Figura 15.3 – Aplicações da nanomedicina 321

Figura 15.4 – Modelo de dispersão dos nanomateriais no ambiente 327

Figura 15.5 – Características das quatro revoluções industriais..... 331

LISTA DE TABELAS

Tabela 1.1 – Índices de coleta e de tratamento de esgotos nos Estados do Brasil 26

Tabela 1.2 – Porcentual de coleta e tratamento dos esgotos gerados nas Unidades de Gerenciamento de Recursos Hídricos – UGRHI do Estado de São Paulo 27

Tabela 1.3 – Dados relativos às regiões hidrográficas e pressões e riscos sobre os recursos hídricos do Brasil 29

Tabela 1.4 – Índice de perdas de água na distribuição, nos Estados e regiões do país 30

Tabela 5.1 – Quantidades comercializadas dos 10 ingredientes ativos de agrotóxicos mais vendidos no Brasil entre 2010 e 2014 133

Tabela 5.2 – Ingredientes ativos de agrotóxicos cujas reavaliações foram concluídas pela ANVISA entre os anos de 2006 e 2016 134

Tabela 7.1 – Princípios ativos mais utilizados em 2012, segundo classe de uso, classificação toxicológica e risco ambiental, em quatro municípios - Campo Verde, Lucas do Rio Verde, Barra do Bugres e Nova Olímpia, em Mato Grosso 168

Tabela 8.1 – Componentes dos pesticidas contendo piretróides, descritos nos rótulos dos produtos levantados no comércio das cidades A e B de Santa Catarina 198

Tabela 8.2 – Dados toxicológicos de princípios ativos de pesticidas domésticos da classe química dos piretroides, descritas nas respectivas fichas de segurança de produtos químicos 201

Tabela 9.1 – Características dos edulcorantes acessulfame K, aspartame e sucralose 216

Tabela 11.1 – Consumo aparente das resinas de PVC 260

Tabela 13.1 – Causas de óbito segundo o Código Internacional de Doenças CID-10 no Brasil, de 2011 a 2015 281

Tabela 13.2 – Óbitos por neoplasias no Brasil segundo o Grupo CID-10, totais de 2011 a 2015, sexos masculino e feminino 284

Tabela 15.1 – Relação entre a categoria de tratamento de resíduos versus a explicação da técnica, com o resultado em nanomateriais 328

Prefácio

Heiler Natali[1]

"A ignorância é uma espécie de benção. Se você não sabe, não existe dor".

O que em curtas palavras oferecem os "Ensaios sobre poluição e doenças no Brasil", em contraste a citação de John Lennon, é o remédio amargo do conhecimento.

A humanidade, desde a década de 1950, vem experimentando inovações que tem afetado profundamente seu modo de existir. Originária deste período, a chamada "revolução verde", que se apropriou de uma bela alcunha e do nobre propósito de ampliar, através de técnicas de incremento de produtividade no solo, a oferta de alimentos no planeta para "acabar com a fome no mundo" se mostrou servil unicamente ao propósito de maximização do lucro no campo à custa do sacrifício da saúde e da vida de quem lá trabalha ou de todos nós que de lá consumimos a maior parte do que colocamos em nossos pratos.

Enquanto os vegetais da "revolução verde" têm o sabor do veneno que está à sua mesa, o rebanho anual de 70 bilhões de animais da chamada "Revolução Pecuária", que nunca fez questão de aparentar nobreza de propósitos, ocupa a metade das terras agricultáveis e consome a maior parte do alimento produzido no planeta.

---

[1] Procurador do Trabalho. Membro do Grupo de Trabalho GT Agrotóxicos do Ministério Público do Trabalho.

A poluição do solo, da água e do ar gerada por estes dois fenômenos do campo justifica ao menos o emprego do termo "revolução". Se nos idos da década de 1950 as preocupações em matéria de poluição ambiental não iam além da gerada pelas chaminés das fábricas e pelo escapamento dos veículos à combustão, tornou-se impossível nos dias de hoje desconsiderar os tremendos impactos no solo e nas águas (v.g, no lençol freático) de um modelo de produção agrícola concebido para depender do emprego em larga escala de agrotóxicos, fertilizantes químicos etc. Igualmente impossível é desconsiderar a poluição gerada por um rebanho de 70 bilhões de animais destinados anualmente a alimentação humana.

A "revolução tóxica", alcunha que muito bem poderia designar o aspecto revolucionário aqui narrado, em virtude do acréscimo monstruoso dos níveis de poluição gerados através do modelo de produção agrícola e pecuária implementado nos últimos 70 anos, começa a exibir sua conta não apenas para este planeta, mas para seus ocupantes de honra, nós mesmos.

Os fragmentos que geram a conta posta, em especial, sobre a mesa dos brasileiros são apresentados de modo técnico, preciso e contundente nos ensaios que compõe os capítulos 2, 4, 5, 6, 7 e 14 desta obra.

Por quanto tempo nosso organismo será capaz de resistir imune a desregulações endócrinas, a dezenas de tipos diferentes de câncer, à males como os de Parkinson e Alzheimer, associáveis a hábitos alimentares que, ignorando solenemente a alternativa orgânica, envolvem o consumo de centenas de formulações diferentes de veneno em todas as nossas refeições?

Não bastassem os efeitos nocivos gerados pelos dois modelos de produção, *in natura*, de alimentos acima destacados, a produção de alimentos industrializados afeta cada vez em escala maior a saúde da população. Os impactos decorrentes do consumo permanente de alimentos processados contendo conservantes, açúcares, corantes e aromatizantes artificiais etc. constituem outros importantes fragmentos desta conta cheia de rubricas. Tais questões são discutidas em profundidade no capítulo 9 deste livro.

Como em qualquer obra que se disponha a tratar do tema poluição, aqui também são abordadas as temáticas de poluição da água, em especial, de beber (capítulo 1) e do ar (capítulo 10), assumindo-se como diferencial para o interesse na leitura pelo grande público a apresentação de dados e informações capazes de nos situar em relação a esses problemas, ao quanto estamos expostos a eles em nosso dia a dia e os riscos que corremos diante desta exposição.

Por uma questão cada vez mais atrelada a nossa própria sobrevivência, a vida no século XXI nos impõe um conhecimento e um pensamento crítico que vão muito além daqueles clássicos (mas necessários) sobre aspectos gerais da poluição do ar, do solo e das águas.

Nesse sentido, torna-se cada vez mais relevante o acesso a informações sobre formulações químicas nocivas à saúde humana relacionadas a produtos, materiais e bens de uso comum, presentes em nosso dia a dia como inseticidas, repelentes, cosméticos, tecidos sintéticos, tubos PVC, dentre muitos outros que, por absoluto desconhecimento, tem seus riscos totalmente ignorados por nós. Nos capítulos 3, 8, 11 e 12 destes ensaios são abordados esses assuntos.

Por fim, o 15° e último ensaio propõe uma abordagem sobre os impactos de novas tecnologias em escala atômica e limitada ao comprimento que varia de 1 bilionésimo, até 10 milionésimos de partes de um metro. Nesse mundo, ao qual aos poucos somos introduzidos aos seus conceitos básicos de modo bastante didático, as implicações das chamadas nanotecnologias em nossas vidas são abordadas com viés multidisciplinar e de maneira a fornecer uma visão de curto prazo acerca de uma sociedade totalmente transformada por esta nova realidade.

Como o leitor a esta altura já é capaz de perceber, os ensaios sobre poluição e doenças no Brasil, muito mais do que cumprir o propósito de informar, cumprem também o papel de despertar em cada um de nós o desejo de rever velhos hábitos de consumo, inclusive no plano alimentar. Se nenhuma reflexão nesse sentido surgir da leitura dos 12 primeiros ensaios o 13° ensaio haverá de despertar essa consciência, simplesmente por correlacionar boa parte dos quase um milhão de óbitos em cinco anos por câncer no Brasil com nossos hábitos de vida, em especial, os alimentares.

É da autoria de algum desconhecido, como o autor deste prefácio, a frase: "é o livro quem escolhe o leitor". Nada pode ser mais verdadeiro no presente caso.

Os "Ensaios sobre Poluição e Doenças no Brasil" não escolhem para sua leitura aqueles que almejam uma vida sob as bênçãos eternas da ignorância, nem tampouco outros tantos que ao folhear rapidamente este livro e se depararem com um gráfico ou o desenho de uma molécula, disparam em fuga por presumir inatingíveis e inalcançáveis os conhecimentos aqui transmitidos.

Os "Ensaios sobre Poluição e Doenças no Brasil" escolhem aqueles que valorizam o conhecimento como ferramenta primeira para a formação de um juízo crítico e, porque não, autocrítico, acerca de nossos hábitos e costumes que acabam por dar sustentação a um modelo de produção no campo e na indústria que, ao final do dia, cobra de todos nós e do próprio planeta um preço incrivelmente mais caro do que aquele exibido pelo leitor de código de barras.

Para produzir o conhecimento gerado por essa obra, sua organizadora, professora e três vezes pós-doutora Sonia Corina Hess reuniu em torno de si um renomado grupo de pesquisadores, comprometidos com o propósito de disseminar o conteúdo aqui tratado de modo acessível e com riqueza de dados e material bibliográfico poucas vezes visto em um livro destinado ao público em geral.

Talvez ao final deste livro o leitor venha a concluir que o custo inicialmente mais alto para consumo de alimentos orgânicos e não industrializados não representa nada em comparação com o "custo final" em potencial de uma dieta convencional moderna. Seguramente, após a leitura destes ensaios poderá entender melhor também os diferentes motivos pelos quais estão corretas as suas suspeitas de que nos tempos atuais, apesar de todos os progressos da ciência, ainda assim se morre muito mais de câncer e se sofre de outros males do que antigamente. A única conclusão que o leitor certamente não extrairá de nenhum lugar desta obra é a que dá resposta a seguinte pergunta: Por quanto tempo mais permitiremos ser guiados pelas bênçãos da ignorância?

Apresentação

O livro tem como temática central a descrição de problemas ambientais e de suas repercussões sobre a saúde humana e os ecossistemas, contemplando também críticas ao modelo de desenvolvimento vigente, à legislação e à sua aplicação no país. Não se tem a pretensão de esgotar os assuntos abordados mas, sim, de oferecer aos leitores dados e informações para que compreendam situações que podem representar riscos relevantes à sua saúde. Os autores acreditam que a obra poderá ser útil à compreensão dos problemas descritos e na busca por soluções.

Linguagem simples foi aplicada na elaboração dos textos, na tentativa de torná-los compreensíveis a leitores sem formação acadêmica aprofundada.

Inicialmente, é abordada a poluição hídrica, a precariedade dos índices de tratamento de esgotos no Brasil e suas repercussões, inclusive, sobre a qualidade da água de mananciais de abastecimento público. Também são descritas falhas na regulamentação do controle da qualidade da água para consumo humano no Brasil.

No segundo capítulo são minuciosamente descritos dados relativos à criação de bovinos, frangos e suínos no Brasil, e de seus intensos impactos sobre os recursos hídricos e a atmosfera. Também foram abordados aspectos éticos associados ao tratamento dos animais na pecuária praticada no país.

O terceiro capítulo traz informações da literatura acerca dos efeitos de substâncias que atuam como desreguladores endócrinos, que interferem na atividade de hormônios sexuais em seres humanos e animais, presentes em materiais industriais de amplo emprego em plásticos, detergentes, cosméticos e muitos outros produtos. Há descrição de resultados de pesquisas que associam a exposição a tais substâncias ao desencadeamento de doenças graves, tais como câncer, malformações congênitas, diabetes tipo 2, mudanças no comportamento, entre outras.

O quarto capítulo contempla uma crítica às plantas transgênicas e são citados estudos da literatura demonstrando, entre outros aspectos: a falta de precisão e controle da transgenia e seus produtos; a falha das variedades transgênicas em aumentar o rendimento de grãos e a ausência de eficácia das variedades transgênicas.

No quinto capítulo são apresentados dados relativos ao mercado de agrotóxicos no Brasil, que desde 2008, ocupa o primeiro lugar no comércio mundial. Também são descritos aspectos falhos na regulação dos agrotóxicos, e efeitos tóxicos de produtos com uso ainda permitido no país, em flagrante descumprimento à legislação vigente.

O sexto capítulo constitui-se em um levantamento da literatura tratando dos efeitos tóxicos do glifosato, o agrotóxico mais vendido no Brasil e no mundo. Os resultados das pesquisas descritas, em que são relatados efeitos danosos sobre a saúde humana e em outros mamíferos, nos microrganismos e em ecossistemas aquáticos, reforçam a necessidade da suspensão do uso deste agrotóxico para a proteção dos ecossistemas e da saúde pública.

No sétimo capítulo é descrita a contaminação ambiental por agrotóxicos no Estado do Mato Grosso e suas consequências sobre a saúde humana e o ambiente, especialmente na Bacia do Alto Paraguai e Pantanal mato-grossense.

O oitavo capítulo contempla a descrição de aspectos toxicológicos e de falhas na regulamentação dos pesticidas domésticos piretroides, os mais utilizados no Brasil. São enfatizados os riscos associados a tais produtos e as suas possíveis repercussões na saúde dos consumidores expostos.

O nono capítulo contempla um amplo levantamento da literatura acerca dos efeitos tóxicos de aditivos de alimentos com uso permitido no Brasil. O texto revela que diversos conservantes, adoçantes, realçadores de sabor, corantes artificiais, antioxidantes, aromas e antiumectantes amplamente utilizados representam sérios riscos à saúde de seus consumidores.

No décimo capítulo é abordado o panorama da poluição atmosférica no Brasil e no mundo, e suas consequências para a saúde humana, com detalhamento para os efeitos sobre os sistemas cardiorrespiratório, reprodutivo e neurocognitivo. Também é enfatizada a necessidade de um contínuo esforço para melhorar a qualidade do ar, a partir do fortalecimento de políticas públicas de controle da poluição.

O décimo primeiro capítulo contempla a descrição dos riscos associados à queima de plásticos à base de cloreto de polivinila – PVC, quando ocorre a liberação de dioxinas e furanos, que são poluentes orgânicos persistentes capazes de induzir a diversas doenças em seres humanos e em animais, tais como câncer, malformações congênitas graves, desregulação hormonal, entre muitas outras. O texto sugere medidas visando o esclarecimento da população quanto aos riscos associados à queima deste material.

No capítulo décimo segundo são relatados estudos que descrevem as principais fontes e os possíveis danos à saúde decorrentes da exposição ao arsênio, cádmio, chumbo e mercúrio. O levantamento da literatura revela que o uso cada vez mais ampliado de tais materiais tem repercutido em riscos crescentes à saúde humana e aos ecossistemas, sem que as medidas necessárias ao seu monitoramento e controle sejam tomadas.

No décimo terceiro capítulo são descritos os dados numéricos da mortalidade por neoplasias no Brasil, as taxas de mortalidade nos Estados da federação, bem como em algumas microrregiões do Estado do Rio Grande do Sul, onde tais índices têm sido muito superiores à média do país. O texto também contém um levantamento da literatura tratando de fatores ambientais de risco para o desencadeamento de neoplasias. Também são apresentados mapas das taxas padronizadas de mortalidade por câncer de fígado, câncer genital masculino e leucemia linfoide por município de residência do Estado de São Paulo, e da produção agrícola por município do Estado de São Paulo, onde é possível detectar indícios de correlação positiva do uso de agrotóxicos com o desencadeamento daquelas doenças.

O décimo quarto capítulo contempla o contexto da conversão de ambientes naturais no Brasil, que tem resultado em intensos impactos negativos em todos os biomas. São detalhados as taxas de desmatamento por domínio biogeográfico; os efeitos da supressão da vegetação nativa; os motivos e forças motrizes, bem como as iniciativas para a contenção da conversão dos ambientes naturais.

No décimo quinto e último capítulo é apresentado o panorama dos impactos do crescente uso da nanotecnologia na saúde, no meio ambiente e n o mundo do trabalho. São abordados itens contemplando o que é a nanotecnologia e propriedades físicas das nanopartículas, seus impactos à saúde (com ênfase na saúde dos trabalhadores), impactos no meio ambiente, risco de fogo e explosão e o contexto da nanotecnologia na Quarta Revolução Industrial e mudanças nas práticas de gestão e organização do trabalho.

1. Águas mal tratadas

Sonia Corina Hess

Bill Bryson (2011) descreveu que:

> Thomas Jefferson inaugurou na Casa Branca (EUA), em 1801, três banheiros com descarga de água, dos primeiros que houve no mundo. Eram abastecidos por cisternas de água da chuva instaladas no sótão [...] Na Inglaterra, no início do século XIX, a maior parte do esgoto ia para as fossas sépticas, mas estas eram muito negligenciadas, e muitas vezes o conteúdo vazava para os tanques de água vizinhos [...] Os limpadores de fossas eram conhecidos como 'homens dos excrementos' ou 'homens da noite'. Um deles era baixado na fossa para recolher os dejetos em baldes [...] Como estes limpa-fossas cobravam caro pelo serviço, nos bairros mais pobres as fossas sépticas raramente eram esvaziadas, e com frequência transbordavam [...] Um fiscal registrou que visitou duas casas em St. Giles (Londres) onde os porões estavam cheios de dejetos humanos a uma altura de quase um metro. Lá fora, o quintal estava coberto de uma camada de excrementos de quase um palmo. Havia pilhas de tijolos colocadas como apoio para os pés, para que os moradores pudessem atravessar o pátio [...] Em 1830, um levantamento dos bairros mais pobres de Leeds descobriu que muitas ruas tinham esgoto flutuando [...] Em Londres, jogava-se no Rio Tâmisa tudo que era indesejado: carne condenada, miúdos de animais, gatos e cães mortos, restos de comida, resíduos industriais, fezes humanas e muito mais [...] Em 1831, a Frota do Rio Tâmisa ficava quase imóvel devido às imundícies sólidas dentro do rio [...] As epidemias assassinas eram rotina em um mundo com pouca higiene e sem antibióticos. A

> cólera de 1832 matou cerca de 60 mil britânicos. Foi seguida por uma devastadora epidemia de gripe em 1837-1838 e mais surtos de cólera em 1848, 1854 e 1867 [...] ainda ocorriam surtos mortais de febre tifoide, febre reumática, escarlatina, difteria, varíola, entre muitas outras doenças [...]

Precariedades do tratamento de esgotos no Brasil e suas repercussões

O Estado de Santa Catarina tem muitas praias famosas, visitadas por milhares de turistas brasileiros e estrangeiros, todos os anos. Em janeiro de 2016, houve grande procura por serviços de saúde em Florianópolis, capital daquele Estado, por pessoas apresentando sintomas de virose. Investigações realizadas por órgãos públicos das áreas de saúde pública e controle ambiental revelaram que a causa do surto era a presença de esgotos na água das praias frequentadas pelos que adoeceram (G1-SC, 2016). Levantamentos posteriores demonstraram que as águas da maior parte das praias do Estado de Santa Catarina estavam poluídas devido aos lançamentos de esgoto sem tratamento (ZH, 2016). Mas, apesar do destaque dado a estes fatos pela imprensa no início de 2016, os dados oficiais de 2015 já relatavam que, efetivamente, em todas as regiões do país, o cenário do saneamento básico era ruim (tabela 1.1). Dentre os Estados, em 2015 somente Roraima, Bahia, Paraíba, Minas Gerais, São Paulo, Paraná, Goiás e o Distrito Federal coletavam e tratavam mais de 50% dos esgotos gerados. Em Santa Catarina, apenas 24,77 % dos esgotos eram coletados e, destes, 97,49% recebiam tratamento (Snis, 2015). Os índices totais de coleta de esgotos em 2015, especialmente nas regiões norte (18,4%), nordeste (36,22%) e sul (42,97%) (tabela 1.1), indicam que ainda na segunda década do século 21, no Brasil as águas estão sendo contaminadas por agentes químicos e biológicos presentes nos esgotos lançados sem tratamento.

No Estado de São Paulo, que detinha a maior população e o segundo maior PIB por habitante do país em 2013 (Datasus, 2017), 87% dos esgotos gerados em 2016 eram coletados e, destes, 62% eram tratados (Cetesb, 2017) (figura 1.1). Portanto, 13% dos esgotos que foram gerados no Estado de São Paulo não foram coletados e, do total coletado, 38% não receberam tratamento. Neste contexto, é relevante observar que quando órgãos governamentais divulgam publicamente que grande parte dos esgotos coletados sob a sua responsabilidade não recebem tratamento, sendo estes lançados *in natura* em cursos d'água, inclusive em mananciais de abastecimento público, os responsáveis por tais instituições cometem crimes previstos no artigo 54 da lei n. 9.605 de 1998 (Lei de Crimes Ambientais), onde lê-se:

> Art. 54. Causar poluição de qualquer natureza em níveis tais que resultem ou possam resultar em danos à saúde humana, ou que provoquem a mortandade de animais ou a destruição significativa da flora: Pena – reclusão, de um a quatro anos, e multa. § 1° Se o crime é culposo: Pena – detenção, de seis meses a um ano, e multa. § 2° Se o crime: I – tornar uma área, urbana ou rural, imprópria para a ocupação humana; II – causar poluição atmosférica que provoque a retirada, ainda que momentânea, dos habitantes das áreas afetadas, ou que cause danos diretos à saúde da população; III – causar poluição hídrica que torne necessária a interrupção do abastecimento público de água de uma comunidade; IV – dificultar ou impedir o uso público das praias; V – ocorrer por lançamento de resíduos sólidos, líquidos ou gasosos, ou detritos, óleos ou substâncias oleosas, em desacordo com as exigências estabelecidas em leis ou regulamentos: Pena – reclusão, de um a cinco anos.

Os dados apresentados revelam, portanto, que no Brasil, grande parte dos esgotos gerados não recebem tratamento adequado, repercutindo em sérios riscos à qualidade ambiental e à saúde pública.

Quanto ao planejamento do tratamento de esgotos em cidades turísticas, evidencia-se a dificuldade advinda do fato de que estas recebem muitos visitantes, aumentando drasticamente a geração de esgoto, em curtos períodos de tempo. As dimensões e os custos da implantação dos sistemas de tratamento serão bem diferentes, portanto, se os projetos levarem em consideração, ou não, a população de turistas. Por outro lado, se o sistema de tratamento não for projetado para atender à demanda máxima, dos períodos de temporada turística, a poluição não poderá ser controlada adequadamente, naquelas épocas.

Tabela 1.1 Índices de coleta e de tratamento de esgotos nos Estados do Brasil

Estados	*Esgoto coletado/água consumida (%)	Esgoto tratado / esgoto coletado (%)
Acre	18,21	100,00
Amapá	14,14	85,57
Amazonas	24,35	94,53
Pará	5,40	16,48
Rondônia	7,06	59,93
Roraima	57,75	99,04
Tocantins	23,20	99,04
TOTAL R. NORTE	18,41	83,85
Alagoas	22,31	61,29
Bahia	50,25	83,30
Ceará	35,38	89,13
Maranhão	30,23	38,77
Paraíba	54,50	69,17
Pernambuco	27,41	78,75
Piauí	9,64	95,25
Rio Grande do Norte	26,02	81,47
Sergipe	24,66	92,05
TOTAL R. NORDESTE	36,22	78,52
Espírito Santo	44,12	74,83
Minas Gerais	63,79	49,02
Rio de Janeiro	51,91	60,50
São Paulo	79,61	77,17
TOTAL R. SUDESTE	67,41	67,82
Paraná	68,04	99,50
Rio Grande do Sul	27,34	81,82
Santa Catarina	24,77	97,49
TOTAL R. SUL	42,97	94,33
Distrito Federal	82,17	100,00
Goiás	53,39	87,71
Mato Grosso	33,04	76,55
Mato Grosso do Sul	39,09	99,13
TOTAL R. CENTRO-OESTE	54,09	92,55
TOTALIZAÇÃO NACIONAL	55,17	74,02

Fonte: SNIS, 2015.

Nota: *Os porcentuais de coleta e tratamento de esgotos apresentados são relativos à quantidade de água fornecida às populações urbanas, pelas empresas de saneamento.

Tabela 1.2 Porcentual da população atendida pela coleta e pelo tratamento de esgotos nas áreas urbanas das 22 Unidades de Gerenciamento de Recursos Hídricos – UGRHI do Estado de São Paulo, em 2016.

UGRHI		População Urbana	Atendimento (%)		Carga Remanescente kg/dia	ICTEM
Número	Descrição		Coleta	Tratamento		
1	Mantiqueira	60.098	51	48	1.797	5,16
2	Paraíba do Sul	2.030.143	91	74	42.539	6,80
3	Litoral Norte	312.282	45	38	11.169	4,63*
4	Pardo	1.154.658	98	84	14.514	8,01
5	Piracicaba/ Capivari/Jundiaí	5.403.642	91	73	102.569	7,11
6	Alto Tietê	20.823.378	83	52	637.838	5,28
7	Baixada Santista	1.809.173	71	14	87.205	2,46
8	Sapucaí/Grande	682.399	97	90	7.533	8,42
9	Mogi Guaçu	1.476.333	97	60	43.997	5,60
10	Sorocaba/ Médio Tietê	1.813.117	87	74	34.460	7,06
11	Ribeira de Iguape/Litoral Su	271.365	62	60	8.029	5,74
12	Baixo Pardo/ Grande	337.481	99	72	6.997	7,05
13	Tietê/Jacaré	1.543.006	98	66	39.281	6,18
14	Alto Paranapanema	615.365	86	78	11.483	7,21
15	Turvo/Grande	1.240.203	98	92	12.144	9,78
16	Tietê/Batalha	502.484	97	91	6.765	8,03
17	Médio Paranapanema	648.424	95	92	10.718	7,74
18	São José dos Dourados	208.986	95	95	2.572	8,40
19	Baixo Tietê	744.885	98	97	10.802	8,00
20	Aguapeí	342.265	97	96	4.420	8,04
21	Peixe	433.687	88	47	14.382	5,01
22	Pontal de Paranapanema	459.544	95	90	5.198	8,45
Estado de São Paulo		42.912.920	87	62	1.116.410	6,06

(*) No cálculo do ICTEM foi adotada uma eficiência nula no tratamento dos municípios que utilizam sistemas de emissário submarino.

Fonte: CETESB, 2017

A situação das águas interiores no Brasil

Em 2015 foi divulgado relatório da Agência Nacional de Águas – ANA (Ana, 2015), descrevendo a situação dos recursos hídricos nas

12 grandes regiões hidrográficas do Brasil (ilustradas na Figura 1.1). As informações resumidas na tabela 1.2 também indicam que os recursos hídricos do país, incluindo aqueles que servem de mananciais de abastecimento de numerosas populações, estão sendo contaminados por esgotos domésticos e industriais, e sofrem danos resultantes do desmatamento, assoreamento e usos inadequados da água.

Outro aspecto relevante é que, segundo o diagnóstico do Sistema Nacional de Informações sobre Saneamento – SNIS de 2015 (SNIS, 2015), os índices de perda de água na distribuição (porcentual entre a quantidade de água distribuída pelas concessionárias e a quantidade de água consumida) foram superiores a 30% em todas as regiões e Estados do Brasil (tabela 1.4). O índice total de perdas de água na região nordeste ultrapassou 45%, o que é especialmente preocupante ao se considerar que aquela região do país é a que, historicamente, tem registrado os problemas mais críticos de escassez hídrica.

Figura 1.1 Regiões hidrográficas brasileiras[2]

[2] Disponível em: <www3.snirh.gov.br/portal/snirh/centrais-de-conteudos/conjuntura-dos-recursos-hidricos/informe-conjuntura-2016.pdf>. Acesso em novembro de 2017.

Tabela 1.3 Dados relativos às regiões hidrográficas e pressões e riscos sobre os recursos hídricos do Brasil

Região hidrográfica	Abrangência	População (milhões de habitantes, 2010)	Esgoto	Pressões/riscos
1 – Amazônica	AC, AP, AM, MT, PA, RO, RR	9,7	25% coletados	Desmatamento, irrigação, hidroeletricidade e navegação, dessedentação animal, esgoto
2 – Atlântico Leste	ES, BA, MG, SE	15,1	46% coletados, destes, 53% tratados	Irrigação, consumo indústrial, abastecimento público, esgoto, poluição industrial, escassez
3 – Atlântico Nordeste Ocidental	MA, PA	6,2	28% coletados, destes, 8% tratados	Esgotos, desmatamento, assoreamento
4 – Atlântico Nordeste Oriental	AL, CE, PB, PE, PI, RN	24,1	-	Escassez, desertificação, desmatamento, aterros, poluição industrial, esgotos, irrigação, eutrofização
5 – Atlântico Sudeste	ES, MG, PR, RJ, SP	28,2	61,1% coletados, destes, 58,2% tratados	Esgotos, poluição industrial, desmatamento, acidentes com produtos perigosos, irrigação
6 – Atlântico Sul	PR, SC, RS, SP	13,0	-	Dejetos suinocultura, esgoto, irrigação, hidroeletricidade
7 – Paraguai	MT, MS	2,16	28% coletados, destes, 53% tratados	Esgotos, agrotóxicos, garimpos, erosão, assoreamento, desmatamento, navegação, hidroeletricidade
8 – Paraná	DF, GO, MS, MG, PR, SC, SP	61,3	70,6% coletados	Esgotos, poluição industrial, hidroeletricidade, suinocultura, navegação, irrigação, escassez
9 – Parnaíba	CE, PI, MA	4,15	18% coletados, destes, 98% tratados	Escassez, irrigação, esgoto

10 – São Francisco	AL, BA, DF, GO, MG, PE, SE	14,3	62% coletados, destes, 63% tratados	Escassez, irrigação, hidroeletricidade, eutrofização, esgoto
11 – Tocantins-Araguaia	DF, GO, MA, MT, PA, TO	8,5	24,9% coletados, destes, 62,7% tratados	Esgotos, desmatamentos, mineração, navegação, hidroeletricidade, irrigação
12 – Uruguai	RS, SC	6,2	28,4% coletados, destes, 83% tratados	Escassez, irrigação, hidroeletricidade, esgotos

Fonte: ANA, 2015

Tabela 1.4 Índice de perdas de água na distribuição, nos Estados e regiões do país

Estados	Índice de perdas de água na distribuição
Acre	56,67
Amapá	74,82
Amazonas	44,09
Pará	39,72
Rondônia	48,37
Roraima	59,08
Tocantins	37,04
TOTAL R. NORTE	46,25
Alagoas	45,37
Bahia	36,07
Ceará	41,24
Maranhão	62,56
Paraíba	37,66
Pernambuco	50,96
Piauí	43,84
Rio Grande do Norte	50,40
Sergipe	53,12
TOTAL R. NORDESTE	45,73
Espírito Santo	34,60
Minas Gerais	33,55
Rio de Janeiro	31,20
São Paulo	33,48
TOTAL R. SUDESTE	32,92
Paraná	33,67
Rio Grande do Sul	32,34
Santa Catarina	36,04
TOTAL R. SUL	33,68
Distrito Federal	35,19

Goiás	30,08
Mato Grosso	46,80
Mato Grosso do Sul	30,24
TOTAL R. CENTRO OESTE	35,53
TOTALIZAÇÃO NACIONAL	36,70

Fonte: SNIS, 2015

Contaminantes químicos em águas destinadas ao consumo humano na bacia hidrográfica do Rio Atibaia, São Paulo

Muitos trabalhos científicos têm demonstrado que os esgotos são as principais fontes de contaminação das águas destinadas ao consumo humano por poluentes danosos à saúde, tanto quando estes são lançados sem tratamento em mananciais, quanto quando recebem tratamento, uma vez que as plantas convencionais de tratamento de esgoto não eliminam diversos contaminantes químicos de forma eficiente (Montagner; Jardim, 2011; Stackelberg *et al.*, 2007). Isto é particularmente preocupante no Brasil, onde os mananciais de abastecimento de água têm sido intensamente contaminados por esgotos sem tratamento.

Montagner e Jardim (2011) investigaram a presença de 15 poluentes emergentes (incluindo desreguladores endócrinos, medicamentos e hormônios sexuais) na bacia do Rio Atibaia, principal fonte de água de abastecimento da cidade de Campinas (SP) que atende a aproximadamente 1,2 milhões de habitantes. Dentre os poluentes emergentes estudados, 10 foram detectados em pelo menos uma amostra: acetaminofeno, ácido acetil salicílico, diclofenaco (medicamentos), 17α-etinilestradiol, levonorgestrel, 17β-estradiol, progesterona (hormônios femininos), bisfenol A e dibutilftalato (interferentes endócrinos), cafeína (indicador da contaminação de águas por esgotos). Hormônios e interferentes endócrinos estiveram presentes em 92% das amostras analisadas no estudo (26 no total). Dentre estes, o dibutilftalato, bisfenol A, 17β-etinilestradiol, progesterona e levonorgestrel foram detectados pelo menos uma vez, enquanto que o dibutilftalato, bisfenol A, 17β-estradiol foram aferidos em todas as amostragens. O dibutilftalato foi encontrado em

92% das amostras, o bisfenol A em 56% e o 17β-estradiol, em 35%. O hormônio sintético 17α-etinilestradiol foi quantificado em 3 das 26 amostras analisadas, enquanto que a progesterona e o levonorgestrel foram aferidos somente na quarta campanha de amostragem. É relevante observar que as concentrações aferidas para os interferentes endócrinos são superiores àquelas necessárias para causar efeitos em seres humanos em animais (ver Capítulo 3 deste livro).

Para minimizar a presença de poluentes orgânicos tóxicos em águas de abastecimento, têm sido investigadas e aplicadas em estações de tratamento em diversos países, tecnologias eficientes na sua remoção, tais como: a aplicação de ozônio (Broséus *et al.*, 2009; Vieno *et al.*, 2007); a ultrafiltração (Bing-Zhi *et al.*, 2008); a nanofiltração e a osmose reversa (Radjenović *et al.*, 2008).

Falhas na regulamentação do controle da qualidade da água para consumo humano no Brasil

A Portaria 2.914 de 12 de dezembro de 2011, do Ministério da Saúde (Ministério da Saúde, 2011), regulamenta os procedimentos de controle e de vigilância da qualidade da água para consumo humano e seu padrão de potabilidade. A Portaria estabelece o valor máximo permitido (VMP) para 64 substâncias químicas, incluindo as inorgânicas (15), orgânicas (15), produtos secundários da desinfecção (7) e os agrotóxicos (27). Dentre os poluentes emergentes investigados no estudo de Montagner e Jardim (2011), nenhum aparece na Portaria 2.914/2011 e, dentre os ftalatos, apenas o di(2-etilhexil) ftalato está incluso, com valor máximo permitido de 8 μg/L. Portanto, fica evidenciada a necessidade de revisão da portaria 2.914/2011, para que sejam incluídos os limites máximos permitidos em águas de abastecimento público, de diversos poluentes extremamente danosos à saúde humana, que ainda não constam na lista das substâncias com monitoramento obrigatório em água potável.

Sais de alumínio são utilizados como coagulantes no processo de purificação da água de abastecimento, em estações de tratamento. A partir da exposição oral, o alumínio se distribui pelo organismo, acumulando-se nos ossos, rins e cérebro, havendo evidências de causar problemas renais, anemia e alterações neuro-comportamentais em humanos, após a exposição a doses excessivas (Efsa, 2008; Krewski *et al.*, 2007). Um número crescente de estudos epidemiológicos tem correlacionado o conteúdo de alumínio na água potável com a crescente incidência de doenças neurológicas (Bondy, 2014). Foram relatadas correlações dose-resposta para o risco de desenvolvimento de mal de Alzheimer com o consumo de água de abastecimento contendo teores de alumínio iguais ou superiores a 100 mg/L. Também há estudos correlacionando a exposição ao alumínio em águas de abastecimento com o desencadeamento do mal de Parkinson (Bondy, 2010). Apesar dos riscos à saúde descritos para a ingestão de alumínio, este foi enquadrado no ANEXO X (padrão organoléptico) e não no ANEXO VII (substâncias tóxicas) na portaria MS 2.914/2011. Além disso, o VMP foi mantido igual ao valor estipulado em 2004 (0,2 mg/L) porque, segundo os técnicos que elaboraram aquela portaria, não havia evidências suficientes que justificassem alteração (Ministério da Saúde, 2012).

Outra classe de substâncias tóxicas possivelmente presentes em águas de abastecimento são os trihalometanos (THMs), que podem ser formados durante o processo de cloração da água, quando o cloro reage com a matéria orgânica presente como poluente. O cloro é aplicado à água de abastecimento para a desativação de microrganismos e a manutenção de concentrações residuais nos sistemas de distribuição, assim evitando que os patógenos se proliferem na água. Os THMs formados incluem o clorofórmio ($CHCl_3$), o diclorobromometano ($CHCl_2Br$), o dibromoclorometano ($CHClBr_2$) e o bromofórmio ($CHBr_3$).

Portanto, a presença de matéria orgânica proveniente de esgotos, em mananciais de abastecimento, favorece a formação de THMs nas estações de tratamento de água. Em 1974, estudos realizados nos Estados Unidos encontraram correlação positiva entre a presença de THMs na água de abastecimento e o desencadeamento de câncer na população. Por isso, foram estabelecidos limites para a presença de THMs em águas de abastecimento (Santos et al., 2011). Na Portaria 2.914/2011, foi estabelecido em 0,1 mg/L o valor máximo permitido para a concentração total de trihalometanos (soma das concentrações individuais de cada THM).

Budziak e Carazek (2007) aferiram as concentrações totais de THMs de 59,9 µg/L e de 152,3 µg/L em águas provenientes de dois diferentes mananciais de abastecimento de Florianópolis, SC. Viana e colaboradores (2009) descreveram que os seguintes THMs foram aferidos em águas de abastecimento de Fortaleza, CE: clorofórmio, 63,9 µg/L, bromodiclorometano, 40,0 µg/L; e dibromoclorometano, 15,6 µg/L. Bromofórmio não foi detectado. Na rede de distribuição de água potável da Baixada de Jacarepaguá, Rio de Janeiro, RJ, as concentrações de THMs totais variaram de 3,08 µg/L a 129,31 µg/L (Ferreira; Cunha, 2012).

Em parecer técnico encaminhado à Defensoria Pública do Estado de São Paulo, no município de Santo André (Hess, 2015), foram apresentados dados relativos à presença de contaminantes químicos descritos em laudos de análises de laboratório realizadas com amostras de água coletadas nos mananciais de abastecimento público daquele município, que revelaram a presença de substâncias perigosas nas águas servidas à população, como os metais cádmio, chumbo, urânio, alumínio, e os compostos orgânicos glifosato e AMPA, seu derivado, bem como trihalometanos. No parecer lê-se:

> Para a água tratada coletada na saída da ETA Casa Grande (Sistema Rio Claro) [...] Os dados indicam que foi aferida a presença de cádmio em teores superiores a 10% em relação ao valor máximo permitido – VMP (Portaria MS 2914/2014, anexo VII), na água coletada em julho de 2013 e em janeiro de 2014. Naqueles mesmos 2 meses, foi detectada a presença de chumbo em concentrações que alcançaram 70% e 50% do VMP, respectivamente. Os íons fluoreto estiveram presentes em todas as 5 amostragens analisadas, em teores próximos a 50% do VMP. A presença de níquel foi aferida apenas na água coletada em julho de 2014, em concentração próxima a 6% do VMP. Já o urânio foi encontrado em todas as amostras de água analisadas, nos meses de janeiro e julho

de 2013 e em janeiro de 2014, respectivamente, em teores correspondendo a 17%, 33% e 33% do VMP. O glifosato e seu derivado AMPA foram detectados, apenas, na água coletada em julho de 2014, em concentração correspondente a 10% do VMP. Já os trihalometanos foram aferidos em todas as amostragens de água analisadas, tendo alcançado o maior valor em novembro de 2014, correspondendo a 40% do VMP. Quanto às substâncias descritas no Anexo X da Portaria MS 2914/2014, a água da saída da ETA Casa Grande apresentou alumínio dissolvido em todas as amostragens analisadas, em teores superiores a 15% do VMP, enquanto que os surfactantes foram aferidos em apenas 2 das 6 amostragens analisadas (julho de 2012 e julho de 2014), em concentrações de 10% e 4% do VMP, respectivamente. Uma amostragem de água realizada em 28/05/2014 foi aceita com restrições pelo painel sensorial devido à sensação irritante e odor terra ao paladar [...]. Para a água tratada coletada na saída da ETA Rio Grande (Sistema Rio Grande) [...]Os dados indicam que foi aferida a presença de cádmio em teores superiores a 20% em relação ao VMP (Portaria MS 2914/2014, anexo VII), em todas as amostragens de água analisadas. Nas amostragens de março de 2013 e março de 2014, foi detectada a presença de chumbo em concentrações que alcançaram 80% e 140% do VMP, respectivamente. Portanto, em março de 2014 a água fornecida à população a partir da ETA Rio Grande ultrapassou a concentração máxima de chumbo permitida pela Portaria MS 2914/2014. Os íons fluoreto estiveram presentes em todas as 6 amostragens analisadas, em teores próximos a 50% do VMP. A presença de níquel foi aferida em todas as amostras coletadas antes de setembro de 2014, em concentrações que variaram entre 5% e 16% do VMP. Já o urânio foi encontrado em apenas 1 dentre as 4 amostragens de água analisadas, no mês de março de 2013, respectivamente, em teor correspondendo a 67% do VMP. O glifosato e seu derivado AMPA foram detectados na água coletada em setembro de 2012 e em março de 2013, em concentrações correspondentes a 21% e 29% do VMP, respectivamente. Já os trihalometanos foram aferidos em todas as amostragens de água analisadas, tendo alcançado teores superiores a 40% do VMP em setembro de 2012, 2013 e 2014, e 87% do VMP em março de 2014. Quanto às substâncias descritas no Anexo X da Portaria MS 2914/2014, a água da saída da ETA Rio Grande apresentou

> alumínio dissolvido em todas as amostragens analisadas, em teores superiores a 10% do VMP, enquanto que os surfactantes foram aferidos em apenas 3 das 5 amostragens analisadas, em concentrações que variaram de 6% a 8% do VMP. Uma amostragem de água realizada em 10/03/2014 foi classificada como não aceitável pelo grupo de painel sensorial, o que a tornou passível de reclamações por consumidores. Apresentou odor de lama no paladar e gosto amargo. [...]Para a água tratada coletada na saída da ETA Taiaçupeba (Sistema Alto Tietê/Rio Claro)[...] Os dados indicam que foi aferida a presença de cádmio em teores de 16% e 20% em relação ao VMP (Portaria MS 2914/2014, anexo VII), em 2 das 6 amostragens de água analisadas. Nas amostragens de fevereiro de 2013 e janeiro de 2014, foi detectada a presença de chumbo em concentrações que alcançaram 90% e 70% do VMP, respectivamente. Os íons fluoreto estiveram presentes em todas as 5 amostragens analisadas, em teores próximos a 50% do VMP. A presença de níquel foi aferida em agosto de 2013 e em janeiro de 2015, em concentrações correspondentes a 4% e 21% do VMP, respectivamente. Já o urânio não foi aferido na única amostra analisada, em janeiro de 2014. O glifosato e seu derivado AMPA foram detectados na água coletada em fevereiro de 2013 e em janeiro de 2015, em concentrações correspondentes a 26% e 64% do VMP, respectivamente. Já os trihalometanos foram aferidos em todas as 5 amostragens de água analisadas, tendo alcançado teores superiores a 29% do VMP nos demais meses, e 77% do VMP em fevereiro de 2013. Quanto às substâncias descritas no Anexo X da Portaria MS 2914/2014, a água da saída da ETA Taiaçupeba apresentou alumínio dissolvido em todas as amostragens analisadas, em teores superiores a 10% do VMP, enquanto que os surfactantes foram aferidos em 3 das 6 amostragens analisadas, em concentrações que variaram de 4% a 8% do VMP. Amostras coletadas em 28/05/2014 não foi aceitável pelo painel sensorial, devido ao odor terra e borracha sentidos no paladar. Amostras de 24/02/2015 foram aceitas com restrições pelo Grupo do Painel Sensorial, sendo passível de reclamações por consumidores. Tinha gostos acentuados amargo e salgado.[...] (Hess, 2015)

Quanto aos nitratos e nitritos, cuja ingestão pode causar sérios danos à saúde humana (ver capítulo 9), a portaria 2.914/2011, no Anexo VII, estabelece o limite de 10 mg/L para a sua presença em águas de abastecimento. Entretanto, o consumo de água com este teor de nitratos já pode resultar no desencadeamento de doenças graves na população, tais como a metemoglobinemia ou a síndrome "do bebê azul", conforme pode ser lido em documento divulgado pelo órgão vinculado ao governo americano, *United States Geological Survey* (USGS, 2017). Portanto, também estes parâmetros de potabilidade deverão ser revistos. Por outro lado, considerando que a contaminação de mananciais de abastecimento por esgotos é uma fonte relevante para a presença de nitratos e nitritos nas águas servidas às populações, somente a melhoria dos índices de tratamento de esgotos no país (ver capítulo 1) poderá minimizar o risco da contaminação de águas de abastecimento por nitratos e nitritos.

Os estudos descritos revelam a necessidade de se evitar a contaminação das fontes de águas de abastecimento, para que substâncias danosas à saúde não estejam presentes nas águas fornecidas às populações. Destaca-se que, mesmo quando os contaminantes individuais presentes na água estiverem em concentrações abaixo dos valores máximos permitidos estabelecidos na portaria 2.914/2011, os riscos à saúde pública poderão ser significativos, como resultado das interações entre os poluentes, e destes com o meio ambiente.

Referências

AGÊNCIA NACIONAL DE ÁGUAS – ANA. *Conjuntura dos recursos hídricos do Brasil*: regiões hidrográficas brasileiras. Edição Especial. Brasília: ANA, 2015. Disponível em: <http://arquivos.ana.gov.br/institucional/sge/CEDOC/Catalogo/2015/ConjunturaDosRecursosHidricosNoBrasil2015.pdf>. Acesso em novembro de 2017.

BING-ZHI, D.; LIN, W.; NAI-YUN, G. The removal of bisphenol A by ultrafiltration. *Desalination*, v. 221, p. 312-317, 2008.

BONDY, S. C. Prolonged exposure to low levels of aluminum leads to changes associated with brain aging and neurodegeneration. *Toxicology*, v. 315, p. 1-7, 2014.

______. The neurotoxicity of environmental aluminum is still an issue. *NeuroToxicology*, v. 31 p. 575–581, 2010.

BROSÉUS, R.; VINCENT, S.; ABOULFADL, K.; DANESHVAR, A.; SAUVÉ, S.; BARBEAU, B.; PRÉVOST, M. Ozone oxidation of pharmaceuticals, endocrine disruptors and pesticides during drinking water treatment. *Water Res.*, v. 43, p. 4707-4717, 2009.

BRYSON, B. *Em casa*: uma breve história da vida doméstica. São Paulo: Companhia das Letras, 2011.

BUDZIAK, D., CARAZEK, E. Determination of trihalomethanes in drinking water from three different water sources in Florianopolis–Brazil using purge and trap and gas chromatography. *J. Braz. Chem. Soc.*, v. 18, n. 4, p. 741-747, 2007.

COMPANHIA AMBIENTAL DO ESTADO DE SÃO PAULO - CETESB. *Qualidade das águas interiores no Estado de São Paulo 2016*. São Paulo: CETESB, 2017. Disponível em: <http://cetesb.sp.gov.br/aguas-interiores/wp-content/uploads/sites/12/2013/11/Cetesb_QualidadeAguasInteriores_2017_02-06_VF.pdf>. Acesso em novembro de 2017.

DATASUS. *Produto interno bruto per capita – 2010 a 2013, referência 2010, Brasil*. Disponível em: < http://tabnet.datasus.gov.br/cgi/tabcgi.exe?ibge/cnv/pibmunbuf.def>. Acesso em janeiro de 2017.

EFSA. Safety of aluminium from dietary intake. Scientific opinion of the Panel on Food Additives, Flavourings, Processing Aids and Food Contact Materials (AFC). Question EFSA-Q-2006-168 and EFSA-Q-2008-254. *The EFSA Journal*, n. 754, p. 1-34, 2008.

FERREIRA, A. P.; CUNHA, C. L. N. Exposure assessment and risk associated with trihalomethanes compounds in drinking water. *Revista Brasileira em Promoção da Saúde*, v. 25, n. 1, p. 5-12, 2012.

G1 SANTA CATARINA. *70% dos banhistas com virose frequentaram praias no Norte da Ilha*. 12/01/2016. Disponível em: <http://g1.globo.com/sc/santa-catarina/verao/2016/noticia/2016/01/70-do-banhistas-com-virose-frequentaram-praias-no-norte-da-ilha.html>. Acesso em janeiro de 2017.

HESS, S. C. Análise técnica abordando a presença de contaminantes na água de abastecimento público do município de Santo André, São Paulo. 2015. Disponível em: <https://www.defensoria.sp.def.br/dpesp/Repositorio/23/Documentos/Santo%20Andre%20agua%20parecer%20Sonia%20Hess%2003%20outubro.pdf>. Acesso em janeiro de 2017.

KREWSKI, D.; YOKEL, R. A.; NIEBOER, E.; BORCHELT, D.; COHEN, J.; HARRY, J. *et al.* Humana health risk assessment for aluminium, aluminium oxide and aluminium hydroxide. *Toxicol Environ Health B Crit. Rev.*, v. 10 (Suppl 1), p. 1–269, 2007.

MINISTÉRIO DA SAÚDE – MS. *Portaria n. 2914, de 12 de dezembro de 2011*. Dispõe sobre os procedimentos de controle e de vigilância da qualidade da água para consumo humano e seu padrão de potabilidade. Disponível em: <http://bvsms.saude.gov.br/bvs/saudelegis/gm/2011/prt2914_12_12_2011.html>. Acesso em janeiro de 2017.

_____. *Documento base de elaboração da portaria MS n. 2914/2011*. Brasília: Ministério da Saúde, 2012.

MONTAGNER, C. C.; JARDIM, W. F. Spatial and seasonal variations of pharmaceuticals and endocrine disruptors in the Atibaia River, São Paulo State (Brazil). *J. Braz. Chem. Soc.*, v. 22, n. 8, p. 1452-1462, 2011.

RADJENOVIĆ, J.; PETROVIĆ, M.; VENTURA, F.; BARCELÓ, D. Rejection of pharmaceuticals in nanofiltration and reverse osmosis membrane drinking water treatment. *Water Res.*, v. 42, p. 3601-3610, 2008.

SANTOS, M. S.; MARTENDAL, E.; CARASEK, E. Determination of THMs in soft drink by solid-phase microextraction and gas chromatography. *Food Chemistry*, v. 127, p. 290 295, 2011.

SISTEMA NACIONAL DE INFORMAÇÕES SOBRE SANEAMENTO – SNIS. BRASIL. Ministério das Cidades. Secretaria Nacional de Saneamento Ambiental. *Diagnóstico dos serviços de água e esgotos 2015*. Disponível em: <www.snis.gov.br/diagnostico-agua-e-esgotos/diagnostico-ae-2015>. Acesso em janeiro de 2017.

STACKELBERG, P. E.; GIBS, J.; FURLONG, E. T.; MEYER, M. T.; ZAUGG, S. D.; LIPPINCOTT, R. L. Efficiency of conventional drinking-water-treatment processes in removal of pharmaceuticals and other organic compounds. *Sci. Total Environ.*, v. 377, 255-272, 2007.

UNITED STATES GEOLOGICAL SURVEY – USGS. *Why are high nitrate or nitrogen concentrations in water a problem, and what can be done to maintain safe levels?* Disponível em: <https://www2.usgs.gov/faq/node/2858>. Acesso em janeiro de 2017.

VIANA, R. B.; CAVALCANTE, R. M.; BRAGA, F. M. G.; VIANA, A. B.; ARAÚJO, J. C.; NASCIMENTO, R. F.; PIMENTEL, A. S. Risk assessment of trihalomethanes from tap water in Fortaleza, Brazil. *Environ. Monit. Assess.*, v. 151, p. 317-325, 2009.

VIENO, N. M.; HARKKI, H.; TUHKANEN, T.; KRONBERG, L. Occurrence of pharmaceuticals in river water and their elimination in a pilot-scale drinking water treatment plan. *Environ. Sci. Technol.*, v. 41, p. 5077-5084, 2007.

ZH. *Um em cada três pontos analisados em praias de Santa Catarina está impróprio para banho*. 19/01/2016. Disponível em: <http://zh.clicrbs.com.br/rs/vida-e-estilo/noticia/2016/01/um-em-cada-tres-pontos-analisados-em-praias-de-santa-catarina-esta-improprio-para-banho-4955038.html>. Acesso em janeiro de 2017.

2. Dieta onívora: devastação animal e ambiental

Sônia T. Felipe

Introdução

Nascemos onívoros, acostumados a comer de tudo. De tudo o que nossa mãe comeu para formar o plasma, a base do sangue que nos alimentou por nove meses. Seguimos comendo de tudo. De tudo o que nossa mãe comeu e agregou em seu sangue que deixou de ser servido vermelho e passou a ser servido branco, o leite, sugado por nós até que os nossos dentes se formassem, tornando-nos independentes do sangue e do leite dela. Seguimos comendo de tudo. De tudo o que a mãe, que é nossa, comeu e nos ensinou ou forçou a comer. Tudo o que a mãe dela, décadas e décadas antes de nós termos nascido, comia e, por sua vez, a fez comer. E que a mãe da mãe dela, nossa bisavó, comeu, seguindo religiosamente a tradição dietética familiar de sua mãe, nossa tataravó. E assim faz a mulher, há milênios, aprendendo das mulheres das quais descende e repassando às mulheres que descendem dela, ensinando às filhas, netas e bisnetas o que comer e forçando-as, em algum momento de suas vidas, como forçadas fomos, a comer da mesmice de sempre, contrariadas. Talvez tenhamos nós, que agora estamos na terceira idade, feito tal coisa por um excesso de décadas, quiçá, de séculos e até mesmo de milênios. Mas podemos mudar tal ressonância morfogenético-dietética que tem sido mantida, seja por inércia seja por inépcia.

Mas de onde vem o que temos posto no prato? Ele é a peça chave pela qual iniciamos o desenho, sem muita consciência disso, de crenças profundas que perpassam o modo de viver, a que os gregos chamam *díaita*, termo do qual deriva *dieta* em português, que, por sua vez, não se restringe às escolhas relacionadas com a comida.

Um modo de viver tem a ver muito mais com as crenças professadas em relação ao lugar que ocupamos no planeta, aos animais e a nós mesmos. Todas elas são expressas ao escolhermos o que consumir e o que descartar como resíduo inaproveitável. Nem sempre confrontamos os interesses atendidos por impulsos não conscientes (raiz das crenças), mas eles estão gravados em uma matriz moral e emocional que também não escolhemos formatar. Nós, simplesmente, os seguimos. E, seguindo tantos e tão poderosos interesses alheios, embora familiares, comemos apenas o que a propaganda medicinal alimentar ditou às nossas avós e mães, tendo em nós, por décadas, seus arautos ou meros e vorazes avatares.

E aqui estamos. Cercadas (cerceadas) pela propaganda medicinal de alimentos animalizados. Já na terceira idade, somos nós as primeiras sobreviventes da ditadura alimentar imposta pelo agronegócio desde a metade do século passado. Aqui estamos, abrindo bem os olhos, para dirimir com responsabilidade as escolhas que nos foram impostas. Não há idade mais apropriada para "desassinar" contratos de escravização, exploração, manipulação e dominação do que a terceira, por quatro boas razões: 1) estamos bem esclarecidas; 2) temos autonomia moral e financeira para bancar nossas decisões; 3) temos o dever de corrigir rotas alimentares desviantes, antes de nos separarmos deste animal de estimação que nos foi dado ao nascer, nosso corpo, que usamos como depósito de matérias mortas por décadas, tirando-lhe a longevidade e a vitalidade; 4) ainda não chegamos à quarta idade, na qual poucas escolhas restam a fazer.

É hora de "desassinar" o contrato que nos obrigou a comer o que nos forçaram (ainda que sutilmente) a comer, por propagandas médicas e nutricionais, amparadas pelo agronegócio que elege seus parlamentares para que votem em leis que interessam aos negócios, não à saúde humana, nem à preservação dos ecossistemas naturais ou à proteção da vida dos animais.

Por pura desinformação ou por informações controvertidas, quase todas as pessoas seguem a dieta convencional. Mas não somente por isso. Também porque a ditadura alimentar "padroniza" a oferta de alimentos nos restaurantes, nas lanchonetes, nas sorveterias, nas gôndolas dos supermercados. Por toda parte, o que se vê, é sempre a mesma paisagem alimentar animalizada. Há quem se sirva dela de cinco a sete vezes por dia. O que os olhos veem é o que acaba por ser escolhido. Mas, quando comemos, julgamos exercer a liberdade de escolha. Quase nunca ela é exercida.

Nossa mão pode até escolher uma das peças de carne oferecida, mas esta pode ser a única liberdade. Essa mão, comandada diretamente por um cérebro viciado, adoentado, desvitalizado, pode ser uma mão que pensa saber o que é melhor para nós. Mas ela é comandada por uma "mão invisível" que escolhe os alimentos para nós, acoberta-os com uma pesada cortina, sua propaganda, que anuvia nossa consciência e não nos mostra o que está "embutido" ali em cada um dos itens que compõem a paisagem do *buffet* e lota as gôndolas dos supermercados, modelando, finalmente, o arranjo de nossas geladeiras.

Um véu pesado esconde a visão real da paisagem, montada com restos animalizados. Levantar este pesado véu é desafio moral olímpico. Saltos e mais saltos são dados, no silêncio e no anonimato, sem que consigamos passar a altura da vara sem bater o traseiro nela e derrubá-la. Tais saltos são individuais. Para tal feito não recebemos treinos personalizados. Este véu pesado obnubila a visão da paisagem que compõe nosso prato, põe no pódio cegos recordistas da matança planetária de animais. Contudo, por tal feito, o planeta não compensa com ouro, nem prata nem bronze, sequer ferro ou cobre. Quando chegamos ao topo é quando mais nos rebaixamos. A excreta dos sete bilhões de animais, mortos em nosso país por ano, e dos 70 bilhões, mortos ao redor do mundo, não nos deixa resquício algum de inocência. Os volumes de sangue e de excreta são, literalmente, hecatômbicos. Não menos insustentável é o volume das águas devastadas por essa matança.

Quando adoecemos, devido à dieta animalizada seguida religiosamente desde antes de nascermos – são 22 mil animais comidos por um onívoro em seu tempo de vida – (Masson, 2006) –, depois de termos derrotado 70 bilhões de animais todos os anos ao redor do planeta para compor a dieta centrada em carnes, ovos e leite, pedimos arrego aos deuses. Fazendo promessas às santas, cremos merecer a longevidade e a saúde que em momento algum permitimos que os animais mortos para consumo tivessem. Todos são mortos ou na infância (frangos, porcos, bezerros, vitelos, ovelhas) ou no início da adolescência (bois, vacas, cavalos). Rogamos aos deuses por graças que recusamos aos animais: vida e saúde. Caídos em desgraças, eles são forçados a nascer, não porque alguém os queira vivos, partilhando a alegria da vida com eles, mas porque quase todos os querem desmembrados, mortos, para mastigar o que um dia foram músculos. Sem o sangue pulsando esses músculos, eles são transformados em meras "carnes", frias. Por isso, para comer animais, é preciso sangrá-los.

No Brasil, somos 211 milhões de humanos. Aqui, sete bilhões de animais são mortos todos os anos, animais sencientes, como nós, numa relação de 33 animais mortos para cada brasileiro. A proporção mundial é de 10 animais mortos para cada humano. No Brasil mata-se quase quatro vezes mais animais do que no resto do planeta. Uma carga de devastação e de matança sem igual, que a seguir será mostrada em números.

Diz a propaganda medicinal de alimentos animalizados que precisamos comê-los para obter proteínas. Ela leva-nos a crer que tais alimentos são imprescindíveis, tanto para estocar aminoácidos essenciais, base das sínteses proteicas, quanto para preservar nossas reservas minerais. Mas apenas oito aminoácidos são essenciais à dieta de humanos adultos, e dez à de humanos em crescimento. Todos eles estão presentes nos vegetais, nas leguminosas, nas oleaginosas, nas sementes e nos cereais integrais não processados nem refinados que compõem a dieta abolicionista vegana, estritamente vegetalizada (Campbell, 2013; McDougall, 2012).

Não era verdade que os alimentos animalizados fossem indispensáveis à vitalidade ou à longevidade humanas quando desenharam os mitos alimentares animalizados, o "mito da proteína" unicamente animal (carnes, leites e ovos) e o mito do "cálcio" de fonte animal (leite e laticínios). É preciso dizer que todos os minerais e aminoácidos presentes nas carnes, leites e ovos têm origem no que o animal comeu. Vacas não são máquinas de produção de cálcio. Sendo um mineral, ele está no solo, como os outros. As plantas o captam e fixam. Comendo as plantas nós temos cálcio, dispensando torturar vacas para extração de leite.

A geração nascida nos anos cinquenta, manipulada pelos mitos criados pela medicina agronegociada, tem a responsabilidade de retirar os véus que ainda encobrem a face brutal e cruel da dieta animalizada. Antes de morrer, é preciso des-"contar" aqueles mitos, ensinando às pessoas, incluindo às que mal começaram a viver e já estão com a saúde destruída por esse padrão dietético (câncer, diabetes, hipertensão, obesidade, distúrbios cognitivos etc.) o que seja comer de modo vitalizado e não animalizado. A geração que entra agora na terceira idade teve seis décadas para aprender a desconfiar da enganação alimentar que jamais nos mostrou isto: que os animais sofrem uma verdadeira chacina diária. Que o planeta expira. Que a saúde humana está detonada.

Todo conhecimento validado em nossa mente passa pelo filtro dos números. Mesmo que não percebamos como nosso intelecto intercepta informações e as organiza, ele opera sempre com base em números. Nada há nele que não tenha passado por nossos sentidos, quer dizer, que não tenha sido quantificado, antes de poder ser qualificado. Nossos sentidos filtram as impressões, traduzindo-as em números.

A quantidade de tempo, fracionada em bilionésimos de segundos, que uma vibração leva para sair do campo onde é emitida e ser percebida por nosso cérebro, nos permite formar conceitos. Nossos olhos percebem ondas curtas, médias ou longas da luz, velozes, vibrantes, desenhos de sombras e seus contrastes (Chamovitz, 2012). Nosso nariz percebe a vibração emitida por moléculas em ondas que vibram distintas umas das outras, odores (Burr, 2007). Nossos ouvidos percebem ondas em frequências baixas, médias e altas, vibrantes, do ar (Sacks, 2010). Nossa pele distingue elétrons compactados (maior pressão), de menos compactados (menor pressão), a pressão mais densa e a menos densa (Lanza, 2003). Ao final de cada uma das vibrações ou ondas, que podem ser medidas, a mente as traduz: vermelho, estridente, frio, adocicado, suave etc.

No campo moral, os números não são dispensáveis. Através deles, muitas vezes mais do que através da pura conceituação abstrata, conseguimos puxar véus pesados e descortinar o que temos sido para os outros animais e para o planeta Terra. Por essa razão, números serão usados nas próximas páginas para dar amplitude à reflexão ética sobre o dever de abolir de nosso modo de viver o consumo de alimentos animalizados, ainda que não tenhamos qualquer simpatia ou empatia pelos animais mortos para servir nosso prato; ainda que não tenhamos qualquer noção da devastação planetária que legamos às gerações futuras por conta da dieta animalizada à qual estamos aferrados.

Vamos aos números. Dados foram examinados por uma centena de horas. Com o que conseguimos amealhar, é possível oferecer subsídios para a reflexão sobre a carga pesada imposta aos animais e ao planeta por conta da dieta onívora, focada em carnes, laticínios e ovos. Estamos comendo no vermelho, literalmente. A virada radical vem ao encontro da dieta abolicionista vegana, conforme o alerta a ONU em seu relatório sobre consumo e impacto ambiental, divulgado em junho de 2010 (Unep, 2010), sequer noticiado no Brasil.

Bovinos

Introdução

Em 2014, o rebanho bovino brasileiro registrado pelo IBGE foi de 212,34 milhões de animais (IBGE, 2014). Comendo, bebendo e digerindo por fermentação entérica, cada um desses ruminantes produziu de 51 kg (Lima, 2015) a 57 kg (Neiva; Restle, 2013) de gás metano por ano. Considerando que o metano absorve 21 vezes mais radiação infravermelho termal do que o gás carbônico, sendo por isso mais eficiente como gás do efeito estufa (Lima,

2015; MCT, 2014; Neiva; Restle, 2013), tal emissão individual de metano equivale à de 1.071 kg a 1.197 kg de CO_2 por ano. No total, o rebanho de 212,34 milhões de bovinos liberou de 10,82 a 12,10 milhões de toneladas de gás metano por ano, equivalendo à emissão de 227,22 a 254,10 milhões de toneladas de CO_2.

A vida média dos bovinos mortos para atender a demanda por carne, é de três a quatro anos, início da adolescência. Muitos são abatidos aos dois anos de idade, ao final da infância. Se calcularmos pela média de quatro anos, ao ser abatido, cada animal deixa na atmosfera de 204 a 228 kg de gás metano, liberado diretamente de seu sistema digestório, de 4,28 a 4,78 toneladas de CO_2. Nessas somatórias não estão incluídas as emissões de metano que continuam a se formar na montanha não aerada dos dejetos acumulados sobre o solo. Esse volume estimado diz respeito somente aos arrotos e à liberação do gás pelo ânus dos ruminantes.

Dos 212 milhões de bovinos registrados em 2014 no Brasil (IBGE, 2014), 23 milhões eram vacas usadas para a extração do leite. No plantel do leite é preciso acrescentar pelo menos 10 milhões de novilhas, manejadas na dieta e com hormônios, para estarem de prontidão para substituir as vacas abatidas e as que morrem subitamente por exaustão ou doença. Naquele ano, se considerarmos os níveis médios de emissão pelos bovinos, o leite pode ter que responder por 1,68 a 1,88 milhão de toneladas de gás metano para a atmosfera, equivalendo de 35,34 a 39,50 milhões de toneladas de CO_2.

Mas, de acordo com Michael Abberton, do *British Department for the Environment, Food and Rural Affairs* (Departamento Britânico do Meio Ambiente, Alimentos e Negócios Rurais), uma vaca usada para extração de leite expele, em média, "entre 100 e 300 litros de gás metano por dia" (Felipe, 2016). Multiplicados por 33 milhões de vacas, o volume pode ser de 3,30 a 9,90 bilhões de litros diários ou de 1,20 a 3,60 bilhões de toneladas por ano. Se, por fim, multiplicarmos esta emissão do metano por 21, teremos o peso em CO_2 que o leite extraído no Brasil, em 2014, representará para o planeta pelos próximos cem anos, por contribuir para agravar o efeito estufa: de 25,20 a 75,60 bilhões de toneladas por ano. Esta é a pegada ambiental do consumo de laticínios no ano de 2014. Somos emissores contínuos desse gás, não apenas no ano referência. Os desdobramentos das emissões de um ano somam-se aos dos seguintes, sem pausa, por um século. Quem pagará tal conta são os netos dos sequer hoje nascidos.

Carnes, laticínios e ovos, justamente os três itens que sustentam a dieta onívora padrão, são as contribuições contínuas mais pesadas dessa dieta para o aumento do efeito estufa, devastador da biodiversidade por conta do derretimento da calota polar e do aquecimento das águas oceânicas e, não menos, do ar. Mas isso ainda não é tudo.

Quase 10 milhões de vacas, usadas para extração do leite, no Brasil, vão para o abate por ano, sendo substituídas por novilhas, forçadas com injeções de hormônios a entrarem na puberdade e a ovularem para sofrer inseminação por volta dos 18 meses de vida. Nos sistemas de confinamento e de semiconfinamento, a exaustão das vacas ocorre bem cedo, por volta dos quatro anos de vida e após duas lactações. As que não morrem na ativa, mas perdem o volume de leite secretado, são levadas para o abate, servindo suas carnes à demanda por hambúrgueres (Felipe, 2016).

As vacas usadas pelo extrativismo mecanizado de leite não vivem mais do que 16% do tempo natural de vida de sua espécie (que pode ser de 25 a 30 anos). Matá-las aos quatro anos corresponde a matar uma fêmea da espécie humana, menina, aos 13 anos, após ter sido engravidada à força e levada a sustentar duas gestações e dois partos, e a suportar o luto pelo sequestro dos dois bebês logo após nascerem. É de dor e de luto a vida de uma fêmea bovina. Mas quem, ao comprar uma caixa de leite, uma peça de queijo, potinhos de iogurte e tabletes de manteiga, pensa no que essas jovens adolescentes bovinas sofrem para que tais produtos estejam ali, embalados de modo a seduzir o apetite de quem foi levado a "consumi(r)dor"?

Ao registrar a quantidade de animais abatidos no Brasil, nem o IBGE nem o Portal Brasil destacam a categoria vitelos, bezerros nascidos nos planteis do leite, mas inúteis para esta finalidade. Os pequenos bovinos machos são destinados a atender à demanda por carne de bebê (*baby beef*) e por ração para animais domiciliados, eleitos para estima, para guarda e para companhia, os domiciliados chamados "animais de estimação". É bem mais prudente chamá-los de domiciliados, pois a estima por eles nem sempre existe em muitos que a propalam ao deterem em seus domicílios animais de uma espécie não humana.

Bife de bebê (baby beef)

Se o Brasil teve 23 milhões de vacas em lactação em 2014, nasceram no plantel do leite nada menos do que 23 milhões de bebês bovinos. Deste total, estima-se, 50% são bezerros, com sobrevivência pós-parto de 90%, portanto, uns 10 milhões. Deles não se tem notícias. As estatísticas do abate os escondem, ao misturar sua matança com a de novilhos e novilhas que sofrem o abate aos dois anos de vida. Inserir de vários modos o termo "número do abate de vitelos" nas buscas junto ao IBGE e à Embrapa *online*, para ver se há registros, não dá resultado. Não se consegue uma estatística específica para os bezerros nascidos no plantel do leite nem para seu destino.

A maioria dos vitelos machos nascidos do leite é morta ainda no plantel, assim que nascem (Neiva; Restle, 2013). Mas como eles são mortos? A pauladas? Por asfixia? Estrangulados? Degolados? Triturados vivos, como fazem aos pintainhos machos nascidos na indústria dos ovos? Não se tem detalhes da matança. O silêncio é, literalmente, sepulcral. Se não há registro, não pode haver consciência. Boa parte da nossa consciência ética depende de números para poder se formar.

Ao diluir sua matança na de novilhas e novilhos, esta sim, registrada pelo IBGE, mortes que derrotam os jovens bovinos na ordem de quase meio milhão por mês, os organismos governamentais nos deixam sem saber o destino dos 23 milhões de bebês nascidos do leite, não os nascidos das vacas forçadas à gestação para atender à demanda por carnes. Parte das bezerras que nascem de mães usadas para a extração do leite segue o destino dessas. Os machos, inúteis para tal feito, e os que nascem com deformidades ou os que morrem em seguida ao parto, são levados para a trituração ou para o abate com fins extrativos. De seus estômagos, por exemplo, são retiradas substâncias que quebram a cadeia proteica do leite (Etiel, 2014), usadas para coalhar o leite e fazer queijos (renina, quimosina, pepsina). Experimentos biomédicos punçam seus corações ainda vivos para retirada do soro fetal (Zinni, s.d.). A grande maioria, no entanto, tem seus corpos recém-nascidos triturados para compor ração de cães e gatos domiciliados. Mantendo-se um animal para estima ou qualquer outra finalidade, dá-se a ele de comer os restos mortais de bebês de outras espécies, não desejados para viver, muito menos concebidos como dignos de "estima" por seus comedores.

Os vitelos nascidos do leite, com boa constituição e saudáveis, são separados das mães algumas horas após o parto, após terem mamado o colostro. Eles são levados para caixotes nos quais são enterrados vivos por quatro a cinco meses. Nessas instalações, os pequenos bovinos não podem andar, nem pular ou sequer girar o corpo para examinar a parede oposta àquela para onde sua cabeça está voltada (Felipe, 2016). O que recebem para comer é uma mistura feita à base de leite, ou de grãos, preparada por profissionais formados para garantir que os vitelos tenham uma dieta desnutrida de ferro. Seus músculos (os dos vitelos) devem crescer anêmicos. Mortos, ao final de quatro a cinco meses, as carnes tenras têm um tom esbranquiçado ou rosa acinzentado, dependendo da dieta (leitosa, ou de grãos) à qual foram forçados (Felipe, 2016).

Obviamente, vitelos são subprodutos vivos e sencientes da demanda humana por queijos, iogurtes, manteiga, *ghee* (óleo da manteiga clarificada) e leite *in natura*. Se leite não fosse um item essencial à dieta onívora padrão, estabelecida pelo agronegócio norte-americano desde a década de 1950 (Embrapa CT42, s.d.), não haveria oferta de *baby beef*.

Bife de bebês vitelos são carnes de infantes, condenados à prisão e à morte do nascimento à degola. Se eles são mortos, o mais tardar, aos 140 dias de vida, e se a média de vida natural de um bovino é de 9.000 dias (25 a 30 anos), sua vida é de apenas 1,5% da expectativa natural de sua espécie. Transpondo-se tal percentual para a vida de um humano, tendo-se a média estimada da vida humana para mulheres, no Brasil, em 75 anos, seria como matar um bebê humano após ter sido criado em confinamento completo por 36 meses, sem direito algum à vida natural de sua espécie.

Ração para cães e gatos domiciliados

Do total de 132 milhões de animais mantidos sob a tutela humana, em 2013, no Brasil, a população de cães e de gatos era de 52,2 e de 22,1 milhões, respectivamente (Abinpet, 2013). No mesmo ano, ao redor do planeta, a população não humana domiciliada era de 1,5 bilhão. Ao redor do mundo, para cada cão domiciliado há quatro cães abandonados. Os brasileiros somam 2,8% da população humana mundial, mas tutelam com ração 8,8% da população mundial não humana residente em domicílio. Ainda focando a comida, do total populacional brasileiro domiciliado (humanos e não humanos sob um mesmo teto) 39,6% são de animais não humanos, consumidores de ração industrializada, razão pela qual se tem alguma estatística de sua existência.

A razão pela qual se estimula a detenção domiciliar de animais que dependem de ração é que se mata muito no Brasil. A matança gera milhões de toneladas de restos e aparas que a indústria de ração aproveita. Quanto mais animais um país mata, mais animais são retidos em domicílios. Parece que os estimadores de animais completam o círculo da comilança de animais, descarregando com isso o peso das mortes que produzem ao comer.

Ao redor do mundo, a estimativa do total de cães e gatos domiciliados é de 632 milhões. É para a produção de alimentos para não humanos domiciliados que os vitelos nascidos no plantel do leite, "inúteis", por serem machos, ou "inviáveis", por conta das malformações estimuladas pelo excesso de hormônios injetados em suas mães, são destinados. Ao nascerem, eles pesam, em média, 33 kg (Embrapa CT 42, s. d.) e, conforme descrito no item anterior, totalizam em torno de 10 milhões de animais. Essas trezentas e trinta mil toneladas anuais de matéria proteica, carnes tenras de bebês bovinos recém-nascidos, úteis às indústrias que produzem ração de cães e gatos eleitos para estima, companhia e guarda, não são desprezadas, nem no Brasil, nem fora daqui.

Abate de bovinos

Um boi vivo, pesando na fazenda seus 500 kg, chega ao abatedouro com menos 6% do seu peso (Stull; Broadway, 2013). A privação de água e de alimentos, somada ao estresse e trauma do transporte, respondem pela perda de peso do animal. Dos 470 kg que dão entrada, vivos, no abatedouro, em média, 53% ou 265 kg compõem a "carcaça quente": carne e ossos (Roça, Rendimento do abate de bovinos, s.d.). Contudo, desta "carcaça" apenas 39% ou 183 kg resulta em carnes limpas, desossadas (Pacheco; Yamanaka, 2006), adquiridas pelo consumidor. Mas, para se obter estes 183 kg de carne é preciso destruir um animal de 500 kg.

Para o animal acumular o peso de 500 kg que, ao final, resulta em 183 kg de carne limpa, é preciso servir comida e água, de três a quatro toneladas de comida, ficando a média entre 15 kg e 22 kg de alimento para cada quilograma final de carne desossada, variando de acordo com o peso total obtido do animal nas fases de recria e de terminação.

O consumo médio de matéria sólida, em relação ao peso vivo de cada animal, é de 8,6 kg/peso/dia, especialmente nos últimos 100 dias, quando é "terminado" para o abate. Antes de ser confinada para o ganho de peso que precede a sangria, a maioria dos animais vive de dois a cinco anos, comendo. A referência para calcular o peso de alimentos dados aos bovinos é de 2,5 a 3% do peso corporal do animal por dia (Melo Filho; Queiroz, 2011). Dado que a idade do abate varia bastante, isso dificulta o cálculo. Destarte, para efeito da discussão ética sobre a devastação de água, de alimentos, de vidas e de ecossistemas naturais, causada pela dieta onívora centrada nas carnes, nos laticínios e nos ovos, estimamos o gasto de comida e de água, a excreta e a emissão de gás metano, por bovino, por três anos.

No Brasil foram abatidos 34,4 milhões de bovinos no ano de 2013. Vamos supor o abate de cada animal com uma média de três anos de idade e 500 kg. A pergunta 177 do livro *500 Perguntas*, da Embrapa, trata da dieta. O cálculo, em quilogramas, do que servir ao bovino, por dia, é bastante variável. A chamada matéria seca, recomendada em 8 kg/dia/animal de 400 kg, pode ter o mesmo valor de 22 kg de silagem, de 30 kg de capim verde ou de 9,5 kg de feno (Melo Filho; Queiroz, 2011). Se, considerando-se uma dieta que varie entre aquelas quatros matérias, na média, o animal ingere ao longo de três anos 15 kg de alimentos por dia, isso totaliza 16 toneladas em 1095 dias ou três anos.

Até pesar 250 kg, o bovino bebe 18 litros de água por dia. Na fase final, quando pesa 500 kg ou mais, chega a beber de 32 a 46 litros (Palhares, 2005). Estimamos uma média diária de 30 litros por bovino ou 32.850 litros em três anos. No total, o rebanho bovino brasileiro abatido em 2013 consumiu mais de um bilhão de m^3 de água e 565 milhões de toneladas de ração.

O montante estimado da excreta (não é possível separar urina de fezes) é de 1,69 bilhões de toneladas. O consumidor jamais toma ciência disso. Ele segue comprando e consumindo carne bovina, sem se perguntar se, ou, até quando, haverá água e para onde seguiram os dejetos dessa carne, que implica em mais gasto ou devastação de águas dos rios, dos lençóis freáticos e dos aquíferos, entre eles, o Guarani.

Se tudo o que entra sai, ao ser morto ele legou ao planeta 49,2 toneladas de excreta.

Nos 34,4 milhões de bovinos abatidos no Brasil em 2013 estão incluídos bois, vacas, novilhos e novilhas (Portal Brasil, 2014). Estes animais deixaram a pegada de 5,25 a 5,88 milhões de toneladas de metano, equivalendo de 110,25 a 123,48 milhões de toneladas de CO_2, liberadas na atmosfera por conta do consumo de carne bovina (Lima, 2015; MCT, 2014; Neiva; Restle, 2013).

Com o planeta aquecido, as catástrofes ambientais se intensificam. Agarrados ao garfo com um naco de carne nele espetado, esperando que as carnes os salvem de todas as catástrofes, os consumidores seguem feito zumbis, sem parar para questionar sua dieta onívora e toda aquela propaganda que a fomenta. Mas a inocência do bebê, forçado pela mãe a comer carnes e queijos, há muito se perdeu.

E quem vê ou ouve falar do sofrimento dos animais abatidos? Na esteira do matadouro, a matança desmembra corpos e os transforma em carnes em rito mecânico, veloz, como se processasse o desmonte de peças metálicas. A sequência vai do aprisionamento ao tiro com êmbolo (que deveria levar, mas não necessariamente leva, à morte cerebral imediata), até a suspensão do animal por uma perna traseira, atada a uma corrente. Segue-se a sangria, a esfola para retirada da pele e da gordura, a evisceração e, por fim, o desmembramento. Há abatedouros que exigem que o desmembramento do corpo quente do animal seja completado em 60 segundos, nos quais seus músculos pulsantes são transformados em matéria morta ou "carnes resfriadas" (Stull; Broadway, 2013). O animal é esfolado vivo. Nenhum tecido, tampouco os nervosos, morre em 60 segundos.

Cada momento, na sequência do esquartejamento do animal, se completa no desmembramento de alguma parte do que antes pulsava como um todo naquele corpo, tão dotado de sensibilidade e de consciência quanto o nosso: carcaça quente (carne com ossos) 54,5%; carne industrial 1,6%; miúdos e glândulas 2,8%; sangue 2,72%; ossos sem carnes 4,09%; gorduras 4,09%; couro, mocotó, intestinos, bucho 13,9%; conteúdo do bucho e entranhas 7,9% (Roça, 2014). Ainda no curral, e em seguida na esteira da morte, o animal perde outros 3,2% do peso, por diarreia, por vômito, uns 15 kg de excreta a mais escoando pelo esgoto e demandando bioquimicamente o oxigênio sem o qual as bactérias não podem dissolvê-la. Ser assassinado a sangue frio não é algo que um ser senciente encare sem liberar o conteúdo dos intestinos. Os bovinos, como todos os demais animais, são sencientes. Nada há que possa ser feito ao corpo deles que não passe por sua consciência, como nós, especialmente o rito macabro de um assassinato industrializado.

O aparato mecânico, elétrico e a gás para processar o desmembramento do corpo de um animal não deixa sombra de dúvida sobre a violência do procedimento. Os itens obrigatórios do projeto arquitetônico e a previsão do espaço e do maquinário para cada etapa da matança são parte do projeto de edificação das instalações de um matadouro.

Os nomes de cada um dos aparelhos são conhecidos dos operadores do abate industrial, mas não do público que consome as carnes, seja lá de qual animal for. O "come-dor" não tem a menor ideia do cenário por onde a "carne" passou, da vida à morte. Carne é músculo morto. Não há interesse, sequer, em saber o que o animal sofreu no tempo de vida e no processo do abate. E, dado que ele é um animal tão senciente quanto nós o somos, o pavor dele na hora da morte é tão intenso que os manuais de abate recomendam aos matadores: "Deixa o animal calmo, senão a carne fica preta e com aspecto ensanguentado". Sim. É imenso o pavor de um ser senciente encurralado e içado para sofrer morte violenta. Também é intensa a liberação de adrenalina e a reação vagal. No bovino ali pendurado, por estar impossibilitado de fugir e de lutar, a descarga adrenal é extremamente tóxica. Sim, está-se a matar seres sencientes, não a processar o desmonte de máquinas. Mas quem se digna a pensar nisso ao comê-los?

Em cada uma das etapas do desmembramento é usado um destes espaços devidamente aparelhados: "plataforma do marreteiro", "*box* de atordoamento", "pistola de atordoamento", "grade de deslizamento", "calha de sangria", "plataforma de esfola", "plataforma para evisceração (abdominal e torácica)", "plataforma para divisão de carcaça", "plataforma para divisão de quartos de carcaça", "trilhamento não mecanizado para sangria e esfola", "conjunto de trilhamento para inspeção de cabeças", "trilhamento não mecanizado para tendal", "mesa para evisceração (abdominal)", "mesa para evisceração (torácica)", "mesa para recepção de bucho e tripas", "tanque para escaldagem de bucho e tripas", "tanque para lavagem e abertura de bucho", "mesa para manipulação de bucho e tripas", "mesa para recepção de vísceras toráxicas", "mesa para manipulação de vísceras toráxicas", "esguicho para mangueira", "guincho de sangria de bovinos", "guincho de transpasse", "balança aérea manual", "serra de chifres", "serra de peito", "serra de carcaça alta e baixa com carro", "móvel serra de divisão de dianteiro", "lavador centrifugador elétrico de bucho", "desarticulador de unhas" etc. (PM Lagoa do Ouro, s.d).

O rito da matança é tão brutal quanto o são os termos usados para designar os órgãos que constituíam o corpo do animal: contenção do animal no corredor, imobilização na plataforma interna, suspensão na corrente, sangria, vômito, corte das patas (mocotó) e dos cascos, esfola, corte da cabeça e da língua, dos chifres, das crinas, retirada do couro, da gordura, dos testículos, corte ao redor do ânus, miúdos, bucho, tripas, separação dos ossos das carcaças, retalho das carnes, empacotamento, pesagem e finalização do invólucro com a etiquetagem contendo os únicos dados que, aparentemente, interessam ao consumidor: a designação da carne, o peso, a validade e o preço. Nada mais é citado no rótulo. Toda brutalidade está ali, mas vedada à mente do consumidor. E o que ele vê, ao comprar o produto, não passa de 4% da materialidade bruta do produto. Os outros 96% estão invisíveis para quem se limita a "consumi(r)dor".

Os abatedouros registrados seguem o padrão normatizado para abate de cada espécie animal. Portanto, não se livra do dilema moral, implicado no consumo de alimentos animalizados, quem deixa de consumir carnes, ovos e laticínios de determinado estabelecimento ou marca, mas segue consumindo de outros, por exemplo, "orgânicos". Tais decisões trazem conforto e bem-estar à consciência do consumidor, mas não o deixam imune à responsabilidade moral pelo que é feito ao animal (Pollan, 2007). Não há inocência alguma em seguir a tradição de viver para "consumi(r)dor". Não há "abate suave", sequer para quem aplica a marreta (Eisnitz, 1997; Pollan, 2007; Stull; Broadway, 2013). Quem perde a vida, violentamente, é sempre o refém, o animal desarmado, empurrado para a rampa da morte, sem chance alguma de fugir dela.

Além das engrenagens comuns, usadas no desmonte das vacas, bois, novilhas e novilhos, os abatedouros precisam ter "box e guincho para sangria de suínos", "tanque de escaldagem de suínos", "mesa para depilar suínos", "tanque de escaldagem de unhas", "carretilha de sangria", "carretilha de esfola"(PM Lagoa do Ouro, s.d.).

Há aparelhos desenhados e designados para o desmembramento de cada espécie de corpo: equina, bovina, ovina, caprina, suína, avina. Se comer carne de cães e de gatos fosse tradição na culinária ocidental, certamente os abatedouros teriam aparelhos específicos, desenhados para conter e desmembrar os corpos deles, eleitos para estima deste lado do mundo e para alimento do outro lado do mundo.

Muitas pessoas têm extrema sensibilidade e não conseguem olhar as cenas do abate de bovinos, equinos, suínos, avinos, ou de outros animais, mostradas hoje ao redor do mundo por um trabalho jornalístico clandestino (porque ninguém recebe permissão para filmar) que poucos têm coragem e estômago para realizar (Pollan, 2007), mesmo quando têm coragem e estômago para ingerir o que não suportam ver sangrar. Alimentos animalizados vêm de um lugar que o público jamais tem permissão de visitar: galpões de criação e baias de contenção, cercados, corredores e esteiras da morte, câmaras de sangria, mesas de desmembramento e de empacotamento. Expostos nas gôndolas dos supermercados, já sem alma, eles simulam carrear uma história inocente que os animais não tiveram chance alguma de viver, sequer sob o domínio do "abate humanitário".

O apunhalamento dos animais visa ejetar o sangue que os mantém vivos. No caso dos bovinos, o sangue representa 3% do peso do animal, podendo chegar a 15 litros. A sangria remove 60% dele, restando nas carnes e vísceras ainda 40% (Pacheco; Yamanaka, 2006; Roça, 2014). Para um animal de 500 kg, a expectativa de sangramento no abate é de pelo menos nove litros. Só na matança anual brasileira de bovinos fazemos jorrar 309 milhões de litros de sangue, a maior parte escoada pelo esgoto junto com os resíduos do abate. A dieta onívora reafirma uma tradição sanguinária.

A média real do gasto de água no abate de bovinos é de 3,86 m^3 ou 3.864 litros por animal (Pacheco; Yamanaka, 2006). Para o esgoto do abatedouro escoam de 5 a 20 kg de excreta (urina, vômito e fezes) por bovino abatido e até 23,5 kg de gordura por animal (PM Lagoa do Ouro, s. d.), totalizando quase 10% do peso do animal ao chegar à rampa do tiro. São parte dos resíduos escoados de um abatedouro misturas inaproveitáveis para qualquer indústria: esterco com sangue, pelos, terra, entranhas, conteúdo do estômago, líquidos, raspas, carnes, gorduras e subprodutos graxos (PM Lagoa do Ouro, s.d), enfim, resíduos que, voluntariamente, ninguém daria sequer de comer a outros animais. Diz-se que "do boi tudo se aproveita", mas isso não é verdade. Mais de 10% de seu peso corporal é tornado lixo pelo processo do abate:

> O tratamento dos resíduos líquidos de um matadouro apresenta dificuldades especiais, pois eles possuem elevada concentração de substâncias orgânicas solúveis e em suspensão. [...] Nos matadouros em que se realiza o aproveitamento industrial do sangue e gordura, esse parâmetro é reduzido, não excedendo a 1.500 mg/L, porém se tal aproveitamento não é efetuado, esse mesmo parâmetro se eleva a valores altíssimos, podendo alcançar 10.000 mg/L (PM Lagoa do Ouro, s.d.)

Do sangue jorrado, em média nove litros de cada animal, são separadas as células vermelhas das brancas.

> Algo disso é usado para fazer perfume. Ossos são triturados para compor ração e fazer gelatina comestível e, até há pouco tempo, largamente consumida por indústrias de filmes fotográficos na produção das películas. Intestinos viram rede de raquetes de tênis. Pelos das orelhas compõem pincéis. Pâncreas entram em medicamentos. (Stull; Broadway, 2013).

A demanda por subprodutos extraídos do corpo dos bovinos só ocorre porque a oferta de carne é generosa, estimulada pela demanda voraz. Na verdade, quem responde pela matança é quem consome a carne e quem manipula a mente dos humanos para que continuem a crer que precisam consumir dor para seguirem vivos.

O volume de água gasto para o desmembramento de um bovino é de um a 3,84 m^3, o que possibilita a base para o cálculo da devastação da água descartada no abate dos 34,4 milhões no

Brasil em 2013. Se usarmos o dado mínimo, alcançado apenas em abatedouros submetidos a experimentos de eficiência hídrica (Roça, 2014), foram gastos 34,4 milhões de m^3 de água. Mas, aplicando-se o dado mais realista, de 3,84 m^3 por animal, sobe para mais de 130 milhões de m^3 o volume de água devastado. Isso somente no abate.

Do peso vivo de um bovino são retirados, em média, 53% de carne com ossos. Na verdade, as carnes limpas representam apenas 39% (Pacheco; Yamanaka, 2006) do peso total do bovino que deu entrada no matadouro. Caso ele pese 470 kg ao ser levado, resulta em 183 kg de carne desossada. Este montante de carne devasta nada menos que 32.850 litros usados para hidratar o animal, mais 3.864 litros para abatê-lo e desmembrar seu corpo (total de 36.714 litros). Logo, cada quilograma de carne bovina embute 200 litros de água. Comer um bife de 100 g devasta 20 litros de água. Só o bife. E, por enquanto, só as águas dadas de beber ao animal e as usadas para matá-lo, desmembrá-lo e empacotar suas carnes.

Mas, no bife, há água embutida também, e não pouca, do cultivo e processamento dos grãos e cereais servidos ao animal. Para produzir um quilograma de soja são gastos 1.650 litros de água (Zelão, 2009; Zonin, 2012). Então, para produzir 16 toneladas de soja são gastos 26,4 milhões de litros de água. Se a base da ração for milho, e tendo-se o gasto de 900 litros de água para produzir um quilograma de milho (Zonin, 2012), a água embutida na ração servida ao animal será de 14 milhões de litros. Caso o concentrado seja preparado com 50% de soja e 50% de milho, cada animal consumiu 20 milhões de litros de água, embutida nos grãos e cereais de sua ração concentrada. Dividindo-se pelos 183 kg de carne desossada, temos mais de 109 mil litros de água por quilograma. Somadas, as águas da hidratação, do abate, e as embutidas na produção da ração, elas totalizam 109.200 litros por quilograma de carne bovina. Então, aquele bife de 100 g na verdade devastou 60 litros de água.

Quanto, dessa água, efetivamente usada, foi gasta ou devastada na produção da soja e do milho? A água da irrigação dos campos é servida pelas chuvas, ou pela mão humana? A água usada no cultivo biocida é reaproveitável, ou simplesmente não nos importa o tanto de veneno que penetra pelo solo e é depositado nos lençóis freáticos? A água da irrigação, no sistema biocida de cultivo, não pode ser recaptada para quaisquer finalidades vitais, para servir às plantas ou aos animais. Caso o fosse, carrearia venenos aplicados nas lavouras. Então, somente a água canalizada, potável, deve ser contabilizada como água consumida? Mas a água envenenada foi devastada, não podendo mais ser usada para fins vitais.

Mesmo entre os estudiosos da questão animal e ambiental há controvérsia sobre como fazer tais cálculos, conforme se pode ver nas teses, réplicas, críticas e tréplicas apresentadas nos textos de Robbins (1987, 2001, 2012), Foer (2009) e Marcus (2005). Contudo, uma coisa é certa: se não fossem abatidos sete bilhões de animais em nosso país, nem os 70 bilhões ao redor do mundo, por ano, toda a água hoje gasta no cultivo de grãos e cereais e de gramíneas destinadas ao serviço deles, a água servida a eles e a usada no abate deles não seria consumida nem contaminada. Teríamos o gasto somente da água para cultivo de alimentos vegetais e isso seria feito para alimentar apenas sete bilhões de humanos, não para suprir a demanda de outros 70 bilhões de animais, como ocorre hoje. A dieta onívora centrada em carnes, leites e ovos mata em larga escala. Não escapamos dessa lógica mortal.

Toda água usada na irrigação de culturas biocidas, soja e milho transgênicos, por exemplo, é água que resulta envenenada, entre outros químicos, por glifosato. Do total de 312 milhões de toneladas de soja, produção mundial da safra 2015-2016, 98% foi servido aos animais destinados ao abate: suínos, frangos e bovinos, e à produção de leite e de ovos. A produção brasileira foi de 95,63 milhões de toneladas, colhidas de 33,17 milhões de hectares (Embrapa Soja em números, s.d.), cultivados com biocidas. Se a água necessária para produzir um quilograma de soja é 1.650 litros, foram devastados 157 bilhões m^3 de água para aquele cultivo. E há quem tente derrotar a proposta vegana, dizendo que alimentos vegetais também gastam água. Sim. Em proporções milhões de vezes menores. Por exemplo, levando em conta apenas o gasto de água, se comemos um quilograma de bife, devastamos 109 mil litros de água. Se comemos um quilograma de soja, devastamos menos de dois mil litros de água, 66 vezes menos água. E o teor proteico da soja, especialmente se o preparo dela for por fermentação, não fica a dever nada em proteína, comparada à carne.

Soja e milho são riquíssimos em aminoácidos essenciais, a base da cadeia proteica vegetal servida aos animais. Esta mesma base, composta por leguminosas e cereais integrais, poderia ser cultivada em escala mínima para servir diretamente os 7,6 bilhões de humanos. Isso pode ser levado a efeito de modo não devastador para a vida dos animais, dos ecossistemas naturais e dos humanos.

O cultivo excessivo de grãos e cereais desde a Guerra Fria, e não a falta de alimentos, é a razão da criação intensiva de animais para o abate (Froer, 2009; Markus, 2005; Pollan, 2007). Das 813 milhões de toneladas de milho produzidas no mundo na safra 2009-2010, 70% foram servidas aos animais não humanos. No Brasil foram produzidas 51 milhões de toneladas, ficando entre 20 a 30% seu consumo por humanos (Duarte *et al.*, 2011). Para se produzir um quilograma de milho são necessários 900 litros de água (Zonin, 2016). A produção do milho, no Brasil, usou 4,6 bilhões m^3 de água, contaminada com os biocidas aplicados aos campos de cultivo, que escoaram pelo solo até alcançar os lençóis freáticos e os aquíferos (incluindo o Guarani) nas regiões de cultivo do milho. Apenas 15 milhões de toneladas de milho foram consumidas diretamente por humanos. Terceirizando o processo de formar sínteses proteicas, os humanos devastam suas colheitas. O retorno da proteína na carne, como veremos adiante, é de apenas 7% do investimento (Felipe, 2016). Um desperdício para o qual não temos perdão.

Se, mais uma vez, tudo o que entra sai, juntemos os 32.850 litros de água bebidos pelo animal, às 16 toneladas de comida, ingerida por ele ao longo de três anos, uma média de 14 a 15 kg de comida por dia. Temos, então, 48.850 kg de matéria passada pelo sistema digestório de cada indivíduo e excretada. Se toda a água consumida e todo alimento ingerido tiveram a finalidade de produzir 183 kg de carne sem ossos, a relação é de 267 kg de excreta por quilograma de carne. Ao colocar na geladeira um quilograma de carne ninguém imagina o volume de outros 267 kg de excreta correspondendo àquela carne que será ingerida. Um churrasco para os amigos que consuma 10 kg de carnes deixa sobre o planeta quase três toneladas de excrementos. E eles estão aqui no planeta. Longe dos olhos e do nariz do comedor de carnes, mas bem ali, na propriedade rural onde o bovino foi criado e finalizado.

Cultivamos leguminosas e cereais de alto valor proteico, carregados de energia solar vital e os servimos aos animais destinados à morte, não à vida, forçando o planeta a herdar sua excreta. Quanto mais colhemos grãos, cereais e forrageiras, mais animais nós matamos. Este cultivo é bélico, além de biocida. A energia vital dos alimentos que sintetizaram a luz do sol não é gasta para viver. Os animais são abatidos ainda bebês (frangos, vitelos e porcos) ou no início da adolescência (vacas e bois). Por serem de grande porte, pensamos que são mortos quando adultos. Não são. São infantes ainda.

Do investimento em proteínas, feito para se obter carnes, leites e ovos, parcela miserável retorna à mesa do comedor: para cada 100 g de proteína vegetal investida nos bovinos, apenas sete gramas retornam na carne; 12 g na carne suína; 22 g na carne de frango; 22 g nos ovos; e 23 g retornam no leite. O resto é consumido pelo metabolismo que garante o animal vivo até ser sangrado. No linguajar do agronegócio se fala de "conversão alimentar". Melhor seria designar tal desperdício de "inversão proteica" (Felipe, 2016).

Se nós comemos derivados de animais por conta das "proteínas" que eles contêm, e se elas são sintetizadas pelo organismo dos animais com um desperdício que beira 93% no caso da carne bovina, é completamente irracional seguir buscando na dieta animalizada as proteínas que estão fartamente presentes na dieta vegetalizada, aliás, a dieta natural desses animais comidos pelos humanos. Nenhum deles come carnes para obter proteínas. Em suas carnes, leites e ovos há proteínas. Com certeza. Seus organismos, não melhores nem piores do que os nossos, são capazes de sintetizar de dez a 12 aminoácidos essenciais oriundos dos vegetais para completar a cadeia proteica (Campbell, 2013; McDougall, 2012).

Leite

Os volumes de água, alimentos, emissão de gás metano e de excreta do leite bovino estão fartamente expostos nas 300 páginas de *Galactolatria*: mau deleite (Felipe, 2016), que, pela limitação de espaço, não podem ser transcritas aqui. Em 2014, foram extraídos 35 bilhões de litros de leite de 23 milhões de vacas no Brasil (IBGE, 2016).

As vacas são ordenhadas de duas a três vezes por dia, em média, 275 dias por ano. A média diária entre o número de vacas ordenhadas e o volume de leite extraído foi de 5,5 litros por vaca, e a anual de 1.521 litros.

Para extrair um litro de leite é preciso dar à vaca ½ kg de concentrado (soja, milho etc.), quatro vezes este peso em gramíneas e 8,5 litros de água. Caso contrário, a digestão não ocorre de modo eficiente. Contudo, bovinos evoluíram para digerir gramíneas por fermentação entérica, não grãos e cereais em grande quantidade (Felipe, 2016). Se de uma vaca são extraídos cinco litros e meio de leite por dia, ela terá que digerir 2,75 kg de grãos e cereais e 11 kg de forrageiras, além de beber 46,75 litros de água, totalizando sua excreta diária 60,5 kg. O leite excreta, sim.

Embora boa parte do rebanho tenha rendimento médio mínimo, há no plantel confinado vacas das quais são extraídos 40 a 60 litros de leite por dia, ou mais. Estas precisam digerir 20 kg de grãos e cereais, 80 kg de gramíneas e beber quase 300 litros de água, para que a alimentação seca seja digerida e as calorias aproveitadas e transformadas em secreção leitosa. Certamente, ainda que se extraia menos leite de uma vaca criada a pasto, e se extraia mais leite das confinadas, à custa da injeção de rBST, justamente por estarem em lactação, sua necessidade de água é bem elevada, no mínimo, 50 litros por dia.

Se calcularmos pelo volume do leite extraído a proporção servida de ração, forrageiras e de água, digerida pelo rebanho de vacas, em 2014, no Brasil, temos um volume de excreta médio, por vaca ou por 5,5 litros de leite secretado equivalente a 60,5 kg diários. Cada litro de leite equivale a 11 kg de excreta. Cada fatia de 100 g de queijo embute um quilograma de excreta. Mas disso não se fala, porque faz parte dos 96% da realidade material dos laticínios, cuja visão é vedada ao olho treinado apenas para consumir dor.

Se multiplicamos 11 kg de excreta pelos 35 milhões de toneladas de leite extraídas, a excreta se avoluma para 385 milhões de toneladas naquele ano. Tal excreta corresponde ao volume ingerido pelas vacas ativas, mais de um milhão de toneladas ao dia, espalhadas pelas regiões extratoras de leite.

Mas o plantel do leite não é formado apenas pelas vacas "ativas". Outras 10 milhões são preparadas para assumir o lugar das descartadas por morte súbita, diminuição da secreção leitosa ou abatidas por outras doenças. Também o volume da ingesta dessas novilhas acaba formando uma montanha de excreta da ordem diária de 605 mil toneladas e anual de 220,82 milhões de toneladas. Do leite que elas ainda não secretaram, e o planeta nunca iria consumir, é ele quem recebe a excreta, dia após dia, ano após ano, sem trégua. É preciso somar as 385 milhões de toneladas das vacas ativas a essas 220 milhões de toneladas das novilhas em espera, num total de 605 milhões de toneladas por ano. Se o dividirmos por 35 bilhões de litros de leite, cada um carrega um lastro de 17,3 kg de excreta. Cada fatia de 100g de queijo traz embutida, por sua conta, 1,7 kg de excreta. Ninguém a cheira. Ninguém a vê. Ninguém se importa com ela. Mas ela está ali, acumulada no planeta, liberando gás metano pelos próximos 100 anos.

Pela fermentação entérica e pela fermentação da excreta não aerada, cada uma das 23 milhões de vacas usadas para extração de leite responde pela emissão de 100 a 300 litros de gás metano por dia (Keon, 2010; Felipe, 2016), no montante de 3,45 milhões de toneladas, equivalentes a 72,45 milhões de toneladas de CO_2. No ano, esse montante sobe para 1,25 bilhões de toneladas de metano ou 26,44 bilhões de toneladas de CO_2.

Mas, outra vez, as 10 milhões de novilhas também estão recebendo comida e água, estão digerindo por fermentação entérica e, portanto, emitindo gás metano. Se considerarmos menor sua emissão, digamos, em vez de 150 litros, 100 litros diários, em um dia este exército de escravas-reserva libera na atmosfera um milhão de toneladas de metano, equivalente a 21 milhões de toneladas de CO_2. No ano, o volume sobe para 365 milhões de toneladas de metano ou 7,66 bilhões de toneladas de CO_2.

Somadas as emissões diárias das vacas ativas e das novilhas em espera, temos 4,45 milhões de toneladas de metano ou 93,45 milhões de toneladas de CO_2. O montante anual do gás metano liberado por elas é de 1,62 bilhões de toneladas, equivalendo a 38,88 bilhões de toneladas de CO_2. Se dividirmos o total de gás metano emitido por dia pelo total do leite extraído por dia (95.890.410 litros), cada litro de leite emitiu 46,40 kg de metano ou 974 kg de CO_2. Mas quem é que sabe o que esses 46,40 kg de metano têm a ver com a destruição das chances de vida neste planeta? Se alguém consome um litro de leite por dia, bastam 150 g de queijo, já responde pela emissão de 974 kg de CO_2.

As calotas de gelo do Ártico e da Antártida estão derretendo. Com as temperaturas em alta, alternadamente, temos inundações em algumas regiões do planeta e queimadas em outras, a depender da estação do ano. Mas nada disso se vislumbra na fatia de 150 g de queijo servida "à cavalo" sobre 974 kg de CO_2 e 17 kg de excreta. O que os olhos não vêem, a consciência não registra. Sigamos, sempre retos e em frente! E qualquer queimada ou inundação é sempre fruto da "vontade divina", nunca resulta da fissura humana por gordura saturada e colesterol animalizados. Seria mais promissor seguir para o mundo das aves?

Frangos

Carne

Em 2015, conforme notícia veiculada no Globo Rural G1, o Brasil extraiu 13,14 milhões de toneladas de carne de 5,79 bilhões de aves abatidas, uns 2,27 kg por ave.

Na balança das exportações, jamais é noticiado o montante de fezes e urina deixado pelos bilhões de frangos que aqui foram mantidos vivos e abatidos, alimentados e hidratados, dia por dia, por mais tenra que seja a infância na qual foram degolados. No caso dos frangos, a degola ocorre entre 43 a 45 dias de vida (0,8% de sua longevidade natural, correspondendo à morte de um humano aos sete meses de idade). Esses bebês comeram ração, beberam água e, obviamente, excretaram. Nos navios que seguem com as carnes deles para mais de 170 países não são levados os seus excrementos. Trilhões de toneladas. E os navios que retornam aos portos brasileiros não trazem de volta o montante de grãos, cereais e plantas devastado para alimentá-los. E nós matamos quase seis bilhões de frangos em um ano.

Do total do "avicídio" brasileiro, quase 70% é destinado ao consumo externo. Das carnes de perus consumidas no mundo em 2014, na ordem de 5 milhões de toneladas, aproximadamente 326 mil toneladas foram exportadas pelo Brasil para 60 países, conforme o registra a ABPA (2014). Além da carne de perus, as carnes de patos, marrecos, galinhas d'Angola, codornas e faisões foram exportadas no montante de 9,46 milhões de toneladas, conforme o relata a ABPA em seu Relatório Anual de 2015.

Cada quilograma de carne de frango é produzido à custa de 1,88 kg de ração, conforme o registra o Sistema Ocepar em 2007. Se o Brasil extraiu de frangos 13,14 milhões de toneladas de carne, isso representa um investimento de 23,65 milhões de toneladas de alimento servido a eles.

Considerando-se os dados reportados pela Embrapa sobre o consumo de água pelos galináceos, cinco litros por ave até o abate (Bellaver, 2003), e multiplicando-se o número de animais abatidos (5,79 bilhões), foram gastos 28,95 bilhões de litros de água.

No processo de abate, segundo estimativa do Engenheiro Ambiental Ricardo Hubner, gastam-se 30 litros por ave. Logo, para abater 5,79 bilhões de frangos foram gastos 173,70 milhões de m^3 de água. Somados aos 28,95 milhões de m^3 gastos para hidrata-los, foram devastados 202,65 milhões de m^3 de água em 2015. Isso equivale a mil litros de água per capita humana brasileira, gastos com a produção de frango para exportação e consumo interno. Uns dois litros e meio de água por dia por brasileiro, mais do que o suficiente para hidratar um adulto.

Cada ave condenada a nascer para o abate consome de 160 mL (machos) a 180 mL (fêmeas) de água por dia (Palhares, 2005). Logo, cada lote de seis aves consome um litro de água por dia. É preciso juntar a comida (23,65 milhões de toneladas) à água da hidratação (28,95 bilhões de litros) para se obter uma referência, por mais inexata que seja, do montante excretado pelos animais abatidos: 53,6 milhões de toneladas, além do esgoto de 173,70 milhões de m^3 de litros de água gastos no abate. Somados (227,3 milhões de toneladas), representam uma excreta-esgoto de 17,3 kg por quilograma de carne de frango. Quando exportamos as 8,27 milhões de toneladas não são levados do nosso solo, água, ar os 143,07 milhões de toneladas de excreta das aves não seguem nos navios.

Os excrementos, os gases lançados na atmosfera (entre outros, amônia), a água devastada para produzir a carne de frango, ninguém os vê quando se serve da carne do animal. Se considerarmos o peso da carne realmente ingerida, sem ossos, nem pele, gordura, vísceras, cabeça, pés e penas, o volume proporcional da excreta fica ainda maior. Sim. Se tudo o que entra sai, toda água e ração dadas às aves saem do corpo delas na forma de excrementos. Ao consumir carnes de qualquer espécie, jamais o consumidor se lembra da devastação deixada sobre o planeta por seu hábito alimentar.

No abate, as aves são degoladas para ejeção do sangue. Cada 100 g do peso corporal tem de 6 a 11 mL de sangue (Samour, 2013). Sendo os frangos animais de porte avantajado, comparados aos pássaros menores, estimamos 100 mL de sangue por quilograma de peso total. Se as aves são retiradas para o abate com, digamos, três quilogramas de peso, cada uma delas foi sangrada em 300 mL.

Da degola de cada 3,33 aves resulta um litro de sangue escoado. As 5,79 bilhões de aves sangraram o montante de 1,73 bilhões de litros na degola. No esgoto, o sangue que pulsava dando vida a cada célula do corpo do animal é descartado junto com fezes, unhas, restos de membros, gordura, urina e pele. Matéria não comestível, não processável, não reciclável. Lixo. Matar é a arte de transformar vida em lixo. Estamos matando o planeta, por conta da matança de animais para consumo.

Ovos

Além das aves criadas para o corte, é preciso computar as galinhas usadas para ovulação industrializada, tanto as que produzem ovos consumidos pelos humanos, quanto as que os produzem para a reprodução dos frangos abatidos.

No ano de 2014, foram registradas 226.616.105 galinhas, ativas e em espera (IBGE, 2014). Elas receberam água e ração. E elas excretaram. O consumo de água desta população foi de 250 mL por dia, totalizando 56,65 milhões de litros/dia (consumo total do lote abatido, 20,67 bilhões de litros); o de ração, entre 90 e 110 g por dia, totaliza 22,66 milhões kg/dia, um consumo total de 8,27 milhões de toneladas.

Individualmente, cada galinha bebeu 90 litros de água no ano. Se ela recebeu 100 g de ração por dia (Lazia, 2011), ingeriu 36 kg no ano. Somando-se a água e a ração consumidas por todas às suas excretas, temos 28,95 milhões de toneladas.

O número médio mensal de galinhas ativas, registrado pelo IBGE, as que efetivamente puseram ovos no período de abril 2015 a março 2016, no Brasil, foi de 137.917.394 (somando-se mês a mês e dividindo-se por 12). A partir deste total é possível calcular o gasto anual direto na produção de ovos: água servida às galinhas, 12,41 bilhões de litros; ração, 4,96 milhões de toneladas. Somadas, resultaram na excreta de 17,37 milhões de toneladas.

Em 2014 foram coletados industrialmente 3,70 bilhões de dúzias de ovos (IBGE, 2016), totalizando 44,81 bilhões de unidades. Usando o número de ovos coletados no período de 2015-2016, sem restrição ao tamanho da granja, calculamos o volume de água, de ração e de excreta embutidas em cada ovo, sem contar o gasto de água, ração e excreta de todas as galinhas que não botaram ovos todos os dias, só a quantidade necessária para que se tenha um ovo botado.

Para coletar 44,81 bilhões de ovos em um ano, foram gastos 4,48 milhões de toneladas de ração (100 g de ração por ovo/dia) e 11,20 bilhões de litros de água (0,25 l/ovo/dia), totalizando no ano a excreta de 15,68 milhões de toneladas. Mas há água embutida na ração. Suponhamos que os 36 kg de ração que a galinha recebeu foram de milho, cultivado à custa de 900 litros de água por quilograma. Foram 32.400 litros de água gastos para servir as galinhas com milho. Água devastada pelos venenos aplicados aos campos de cultivo transgênicos.

A cada ano, esse montante de comida e de água é devastado para que ovos de galinha sejam consumidos no Brasil. Em contrapartida, ninguém leva para casa, ao comprar os ovos, o equivalente em excremento que tal demanda deixa sobre o planeta: 350 g por ovo que pesa, em média, 50 g. Uma inversão de 7 x 1. Uma derrota de 7 a 1 não rende sequer medalha de bronze. Neste caso, rende medalhões de matéria orgânica. Cada omelete de dois ovos carreia 750 g de excreta, invisíveis ao olho que cobiça a dor, o olho consumidor.

Suínos

Introdução

As fêmeas suínas usadas como matrizes são forçadas à reprodução duas vezes por ano, tendo apenas um mês e meio de descanso entre o fim de uma lactação e o início da próxima gestação. Cada gestação dura aproximadamente 15 semanas e meia e cada ninhada de oito leitões mama por quatro semanas e meia. Arredondados, são servidos à porca 870 kg de ração (Barbosa *et al.*, 1988) e 7.870 litros de água por ano (Palhares, 2005). Somada a água à comida, são 8,74 toneladas de excreta, descontando-se o que foi transformado em músculo ou serviu para a reprodução dos 16 leitões, equivalendo a 546 kg por leitão nascido.

Um macho reprodutor é usado para inseminar 20 fêmeas, equivalendo a 320 leitões por ano, período no qual ele consome

730 kg de ração (Barbosa *et al.*, 1988) e 10 a 12 litros de água por dia, totalizando 4.380 litros, com a excreta aproximada de cinco toneladas ou 15,96 kg por leitão. Ao nascer, cada leitão já carrega 562 kg de excreta paterna e materna, de um total que ronda 14 toneladas.

Leitões nascidos

No momento em que é levado para o abate, aos 150 dias de vida, o leitão está com um peso vivo de 100 kg (Roça, s.d.). A Cetesb, em seu Guia Técnico Ambiental de Abate (Bovino e Suíno) de 2006, estima o percentual de 64% do peso para o cálculo da carne suína desossada, o que resulta em, aproximadamente, 64 kg por animal (Pacheco; Yamanaka, 2006).

Para alcançar esse peso, cada suíno ingeriu 286 kg de ração e 1.233 litros de água, deixando sobre o planeta um lastro de, aproximadamente, 1.519 litros de excrementos (Barbosa *et al.*,1988; e S.O.S Suínos, s.d.). Somadas as excretas dos progenitores, uma média de 546 kg por leitão, às próprias, 1.519 kg, cada suíno deixa ao planeta o legado, invisível para quem o come, mas não para quem o produz, de mais de duas toneladas de excrementos, para 64 kg de carne desossada.

Resumindo, cada quilograma de presunto, pernil ou costela consumido, deixa 31 quilogramas de excremento. Ele não dá para ser aplicado diretamente sobre o solo, como adubo, pois o nitrogênio em excesso impede a germinação das sementes e o nascimento de plantas, tanto quanto o impediria a carência dele. Indigesto para o planeta.

Imaginemos o que sejam 39,26 milhões (de suínos abatidos), multiplicados por duas toneladas de excreta per capita. O montante se eleva a 78,52 milhões de toneladas, volume dos porcos abatidos em 2015, só no Brasil. Tal é o legado da devastação de água e de alimentos servidos aos porcos, mortos no decurso de apenas um ano e a cada ano para consumo humano. Na verdade, o planeta herda uma excreta de 78,52 milhões de toneladas para 2,51 milhões de toneladas de carne suína produzidas. A relação entre excreta e carne suína é de aproximadamente 31/1. Portanto, em cada fatia de 100 g de presunto estão embutidos, embora não visíveis, mais de três quilogramas de excreta. Nada a comemorar.

No abate, jorram de cada corpo suíno, em média, três litros de sangue (3%) do peso corporal vivo. Também não se vê qualquer anúncio sobre o total de sangue derramado no abate de suínos (117,78 milhões de litros), em 2015 ou em quaisquer anos anteriores. O planeta não evoluiu para digerir a excreta de todos esses animais. Tampouco evoluiu para digerir sangue. Aquele sangue todo que jorra do corpo do animal no abate mistura-se às outras sujeiras descartadas de seus corpos nas aparas, e escoa para o esgoto como uma imundície. Mas era esse sangue que mantinha a vida daqueles animais, exatamente como o faz o nosso, circulando em circuito fechado, pulsando a vida em cada célula. Matar, abrindo uma fenda no peito para forçar o sangue a jorrar, é a última coisa que desejamos que nos façam, mas é o que mais se faz ou se paga para ter feito, sem pestanejar, a qualquer animal que se crê ter nascido para ser comido por humanos.

Considerando-se o investimento em ração, de 286 kg ingeridos por indivíduo, mais os 55,5 kg investidos em seus progenitores, no total de 340 kg, um kg de carne suína consome 5,31 kg de ração. Isso mostra uma inversão calórica e proteica de 5/1. Cada fatia de 100 g de presunto, ou de pernil, embute 500 g de alimentos. Ninguém jamais é alertado sobre o peso real dos grãos e cereais ali processados. A eles se pode chamar, com propriedade, de "alimento embutido".

A dieta dos leitões também consome água na produção dos grãos e cereais que a compõem, soja e milho, da ordem de 1.650 litros por kg de soja e de 900 litros por kg de milho (Zonin, 2012). Supondo-se que a ração seja composta de 50% de milho e 50% de soja, temos em 143 kg de soja 235.950 litros de água e em 143 kg de milho 128.700 litros de água, gastos em seu cultivo, no total de 364.650 litros de água, por suíno.

Somando-se a água gasta no cultivo do alimento servido ao suíno, a água bebida por ele e a gasta no abate, temos 366.633 litros. Dividindo-se esta água por 64 kg de carnes, cada quilograma embute o gasto de 5.728 litros, o que 38 pessoas gastam juntas em um dia, a um consumo de 150 litros por pessoa.

A Cetesb, em seu Guia Técnico Ambiental de Abate (Bovino e Suíno) estima entre 500 e 1.500 litros o gasto de água no abate de cada suíno (Pacheco; Yamanaka, 2006). Fiquemos com a média de 750 litros. Isso soma mais 11,7 litros de água a cada quilograma de carne suína desossada. Por essa estimativa, o abate de 39,26 milhões de suínos, em 2015, custou à natureza nada menos que 29,44 milhões de m^3 de água limpa, devolvidos a ela, pelo esgoto, imunda.

Considerando-se que após o desmembramento do corpo restam uns 64 kg de carne desossada (Pacheco; Yamanaka, 2006), cada quilograma dessa carne suína consumida carreia, sem que possam ser vistos, 5.735 litros de água, gastos na hidratação dos progenitores, no cultivo dos alimentos servidos aos leitões e no desmembramento de seus corpos. A essas seria muito apropriado denominar "águas embutidas". Esta informação já deveria constar nos rótulos de todos os produtos industrializados.

Somos conclamados a fazer economia de água, pela ameaça iminente de escassez dela. Precisamos fazer escolhas éticas animalistas e ambientalistas responsáveis e consumir apenas alimentos que não impliquem em tamanha devastação de água. Não temos os dados das águas gastas na higienização das pocilgas, mas supomos que também sejam altos, se as pocilgas forem higienizadas devidamente.

Quando se trata do consumo de derivados animais processados industrialmente, valendo para todos os tipos de carne (bovina, suína, avina, ovina, caprina, equina etc.), laticínios e ovos, o montante de água escondido em cada quilograma do produto aumenta, pois os novos processamentos da matéria implicam em outros gastos de água, sempre omitidos dos rótulos, por parte das indústrias.

Conclusão

Quando os governantes iniciam campanhas para economizar a água, ideia louvável, o que fazem é ajudar a abrir o ralo pelo qual efetivamente escoam as águas ao redor do mundo: o da produção de alimentos animalizados. Pedir que fechemos a torneira enquanto escovamos os dentes é louvável. Mas esconder de nós a devastação de 109.200 litros de água, causada pela ingestão de cada quilograma de carne bovina, os 5.728 litros, escondidos em cada quilograma de carne suína, os 20 litros gastos na hidratação e no abate de cada quilograma de frango consumido, os 0,25 mL de água escondidos em cada ovo, destacando apenas os dois litros de água desperdiçados na escovação dos dentes, é escamotear (a arte sacra de toda propaganda que se preze) o que realmente devasta água: a dieta onívora centrada em carnes, laticínios e ovos. Tal dieta, conforme o expôs o relatório da ONU sobre Dieta, sustentabilidade e condições de vida no planeta, em junho de 2010, destrói as condições da vida de todas as espécies, não apenas dos 70 bilhões de animais que matamos por ano, sem computar os capturados das águas.

Nenhum consumidor deve ser impedido de acessar as informações relativas ao que se esconde ou embute nas escolhas que compõem seu prato. Deixamos a condição de bebês há décadas. Se antigamente era comum usar a expressão, "morre-se pela boca", hoje é mais apropriado usar esta: "é com a boca que matamos".

Não importa se os moldes omissivos das campanhas pela redução do gasto de águas devem-se ao fato de que os publicitários ignoram solenemente as informações aqui apresentadas. Para se chegar a elas, é verdade, foram gastas mais de 500 horas de pesquisas, cálculos, escrita e revisões. O bife de 335 g, comido generosamente no almoço, devastou do planeta nada menos do que 36 mil litros de água – a que o animal bebeu, a que foi gasta para produzir os grãos e cereais que compuseram sua dieta concentrada e a que foi usada para derrotar o que era seu corpo e reduzi-lo a uma "carcaça". Um quilograma de carne bovina deixa um lastro de 830 kg de gás metano, equivalendo a 17 toneladas de CO_2 emitidas na atmosfera, aumentando o efeito estufa que dará cabo da biodiversidade terrestre. Aquele quilograma de carne equivale à emissão de CO_2 produzida por uma vida vegana em 24 anos. Cada grama de um bife responde por nada menos do que 17 kg de CO_2.

Este grama de carne emite o equivalente ao total de CO_2 que um vegano emite em nove dias (1.9 kg/dia).

Mas o tal do bife, na dieta onívora, nunca vem só. Algo vem nele "à cavalo", "à parmegiana", também terceirizado pelo organismo de um animal, o ovo, o queijo etc., pois queijos e ovos, outros devoradores de comida e de água e liberadores de gás metano na atmosfera, estão nos petiscos e lanches, ingeridos ao longo do dia. Em sua campanha contra o desperdício de água, nenhum político fala da "pegada excremental", da "pegada hídrica" e da "pegada gasosa" da dieta onívora. O silêncio é sepulcral. Literalmente. Os animais mortos não puderam falar por si. E os vivos que os comem têm se recusado não só a falar por eles, mas até mesmo a investigar a realidade de sua voracidade mortal.

Tal omissão, propagandística, resulta da associação dos interesses dos consumidores e das empresas que dominam o agronegócio, justamente as que mais desviam a água dos lençóis freáticos, e as contaminam desde a superfície com a produção intensiva de grãos, cereais e forrageiras, carregada de venenos, com a criação de animais e, por fim, seu abate. Ao pedirem que fechemos a torneira durante a escovação dos dentes, algo correto a ser feito, e que fechemos o chuveiro enquanto ensaboamos o corpo e os cabelos, algo correto a ser feito, as campanhas conseguem mesmo é fazer propaganda do gasto das águas devastadas para manter a dieta onívora, como se o desperdício causado pela dieta animalizada fosse algo louvável e o outro, infinitamente menor, fosse condenável. O que elas nos convidam a fazer, na verdade, é a fechar nossos olhos para o desperdício das águas do planeta, escoadas diretamente para o esgoto, levada a efeito pelo consumo de carnes, laticínios e ovos.

Publicidade é o que é mostrado para encantar e seduzir toda gente a esquecer sua dor, a consumir-a-dor do outro. Propaganda é o que se faz para induzir quem escolhe "consumir-dor" a manter seu padrão de consumo sem se questionar sobre a dor que está infligindo ao outro, aos animais e ao planeta, ao comer sem querer ver onde assenta seu prato, ao insistir em manter invisível, até mesmo ao "olho que vê", conforme o diz Jorge Amado, em *O gato Malhado e a andorinha Sinhá*, o que leva a vida à ruína.

Comer animais ou algum derivado deles, quase todo mundo come, menos os veganos. Ver que a sua escolha assenta sobre o cadáver de muitos animais, quase ninguém deseja ou consegue ver. O processamento da carne garante que ela perca o *design* que serve para referir o animal desmembrado. Ele é tornado ausente em sua presença cadaveral no prato, o "referente ausente", conforme bem o conceitua Carol Adams, em seu livro, *The sexual politics of meat* [*A política sexual da carne*], traduzido no Brasil.

Vemos, conscientemente, escreve Joyce Whiteley Hawkes, em seu livro, *Cell-level healing* [*Cura em nível celular*], apenas 4% do que o nosso subconsciente capta do ambiente externo e interno. Dá para entender o que Hawkes diz, quando olhamos para um bife e não vemos a montanha de grãos e cereais que ele devastou, os milhões de litros de água que escoaram através dele, o maracanã de excrementos que legou ao planeta, tampouco os gases tóxicos e de efeito estufa que liberou na atmosfera. Aqueles trezentos e tantos gramas de carne, visíveis ao olho que mal vê, não conseguem mais enganar o olho que quer abolir-a-dor. O olho abolidor, o que já não cobiça-a-dor.

O que pode parecer insignificante, por estar contido de modo invisível no prato do consumidor, 48 toneladas de excreta por bovino morto, torna-se um assombro quando multiplicado pelo total de bovinos abatidos em apenas um ano: 34,4 milhões. Temos, a cada ano, sobre o solo, as águas, o ar e os lençóis freáticos brasileiros, nada menos que 1,68 bilhões de toneladas de excrementos. Não conseguimos ensinar aos bovinos, nem aos frangos e aos suínos como excretar a seco. Sim. A água ingerida por esses animais e o que foi servido a eles para comer estão ali, mas compondo os 96% de materialidade não mais visível aos olhos, embora ainda acessível à consciência.

Por aquele montante respondem os consumidores de carnes. É sua demanda que produz tamanha excreção. Nos últimos dez anos, matamos 300 milhões de bovinos no Brasil, uns 400 milhões de porcos e mais de 30 bilhões de frangos. Sugamos a vida e o leite de 230 milhões de vacas. Seu legado em excreta supera centenas de bilhões de toneladas. Essa excreta e as águas devastadas pelo cultivo de alimentos envenenados servidos ao animal, mais as águas escoadas do abate, é o que temos devolvido à natureza como se ela tivesse obrigação de digerir o lixo da produção industrial que fomenta a dieta onívora padrão. Produzir carnes é uma arte. A arte de transformar florestas, águas, grãos, cereais e plantas em proteínas terceirizadas (animalizadas) e em gases tóxicos e excrementos. Somos os maiorais nesta arte. Nossa medalha não é de ouro.

É comum, nos debates abolicionistas veganos, sermos questionadas pelo fato de ingerirmos alimentos que, obviamente, também demandam água para seu cultivo. É comum nos hostilizarem por seguirmos a dieta estritamente vegetalizada, vegana. Não raro, também nos acusam de comermos folhas de alface, que, para muitos desavisados, "sentem dor e sofrem" ao serem "abatidas" ou mordidas. É tanta compaixão pelas plantas! No desespero, ao verem que a dieta onívora centrada em carnes, laticínios e ovos, à qual continuam aferrados, está levando a vida de todas as espécies à ruína ao redor do planeta, os contendores tentam derrotar a perspectiva abolicionista vegana, compadecendo-se do pé de alface. Eles não nos comovem, pois não sentem nada ao saber que sete bilhões de animais são sangrados todos os anos em nosso território e que, para isso trilhões de pés de plantas tiveram que sofrer o corte. Eles têm muito dó das plantas que os veganos comem. Nenhum das que eles devoram.

Nestes quase trinta anos de debates éticos veganos pelo país afora, também foi-me dada a graça de ser alertada pelos opositores da dieta vegetariana estrita, de que ao se consumir alimentos se consome algo vivo. É certo. Ainda bem. Comemos o que está vivo e não sangra para ser picado. Também é verdade que não há como comer vegetais sem que se gaste água, a fonte da vida no planeta Terra.

Entretanto, quando se come carnes, laticínios e ovos consome-se água, devasta-se grãos, cereais e plantas, produz-se uma excreta em proporções assombrosas, quando comparadas com o gasto necessário para colher verduras, cereais, leguminosas, frutos, frutas e sementes que compõem a culinária estritamente vegetal, vegana.

Dos vegetais não restam excretas que contaminem mais uma vez o planeta. Os vegetais não liberam gás metano, 21 vezes mais aquecedor da atmosfera do que o CO_2. Os restos dos vegetais, deixados sobre o solo onde foram plantados, são absolutamente benéficos ao solo, fomentam a proliferação das bactérias que captam o nitrogênio da atmosfera e o fixam a ele, ao contrário dos excrementos que, se aplicados diretamente sobre ele na proporção em que são gerados, o tornam infértil. Por fim, a dieta onívora responde pela matança de 70 bilhões de animais, servidos com plantas, grãos e cereais, do nascimento ao abate. Na degola, o desmembramento do que um dia foram seus corpos evidencia a brutalidade da dieta onívora centrada em carnes, laticínios e ovos.

Em compensação, na esteira rolante de limpeza e apara de legumes, hortaliças, frutos, frutas e sementes, não se ouve um grito de dor, não se vê um estrebuchar, não se abate nenhum ser senciente, não pinga uma gota de sangue, não escoam fezes e vômitos. Não há pavor, terror, horror algum, nem dor. Comer vegetais não implica em matança institucional, a menos que se empreguem os métodos tradicionais biocidas de cultivo. Caminhamos para a produção de alimentos no sistema de permacultura.

A lavoura bélica terá seu fim, como o terá a criação e matança industrial de animais para consumo humano. Não temos outra saída, se queremos legar vida e não excreta às gerações futuras. Caso contrário, se as condenamos à morte mesmo antes de nascerem, faremos com elas exatamente o que ora fazemos aos 70 bilhões de animais que forçamos a nascer, não porque os queiramos em vida, mas porque cobiçamos seus músculos para transformá-los em "carnes frias", mortas. Faremos às gerações futuras o que ora fazemos aos porcos criados para abate: nós os condenamos a viver uma vida miserável atolados numa pocilga coberta de fezes e urina, exalando gases tóxicos. Nossa preferência culinária tem mais valor do que a vida dos animais e dos humanos que sequer nasceram?

Referências

ADAMS, C. J. *The sexual politics of meat*: a feminist-vegetarian critical theory. New York: Continuum, 1990.

ASSOCIAÇÃO BRASILEIRA DE INDÚSTRIA DE PRODUTOS PARA ANIMAIS DE ESTIMAÇÃO – ABINPET. População de animais de estimação no Brasil – 2013. Disponível em: <www.agricultura.gov.br/arq_editor/file/camaras_tematicas/Insumos_agropecuarios/79RO/IBGE_PAEB.pdf>. Acesso em agosto de 2016.

ASSOCIAÇÃO BRASILEIRA DE PROTEÍNA ANIMAL – ABPA. *Relatório*. Disponível em <http://abpabr.com.br/storage/files/versao_final_para_envio_digital_1925a_final_abpa_relatorio_anual_2016_portugues_web1.pdf>. Acesso em novembro de 2016.

AMADO, J. *O gato malhado e a andorinha sinhá*. São Paulo: Companhia das Letrinhas, 2011.

BARBOSA, H. P.; LIMA, G. J. M. M.; FERREIRA, A. S. Estimativa da quantidade de reação necessária para produção de um suíno com 100 kg de peso vivo. CT/133/EMBRAPA – CNPSA, Março 1988, p. 2. Disponível em: <http://docsagencia.cnptia.embrapa.br;suino/comtec/cot133.pdf>. Acesso em agosto de 2016.

BELLAVER, C. *Sistemas de produção de frangos de corte*. EMBRAPA Suínos e Aves. Brasília: EMBRAPA, 2003. Versão eletrônica, ISSN 1678-8850.

BURR, C. *O imperador do olfato:* uma história de perfume e obsessão. São Paulo: Companhia das Letras, 2007.

CAMPBELL, T. C. *Whole*: *rethinking the science of nutrition*. Dallas: Benbella Books, 2013.

CHAMOVITZ, D. *What a plant knows? A field guide to the senses*. New York: Scientific American/Farrar, Straus and Giroux, 2012.

CURSOS PROFISSIONALIZANTES. Centro de Produções Técnicas [s.d.]. Disponível em: <www.cpt.com.br/cursos-bovinos-gado-de-corte/artigos/como-pesar-gado>. Acesso em agosto de 2016.

DAVIS, K. *Prisoned chickens poisoned eggs*: *an inside look at the modern poultry industry*. Summertown: Book Publishing Company, 1996.

DUARTE, J. O.; GARCIA, J. C.; MIRANDA, R. A. EMBRAPA Milho e Sorgo – Sistema de Produção, 1. Versão eletrônica, 7. ed. Setembro 2011. Disponível em: <www.cnpms.embrapa.br/publicacoes/milho_7_ed/economia.htm>. Acesso em agosto de 2016.

EISNITZ, G. A. *Slaughterhouse:* the shocking story of greed, neglect, and inhumane treatment inside the U. S. meat industry. New York: Prometheus Books, 1997.

EMBRAPA [s.d.]. Circular Técnica 42 – *Vitelos*. Disponível em: <www.cnpgl.embrapa.br/totem/conteudo/Outros_assuntos/Circular_Tecnica/CT42_Vitelos.pdf> Acesso em agosto de 2016.

_____ [s.d.]. *Soja em números (Safra 2015-2016)*. Disponível em: <https://www.embrapa.br/soja/cultivos/soja1/dados-economicos>. Acesso em agosto de 2016.

ETIEL. *Coagulantes para queijo*. 2014. Disponível em: <www.etiel.net/#!coagulantes-para-queijo/c1ak8> . Acesso em agosto de 2016.

FELIPE. S. T. *Galactolatria:* mau deleite. Implicações éticas, ambientais e nutricionais do consumo de leite bovino. 2. ed. São José: Ecoânima, 2016. 303 p.

FOER, J. S. *Eating animals*. New York: Little Brown and Company, 2009.

GLOBO RURAL G1. *Abate de frangos cresce 5,4% em 2015 e é recorde, diz IBGE*. 17/3/2016. Disponível em: <g1.globo.com/economia/agronegócios/noticia/2016/03abate>. Acesso em agosto de 2016.

HAWKES, J. W. *Cell-level healing*. New York: Atria Books, 2006.

HUBNER, R. *Análise do uso de água em um abatedouro de aves*. 2001. Dissertação (Mestrado em Engenharia Ambiental). Universidade Federal de Santa Catarina, Florianópolis, 2001. Disponível em: <https://repositorio.ufsc.br/handle/123456789/80209>. Acesso em agosto de 2016.

INSTITUTO BRASILEIRO DE GEOGRAFIA E ESTATÍSTICA – IBGE. *Efetivo dos Rebanhos, 2014*. Disponível em: <www.sidra.ibge.gov.br>. Acessado em agosto de 2016.

______. *Banco de dados agregados. Quantidade de animais abatidos (cabeças) – Brasil*, 2016. Disponível em: <www.sidra.ibge.gov.br>. Acessado em agosto de 2016.

______. *Banco de dados agregados. Quantidade de produtos de origem animal.* 2016. Disponível em: <www.sidra.ibge.gov.br>. Acessado em agosto de 2016.

KEON, J. *Whitewash*: the disturbing truth about cow's milk and your health. Canada: New Society Publishers, 2010.

LANZA, R. *Biocentrism:* how life and consciousness are the keys to understanding the true nature of the universe. Dallas: Benbella Books, 2009.

LAZIA, B. *Alimentação e manejo de galinhas poedeiras*. 6 Dezembro 2011. Disponível em: <www.portalagropecuario.com.br/avicultura/galinhas-poedeiras-alimentacao-manejo-medidas-importantes-para-sucesso-criacao/>. Acesso em agosto de 2016.

LAZLO, E. *A ciência e o campo Akáshico*: uma teoria integral de tudo. São Paulo: Cultrix, 2008.

LIMA, E. F. *Emissão do gás metano bovino no aquecimento global. In:* GREEN, M. E. 2015. Disponível em: <https://www.greenme.com.br/informar-se/agricultura/1497-emissao-de-gas-metano-bovino-no-aquecimento-global>. Acessado em agosto de 2016.

LIPTON, B. H. *A biologia da crença*. São Paulo: Butterfly, 2007.

MARCUS, E. *Meat market:* animals, ethics & money. Boston: Brio Press, 2005.

MASSON, J. M. *The face on your plate*. New York: W. W. Norton & Company, 2006.

MELO FILHO, G. A.; QUEIROZ, H. P. *Coleção gado de corte*: o produtor pergunta, a EMBRAPA responde. 2. Ed. revista e ampliada. 2011. Disponível em: <http://mais500p500r.sct.embrapa.br/view/pdfs/90000017-ebook-pdf>. Acesso em agosto de 2016.

McDOUGALL, J. *The starch solution*. New York: Rodale, 2012.

MINISTÉRIO DA CIÊNCIA E TECNOLOGIA – MCT. *Estimativas anuais de emissões de gases de efeito estufa no Brasil*. 2. Ed. Brasília: MCT, 2014. Disponível em <www.mct.gov.br/upd_blob/0235/235580.pdf>. Acesso em dezembro de 2016.

MIRANDA, A. P. *Suínos em diferentes fases de crescimento*. São Paulo: UNESP, 2009. Tese de doutoramento em Zootecnia. Disponível em: <www.fcav.unesp.br/download/pgtrabs/zoo/d/2317.pdf>. Acesso em agosto de 2016.

NEIVA, J. N. M.; RESTLE, J. *Aproveitamento de machos de origem leiteira para produção de carne*. Milk Point, 9/10/2013. Disponível em: <www.milkpoint.com.br/radar-tecnico/sistemas-de-producao/aproveitamento-de-machos-de-origem-leiteira-para-producao-de-carne-por-que-o-brasil-nao-usa-essa-tecnologia-com-eficiencia-85894n.aspx>. Acesso em agosto de 2016.

PACHECO, J. W.; YAMANAKA, H. T. *Guia Técnico – ambiental de abate (Bovino e Suíno)*. Série P+L. C. São Paulo: CETESB, 2006. Disponível em: <www.crq4.org.br/downloads/abate.pdf>. Acesso em agosto de 2016.

PALHARES, J. C. P. *Estimando o consumo de água de suínos, aves e bovinos em uma propriedade*. EMBRAPA – Suínos e Aves, Dezembro de 2005. Disponível em: <www.sema.rs.gov.br/upload/EMBRAPApublicacao.pdf>. Acesso em agosto de 2016.

POLLAN, M. *O dilema do onívoro*: uma história natural de quatro refeições. Rio de Janeiro: Intrínseca, 2007.

PORTAL BRASIL. *Brasil bate novo recorde no abate de bovinos, suínos e frangos em 2013*. 27/3/2014. Modificado em 30/7/2014. Disponível em: <www.brasil.gov.br/economia-e-emprego/2014/03/brasil-bate-novo-recorde-no-abate-de-bovinos-suinos-e-frangos-em-2013>. Acesso em agosto de 2016.

PREFEITURA MUNICIPAL LAGOA DO OURO, PE [s.d.]. *Projeto de matadouro municipal*. Disponível em: <www.lagoadoouro.pe.gov.br/Projeto%20Matadouro%202008.pdf>. Acesso em agosto de 2016.

ROBBINS, J. *Diet for a new America*: how your food choices affect your health, happiness, and the future of life on Earth. Walpole: Stillpoint, 1987.

_____. *The food revolution*: how your diet can help save your life and our world. Boston: Conari Press, 2001.

_____. *No happy cows*: dispatches from the frontlines of the food revolution. San Francisco: Conari, 2012.

ROÇA, R. O. *Rendimento do abate de bovinos*. [s.d]. Disponível em: <www.fca.unesp.br/Home/Instituicao/Departamentos/Gestaoetecnologia/Teses/Roca114.pdf>. Acessado em agosto de 2016.

_____. *Rendimento do abate de suínos*. UNESP – Faculdade de Ciências Agrárias, s.d. Disponível em: <www.fca.unesp.br/Home/Instituicao/Departamentos/Gestaoetecnologia/Teses/Roca115.pdf>. Acessado em agosto de 2016.

_____. *Rendimento do abate de bovinos*. UNESP – Faculdade de Ciências Agrárias, 2014. 30 dez. 2014. Disponível em: <https://www.scotconsultoria.com.br/noticias/artigos/37616/rendimento-de-carcaca-em-frigorificos-do-brasil-.htm> . Acessado em novembro de 2016.

SACKS, O. *Vendo vozes*: uma viagem ao mundo dos surdos. São Paulo: Companhia das Letras, 2010.

SAMOUR, J. *Diagnostic value of hematology*. Cap. 22, p. 588, 2013. Disponível em: <avianmedicine.net/content/uploads/2013/08/22_hematology.pdf>. Acesso em outubro de 2016.

S.O.S. Suínos. Informativo Técnico 49. *Consumo de Água II.* [s.d.] Disponível em: <www.sossuinos.com.br/Tecnicos/info49.htm>. Acessado em agosto de 2016.

STULL, D. D.; BROADWAY, M. J. *Slaughterhouse blues:* the meat and poultry industry in North America. 2. Ed. United Kingdom: Wadsworth Cengage Learning, 2013.

UNEP. *Energy and agriculture top resource Panel's Priority List for Sustainable 21st Century.* June 6, 2010. Disponível em: <www.unep.org/climatechange/News/PressRelease/tabid/416/language/en-US/Default.aspx?DocumentId=628&ArticleId=6595>. Acesso em agosto de 2016.

ZELÃO, J. C. *Quantos litros de água são necessários para produzir?* 2009. Disponível em: <https://jcarloszelao.wordpress.com/2009/03/13/quantos-litros-de-agua-sao-necessarios-para-produzir/>. Acesso em agosto de 2016.

ZINNI, Y. *Usos do soro fetal bovino.* [s.d.]. Disponível em: <www.ehow.com.br/usos-soro-fetal-bovino-lista_189975/>. Acesso em agosto de 2016.

ZONIN, V. P. *A irrigação, tecnologia de ponta, responsabilidade ambiental.* Secretaria de Agricultura, Pecuária e Agronegócio do Rio Grande do Sul. 13/4/2012, editada em 28/8/2016. Disponível em: www2.agricultura.rs.gov.br/noticias_detalhe.php?cod=5155. Acesso em agosto de 2016.

3. Hormônios sexuais artificiais no ambiente

Sonia Corina Hess

Introdução

Um número crescente de produtos químicos presentes no ambiente são suspeitos de atuarem como interferentes endócrinos – em inglês "endocrine disruptors" (EDs). Em animais e seres humanos, esses produtos causam distúrbios na síntese, secreção, transporte, ligação, ação ou eliminação de hormônios endógenos naturais e, assim, no metabolismo, diferenciação sexual e função reprodutiva (Sweeney *et al.*, 2015; 1998; Skakkebaek *et al.*, 2001).

Em mulheres, a exposição a estrógenos (substâncias que mimetizam hormônios femininos) é o principal fator de risco para o desenvolvimento de endometriose, câncer de mama e útero. A exposição de homens adultos a estrógenos resulta em ginecomastia (crescimento das mamas) e interfere no funcionamento do sistema glandular associado ao hipotálamo-hipófise-gônadas, resultando em diminuição da libido, impotência, diminuição dos níveis de andrógeno (hormônio masculino) no sangue e diminuição na contagem de espermatozóides Substâncias artificiais quimicamente muito diferentes atuam como interferentes endócrinos, por isso, é difícil predizer se um material apresentará essa propriedade a partir da sua estrutura química (Sweeney *et al.*, 2015; Skakkebaek *et al.*, 2001; Gray Jr. *et al.*, 2006; SWAN, 2006).

O inseticida DDT (1,1,1-tricloro-2,2-bis(p-clorofenil)etano) foi o primeiro produto químico artificial a ser descoberto como estrógeno sendo que, ainda em 1949, foi relatado que homens que pilotavam aviões para a aplicação deste inseticida, apresentavam baixas contagens de espermatozóides. Posteriormente, experimentos com animais de laboratório confirmaram que o DDT, no organismo, transforma-se em DDE, um potente agente hormonal e carcinogênico (Sonnenschein; Soto, 1998).

Em 1996, a publicação do livro intitulado "*Our Stolen Future*" [Nosso Futuro Roubado] (Colborn *et al.*, 1996), trouxe para a comunidade científica e o público em geral, grande preocupação com relação aos efeitos dos interferentes endócrinos sobre a saúde humana e animal. Por exemplo, no lago Apopka (Flórida/EUA), os jacarés e panteras do sexo masculino sofreram desmasculinização e ficaram inférteis após terem sido expostos ao agrotóxico dicofol proveniente de um derramamento acidental.

Em artigo científico publicado em 2017, Dutra e Ferreira listaram 68 agrotóxicos com uso permitido no Brasil, que são reconhecidos como desreguladores endócrinos: 2,4-D, Acefato, Alacloro, Aminopiralide, Atrazina, Captana, Carbendazim, Carbofurano, Cipermetrina, Ciproconazol, Clorotalonil, Clorpirifós, Cresoxim-metílico, Deltametrina, Diflubenzurom, Dimetoato, Diurom, Endossulfam (banido), Epoxiconazol, Equivalente ácido de 2,4-D, Equivalente ácido de Glifosato, Equivalente Ácido de Picloram, Fenarimol, Fenitrotiona, Flutriafol, Glifosato, Glufosinato – sal de amônio, Hexazinona, Imazetapir, Imidacloprido, Iprodiona, Linurom, Malationa, Metolacloro, Metomil, Metribuzim, Miclobutanil, Parationa-metílica, Permetrina, Picloram, Picoxistrobin, Piraclostrobina, Piriproxifem, Procimidona, Procloraz (banido), Profenofós, Propiconazol, Simazina, S-Metolacloro, Sulfometurom Metílico, Tebuconazol, Tiametoxam, Tiofanato-Metílico, Tiram, Triadimenol, Trifloxistrobina, Trifluralina (Dutra; Ferreira, 2017; Anvisa, 2017).

O vídeo intitulado "O Futuro Roubado" (disponível gratuitamente na internet), produzido pela rede de TV BBC, de Londres, aborda o tema dos desreguladores endócrinos de uma forma jornalística e acessível ao público em geral.

Bisfenol A

Materiais contendo bisfenol A

Por muitos anos, o Bisfenol A (BPA), também denominado 2,2-bis(4-hidroxifenil)propano, tem sido uma das substâncias químicas de maior produção ao redor do mundo, alcançando 2,7 milhões de toneladas em 2003. É uma matéria-prima industrial que está presente em muitos itens, como: selantes dentários, latas de conserva revestidas internamente com filme de polímero, lentes de óculos, materiais automotivos, mamadeiras, garrafas de água mineral, encanamentos de água de abastecimento, adesivos, CDs e DVDs, impermeabilizantes de papéis, tintas etc. As resinas e policarbonato, contendo moléculas de Bisfenol A, sofrem hidrólise, resultando na liberação do Bisfenol A livre em alimentos, bebidas e no ambiente (Sonnenschein; Soto, 1998; Kang *ET AL.*, 2006; Vom Saal; Welshons, 2006; Welshons *ET AL.*, 2006).

Produtos derivados do BPA também são empregados na obtenção industrial de plásticos da classe dos policarbonatos, entre eles bisfenol B (BPB), bisfenol F (BPF), bisfenol AD (BPAD), bisfenol AF (BPAF), tetrametilbisfenol A (TMBPA) e 3,3´-dimetilbisfenol A (DMBPA). O tetrabromobisfenol A (TBBPA) e o tetraclorobisfenol A (TCBPA) são amplamente empregados como aditivos em muitos materiais plásticos e como retardadores de chama em inúmeros produtos, tais como materiais de construção, tintas, tecidos sintéticos, cortinas, tapetes, placas protetoras de circuitos eletrônicos e equipamentos em geral, entre outros (Markey *et al.*, 2002).

Efeitos do bisfenol A em células e em animais

A descoberta de que o Bisfenol A (BPA) atua como interferente endócrino, apresentando atividade como hormônio feminino (estrogênica), ocorreu acidentalmente, quando pesquisadores verificaram que os tubos plásticos de policarbonato, empregados em seus experimentos, liberavam na água o BPA que, na concentração de 5,7 partes por bilhão (ppb), ocasionou estímulo da proliferação de células de câncer de mama (MCF-7) (Krishnan *et al.*, 1993).

Até recentemente, o BPA era considerado um estrógeno ambiental fraco. Entretanto, estudos do seu mecanismo de ação revelaram que o BPA pode estimular respostas celulares, causando efeitos nas células pituitárias, pancreáticas e da próstata de camundongos, bem como nas células de câncer de mama humanas, mesmo quando está presente em dosagens muito baixas, da ordem de partes por trilhão (ppt) (nanogramas por L), atuando sobre receptores estrogênicos associados à membrana celular (Welshons *et al.*, 2006; Vom Saal *et al.*, 2007).

A exposição contínua (por 24 horas) de células de pâncreas a uma solução contendo BPA (10 ppb), também ocasionou a secreção de insulina acima do nível normal (Adachi *et al.*, 2005).

Em estudos realizados com cobaias, foi observado que, após quatro dias, a administração de BPA (10 mg/kg/dia) fez com que ratos adultos desenvolvessem hiperinsulinemia, o que aumenta os riscos de desencadeamento de *diabetes mellitus* do tipo 2 e hipertensão (Alonso-Magdalena *et al.*, 2006).

Em experimentos realizados com ratos e camundongos, a exposição do feto (durante a gravidez) ao BPA ocasionou a alteração da morfologia de diversos órgãos do animal adulto, como útero e vagina (Markey *et al.*, 2005), glândulas mamárias (Markey *et al.*, 2001, Durando *et al.*, 2007) e próstata (Welshons *et al.*, 1999).

A administração de BPA a ratas grávidas e seus filhotes recém-nascidos resultou em mudanças no comportamento dos animais expostos quando ficaram adultos e induziu-os à obesidade (Farabollini *et al.*, 1999, Vom Saal *et al.*, 2005). Dentre os efeitos sobre o comportamento, foi observado que o BPA ocasionou hiperatividade, aumento da agressividade, reação alterada para estímulos de dor ou medo, problemas de aprendizagem e alteração do comportamento sociossexual. Na dose de 30 mg/kg de massa corporal/dia, o BPA ocasionou reversão das diferenças normais de comportamento entre os sexos (Negishi *et al.*, 2004; Vom Saal *et al.*, 2005).

O BPA também causou distúrbios no sistema imunológico de camundongos, podendo desencadear doenças autoimunes como lúpus eritematoso sistêmico, púrpura trombocitopênica idiopática, dermatomiosite e esclerodema (Yurino *et al.*, 2004; Vom Saal *et al.*, 2005).

Em ensaios de laboratório, os derivados do BPA – TCBPA, BPAF, BPB, DMBPA, TMBPA e BPAD, apresentaram significativa atividade estrogênica frente a células de câncer de mama MCF-7, na ordem de concentração menor do que 1 micromolar. Também foi descrito que TBBPA, TCBPA, TMBPA e DMBPA, na faixa de concentração de micromolares, foram capazes de interferir na atividade hormonal da tireóide (Kitamura *et al.*, 2005).

Efeitos do bisfenol A em seres humanos

Em um estudo realizado com seres humanos, nos Estados Unidos, o BPA foi encontrado em 95% das amostras analisadas, em níveis superiores a 0,1 nanogramas de BPA por mililitro de urina (0,1 ppb), levando os pesquisadores a concluírem que "a frequente detecção do BPA sugere que os habitantes dos Estados Unidos estão amplamente expostos a esta substância" (Welshons *et al.*, 2006). Os autores destacaram que o BPA foi encontrado em fluidos corporais de seres humanos, em uma faixa de concentração mil vezes (ppb) maior que a concentração necessária (ppt) para que ocorram os efeitos celulares já descritos, levando aqueles estudiosos a concluíram que as evidências científicas indicam que já devem estar ocorrendo amplos efeitos biológicos desta substância nos seres humanos (Welshons *et al.*, 2006; Vom Saal *et al.*, 2007). Particularmente preocupantes são os elevados níveis de BPA detectados no soro do cordão umbilical dos fetos, no soro materno durante a gravidez, e no fluido amniótico fetal, durante o período de maior sensibilidade do feto humano aos efeitos danosos dos interferentes endócrinos. Os níveis aferidos de BPA circulando livre no sangue de adultos ficaram na faixa de 0,2 a 20 ppb (microgramas/L), enquanto que, na placenta, estes valores ultrapassaram 100 ppb (Welshons *et al.*, 2006).

Estudos epidemiológicos levaram à comprovação de que há correlação entre a concentração de Bisfenol A no sangue, com o desenvolvimento de doenças em seres humanos, como obesidade, síndrome dos ovários policísticos, hiperplasia do endométrio e abortos (HIROI *et al.*, 2004; Takeuchi *et al.*., 2004; Sugiura--Ogasawara *et al.*, 2005).

Em estudo divulgado em 2008, foi encontrada correlação entre os níveis de BPA presente na urina de pessoas adultas (18 a 74 anos de idade), com o desencadeamento de diabetes e mal funcionamento do fígado, entre outros efeitos (Lang *et al.*, 2008).

Em estudo publicado em 2014 (Tarapore *et al.*, 2014) foi descrito que homens jovens com diagnóstico histopatológico de câncer de próstata apresentavam níveis de BPA no sangue superiores àqueles de jovens saudáveis.

Bebês do sexo masculino cujas mães estiveram expostas ao BPA durante a gravidez apresentaram má-formação no trato reprodutivo (distância ano-genital menor do que a normal) (Miao *et al.*, 2011).

Em novembro de 2006 foi realizado, na cidade americana de Chapel Hill, um encontro que reuniu pesquisadores de diversas áreas, intitulado "Bisfenol A: Uma Avaliação da Relevância dos Estudos Ecológicos, *In Vitro* e com Animais, na Investigação dos Riscos para a Saúde Humana". Ao final do evento, os pesquisadores concluíram que (Vom Saal *et al.*, 2007):

> Os muitos efeitos adversos observados em animais de laboratório expostos a baixas dosagens de BPA, tanto no período de desenvolvimento, quanto na idade adulta, causa grande preocupação com relação ao potencial de que efeitos semelhantes ocorram em seres humanos [...]. Tendências recentes do adoecimento de seres humanos têm semelhança com os efeitos adversos observados em animais de laboratório expostos a baixas doses de BPA. Especificamente, cita-se como exemplos o aumento da incidência de: – câncer de próstata e mama; – anormalidades uro-genitais em bebês do sexo masculino; – puberdade precoce em meninas; – desordens metabólicas incluindo obesidade e diabetes resistente à insulina (tipo 2); – problemas neurossociais, como hiperatividade associada a déficit de atenção (ADHD) e autismo; – além da diminuição da qualidade do sêmen dos homens. Há muitas evidências de que os efeitos da exposição ao BPA, ocorrida durante o período de desenvolvimento da criança,

> podem se tornar aparentes somente após um longo período de tempo [...]. Estes efeitos são irreversíveis e podem ocorrer devido à exposição a baixas doses de BPA em períodos de maior susceptibilidade, durante o desenvolvimento do feto. Posteriormente, quando os efeitos ou as doenças resultantes são expressos, possivelmente não haverá mais quantidade detectável de BPA presente no organismo afetado [...]. Por outro lado, isto não diminui as preocupações com relação à exposição dos adultos ao BPA, em que muitos efeitos adversos são observados enquanto a exposição está ocorrendo. As preocupações com relação à exposição ao longo da vida são baseadas em evidências de que, virtualmente todos os que vivem em países desenvolvidos estão sujeitos a uma exposição crônica, a baixos níveis de BPA. Estas descobertas indicam que estudos em animais, particularmente os estudos tradicionais da toxicologia, que envolvem apenas elevadas dosagens do BPA, não refletem a situação em humanos.

Welshons e colaboradores (2006) concluíram, em seu trabalho que:

> [...]a nossa preocupação com a exposição humana ao BPA resulta dos seguintes fatos: 1) a identificação de mecanismos moleculares em que a presença do BPA, em dosagens muito baixas, resulta em efeitos em tecidos humanos e animais; 2) efeitos in vivo em animais de laboratório foram ocasionados por dosagens baixas, na faixa de concentração a que os humanos estão expostos; 3) a generalizada exposição humana a níveis de BPA que causam efeitos adversos em animais.

Em testes realizados em laboratórios, o BPA foi detectado: na saliva, em quantidades suficientes para estimular a proliferação de células de câncer de mama (MCF-7), uma hora após os pacientes terem sido tratados com selador dentário à base de resina derivada do BPA (Olea *et al.*, 1996); nos líquidos das latas de conservas de alimentos revestidas por resina contendo BPA, que também estimularam a proliferação das células MCF-7 (Brotons *et al.*, 1995); em amostras de leite (Casajuana; Lacorte, 2004); em galões de policarbonato utilizados como embalagens de água mineral (Biles, 1997); e em mamadeiras de policarbonato, sob condições semelhantes àquelas do uso normal (Brede *et al.*, 2003).

No Brasil, a partir de 01 de janeiro de 2012 foi vetada a utilização de bisfenol A em polímeros utilizados na fabricação de mamadeiras e artigos similares destinados à alimentação de lactentes (crianças menores de doze meses de idade) (Resolução RDC Anvisa 41/2011) (Anvisa, 2011). Para embalagens em contato com alimentos, está estabelecido em 0,6 mg/kg o limite de migração específica para o bisfenol A (Anvisa, 2008, 2012).

Ftalatos

Materiais contendo ftalatos

Os ftalatos, ésteres do ácido ftálico (ácido 1,2-benzenodicarboxílico) representam uma classe de materiais produzidos industrialmente em larga escala. As aplicações dos diversos ftalatos dependem em parte do seu peso molecular. Os mais pesados, como os ftalatos de di-(2-etil)hexila (DEHP), de di-isononila (DiNP) e o de di-isodecila (DiDP), são produzidos em maior quantidade para a aplicação em materiais de construção, móveis, roupas e, principalmente, para dar flexibilidade ao PVC. Aqueles com pesos moleculares relativamente baixos, como o ftalato de dimetila (DMP), o de dietila (DEP) e o de dibutila (DBP), são utilizados em solventes e em adesivos, tintas, cosméticos, ceras, inseticidas e produtos farmacêuticos e de uso pessoal. O ftalato de benzilbutila (BBP) é um plastificante muito utilizado na confecção de pisos poliméricos, em materiais plásticos à base de celulose, acetato de polivinila, poliuretanas e polissulfetos, em couros sintéticos, cosméticos, como agente dispersante em inseticidas, repelentes e perfumes, entre muitos outros produtos (Sonnenschein; Soto, 1998).

Devido ao seu amplo emprego, a exposição aos ftalatos pode alcançar tanto pessoas quanto animais domésticos e selvagens, por ingestão, inalação, absorção pela pele ou por administração intravenosa. A absorção de ftalatos pode ocorrer por via alimentar, visto que muitos alimentos são acondicionados em contato com materiais plásticos contendo ftalatos. Diversos repelentes para insetos e inseticidas contêm em suas composições DMP, DBP, DEP ou o di-n-octil ftalato (DnOP), que podem ser absorvidos por via dérmica ou respiratória. Brinquedos, mamadeiras e outros utensílios de material plástico representam uma fonte potencial de contaminação das crianças por ftalatos. Em estudos realizados nos Estados Unidos, foi estimada em 40 a 173 microgramas/kg de massa corporal/dia a quantidade de DiNP absorvida pelas crianças ao colocarem brinquedos e outros materiais plásticos na boca (Foster *et al.*, 2001; Schettler, 2006).

A taxa de transferência dos ftalatos, a partir dos plásticos, para o meio (como alimentos e materiais líquidos e gasosos administrados em procedimentos médicos) depende de diversos fatores, como: a concentração dos ftalatos no material, o tempo de estocagem produto em contato com o plástico, a temperatura, o grau de agitação e a natureza do material, sendo que materiais gordurosos tendem a absorver os ftalatos com mais facilidade, já que também têm natureza lipofílica (Schettler, 2006).

Bolsas e mangueiras de PVC contendo DEHP são empregados no tratamento de pacientes para a administração intravenosa de fluidos, fórmulas nutritivas, sangue e também para a hemodiálise e o fornecimento de oxigênio. Devido a isso, o DEHP pode ser inalado a partir de gases utilizados em procedimentos médicos ao passar por tubos de PVC. Fórmulas para alimentação entérica – contendo lipídios e embaladas em bolsas de PVC com DEHP, e administradas por tubos do mesmo material – levam os pacientes à exposição ao DEHP na ordem de 0,14 mg/kg de massa corporal/dia para adultos e 2,5 mg/kg de massa corporal/dia para recém-nascidos. Durante a transfusão de sangue, os pacientes adultos recebem entre 8,5 e 3,0 mg/kg de massa corporal/dia de DEHP, enquanto os recém-nascidos recebem entre 0,3 e 22,6 mg/kg de massa corporal/dia dessa substância (Foster *et al.*, 2001; Schettler, 2006).

Efeitos dos ftalatos em animais de laboratório e em seres humanos

Tem sido demonstrado que alguns ftalatos são desreguladores endócrinos que interferem no desenvolvimento do sistema reprodutivo de roedores do sexo masculino, sendo os fetos mais sensíveis do que os recém-nascidos, e esses, mais vulneráveis do que os animais jovens e adultos. Em particular, a exposição dos machos ainda no período intra-uterino ao DBP, ao BBP e ao DEHP, resulta na idade adulta em uma síndrome de anormalidades reprodutivas, danos aos testículos, além de feminização (Foster *et al.*, 2001; Foster, 2006; Gray Jr. *et al.*, 2006). Também foi revelado que ratos com cinco dias de idade que receberam uma baixa dose única dos ftalatos DCHP, DBP e DEHP, sofreram intensa interferência no desenvolvimento do cérebro, que resultou em hiperatividade (Ishido *et al.*, 2005).

Tais dados são muito preocupantes ao se considerar que as principais enzimas envolvidas na produção da testosterona e de outros hormônios são idênticas em ratos e em seres humanos, e acredita-se que todos os mamíferos tenham mecanismos semelhantes de ativação de processos dependentes de hormônios. Portanto, acredita-se que fetos humanos que tenham sido suficientemente expostos a determinados materiais tóxicos, apresentem em seus organismos efeitos hormonais adversos semelhantes àqueles observados em experimentos com animais (Foster, 2006).

Em estudos com seres humanos, foi descrito que houve correlação estatisticamente significativa entre a presença de resíduos de ftalatos na urina de homens adultos, com a obesidade e a resistência à insulina (Stahlhut *et al.*, 2007). Também foi demonstrado que a exposição intrauterina de seres humanos ao DEHP e ao DBP, diminui o tempo gestacional e o tamanho ao nascer (Latini *et al.*,2003) e que os níveis de exposição de crianças a ftalatos presentes na poeira dentro das residências estão associados ao aumento da severidade dos sintomas da asma e da rinite (Bornehag *et al.*, 2004). Em estudos divulgados em 2006, encontrou-se associação entre a presença de resíduos de ftalatos no leite materno e no sangue dos bebês alimentados com tal alimento, com a incidência de criptorquidismo (não-descida dos testículos para o escroto) e a diminuição da biodisponibilidade de testosterona livre, que é necessária ao desenvolvimento normal do trato reprodutivo das crianças do sexo masculino (Lottrup *et al.*, 2006; Main *et al.*, 2006). Além disso, em um estudo realizado nos Estados Unidos, foi revelado que mulheres apresentando ftalatos na urina durante a gravidez tiveram bebês do sexo masculino com alterações no aparelho reprodutivo (distância ano-genital menor do que a esperada), comprovando novamente que os ftalatos exercem atividade hormonal também em seres humanos (Swan *et al.*, 2005; Swan, 2008). Os pesquisadores destacaram que os bebês com tais alterações no aparelho reprodutivo, bem como as suas mães, estiveram expostos a doses diárias de ftalatos abaixo dos limites fixados pela legislação americana, demonstrando que a regulamentação para a exposição a estas substâncias deveria ser revista (Marsee *et al.*, 2006).

Em decorrência dos relatos científicos, na União Europeia e nos Estados Unidos foi proibido o emprego de DEHP, DBP e de BBP na fabricação de brinquedos e de materiais para uso infantil, e também de DiNP, DnOP e DiDP em brinquedos direcionados para crianças com menos de três anos (Schettler *et al.*, 2006). Na legislação brasileira relativa aos limites de composição e de migração específicas para componentes de embalagens em contato com alimentos (Anvisa, 2008), há restrições, mas não proibição ao emprego de ftalatos.

Em estudos de 2005 e 2006, encontrou-se associação entre a presença de resíduos de ftalatos no leite materno e no sangue dos bebês alimentados com esse leite com a incidência de criptorquidismo (não-descida dos testículos para o escroto) e a diminuição da biodisponibilidade de testosterona livre, que é necessária ao desenvolvimento normal do trato reprodutivo das crianças do sexo masculino (Lottrup *et al.*, 2006).

Também foi demonstrado que a exposição intrauterina de seres humanos ao DEHP e ao DBP diminui o tempo gestacional e o tamanho ao nascer (Latini *et al.*, 2003) e que os níveis de exposição de crianças a ftalatos presentes na poeira dentro das residências estão associados ao aumento da severidade dos sintomas da asma e da rinite (Bornehag *et al.*, 2004).

Em um estudo prospectivo realizado nos Estados Unidos foi revelado que mulheres apresentando monoetilftalato (MEP), monobutilftalato (MBP), monobenzilftalato (MBzP) e monoisobutilftalato (MiBP) na urina durante a gravidez tiveram bebês do sexo masculino com uma distância ano-genital (AGD) menor do que a esperada. Considerando que a AGD é aplicada em estudos de toxicologia com roedores como um biomarcador sensível para a masculinização, esse estudo comprovou que os ftalatos exercem atividade antiandrogênica também em seres humanos, colocando em risco o desenvolvimento normal de crianças expostas a estes contaminantes (Swan *et al.*, 2005; Swan, 2008). Um estudo divulgado em 2006 também revelou que as doses diárias de ftalatos a que os bebês com AGD anormal e suas mães estiveram expostos, estavam abaixo dos limites fixados pela legislação americana, demonstrando que a regulamentação para a exposição a estas substâncias, deveria ser revista (Marsee *et al.*, 2006).

Nos Estados Unidos, pesquisa divulgada em 2007 revelou haver correlação estatisticamente significativa entre a presença de resíduos de ftalatos na urina de homens adultos, com a obesidade e a resistência à insulina (Stahlhut *et al.*, 2007).

Em decorrência dos relatos científicos, na União Europeia e nos Estados Unidos foi proibido o emprego de DEHP, DBP e de BBP na fabricação de brinquedos e de materiais para uso infantil, e também de DiNP, ftalato de di-n-octila (DnOP) e DiDP em brinquedos direcionados para crianças com menos de três anos (Schettler *et al.*, 2006).

A Resolução da Diretoria Colegiada (RDC) n. 56 de 16 de novembro de 2012 da Anvisa, que dispõe sobre a lista positiva de monômeros, outras substâncias iniciadoras e polímeros autorizados para a elaboração de embalagens e equipamentos plásticos em contato com alimentos (Anvisa, 2012) estabelece os seguintes limites de migração específica (LME) (quantidade máxima transferida permitida): isoftalato de dimetila, 0,05 mg/kg; 5-sulfoisoftalato de dimetila, sal monossódico, 0,05 mg/kg; ftalato de dialila, não determinado, limite de detecção do método de análise, LD = 0,01 mg/kg. Na RDC da Anvisa, n. 17 de 17 de março de 2008, que dispõe sobre o regulamento técnico sobre lista positiva de aditivos para materiais plásticos destinados à elaboração de embalagens e equipamentos em contato com alimentos (Anvisa, 2008) são estabelecidos os LMEs para os ftalatos de: butila e benzila; dibutila; diciclohexila; dietila; diisodecila; di-2-etilhexila; e de dioctila. Os parâmetros fixados nas normas brasileiras são as mesmas fixadas no âmbito de todos os países do Mercosul.

Filtros solares

Materiais contendo filtros solares

Os filtros de radiação ultravioleta (UV) representam uma nova classe de substâncias ativas como desreguladores endócrinos. São materiais com um espectro de uso industrial cada vez maior, devido à crescente preocupação com a radiação UV e o câncer de pele. Além de protetores da pele, os filtros UV têm sido acrescentados a muitos produtos para conferir-lhes estabilidade à luz, como: cosméticos, perfumes, plásticos, carpetes, móveis, roupas e detergentes em pó (Schlumpf *et al.*, 2001).

Os materiais que absorvem radiação ultravioleta de onda longa (UVA – 400-315 nm) e de onda média (UVB – 315-280 nm) são acrescentados em concentrações de até 10% aos produtos para proteção da pele à radiação solar. Dentre as substâncias empregadas como protetores frente à radiação UV estão: homosalato (HMS), benzofenona-1 (BP-1) (2,4-dihydroxybenzophenone), benzofenona-2 (BP-2) (2,2',4,4'-tetrahydroxybenzophenone), benzofenona-3 (BP-3) (oxybenzone), benzofenona-4 (BP-4) (sulisobenzone), 3-benzilideno cânfora (3-BC), 4-metil benzilideno cânfora (4-MBC) e 4-metoxicinamato de 2-etilhexila (OMC) (Schlumpf *et al.*, 2001, 2004).

Os seres humanos podem estar expostos aos filtros UV por absorção dérmica ou através da cadeia alimentar. O filtro solar BP-3 e seu metabólito 2,4-dihidroxibenzofenona foram detectados na urina de pessoas quatro horas após a aplicação dérmica de protetores solares comerciais. Também foi relatado que o BP-3 é prontamente absorvido no trato gastrointestinal. Evidências da acumulação destes produtos em seres humanos têm sido fornecidas por análises do leite materno, sendo que, de cada seis amostras avaliadas, cinco apresentavam resíduos de BP-3 e de OMC em quantidades detectáveis (Schlumpf *et al.*, 2001).

Um levantamento dos componentes descritos nos rótulos dos protetores solares comercializados na cidade de Campo Grande (MS) abril de 2006, incluindo tanto produtos vendidos em estabelecimentos comerciais, quanto por vendedores de cosméticos, revelou que todos os produtos continham OMC e que, na maioria, também havia BP-3 ou 4-MBC.

Efeitos biológicos dos filtros solares

Em experimentos *in vitro* com células de câncer de mama MCF-7 (avaliação da atividade estrogênica) e células de câncer de mama MDA-kb2 (avaliação da atividade antiandrogênica), os filtros solares BP-1, BP-2, BP-3, 3-BC, 4-MBC, HMS e OMC causaram estímulo da multiplicação de células MCF-7 na faixa de concentração da ordem de partes por bilhão (ppb) (Schlumpf *et al.*, 2001, 2004). Foi relatado, ainda, que os filtros solares BP-1, BP-3, 4-MBC e OMC, quando misturados, têm sua atividade estrogênica potencializada (Heneweer *et al.*, 2005; Kunz; Fent, 2006).

Na faixa de concentração de ppb, BP-3 e HMS também foram ativos como antiandrogênicos (MA *et al.*, 2003; Schlumpf *et al.*, 2004).

Em testes *in vitro*, o OMC também interferiu na liberação de neurotransmissores que atuam no amadurecimento sexual de ratos (Szwarcfarb *et al.*, 2008).

Os filtros solares 4-MBC e 3-BC foram administrados a ratos na dose de 24 mg/kg de massa corporal/dia, desde o período intrauterino até a idade adulta, imitando a maneira como os seres humanos são expostos a estes produtos. Foram observados os seguintes efeitos: 1) no período perinatal: decréscimo da taxa de sobrevivência, peso reduzido do timo, peso reduzido dos testículos; 2) na puberdade: atraso na separação do prepúcio; 3) na idade adulta: aumento da tireóide e diminuição da próstata e timo dos machos, aumento da tireóide, timo, útero e ovário das fêmeas (Schlumpf *et al.*, 2004; Maerkel *et al.*, 2005; Soto; Sonnenschein, 2005). Em um outro estudo, foi observado que os filhotes machos apresentaram deformidades nos testículos quando, durante a gravidez, as mães foram alimentadas com amostras contendo 4-MBC na proporção de 7 mg/Kg corporal.dia (Hofkamp *et al.*, 2008).

Em ensaios com ratas, os filtros solares foram administrados em mistura com os alimentos, sendo que o peso uterino aumentou de forma dose-dependente para o 4-MBC, OMC e, mais fracamente, para o BP-3. A aplicação dérmica de 4-MBC nas concentrações de 5 e 7,5% em óleo de oliva em ratas imaturas também ocasionou aumento do peso do útero (Schlumpf *et al.*, 2001).

Diante do exposto, conclui-se, com base no conhecimento científico existente sobre o assunto, que a exposição aos componentes de filtros solares BP-1, BP-2, BP-3, 3-BC, 4-MBC, HMS e OMC impõe às pessoas riscos reais de adoecimento.

Em estudo publicado em 2012, Krause e colaboradores concluíram que:

> [...]um grande número de estudos *in vitro* e *in vivo* com animais têm demonstrado efeitos de interferentes endócrinos para filtros UV presentes em protetores solares; 2) a aplicação de cosméticos contendo filtros UV na pele pode resultar na absorção dos filtros UV na corrente sanguínea humana e, subsequentemente, pode ocasionar a exposição de todos os tecidos do corpo. Levando-se estes fatos em consideração em conjunto com a constatação de que o uso crescente de filtros solares tem acontecido concomitantemente ao aumento da incidência de melanoma maligno, que o uso de tais protetores deveria evitar, parece pertinente investigar-se se o uso de protetores solares é realmente benéfico para a saúde humana.

Alquilfenóis

Materiais contendo alquilfenóis

Os alquilfenóis, como o nonilfenol (4-n-nonil-fenol) e o octilfenol (4-n-octil-fenol), são empregados como agentes plastificantes, antioxidantes e foto-estabilizantes em plásticos e como matérias-primas na síntese de surfactantes não-iônicos do tipo alquilfenol etoxilato (APE´s), amplamente utilizados como componentes de detergentes, tintas, herbicidas, agentes umectantes, cosméticos, pesticidas e em muitos outros produtos domésticos, industriais e agrícolas (Loyo-Rosales *et al.*, 2004; Yao *et al.*, 2005).

Nos ecossistemas aquáticos, os APE's são degradados pela ação das bactérias, liberando os alquilfenóis livres, bem como mono e dietoxilatos. Tanto os alquilfenóis, quanto os alquil-fenol dietoxilatos, são interferentes endócrinos com ação estrogênica (hormônio feminino). Estudos demonstraram que a concentração de nonilfenol no ambiente aquático, principalmente nos sedimentos, pode alcançar valores acima de 300 ppb (Sonnenschein; Soto, 1998; Yao *et al.*, 2005). Agentes estrogênicos derivados do nonilfenol foram detectados em águas de abastecimento e em efluentes de estações de tratamento de esgoto, em concentrações que foram suficientes para causar a feminização, a reversão do sexo de peixes machos (Shiraishi *et al.*, 1989; Sonnenschein; Soto, 1998).

Foi estimada em 7,5 microgramas a absorção diária de nonilfenol por seres humanos, devido à contaminação dos alimentos. Em estudos divulgados na literatura científica foi descrito que o nonilfenol foi encontrado: – na água comercializada em garrafas plásticas feitas de PVC (0,30 ppb) e de polietileno de alta densidade (PEAD) (0,18 ppb); – e no leite comercializado em embalagens contendo PEAD (0,18 ppb) (Loyo-Rosales *et al.*, 2004). Esta substância também migrou do PVC que constituía tubulações industriais de processamento de leite, contaminando o alimento distribuído à população (Sonnenschein; Soto, 1998).

Em estudos analíticos, o nonilfenol foi encontrado em amostras de alimentos em contato com plásticos, sendo que luvas, filmes flexíveis de PVC, pratos e copos descartáveis (poliestireno ou polipropileno) apresentaram elevadas taxas de transferência do nonilfenol para os alimentos (Kawamura *et al.*, 2000; Funayama *et al.*, 2001; Inoue *et al.*, 2001; Isobe *et al.*, 2002).

3.5.2 Efeitos biológicos dos alquilfenóis

A atividade estrogênica do nonilfenol resulta em estímulo da proliferação de células de câncer de mama MCF-7, em meio de cultura (Soto *et al.*, 1991; Van Meeuwen *et al.*, 2007).

A exposição contínua (por 24 horas) de células de pâncreas a uma solução contendo nonilfenol (10 ppb), ocasionou a secreção de insulina acima do nível normal (Adachi *et al.*, 2005), e a exposição de células hepáticas humanas ao nonilfenol ocasionou inibição de diversas enzimas (Niwa *et al.*, 2002). O nonilfenol também induziu a apoptose (morte celular programada) de células do timo, o que pode afetar negativamente o funcionamento do sistema imunológico de mamíferos (Yao *et al.*, 2005).

Dentre os efeitos dos alquil-fenóis sobre cobaias podem ser citados: o octil- e o nonil-fenol causaram intensa interferência no desenvolvimento do cérebro, resultando em hiperatividade, quando foram administrados a filhotes de ratos com 5 dias de idade (Ishido *et al.*, 2005); e ao ser administrado por via oral para as ratas grávidas e seus filhotes, o nonilfenol ocasionou alterações de comportamento com relação a estímulos de dor e medo (Negishi *et al.*, 2004).

Foi revelado, a partir de um estudo epidemiológico realizado em nove países da Europa entre 1943 e 1989, que a incidência de câncer testicular aumentou entre 2,3% e 3,4% ao ano nos países nórdicos, e em torno de 5,0% ao ano na Alemanha e Polônia, sendo que o maior aumento foi verificado na população jovem, entre 25 e 34 anos de idade (Adami *et al.*, 1994; Sharpe, 2001). Estudos epidemiológicos também têm revelado que, nos últimos 60 anos, em alguns países: – a contagem média de espermatozóides diminuiu pela metade; – dobrou a incidência de malformações do trato reprodutivo masculino, como hipospadias (desenvolvimento anormal do pênis); – e esses efeitos têm forte correlação com a geografia (Fowler *et al.*, 2002; Foster, 2006; Sharpe, 2000). Considerando-se os dados da literatura relativos aos efeitos aferidos para os produtos industriais ativos como desreguladores endócrinos, amplamente utilizados e dispersos em quantidades crescentes no ambiente, é provável que os pesquisadores estejam corretos ao suspeitarem que tais materiais já estejam afetando negativamente a saúde das pessoas expostas.

Em estudo realizado na Coréia do Sul, foi descrito que bebês recém nascidos do sexo masculino com hipospadias (malformações no pênis) tinham níveis significativamente maiores de DEHP e de nonilfenol na urina, e de BPA e ácido ftálico no plasma, do que bebês recém nascidos sem hipospadias (Choi *et al.*, 2012).

Em estudo publicado por Careghini e colaboradores (2015) foi descrito que, em muitos locais do mundo, o bisfenol A e os nonilfenóis estavam presentes como contaminantes em solos, águas superficiais e subterrâneas, sedimentos e alimentos.

A RDC n. 56 de 16 de novembro de 2012 da Anvisa (Anvisa, 2012) estipula que o p-nonilfenol e o p-octilfenol podem ser usados sem restrições para a elaboração de embalagens e equipamentos plásticos em contato com alimentos.

Referências

ADACHI, T.; YASUDA, K.; MORI, C.; YOSHINAGA, M.; AOKI, N.; TSUJIMOTO, G. *et al.* Promoting insulin secretion in pancreatic islets by means of bisphenol A and nonylphenol via intracellular estrogen receptors. *Food Chem. Toxicol.*, v. 43, p. 713-719, 2005.

ADAMI, H. O.; BERGSTROM, R.; MOHNER, M.; ZATONSKI, W.; STORM, H.; EKBOM, A. *et al.* Testicular cancer in nine Northern European countries. *Int. J. Cancer*, v. 59, p. 33-38, 1994.

ALONSO-MAGDALENA, P.; MORIMOTO, S.; RIPOLL, C.; FUENTES, E.; NADAL, A. The estrogenic effect of bisphenol A disrupts pancreatic b--cell function in vivo and induces insulin resistance. *Environ. Health Persp.*, v. 114, p. 106-112, 2006.

AGÊNCIA NACIONAL DE VIGILÂNCIA SANITÁRIA – ANVISA. Resolução da Diretoria Colegiada (RDC) n. 17 de 17 de março de 2008. Dispõe sobre o regulamento técnico sobre lista positiva de aditivos para materiais plásticos destinados à elaboração de embalagens e equipamentos em contato com alimentos. *Diário Oficial da República Federativa do Brasil*, Brasília, DF, 18/03/2008.

______. Resolução da Diretoria Colegiada (RDC) n. 41 de 16 de setembro de 2011. Dispõe sobre a proibição de uso de bisfenol A em mamadeiras destinadas a alimentação de lactentes e dá outras providências. *Diário Oficial da República Federativa do Brasil*, Brasília, DF, 19/09/2011.

______. Resolução da Diretoria Colegiada (RDC) n. 56 de 16 de novembro de 2012. Dispõe sobre a lista positiva de monômeros, outras substâncias iniciadoras e polímeros autorizados para a elaboração de embalagens e equipamentos plásticos em contato com alimentos. *Diário Oficial da República Federativa do Brasil*, Brasília, DF, 21/11/2012.

BILES, J. E.; MC NEAL, T. P.; BEGLEY, T. H.; HOLLIFIELD, H. C. Determination of bisphenol-A in reusable polycarbonate food-contact plastics and migration to food-simulating liquids. *J. Agric. Food Chem.*, v. 45, p. 3541-3544, 1997.

BORNEHAG, C. G.; SUNDELL, J.; WESCHLER, C. J.; SIGSGAARD, T.; LUNDGREN, B.; HASSELGRAN, M.; HÄGERHED-ENGMAN, L. The association between asthma and allergic symptoms in children and phthalate in house dust: a nested case-control study. *Environ. Health Persp.*, v. 112, p. 1393–1397, 2004.

BRAUN, J. M.; YOLTON, K.; DIETRICH, K. N.; HORNUNG, R.; YE, X.; CALAFAT, A. M.; LANPHEAR, B. P. Prenatal bisphenol A exposure and early childhood behavior. *Environ. Health Perspect.*, v. 117, p. 1945-1952, 2009.

BREDE, C.; FJELDAL, P.; SKJEVRAK, I.; HERIKSTAD, H. Increased migration levels of bisphenol A from polycarbonate baby bottles after dishwashing, boiling and brushing. *Food Addit. Contam.*, v. 20, p. 684-689, 2003.

BROTONS, J. A.; OLEA-SERRANO, M. F.; VILLALOBOS, M.; PEDRAZA, V.; OLEA, N. Xenoestrogens released from lacquer coatings in food cans. *Environ. Health Persp.*, v. 103, p. 608-612, 1995.

CAREGHINI, A.; MASTORGIO, A. F.; SAPONARO, S.; SEZENNA, E. Bisphenol A, nonylphenols, benzophenones, and benzotriazoles in soils, groundwater, surface water, sediments, and food: a review. *Environ. Sci. Pollut. Res.*, v. 22, p. 5711–5741, 2015.

CASAJUANA, N.; LACORTE, S. New methodology for the determination of phthalate esters, bisphenol A, bisphenol A diglycidyl ether, and nonylphenol in commercial whole milk samples. *J. Agric. Food Chem.*, v. 52, p. 3702-3707, 2004.

CHOI, H.; KIM, J.; IM, Y.; LEE, S.; KIM, Y. The association between some endocrine disruptors and hypospadias in biological samples. *J. Environ. Sci. Health A Tox. Hazard Subst. Environ. Eng.*, v. 47, n. 13, p. 2173-2179, 2012.

COLBORN, T.; MYERS, J. P.; DUMANOSKI, D. *Our stolen future*. New York (NY): Dutton; 1996.

DURANDO, M.; KASS, L.; PIVA, J.; SONNENSCHEIN, C.; SOTO, A. M.; LUQUE, E. H. *et al.* Prenatal bisphenol A exposure induces preneoplastic lesions in the mammary gland in wistar rats. *Environ. Health Persp.*, v. 115, p. 80-86, 2007.

DUTRA, L. S.; FERREIRA, A. P. Associação entre malformações congênitas e a utilização de agrotóxicos em monoculturas no Paraná, Brasil. *Saúde Debate*, v. 41, p. 241-253, 2017.

FARABOLLINI, F.; PORRINI, S.; DESSI-FULGHERI, F. Perinatal exposure to the estrogenic pollutant bisphenol A affects behavior in male and female rats. *Pharmacol. Biochem. Behav.*, v. 64, p. 687-694, 1999.

FOSTER, P. M. D. Disruption of reproductive development in male rat offspring following in utero exposure to phthalate esters. *Int. J. Androl.*, v. 29, p. 140-147, 2006.

FOSTER, P. M. D.; MYLCHREEST, E.; GAIDO, K. W.; SAR, M. Effects of phthalate esters on the developing reproductive tract of male rats. *Hum. Reprod. Update*, v. 7, p. 231-235, 2001.

FOWLER, P. A.; MURRAY, T.; ABRAMOVICH, D. R.; HAITES, N.; LEA, R. G. Environmental chemical effects on testicular function. *Reprod. Med. Rev.*, v. 10, p. 77-100, 2002.

FUNAYAMA, K.; KANEKO, R.; WATANABE, Y.; KAMATA, K. Nonylphenol content in polyvinyl chloride wrapping film for food and migration into food samples. *Ann. Rep. Tokyo Metr. Res. Lab. P. H.*, v. 52, p. 180-188, 2001.

GRAY JR., L.E.; WILSON, V. S.; STOKER, T.; LAMBRIGHT, C.; FURR, J.; NORIEGA, N, *et al.* Adverse effects of environmental antiandrogens and androgens on reproductive development in mammals. *Int. J. Androl.*, v. 29, p. 96-104, 2006.

HENEWEER, M.; MUUSSE, M.; VAN DEN BERG, M.; SANDERSON, J. T. Additive estrogenic effects of mixtures of frequently used UV filtres on PS2-gene transcription in MCF-cells. *Toxicol. Appl. Pharmacol.*, v. 208, p. 170-177, 2005.

HIROI, H.; TSUTSUMI, O.; TAKEUCHI, T.; MOMOEDA, M.; IKEZUKI, Y.; OKAMURA, A. *et al.* Differences in serum Bisphenol A concentrations in premenopausal normal women and women with endometrial hyperplasia. *Endocrinol. J.*, v. 51, p. 595-600, 2004.

HOFKAMP, L.; BRADLEY, S.; TRESGUERRES, J.; LICHTENSTEIGER, W.; SCHLUMPF, M.; TIMMS, B. Region-specific growth effects in the developing rat prostate following fetal exposure to estrogenic ultraviolet filters. *Environ. Health Persp.*, v. 116, p. 867-872, 2008.

INOUE, K.; KONDO, S.; YOSHIE, Y.; KATO, K.; YOSHIMURA, Y.; HORIE, M.; NAKAZAWA, H. Migration of 4-nonylphenol from polyvinyl chloride food packaging films into food simulants and foods. *Food Addit. Contam.*, v. 18, p. 157-164, 2001.

ISHIDO, M.; MORITA, M.; OKA S, MASUO Y. Alteration of gene expression of G protein-coupled receptors in endocrine disruptors-caused hyperactive rats. *Regul. Pept.*, v. 126, p. 145-53, 2005.

ISOBE T, NAKADA N, MATO Y, NISHIYAMA, H.; KUMATA, H.; TAKADA, H. Determination of nonylphenol migrating from food-contact plastics. *J. Environ. Chem.*, v. 12, p. 621–625, 2002.

JUDY, B. M.; NAGEL, S. C.; THAYER, K. A.; VOM SAAL, F. S.; WELSHONS, W. V. Low-dose bioactivity of xenoestrogens in animals: fetal exposure to low doses of methoxychlor and other xenoestrogens increases adult prostate size in mice. *Toxicol. Ind. Health.*, v. 15, p.12-25, 1999.

KANG, J. H.; KATAYAMA, Y.; KONDO, F. Biodegradation or metabolism of bisphenol A: from microorganisms to mammals. *Toxicology*, v. 217, p. 81-90, 2006.

KAWAMURA, Y.; MAEHARA, T.; IIJIMA, H.; YAMADA ,T. Nonylphenol in food contact plastics and toys. *Shokuhin Eiseigaku Zasshi*, v. 41, p. 212-218, 2000.

KITAMURA, S.; SUZUKI, T.; SANOH, S.; KOHTA, R.; JINNO, N.; SUGIHARA, K. *et al.* Comparative study of the endocrine-disrupting activity of bisphenol A and 19 related compounds. *Toxicol. Sci.*, v. 84, p. 249-259, 2005.

KRAUSE, M.; KLIT, A.; BLOMBERG JENSEN, M.; SØEBORG, T.; FREDERIKSEN, H.; SCHLUMPF, M.; LICHTENSTEIGER, W.; SKAKKEBAEK, N. E.;DRZEWIECKI, K. T. Sunscreens: are they beneficial for health? An overview of endocrine disrupting properties of UV-filters. *International Journal of Andrology*, v. 35, p. 424–436, 2012.

KRISHNAN, A. V.; STATHIS, P.; PERMUTH, S. F.; TOKES, L.; FELDMAN, D. Bisphenol-A: an estrogenic substance is released from polycarbonate flasks during autoclaving. *Endocrinology*, v. 132, p. 2279 2286, 1993.

KUNZ, P. Y.; FENT, K. Estrogenic activity of UV filter mixtures. *Toxicol. Appl. Pharmacol.*, v. 217, p. 86-99, 2006.

LANG, I. A.; GALLOWAY, T. S.; SCARLETT, A.; HENL, W. E.; DEPLEDGE, M.; WALLACE, R. B.; MELZER, D. Association of urinary bisphenol A concentration with medical disorders and laboratory abnormalities in adults. *J. Am. Med. Assoc.*, v. 300, p. 1303-1310, 2008.

LATINI, G.; DEFELICE, C.; PRESTA, G.; DELVECCHIO, A.; PARIS, I.; RUGGIERI, F. *et al. In utero* exposure to di(2-ethylhexyl)phthalate and duration of human pregnancy. *Environ. Health Persp.*, v. 111, p. 1783-1785, 2003.

LOTTRUP, G.; ANDERSSON, A. M.; LEFFERS, H.; MORTENSEN, G. K.; TOPPARI, J.; SKAKKEBAEK, N. E. *et al.* Possible impact of phthalates on infant reproductive health. *Int. J. Androl.*, v. 29, p. 172-180, 2006.

LOYO-ROSALES, J. E.; ROSALES-RIVERA, G. C.; LYNCH, A. M.; RICE, C. P.; TORRENTS, A. Migration of nonylphenol from plastic containers to water and a milk surrogate. *J. Agric. Food Chem.*, v. 52, p. 2016-2020, 2004.

MA, R.; COTTON, B.; LICHTENSTEIGER, W.; SCHLUMPF, M. UV filters with antagonistic action at androgen receptors in the MDA-kb2 cell transcriptional-activation assay. *Toxicol. Sci.*, v. 74, p. 43-50, 2003.

MAERKEL, K.; LICHTENSTEIGER, W.; DURRER, S.; CONSCIENCE, M.; SCHLUMPF, M. Sex- and region-specific alterations of progesterone receptor mRNA levels and estrogen sensitivity in rat brain following developmental exposure to the estrogenic UV filter 4-methylbenzylidene camphor. *Environ. Toxicol. Pharmacol.*, v. 19, p. 761-765, 2005.

MAIN, K. M.; MORTENSEN, G. K.; KALEVA, M. M.; BOISEN, K. A.; DAMGAARD, I. N.; CHELLAKOOTY, M. *et al.* Human breast milk contamination with phthalates and alterations of endogenous reproductive hormones in infants three months of age. *Environ. Health Perspect.*, v. 114, p. 270–276, 2006.

MARKEY, C. M.; LUQUE, E. H.; MUNOZ DEL TORO, M.; SONNENSCHEIN, C.; SOTO, A. M. In utero exposure to bisphenol A alters the development and tissue organization of the mouse mammary gland. *Biol. Reprod.*, v. 65, p. 1215-1223, 2001. Erratum in: *Biol Reprod.*, v. 71, p. 1753, 2004.

MARKEY, C. M.; RUBIN, B.S.; SOTO, A.M.; SONNENSCHEIN, C. J. Endocrine disruptors: from wingspread to environmental developmental biology. *Steroid Biochem. Mol. Biol.*, v. 83, p. 235-244, 2002.

MARKEY, C. M.; WADIA, P. R.; RUBIN, B. S.; SONNENSCHEIN, C.; SOTO, A.M. Long-term effects of fetal exposure to low doses of the xenoestrogen bisphenol A in the female mouse genital tract. *Biol. Reprod.*, v. 72, p. 1344-1351, 2005.

MARSEE, K..; WOODRUFF, T. J.; AXELRAD, D. A.; CALAFAT, A. M.; SWAN, S. H. Estimated daily phthalate exposures in a population of mothers of male infants exhibiting reduced anogenital distance. *Environ. Health Persp.*, v. 114, p. 805-809, 2006.

MIAO, M.; YUAN, W.; HE, Y.; ZHOU, Z.; WANG, J.; GAO, E. *et al.* In utero exposure to bisphenol-a and anogenital distance of male offspring. *Birth Defects Res A Clin Mol Teratol.*, v. 91, n. 10, p. 867-72, 2011.

NEGISHI, T.; KAWASAKI, K.; SUZAKI, S.; MAEDA, H.; ISHII, Y.; KYUWA, S. *et al.* Behavioral alterations in response to fear-provoking stimuli and tranylcypromine induced by perinatal exposure to bisphenol A and nonylphenol in male rats. *Environ. Health Persp.*, v. 112, p. 1159-1164, 2004.

NIWA, T.; MAEKAWA, Y.; FUJIMOTO, M.; KISHIMOTO, K.; YABUSAKI, Y.; ISHIBASHI, F.; KATAGIRI, M. Inhibition of human hepatic cytochrome P450s and steroidogenic CYP17 by nonylphenol. *Biol. Pharm. Bull.*, v. 25, p. 235-238, 2002.

OLEA, N.; PULGAR, R.; PEREZ, P.; OLEA-SERRANO, F.; RIVAS, A.; NOVILLO-FERTRELL, A. *et al.* Estrogenicity of resin-based composites and sealants used in dentistry. *Environ. Health Persp.*, v. 104, p. 298-305, 1996.

SCHETTLER, T. Human exposure to phthalates via consumer products. *Int. J. Androl.*, v. 29, p. 134-139, 2006.

SCHLUMPF, M.; COTTON, B.; CONSCIENCE, M.; HALLER, V.; STEINMANN, B.; LICHTENSTEIGER, W. In vitro and in vivo estrogenicity of UV screens. *Environ. Health Persp.*, v. 109, p. 239-244, 2001.

SCHLUMPF, M.; SCHNMID, P.; DURRER, S.; CONSCIENCE, M.; MAERKEL, K.; HENSELER, M. *et al.* Endocrine activity and developmental toxicity of cosmetic UV filters: an update. *Toxicology*, v. 205, p. 113-122, 2004.

SHARPE, R. M. Environment, lifestyle and male infertility. *Baillieres Clin. Endocrinol. Metab.*, v. 14, p. 489-503, 2000.

SHARPE, R. M. Hormones and testis development and the possible adverse effects of environmental chemicals. *Toxicol. Lett.*, v. 120, p. 221-32, 2001.

SHARPE, R. M.; ATANASSOVA, N.; MCKINNELL, C.; PARTE, P.; TURNER, K. J.; FISHER, J. S. *et al.* Abnormalities in functional development of the Sertoli cells in rats treated neonatally with diethylstilbestrol: a possible role for estrogens in Sertoli cell development. *Biol Reprod.*, v. 59, p. 1084-1094, 1998.

SHIRAISHI, H.; CARTER, D. S.; HITES, R. A. Identification and determination of tert-alkylphenols in carp from the Trenton Channel of the Detroit River, Michigan, USA. *Biomed. Environ. Mass Spectrom.*, v. 18, p. 478-483, 1989.

SKAKKEBAEK, N. E.; RAJPERT-DE, M. E.; MAIN, K. M. Testicular dysgenesis syndrome: an increasingly common developmental disorder with environmental aspects. *Hum. Reprod.*, v. 16, p. 972-978, 2001.

SONNENSCHEIN, C.; SOTO, A. M. An updated review of environmental estrogen and androgen mimics and antagonists. *J. Steroid Biochem. Mol. Biol.*, v. 65, p. 143-150, 1998.

SOTO, A. M.; JUSTICIA, H.; WRAY, J. W.; SONNENSCHEIN, C. P-nonylphenol: an estrogenic xenobiotic released from "modified" polystyrene. *Environ. Health Persp.*, v. 92, p. 167-73, 1991.

SOTO, A. M.; SONNENSCHEIN, C. Shining a light on sunscreens. *Endocrinology*, v. 146, p. 2127-2129, 2005.

STAHLHUT, R. W.; VAN WIJNGAARDEN, E.; DYE, T. D.; COOK, S.; SWAN, S. H. Concentrations of urinary phthalate metabolites are associated with increased waist circumference and insulin resistance in adult U.S. males. *Environ. Health Persp.*, v. 115, p. 876-882, 2007.

SUGIURA-OGASAWARA, M.; OZAKI, Y.; SONTA, S.; MAKINO, T.; SUZUMORI, K. Exposure to Bisphenol A is associated with recurrent miscarriage. *Hum. Reprod.*, v. 20, p. 2325-2329, 2005.

SWAN, S. H. Environmental phthalate exposure in relation to reproductive outcomes and other health endpoints in humans. *Environ. Res.*, v. 108, p. 177-184, 2008.

SWAN, S. H. Semen quality in fertile US men in relation to geographical area and pesticide exposure. *Int. J. Androl.*, v. 29, p. 62-68, 2006.

SWAN, S. H.; MAIN, K. M.; LIU, F.; STEWART, S. L.; KRUSE, R. L.; CALAFAT, A. M, *et al.* Decrease in anogenital distance among male infants with prenatal phthalate exposure. *Environ. Health Persp.*, v. 113, p. 1056-61, 2005.

SWEENEY, M. F.; HASAN, N.; SOTO, A. M.; SONNENSCHEIN, C. Environmental endocrine disruptors: Effects on the human male reproductive system. *Rev. Endocr. Metab. Disord.*, v. 16, p. 341-357, 2015.

SZWARCFARB, B.; CARBONE, S.; REYNOSO, R.; BOLLERO, G.; PONZO, O.; MOGUILEVSKY, J.; SCACCHI, P. Octyl-methoxycinnamate (OMC), an ultraviolet (UV) filter, alters LHRH and amino acid neurotransmitters release from hypothalamus of immature rats. *Exp. Clin. Endocrinol. Diabetes*, v. 116, p. 94-98, 2008.

TAKEUCHI, T.; TSUTSUMI, O.; IKEZUKI, Y.; TAKAI, Y.; TAKETANI, Y. Positive relationship between androgen and the endocrine disruptor, Bisphenol A, in normal women and women with ovarian dysfunction. *Endocrinol. J.*, v. 51, p. 165-169, 2004.

TARAPORE, P.; YING, J.; OUYANG, B.; BURKE, B.; BRACKEN, B.; HO, S. M. Exposure to bisphenol a correlates with early-onset prostate câncer and promotes centrosome amplification and anchorage-independent growth in vitro. *PLoS One*, v. 9, n. 3, e90332, 2014.

VAN MEEUWEN, J. A.; TERBURG, W.; PIERSMA, A. H.; VAN DEN BERG, M.; SANDERSON, J. T. Mixture effects of estrogenic compounds on proliferation and pS2 expression of MCF-7 human breast cancer cells. *Food Chem. Toxicol.*, v. 45, p. 2319-2330, 2007.

VOM SAAL, F. S.; AKINGBEMI, B.T.; BELCHER, S. M.; BIRNBAUM, L. S.; CRAIN, D. A.; ERIKSEN, M. *et al.* Chapel Hill Bisphenol A expert panel consensus statement: integration of mechanisms; effects in animals and potential to impact human health at current levels of exposure. *Reprod. Toxicol.*, v. 24, p. 131-138, 2007.

VOM SAAL, F. S.; NAGEL, S. C.; TIMMS, B. G.; WELSHONS, W. V. Implications for human health of the extensive bisphenol A literature showing adverse effects at low doses: a response to attempts to mislead the public. *Toxicology*, v. 212, p. 244-252, 2005.

VOM SAAL, F. S.; WELSHONS, W. V. Large effects from small exposures. Part 2. The importance of positive controls in low-dose research on bisphenol A. *Environ. Res.*, v. 100, p. 50-76, 2006.

WELSHONS, W. V.; NAGEL, S. C.; THAYER, K. A.; JUDY, B. M.; VOM SAAL, F. S. Low-dose bioactivity of xenoestrogens in animals: fetal exposure to low doses of methoxychlor and other xenoestrogens increases adult prostate size in mice. *Toxicol. Ind. Health*, v. 15, p. 12-25, 1999.

WELSHONS, W. V.; NAGEL, S. C.; VOM SAAL, F. S. Large effects from small exposures. III. Endocrine mechanisms mediating effects of Bisphenol A at levels of human exposure. *Endocrinology*, v. 147 (supplement), p. S56--S69, 2006.

YAO, G.; HU, Y.; LIANG, J.; HOU, Y. Nonylphenol-induced thymocyte apoptosis is related to Fas/FasL pathway. *Life Sci.*, v. 77, p. 3306-3320, 2005.

YURINO, H.; ISHIKAWA, S.; SATO, T.; AKADEGAWA, K.; ITO, T.; UEHA, S.; INADERA, H.; MATSUSHIMA, K. Endocrine disruptors (environmental estrogens) enhance autoantibody production by B1 cells. *Toxicol. Sci.*, v. 81, p. 139-147, 2004.

VÍDEO

Rede de TV BBC, Londres. *O futuro roubado*. Disponível em: <https://www.youtube.com/watch?v=QC5kbB9U75o>. Acesso em setembro de 2017.

4. Plantas transgênicas: da falta de precisão à falta de eficácia

Rubens Onofre Nodari

Introdução

Em geral, a maioria das tecnologias são baseadas em descobertas científicas relevantes. Mas as tecnologias com interesse comercial vão além, podem aliciar governantes e cientistas, ao mesmo tempo que a população é mantida desinformada ou mal informada. A obtenção de organismos transgênicos ou geneticamente modificados (OGMs) é exemplo disso.

Todas as grandes descobertas relacionadas ao DNA, a transformação de bactérias constatada em 1928 por Frederick Griffith, que conseguiu transformar uma cepa de *Streptococcus pneumoniae* atenuada em uma cepa virulenta; a descoberta das enzimas de restrição por Hamilton Smith em 1970; e a tecnologia do DNA recombinante obtida *in vitro* em 1973, foram decisivas na obtenção de OGMs ou transgênicos.

O primeiro plasmídeo recombinante foi obtido por Stanley Cohen e seus colaboradores em 1973. O plasmídeo foi construído a partir do corte de DNA *in vitro* com enzimas de restrição e a ligação de fragmentos específicos com as enzimas ligases. Surgiu a expressão "tecnologia do DNA recombinante" para designar a combinação *in vitro* de moléculas DNA de diferentes genomas (ou origens). Basicamente, trata-se do uso de dois grupos de enzimas: as de restrição (do tipo II) que são capazes de reconhecer uma pequena sequência de pares de bases e então cortar o DNA neste sítio de reconhecimento ou de corte e as ligases, que são enzimas capazes de ligar dois fragmentos de DNA. A expressão "DNA recombinante" deve ser distinguida dos recombinantes naturais que resultam do *crossing-over* entre cromossomos homólogos. DNA recombinante é, portanto, uma tecnologia que possibilita a união não natural de DNA de origens não homólogas, geralmente de diferentes organismos. O resultado é uma molécula, denominada por muitos geneticistas de DNA quimérico, tendo em vista que diferentes fragmentos são arranjados de forma contígua. Na natureza dificilmente o DNA de uma espécie pode ser cortado e ligado ao DNA de outras espécies, resultando imediatamente numa molécula funcional como é normalmente feito no processo *in vitro* (Nodari; Guerra, 2003).

Paralelamente ao avanço no conhecimento científico na manipulação do DNA, considerável esforço de empresas de biotecnologia e de membros da comunidade científica interessados em produtos da tecnologia foi feito para desenvolver métodos de transferência de DNA recombinante e sua integração no genoma de um organismo de interesse. Como decorrência do interesse econômico crescente, o que era conhecido como "Tecnologia do DNA recombinante" passou a ser chamado de "engenharia genética", tanto nos textos científicos, como nas normas legais (por exemplo, na Lei 11.105, de 24 de março de 2005).

Em 1983, a comunidade científica admitiu que havia sido obtida a primeira planta transgênica, após as várias tentativas de inserção de uma molécula de DNA quimérico em um genoma. Na transformação genética de plantas, são inseridas várias sequências, especialmente arranjadas, geralmente isoladas de mais de uma espécie, de forma a garantir a expressão de um ou mais genes de interesse. Para tal, sequências de DNA (genes) são removidas de um organismo, ligadas a sequências regulatórias do mesmo ou outro organismo e inseridas em um terceiro organismo. Neste contexto, o prefixo "trans" é plenamente justificado, pois exprime a ideia de *além de,* significando, neste caso, o rompimento da barreira da espécie (Nodari; Guerra, 2000), pelo fato de indicar a recombinação entre moléculas não homólogas de DNA *in vitro*.

Na transgenia, diferentemente da domesticação ou melhoramento de plantas, sequências de DNA (genes) podem ser removidas de um organismo, modificadas ou não, ligadas a outras sequências, incluindo as regulatórias, e inseridas em outros organismos. A fonte destes genes pode ser qualquer organismo vivo (microrganismo, planta, animal), vírus ou sequências sintéticas, o que seria extremamente difícil ou mesmo impossível pelo melhoramento genético.

Contudo, a Tecnologia do DNA Recombinante permitiu que parte da comunidade científica e as empresas de biotecnologia, individualmente ou associadas, admitissem a possibilidade de desenvolver distintos produtos, cujos limites seriam impostos apenas pela imaginação e pela capacidade de encontrar as sequências desejadas. Conflito de interesses, sobreposição dos interesses maiores da sociedade pelo interesse econômico de poucas empresas, população desinformada e normas permissivas facilitaram a jornada das plantas transgênicas.

O contexto em que as primeiras plantas transgênicas foram obtidas

Dois anos mais tarde da descoberta da Tecnologia do DNA Recombinante (Cohen *et al.*, 1973) foi realizada em fevereiro de 1975, na cidade de Asilomar, a *International Conference on Recombinant DNA Molecules*. Embora convocada por cientistas que um ano antes estavam preocupados pelos possíveis biorriscos da tecnologia (Berg *et al.*, 1974), na Conferência os participantes (i) concordaram em tratar apenas de questões de segurança no encontro, deixando discussões éticas para o futuro; (ii) a principal diretriz que emergiu estipulou que o uso de pesquisa de DNA recombinante somente deveria ser feita com as bactérias portadoras de deficiência que não poderiam sobreviver fora do laboratório e (iii) o diálogo provocado nesta Conferência de Asilomar levou ao Instituto Nacional de Saúde (NIH) dos Estados Unidos e tomá-las como recomendações, tornando-se então um marco da auto-regulação pelos cientistas. Estava lapidado o caminho para cientistas deixarem a ética de lado e se engajarem na aventura também comercial. Desde 1975, o termo biorrisco foi substituído por biossegurança, o que facilitou enormemente a comunicação da indústria com a sociedade.

O interesse comercial pela biotecnologia moderna entre os anos 1970 e início da década seguinte, tinha explodido (Pellegrini, 2013). Segundo Wright (1986), ser um especialista em engenharia genética durante aqueles anos – e especialmente nos EUA – repercutia no recebimento de suculentas receitas da indústria privada. Muitos biólogos moleculares, anteriormente enclausurados na academia, desenvolveram laços com a indústria privada, tornando-se coproprietários de indústrias, executivos de corporações e consultores. A autora ainda constatou que as universidades líderes na pesquisa, anteriormente beneficiárias do financiamento do governo, assinaram grandes contratos de pesquisa e desenvolvimento com empresas multinacionais químicas, petrolíferas e farmacêuticas. Os benefícios práticos para a sociedade que resultariam – uma vez oferecidos como justificativa pró-forma para os pedidos de subvenção (às vezes até cinicamente) – rapidamente se tornaram a principal razão para a aceitação do patrocínio comercial da pesquisa. Wright (1986) ainda constatou que, como a apropriação de técnicas de DNA recombinante se tornou um objetivo comercial primário, as normas e práticas dos pesquisadores no campo mudaram significativamente daquelas ditadas pelas universidades, para aquelas exigidas pelo comércio. Como consequência disso, o que era uma área de pesquisa básica sofreu uma profunda transformação social.

Com a tecnologia do DNA recombinante abriu-se a possibilidade de um novo mercado global, uma chuva de contratos, dinheiro e oportunidade de se posicionar no desenvolvimento de produtos de biotecnologia (Pellegrini, 2013). A explosão de recursos ocorreu principalmente em os EUA e, em menor medida, na Inglaterra, onde haviam se concentrado as pesquisas sobre o DNA recombinante e onde os recursos estavam disponíveis a este novo campo.

Neste contexto, Mary-Dell Chilton, da Universidade de Washington, liderou um grupo de pesquisadores que obteve a inserção de genes de bactérias (*npt*II) e leveduras (*adh*I), que codificam para as enzimas nopalina sintase e álcool desidrogenase, respectivamente, no plasmídeo Ti (de *Agrobacterium tumefaciens*), e a posterior transferência destes genes do plasmídeo TI para células vegetais, culminando com a obtenção de uma planta que contém estas novas sequências inseridas em seu genoma (Barton *et al.*, 1983). Esta planta transgênica foi a capa da revista *Cell* em abril de 1983. Assim, o conjunto de ensaios mostrou que o DNA recombinante exógeno foi introduzido com sucesso e manteve-se dentro do genoma da planta. Além disso, o referido artigo demonstra que os genes recombinantes inseridos traduzidos e os transcritos dentro das plantas transgênicas correspondiam aos genes de bactérias e levedura de onde foram isolados.

No entanto, os ensaios acima referidos não constataram a presença das respectivas proteínas de bactérias e leveduras nos tecidos da planta "transgênica". Os autores se manifestaram no artigo que "a aparente falta de expressão é decepcionante, mas não surpreendente", porque admitem que "as exigências precisas para a expressão de sequências de DNA em diferentes fases de desenvolvimento em plantas não são conhecidos" (Barton *et al.*, 1983). Os autores também reconheceram que em razão da expressão da nopalina sintase nas progênies das plantas transgênicas ser variável e se as cópias múltiplas de T-DNA estavam um ou mais locos nos tecidos parentais, não poderiam prever qual a frequência de transmissão do referido gene para a progênie. A constatação de que a nopalina sintase estava presente em apenas em 24% das progênies foi considerada inesperada (Barton *et al.*, 1983), pois não segue a segregação Mendeliana. O referido artigo finaliza afirmando que essas dificuldades serão remediadas, se os novos ensaios com transgenia forem realizados.

O fato desta anomalia, a presença do gene mas não da proteína nas plantas transgênicas, impôs um paradoxo. De um lado, na época foi considerado um sucesso pela revista *Cell* e por centenas de pesquisadores. Porém, por outro lado, mais tarde, qualquer planta transgênica obtida com um mínimo de anomalia era descartada, já que não teria valor comercial. Esta anomalia ajuda a ilustrar um dos primeiros conflitos associados aos OGMs. Em torno destes primeiros experimentos, os cientistas articularam representações distintas sobre transgenia de plantas, valorizando de forma diferente, as anomalias relatadas (Pellegrini, 2013). O autor ainda informa que, em seguida à publicação deste artigo na *Cell*, a pesquisadora líder do projeto deixou a universidade e foi contratada pela empresa Ciba-Geigy, que se transformaria, pouco tempo depois, na Syngenta, uma das gigantes da biotecnologia moderna e dos agrotóxicos.

A falta de precisão e controle da transgenia e seus produtos

O acúmulo da obtenção de eventos de transformação genética, bem como a publicação de resultados, levou a comunidade científica a discutir qual era o grau de precisão científica dos métodos de transformação genética. Em correspondência a *Nature Biotechnology*, revista dedicada ao tema da biotecnologia moderna, o cientista David Shubert (2002) ressaltou que três questões importantes tinham sido desconsideradas no desenvolvimento comercial das plantas transgênicas: (i) a introdução do mesmo gene em dois tipos diferentes de células pode produzir duas moléculas proteicas muito distintas; (ii) a introdução de qualquer gene, seja da mesma espécie ou de espécie diferente, altera, de modo geral, de forma significativa a expressão gênica global e, portanto, o fenótipo da célula receptora e (iii) as vias enzimáticas introduzidas para sintetizar pequenas moléculas, como vitaminas, podem interagir com vias endógenas para produzir novas moléculas. A consequência potencial de todas essas perturbações, segundo Schubert (2002), pode ser a biossíntese de moléculas tóxicas, alergênicas ou cancerígenas. Além disso, não há uma maneira a *priori* de prever o resultado. O autor finaliza suas preocupações e argumenta de que a alimentação com alimentos de plantas transgênicas não é uma opção segura, dada nossa atual falta de compreensão das consequências da tecnologia recombinante.

Ato contínuo, houve contestações. Entre elas, cabe destacar aquela liderada por Roger Beachy e colegas (2001), que defendeu a tecnologia da transgenia com o seguinte argumento:

> A realidade é que as 'consequências não intencionais' são muito mais prováveis de ocorrer na natureza do que na biotecnologia, porque a natureza depende das consequências não intencionais de mutação e rearranjo genético aleatórios para produzir resultados fenotípicos adaptativos, enquanto que a tecnologia GM emprega recursos precisos, específicos e modificação genética racionalmente projetada em direção a uma meta específica de engenharia[..] [...] as variedades produzidas pela biotecnologia estão sujeitas a um processo intensivo de seleção que é improvável de permitir variação não intencional ou não esperada [...].

O tempo se encarregou de contestar Beachy e colaboradores (2001), porque de fato a tecnologia da transgenia é muito imprecisa. Foi assim com a primeira planta transgênica, em que os obtentores não conseguiram detectar a proteína que supostamente deveria ser expressa, uma vez que a sequência de DNA que codificava a proteína estava no transgene. Passados 33 anos da obtenção da primeira planta transgênica, os eventos comercializados continuam demonstrando a total falta de precisão, pois o quadro que caracteriza a transgenia é a absoluta falta de controle. Do ponto de vista tecnológico não há controle (i) do sítio de inserção do DNA quimérico no genoma da planta a ser transformada, (ii) da expressão do gene inserido, (iii) da disseminação do gene inserido. Também ainda não há como prever (i) os possíveis efeitos pleiotrópicos (efeitos em outras características), (ii) os possíveis impactos e riscos ambientais, notadamente, sobre os organismos não alvos e (iii) os possíveis efeitos na saúde humana (Nodari; Guerra, 2003).

Praticamente, em todas as plantas transgênicas em cultivo, o transgene inserido é diferente daquele contido no vetor de transformação. Às vezes, o transgene inserido é menor, outras vezes há inserção de mais de uma cópia ou pedaços do transgene, e assim por diante. Um exemplo emblemático é o rearranjamento que ocorreu no milho transgênico GA21. Neste, ocorreu a inserção de seis cópias do transgene, sendo duas idênticas ao transgene contido no vetor de transformação (cópias 3 e 4); uma com mutação Citonina no lugar de Guanina (cópia 2); outra com esta mesma mutação e com uma deleção de 696 pb no promotor na região 5' (cópia 1); outra também incompleta, contendo as primeiras 288 pb e faltando 1050 pb do transgene *mepsps*, além de não possuir a terminação NOS (cópia 5) e a última contendo o promotor e o primeiro exon truncado da actina do arroz (cópia 6). Inesperadamente, também na Soja RR, sequências extras de diferentes tamanhos (ex: 534 pares de bases) além do transgene de interesse foram detectados por cientistas independentes (Windels *et al.*, 2001). Até então, os proponentes da tecnologia tinham ocultado este fato para as agências regulatórias e para os consumidores. Assim, as técnicas de modificação transgênica são imprecisas, pois não permitem a inserção dos transgenes em locais específicos, não permitem controlar o número de cópias a serem inseridas e provocam rearranjos no DNA transgênico exógeno ou nativo.

Outra forma de constatar a imprecisão da tecnologia é a ocorrência de efeitos pleiotrópicos imprevisíveis causados pela presença dos transgenes ou seus produtos. Existem dezenas de estudos sobre o assunto. Um deles, feito por Zolla e colaboradores (2008), constatou nas sementes de milho que o transgene recombinante Cry1Ab (evento MON 810) causou a alteração na expressão de 43 proteínas. Os autores constataram ainda que o efeito pleiotrópico foi diferente para diferentes proteínas: sete foram novas, 14 tiveram a expressão reduzida, 13 tiveram expressão aumentada e nove foram completamente reprimidas. Uma das novas proteínas expressadas (SSP 6711) corresponde a 50 kDa gama zeína, uma proteína alergênica bem conhecida. Outros efeitos constatados no mesmo estudo: várias proteínas de armazenamento em sementes (como globulinas e outras similares às vicilinas expressas no embrião) exibiram formas truncadas, apresentando massas moleculares significativamente menores que as proteínas nativas. A avaliação das proteínas nas folhas, em condições normais de cultivo deste mesmo evento de transformação genética, confirmou que o referido transgene rCry1Ab causou pleiotropia também na expressão de genes nativos nas folhas do milho GM (Agapito-Tenfen *et al.*, 2013). A análise comparativa feita pelos autores revelou um total de trinta e duas proteínas expressas diferencialmente entre amostras GM e não GM, que foram identificadas e suas funções moleculares atribuídas principalmente ao metabolismo de carboidratos e energia, processamento de informação genética e resposta ao estresse.

O genoma não funciona de forma constante, estável ou linear, mas é instruído para tal e ajusta suas atividades de acordo com a rede de sinais recebidos do ecossistema externo e do ambiente interno do organismo (Traavik *et al.*, 2007). Estes autores explicitaram a falta de precisão nas técnicas de engenharia genética e as mudanças no genoma, transcriptoma, proteoma, metaboloma, epigenoma e interactoma.

O portfólio de plantas transgênicas dos primeiros 20 anos

Das incontáveis possibilidades de modificações genéticas possíveis via transgenia vislumbradas pelos cientistas, poucos eventos de transformação genética se tornaram efetivamente comerciais. Atualmente, as variedades de plantas transgênicas que são cultivadas em larga escala pertencem a quatro espécies: soja, milho, algodão e canola.

As duas principais características em variedades comerciais de plantas transgênicas são a resistência a herbicidas e resistência a um ou poucos insetos, considerados pragas. No primeiro caso, os genes têm sido identificados e isolados de bactérias: a) *epsps* de *Agrobacterium* CP4 que confere resistência aos herbicidas a base de glifosato (HBG), b) *pat* de *Streptomyces viridochromogenes* que confere resistência a herbicidas à base de glufosinato de amônio e c) *aad*-1 de *Sphingobium herbicidovorans* que confere resistência aos herbicidas do grupo 2,4-D. É provável que, no futuro próximo, outros genes que promovem a resistência de plantas a herbicidas, atualmente em testes, também poderão ser utilizados comercialmente em plantas transgênicas.

A outra característica é conferida por diferentes genes que visam promover a resistência de plantas transgênicas a um ou alguns insetos. Vários genes de *Bacillus thuringiensis* (por exemplo crya1Ab, Cry1Ac cry1F, Cry1Ab. 105, Cry2Ab2 e VIP3Aa20, entre outros) isolados ou em combinações de dois ou mais estão presentes na maioria das plantas transgênicas que são cultivadas em larga escala.

Com o passar do tempo, se tornaram mais frequentes aquelas variedades que carregam um ou mais genes para as duas características, que são denominados de eventos empilhados ou piramidados (do inglês *stacking*). Além destes genes de interesse, outros genes são comumente incorporados nas plantas transgênicas, como é o caso de genes de resistência a antibióticos, sendo o mais utilizado, o gene *npt*II que codifica para o produto neomicina fosfotransferase, que confere resistência a antibióticos a base de neomicina e canamicina.

Com base em estatísticas não oficiais de 2015, da área total de cultivo de soja, algodão, milho e canola, 83%, 75%, 29% e 24%, respectivamente, são com variedades transgênicas. Esta discrepância na adoção de variedades transgênicas está relacionada com a resistência dos povos, em particular o rechaço ao uso de alimentos provindos de variedades transgênicas, como é o caso do milho e da canola.

A área cultivada com variedades transgênicas, em nível mundial, aumentou anualmente até 2014, mas em 2015 decresceu em relação ao ano anterior. De acordo com as estatísticas não oficiais (James, 2015); em 2015, foram cultivados 179,7 milhões de hectares 3% a menos do que em 2014. Deste total, 92,1 são com soja, 24,0 com algodão, 53,1 com milho e 8,5 canola. Onze países, dentre eles o Brasil, produzem 98,6% de todas as variedades transgênicas. Existem também variedades transgênicas de outras espécies, com outras características, que são cultivadas em pequenas áreas de um ou outro país, como alfafa, ameixeira, batata, berinjela, macieira, mamoeiro, petúnia e tomate. Outros eventos que já foram aprovados mas ainda não cultivados até 2016, são, por exemplo, variedades de feijão e de eucalipto.

A falha das variedades transgênicas em aumentar o rendimento de grãos

Nos Estados Unidos, a transgenia é considerada um método de melhoramento genético. Mais do que isso, lá é considerado similar ao método de melhoramento até então utilizado, que com o advento da tecnologia do DNA Recombinante, passou a ser denominado de melhoramento convencional ou melhoramento clássico.

No entanto, há muitas diferenças entre melhoramento genético e transgenia. Os agricultores, assim como os melhoristas, utilizam a diversidade genética para escolher os genitores dos cruzamentos, e da segregação quando selecionam plantas ou animais considerados superiores. O melhoramento genético pode ser considerado uma forma de biotecnologia, empregada há milênios para diversos propósitos, incluindo a introdução novas variedades de plantas no ambiente. De fato, o melhoramento envolve a manipulação genética, como a recombinação entre moléculas de DNA homólogas que fazem parte da história evolutiva de uma espécie. Mas não envolve as técnicas de DNA Recombinante *in vitro* de moléculas não homólogas, desenvolvidas em 1973.

Por meio dos métodos convencionais de melhoramento, novas combinações genéticas são geradas por meio de cruzamentos sexuais entre plantas que apresentam as características consideradas como desejadas. Cruzamentos são feitos entre plantas da mesma espécie e, ocasionalmente, quando a variação genética desejada não existe dentro da espécie, genes são transferidos de outras espécies do mesmo gênero e, muito raramente, de gêneros afins, via introgressão (Nodari; Guerra, 2001). Assim, cada nova combinação genética, ou genótipo, resulta de uma nova associação alélica. Com base neste método, os primeiros povos conseguiram identificar estas novas combinações, selecionar, promover e cultivar, sendo tais práticas e inovações envolvidas tanto na domesticação, quanto no melhoramento genético de plantas e animais.

Ao longo do tempo das distintas civilizações humanas, o melhoramento foi utilizado para aprimorar as mais diversas características. Entretanto, as mais notáveis referem-se à melhoria do sabor, do tamanho de grãos e frutos, do rendimento e da adaptação a distintos ambientes. No entanto, a transgenia até o momento só conseguiu introduzir poucas características em plantas, mesmo diante da promessa e do potencial que a tecnologia é assumida apresentar.

Dentre as falhas notáveis da tecnologia, o não aumento do rendimento é considerado atualmente uma das principais. Os primeiros estudos sobre o rendimento das plantas transgênicas comparativamente às variedades convencionais foram feitos por Benbrook (1999) e por Elmore e colaboradores (2001). Benbrook (1999) disponibilizou um relatório sobre os resultados das análises sobre o rendimento de grãos de soja, de mais de 8200 ensaios de universidades americanas realizados em 1998, com variedades de soja Roundup Ready (RR) e variedades convencionais, cujas principais conclusões foram: (i) os rendimentos médios a menor ("yield drag") das cinco variedades RR superiores em relação às cinco variedades convencionais superiores, testadas em 8 Estados foi de 275,7kg/ha, ou 6,1%; (ii) tomando-se todas as variedades testadas em todos os locais, o rendimento a menor das variedades RR foi em média 208,5 kg/ha, ou 5,3%.

Posteriormente, outros pesquisadores mostraram que quando foram comparados conjuntos de variedades GM com o gene *epsps* tolerantes a HBG com aquelas não GM, por um período de dois anos, renderam cerca de 5% menos que as variedades convencionais. Elmore e colaboradores (2001) concluíram que a presença do gene da tolerância ao glifosato causava a redução do rendimento – um efeito denominado de "yield drag".

A *Union of Concerned Scientists* divulgou em 2009 a avaliação do desempenho de cultivos geneticamente modificados, denominado de "Failure to yield" (Falha em render). As principais constatações desta avaliação feita por Gurian-Sherman (2009) foram: (i) a engenharia genética não aumentou o rendimento intrínseco das variedades. Os rendimentos intrínsecos de milho e soja aumentaram durante o século XX devido ao sucesso do melhoramento tradicional, mas não como resultado da transgenia; (ii) a engenharia genética produziu apenas ganhos mínimos de rendimento operacional. Os melhores dados mostram que a soja e o milho transgênicos tolerantes a herbicidas não aumentaram os rendimentos operacionais, em comparação com métodos convencionais que dependem de outros herbicidas disponíveis. Outros fatores, como menores custos de energia e conveniência da soja RR também influenciam as escolhas dos agricultores; (iii) é provável que o milho Bt ofereça uma vantagem de rendimento operacional de 7 a 12 por cento em comparação com as práticas convencionais típicas, incluindo o uso de inseticidas, quando as infestações da broca europeia do milho são elevadas. No entanto, o milho Bt oferece pouca ou nenhuma vantagem quando as infestações da broca europeia do milho são baixas a moderadas; (iv) os métodos orgânicos e de baixo uso de insumos externos (que utilizam quantidades reduzidas de fertilizantes e pesticidas) geralmente produzem rendimentos comparáveis ou superiores aos dos métodos convencionais para o cultivo de milho ou soja.

A ausência de eficácia das variedades transgênicas

No dossiê submetido pela empresa proponente da tecnologia RR às agências regulatórias de distintos países, é mencionado que "os especialistas concordam que é altamente improvável que a resistência das plantas daninhas ao glifosato se torne um problema em decorrência da comercialização da soja RR". Assim, sem nenhum estudo feito ou, se feito, não divulgado, a soja RR foi aprovada em 12 países para cultivo e em 25 e 19 países e União Europeia para consumo humano e animal, respectivamente[1]. Na época em que o Dossiê da soja RR foi apresentado nos Estados Unidos (1993) já havia sido constatada a resistências de muitas espécies de plantas, classificadas como "plantas daninhas" a outros herbicidas. Desta forma, a afirmativa é sem base científica pelos motivos de não ser baseada experimentalmente e não ter levado em conta o avanço científico na área.

---

1 Disponível em: <www.isaaa.org/gmapprovaldatabase/default.asp>. Acesso em novembro de 2016.

Com a intensificação do uso dos HBG decorrente do cultivo comercial da soja RR, bem como de variedades RR de outras espécies (ex: algodão e milho), a constatação da resistência de plantas a estes herbicidas também se intensificou. A ocorrência de resistência pode ser decorrente tanto do aumento da frequência de alelos resistentes ou de mutações que surgiram no decorrer do uso dos produtos a base de glifosato. No momento em que este texto foi escrito, eram 268 populações de plantas pertencentes a 36 espécies[2]. Dos 27 países onde foi constatado o aumento da frequência ou aparecimento de plantas, de distintas espécies, resistentes aos HBG, em 23 deles os OGMs estavam aprovados para cultivo comercial. Desde 2013, até as revistas científicas comprometidas com o desenvolvimento das biotecnologias modernas, admitem que é verdadeiro o fato de que foram os OGM que provocaram o aparecimento das "super plantas daninhas" (Gilbert, 2013), também denominados de *superweeds*. Elas se caracterizam pela resistência a altas doses, ou pelo acúmulo de transgenes que promovem resistência a dois ou mais herbicidas.

Como é admitido por muitos povos, a importância do milho transcende o uso como alimento. Ele é considerado até como divindade no seu centro de origem. Pois bem, a introdução de genes de resistência a herbicidas em espécies cultivadas, como o milho, torna-o resistente a herbicidas. Se estiver em uma lavoura de outra espécie, passou a ser considerado como planta daninha. Em 25/07/2014, a Embrapa publicou, em seu portal da internet, a nota intitulada "Milho voluntário RR pode se tornar planta daninha para soja"[3]. Quatro dias depois, o Jornal Valor Econômico publicou esta nota da Embrapa, com a seguinte manchete: "Embrapa alerta que milho RR pode virar planta daninha na soja"[4]. Segundo a Nota da Embrapa e a reportagem, "o problema ocorre pela

---

2 Disponível em: <www.weedscience.org/>. Acesso em novembro de 2016.

3 Disponível em: <https://www.embrapa.br/busca-de-noticias/-/noticia/1920015/milho-voluntario-rr-pode-se-tornar-planta-daninha-para-soja>. Acesso em novembro de 2014.

4 Disponível em: <www.valor.com.br/agro/3630820/embrapa-alerta-que-milho-rr-pode-virar-planta-daninha-na-soja#>. Acesso em novembro de 2014.

impossibilidade de se controlar as plantas de milho com o herbicida glifosato, porque tanto a soja quanto o milho RR são resistentes a este herbicida. Assim, os grãos de milho RR que sobrarem da colheita poderão germinar e deles se originarão plantas no cultivo seguinte e poderão se comportar, segundo a Embrapa, como uma planta daninha para a cultura da soja, por exemplo". Desta forma, a biotecnologia, além de não ser eficiente para o objetivo proposto, tornou variedades úteis em problemas para a agricultura. Outras implicações culturais e éticas também relevantes foram totalmente negligenciadas.

Da mesma forma que a tecnologia RR não se manteve eficiente contra o alvo estabelecido, a tecnologia do uso do núcleo inseticida de toxinas de *Bacillus thuringiensis* (ex: CRY e VIR recombinantes), igualmente promoveu o aumento da frequência de organismos alvos resistentes (ex; *Spodoptera frugiperda)*. Sobre este tema existem dezenas de artigos na literatura.

Os genes nativos Cry e Vir, que produzem as proto-toxinas, são engenheirados *in vitro*, originando os transgenes de Bt (rCry e rVir) para expressar somente o núcleo inseticidas das toxinas. Portanto, não são os genes nativos de Bt que estão nas plantas transgênicas, mas os recombinantes. A resistência a campo de insetos às toxinas recombinantes de Bt em cultivos GM foi relatada pela primeira vez em 2006 para *S. frugiperda* em Puerto Rico (Storer *et al.*, 2010). Muitos outros casos de resistência a campo foram confirmados posteriormente (ex: Gassmann *et al.*, 2011; Kruger *et al.*, 2011). Em campo, foram identificados em 2009 casos de resistência de lagarta da raiz do milho (*Diabrotica virgifera virgifera*) à toxina rCry3Bb1, com populações também apresentando resistência cruzada à toxina Cry3A modificada (Gassmann *et al.*, 2011). No primeiro balanço, Tabashnik e colaboradores (2013) relataram a ocorrência de cinco espécies de insetos praga resistentes as toxinas Bt recombinantes. Mas novas constatações de insetos resistentes às toxinas de Bt foram sendo registradas. Mais recentemente, a evolução da resistência a rCry1Fa foi relatada em populações de *S. frugiperda* em Porto Rico, no Brasil e no sudeste dos Estados Unidos (Vélez *et al.*, 2016).

Alterações em qualquer um dos passos no modo de ação dessas toxinas de Bt poderiam potencialmente resultar em resistência (Ferre; Rie, 2002). Distintos autores mencionaram que, na grande maioria dos casos, a resistência às toxinas rCry envolve alterações nos receptores da toxina do intestino médio, o que resulta em resistência cruzada às toxinas de rCry partilhando o reconhecimento do sítio do receptor alterado. Além disso, há casos de resistência a toxinas de rCry que decorrem de alterações no processamento de toxinas pelos fluidos do intestino médio (Oppert *et al.*, 1996) ou uma resposta de cicatrização do intestino aumentada (Forcada *et al.*, 1999). Como as toxinas de rCry1Ab vem afetando estes insetos desde 1996, *Helicoverpa zea* pode estar desenvolvendo resistência a rCry1Ab no milho (Reisig; Reay-Jones, 2015).

Os mecanismos de resistência não relacionados com o receptor representam uma séria ameaça aos cultivos Bt, uma vez que afetam os passos comuns a todas as toxinas rCry e resultariam em resistência cruzada a uma ampla gama de proteínas inseticidas Bt (Castagnola; Jurat-Fuentes, 2016). Os autores mencionam a regeneração intestinal como parte da resistência às toxinas de Bt. Nesta revisão feita, os autores encontraram dois relatos na literatura de resistência a toxinas rCry envolvendo uma resposta de cura do intestino médio aumentado, ambos os casos envolveram resistência a rCry1Ac pelo *H. virescens*. Em ambos os casos, também foi observada resistência cruzada a múltiplas toxinas rCry em diferentes sítios de ligação (Jurat-Fuentes *et al.*, 2003).

Estes resultados dão suporte à hipótese de resistência devida a alterações em um ou mais passos no modo de ação das toxinas de Bt, tais como a cicatrização melhorada ou o processamento de toxinas pelos fluidos do intestino médio. A resposta regenerativa do intestino médio aumentada em larvas resistentes, sugere aumento na produção de substâncias que desencadeiam divisões celulares, ou novos fatores de crescimento do intestino médio ou, ainda, diferenças na sensibilidade das células-tronco a tais substâncias (Castagnola; Jurat-Fuentes, 2016).

Entre os mecanismos de resposta para reduzir ou aliviar os danos nas células e nos tecidos causados por toxinas Bt estão a regulação de proteinases serina e genes que expressam as quitinas desacetilases, bem como a regulação de genes que codificam para peptídeos antimicrobianos e proteínas de reação aos patógenos (Repat) (Herrero *et al.*, 2016). No entanto, a alteração dos sítios de ligação das toxinas é o principal mecanismo de resistência de campo da *S. frugiperda* às toxinas recombinantes de Bt.

Experimentos de seleção em laboratório revelaram que a lagarta da raiz do milho (*Diabrotica virgifera virgifera*) pode desenvolver resistência a todos os tipos de milho Bt existentes no mercado após três a sete gerações de seleção (Gassmann, 2016). Segundo o autor, os fatores que provavelmente contribuíram para a resistência foram as doses sub-letais da toxina Bt e os custos mínimos de resistência desenvolvidos pelos insetos.

Mesmo diante de evidências científicas de que, de fato, a resistência dos insetos alvos às toxinas recombinantes pode evoluir utilizando diferentes mecanismos, os proponentes da tecnologia e parte da comunidade científica atribuem as causas da resistência, principalmente, a falhas por parte dos produtores, que não seguiriam estritamente às exigências do plantio de áreas de refúgio com variedades não-GM. Entretanto, segundo os autores de vários estudos aqui referidos, a dose de toxina poderia ter sido muito baixa ou variável, para matar consistentemente insetos resistentes heterozigotos. Por exemplo, estudos anteriores revelaram que a variação sazonal e espacial do teor de toxinas rCry em algodão GM tem sido frequentemente ligada a características das plantas e às condições ambientais (ex: Showalter *et al.*, 2009). Neste mesmo ano, outro estudo demonstrou em milho Bt, que concentrações da toxina rCry diminuíram à medida que as plantas avançaram no estádio de crescimento, mas as mudanças sazonais na concentração de toxina são variáveis entre toxinas e cultivares (Nguyen; Jehle, 2009). As razões para a redução sazonal da concentração da proteína rCry permanecem obscuras, mas podem estar relacionadas com a instabilidade do mRNA, o declínio da atividade do promotor, a redução do metabolismo do nitrogênio, a menor produção global de proteínas, e as interações de toxina (ex: Chen *et al.*, 2005; Olsen *et al.*, 2005).

O vídeo intitulado "O Mundo Segundo a Monsanto", disponível gratuitamente na internet, apresenta informações interessantes sobre o contexto em que a empresa atuou na introdução das plantas transgênicas.

Conclusões

Depois de mais de 30 anos do desenvolvimento da tecnologia de plantas GM, métodos se baseiam em processos do tipo "tentativa", "erro e acerto", portanto imprecisos, pouco ou muito ineficazes, mas certamente, de base científica ainda pouco conhecida. Assim, os cientistas têm poucas condições de prever o comportamento do transgene no organismo hospedeiro, sendo inadequado chamar-se esta tecnologia de 'science-based'.

O livro "Altered Genes, Twisted Truth", de Steven Druker (2014) também sumariza a jornada da tecnologia do DNA Recombinante da seguinte forma; "Como o empreendimento de engenheirar geneticamente a nossa comida subverteu a ciência, corrompeu o governo e sistematicamente enganou o público". O autor, com base em farta documentação legal das agências regulatórias norte-americanas e científica, conta a história fascinante de como a reprogramação genética dos alimentos nasceu, avançou por meio de meios ilícitos e como, imprudentemente, expôs a saúde humana e ambiental a riscos inaceitáveis. A riquíssima compilação de informações revela que o empreendimento não se baseou em ciência sólida, como defendem os proponentes da tecnologia, e ilustra como há mais de 30 anos, eminentes biólogos e instituições tidas como respeitáveis contornaram sistematicamente a verdade para ocultar os riscos únicos de alimentos geneticamente alterados, e colocá-los no prato de milhões de pessoas.

Em suma, foi e ainda é prematura a liberação comercial de plantas transgênicas. Neste capítulo foram abordados apenas poucos tópicos dentre os muitos que estão associados às plantas transgênicas. Os impactos adversos das plantas transgênicas já identificados seria outra análise igualmente relevante. A ampla gama de implicações que este tema dos OGM engendra, ultrapassa hoje os limites da ciência e da sabedoria humana. Mas as questões éticas, sociais, ambientais, econômicas e políticas não podem estar dissociadas do tema e do eixo das discussões. Parte da sociedade comunga a percepção de que o desenvolvimento e o uso dos produtos desta tecnologia estão sendo feitos de forma inadequada, como demonstram tanto artigos científicos, como a perplexidade dos consumidores. Esta percepção encontra respaldo nos episódios da doença da vaca louca, da contaminação de alimentos por dioxina, entre outros. Portanto, a melhor estratégia seria a utilização do "Princípio da Precaução" para analisar os distintos aspectos da tecnologia do DNA recombinante e seus produtos.

O "Princípio da Precaução" é inseparável da posição ética mais geral de que é *irresponsável* participar do tipo de pesquisa que leva a inovações tecno-científicas, *a não ser* que venham acompanhadas de pesquisas a longo prazo, rigorosas e sistemáticas, de dimensões comparáveis sobre as consequências (riscos) ecológicas e sociais de sua implementação, levando em conta as condições socioeconômicas das implementações planejadas, e *a não ser que* pesquisas adequadas, localizadas num espaço de alternativas bem escolhido e pertinentes para a avaliação do valor social geral (benefícios) das implementações, sejam conduzidas (Lacey, 2005; 2008).

Referências

AGAPITO-TENFEN, S. Z.; GUERRA, M.; WIKMARK, O-G; NODARI, R. Comparative proteomic analysis of genetically modified maize grown under different agroecosystems conditions in Brazil. *Proteome Science*, v.11, p. 46-60, 2013.

AGÊNCIA NACIONAL DE VIGILÂNCIA SANITÁRIA – ANVISA. *Monografias autorizadas*. Disponível em: <http://portal.anvisa.gov.br/registros-e-autorizacoes/agrotoxicos/produtos/monografia-de-agrotoxicos/autorizadas>. Acesso em setembro de 2017.

BARTON, K. A.; BINNS, A. N.; MATZKE, A. J. M.; CHILTON, M. D. Regeneration of intact tobacco plants containing full length copies of genetically engineered T-DNA, and transmission of T-DNA to R1 progeny. *Cell*, v. 32, n. 4, p. 1033-1043, 1983.

BEACHY, R.; BENNETZEN, J. L.; CHASSY, B. M.; CHRISPEELS, M.; CHORY, J.; ECKER, J. R. *et al.* Divergent perspectives on GM food. *Nature Biotechnology*, v. 20, n. 12, p. 1195 – 1196, 2001.

BENBROOK, C. Evidence of the magnitude and consequences of the Roundup Ready Soybean yield drag from university-based varietal trials in 1998. *Ag BioTech InfoNet Technical Paper*, n. 1, 1999. Disponível em: <www.nlpwessex.org/docs/BenbrookRR_yield_drag_98.pdf>. Acesso em dezembro de 2016.

BERG, P.; BALTIMORE, D.; BOYER, H.W.; COHEN, S.N.; DAVIS, R.W.; HOGNESS, D.S.; NATHANS, D.; ROBLIN, R.; WATSON, J.D.; WEISSMAN, S.; ZINDER, N.D. Potential Biohazards of Recombinant DNA Molecules. *Science*, v. 185, n. 4148, p. 303, 1974.

CASTAGNOLA, A.; JURAT-FUENTES, J. L. Intestinal regeneration as an insect resistance mechanism to entomopathogenic bactéria. *Current Opinion in Insect Science*, v. 15, p.104–110, 2016.

CHEN, D.; YE, G., YANG, C.; CHENA, Y.; WU, Y. Effect of introducing *Bacillus thuringiensis* gene on nitrogen metabolism in cotton. *Field Crop Res.*, v. 92, n. 1, p. 1–9, 2005.

COHEN, S.N.; CHANG, A.C.; BOYER, H.W.; HELLING, R.B. Construction of biologically functional bacterial plasmids *in vitro*. *Proc. Natl. Acad. Sci.*, v. 70, n. 11, p. 3240-3244, 1973.

DRUKER, S. *Altered genes, twisted truth*. Salt Lake City: Clear River Press, 2015. 511p.

ELMORE, R. W.; ROETH, F. W.; NELSON, L. A.; SHAPIRO, C. A.; KLEIN, R. N.; KNEZEVIC, S. Z. *et al.* Glyphosate-Resistant soybean cultivar yields compared with sister lines. *Agronomy Journal*, v. 93, n. 2, p. 402-411, 2001.

FERRE, J.; VAN RIE, J. Biochemistry and genetics of insect resistance to *Bacillus thuringiensis*. *Ann. Ver. Entomol.*, v. 47, p. 501-533, 2002.

FORCADA, C.; ALCACER, E.; GARCERA, M.D.; TATO. A.; MARTINEZ, R. Resistance to *Bacillus thuringiensis* Cry1Ac toxin in three strains of *Heliothis virescens*: proteolytic and SEM study of the larval midgut. *Arch Insect Biochem Physiol.*, v. 42, n. 1, p. 51-63, 1999.

GASSMANN, A. J. Resistance to Bt maize by western corn rootworm: insights from the laboratory and the field. *Current Opinion in Insect Science*, v. 15, p. 111–115. 2016.

GASSMANN, A. J.; PETZOLD-MAXWELL, J. L.; KEWESHAN, R. S.; DUNBAR, M. W. Field-evolved resistance to Bt maize by western corn rootworm. *PLoS One*, 6:e22629, 2011. Disponível em: <http://journals.plos.org/plosone/article?id=10.1371/journal.pone.0022629>. Acesso em dezembro de 2016.

GILBERT, N. Case studies: A hard look at GM crops. *Nature*, v. 497, n. 7447, p. 24-26, 2013.

GURIAN-SHERMAN, D. Failure to yield: *Evaluating the performance of genetically engineered crops*. Cambridge: Union of Concerned Scientists, 2009. 51 p.

HERRERO, S.; BEL, Y.; HERNÁNDEZ-MARTÍNEZ, P.; FERREÉ, J. Susceptibility, mechanisms of response and resistance to *Bacillus thuringiensis* toxins in *Spodoptera* spp. *Current Opinion in Insect Science*, v. 15, p. 89–96, 2016.

JAMES, C. *20th Anniversary (1996 to 2015) of the global commercialization of biotech crops and biotech crop highlights in 2015*. Ithaca: The International Service for the Acquisition of Agri-Biotech Applications (ISAAA) Brief, n. 51, 2015. 6 p.

JURAT-FUENTES, J. L.; GOULD, F. L.; ADANG, M. J. Dual resistance to *Bacillus thuringiensis* Cry1Ac and Cry2Aa toxins in *Heliothis virescens* suggests multiple mechanisms of resistance. *Appl. Environ. Microbiol.*, v. 69, n. 10, p. 5898-5906, 2003.

KRUGER, M.; VAN RENSBURG, J.; VAN DEN BERG, J. Resistance to Bt maize in *Busseola fusca* (Lepidoptera: Noctuidae) from Vaalharts. *S. Afr. Environ. Entomol.*, v. 40, n. 2, p.477–483, 2011.

LACEY, H. Crescimento econômico, meio-ambiente e sustentabilidade social: a responsabilidade dos cientistas e a questão dos transgênicos. *In:* DUPAS, G. (ed.) *Tensões entre meio-ambiente e crescimento econômico.* São Paulo: Editora UNESP, 2008. p. 91–130. Disponível em: <*www.scientiaestudia.org.br/pt2007/tensoes_lacey.doc*>. Acesso em janeiro de 2017.

LACEY, H. *Values and objectivity in science*: the current controversy about transgenic crops. Lanham: Lexington Books, 2005. 287 p.

NGUYEN, H. T.; JEHLE, J. A. Expression of Cry3Bb1 in transgenic corn MON88017. *J. Agric. Food Chem.*, v. 57, n. 21, p. 9990–9996, 2009.

NODARI, R. O.; GUERRA, M. P. Avaliação de riscos ambientais de plantas transgênicas. *Cadernos de Ciência e Tecnologia*, v. 18, n. 1, p. 81-116, 2001.

NODARI, R. O.; GUERRA, M. P. Da transformação em bactérias (1928) às plantas transgênicas. *Ciência & Ambiente*, v. 26, p. 49-65, 2003.

NODARI, R. O.; GUERRA, M. P. Implicações dos transgênicos na sustentabilidade ambiental e agrícola. *História, Ciências, Saúde-Manguinhos*, v. 7, n.2, p. 481-491, 2000.

OLSEN, K. M.; DALY, J. C.; HOLT, H. E.; FINNEGAN, E. J. Season-long variation in expression of Cry1Ac gene and efficacy of *Bacillus thuringiensis* toxin in transgenic cotton against *Helicoverpa armigera* (Lepidoptera: Noctuidae). *J. Econ. Entomol.*, v. 98, n. 3. p. 1007–1017, 2005.

OPPERT, B.; KRAMER, K. J.; JOHNSON, D.; UPTON, S. J.; MCGAUGHEY. W. H. Luminal proteinases from *Plodia interpunctella* and the hydrolysis of *Bacillus thuringiensis* CryIA(c) protoxin. *Insect Biochem. Mol. Biol.*, v. 26, n. 6, p. 571-583, 1996.

PELLEGRINI, P. A. Anomalías en los comienzos de la transgénesis vegetal: intereses e interpretaciones en torno a las primeras plantas transgénicas. *História, Ciências, Saúde – Manguinhos*, v. 20, n. 4, p.1453-1471, 2013.

REISIG, D. D.; REAY-JONES, F. P. F. Inhibition of *Helicoverpa zea* (Lepidoptera: Noctuidae) growth by transgenic corn expressing Bt toxins and development of resistance to Cry1Ab. *Environ. Entomol.*, v. 44, n. 4, p. 1275-1285, 2015.

SHOWALTER, A. M.; HEUBERGER, S.; TABASHNIK, B. E.; CARRIÈRE, Y.; COATES, B. A primer for using transgenic insecticidal cotton in developing countries. *J. Insect Sci.*, v. 9, article 22, p. 1-39, 2009.

SHUBERT, D. A different perspective on GM food. *Nature Biotechnology*, v. 20, n. 10, p. 969-971, 2002.

STORER, N. P.; BABCOCK, J. M.; SCHLENZ, M.; MEADE, T.; THOMPSON, G. D.; BING, J. W. *et al.* Discovery and characterization of field resistance to Bt maize: *Spodoptera frugiperda* (Lepidoptera: Noctuidae) in Puerto Rico. *J. Econ. Entomol.*, v. 103, n. 4, p.1031–1038, 2010.

TABASHNIK, B. E.; BRÉVAULT, T.; CARRIÈRE, Y. Insect resistance to Bt crops: lessons from the first billion acres. *Nature Biotechnology*, v. 31, n. 10, p. 510–521. 2013.

TRAAVIK, T.; NIELSEN, K.M.; QUIST, D. Genetically engineered cells and organisms: substantially equivalent or different? *In:* TRAAVIK, T.; CHING, L.L. (ed.) *Biosafety first*: holistic approaches to risk and uncertainty in genetic engineering and genetically modified organisms. Tromdheim: Tapir Academic Press, 2007. p. 137-152.

VÉLEZ, A. M.; VELLICHIRAMMAL, N. N.; JURAT-FUENTES, J. L.; SIEGFRIED, B. D. Cry1F resistance among lepidopteran pests: a model for improved resistance management? *Current Opinion in Insect Science*, v. 15, p. 116–124, 2016.

WINDELS, P.; TAVERNIERS, I.; DEPICKER, A.; VAN BOCKSTAELE, E.; LOOSE, M. Characterization of the Roundup Ready soybean insert. *European Food Research and Technology*, v. 213, n. 2, p.107-112, 2001.

WRIGHT, S. Recombinant DNA technology and its social transformation, 1972-1982. *Osiris*, v. 2, p. 303-360. 1986.

ZOLLA, L.; RINALDUCCI, S.; ANTONIOLI, P.; RIGHETTI, P. G. Proteomics as a complementary tool for identifying unintended side effects occurring in transgenic maize seeds as a result of genetic modifications. *Journal of Proteome Research*, v. 7, n. 5, p. 1850-1861, 2008.

VÍDEO

O mundo segundo a Monsanto. Disponível em: <https://www.youtube.com/watch?v=sWxTrKlCMnk>. Acesso em setembro de 2017.

5. Brasil, o país campeão no uso de agrotóxicos

Sonia Corina Hess

Introdução

O valor comercial dos agrotóxicos vendidos no Brasil em 2010 foi correspondente a 19% do total mundial, colocando o país na posição de maior mercado do mundo para tais substâncias (Pelaez, 2012). A quantidade total de ingredientes ativos de agrotóxicos comercializados no Brasil passou de 384.501,3 toneladas em 2010 a 508.556,8 toneladas em 2014, um aumento de 32,3% naqueles cinco anos (Ibama, 2016). Em publicação de 2017, Larissa Bombardi revelou que 79% dos agrotóxicos comercializados no Brasil são aplicados em apenas quatro culturas: soja (52%), milho (10%), cana-de-açúcar (10%) e algodão (7%). A mesma autora também descreveu que 30% de todos os ingredientes ativos de agrotóxicos com uso permitido no Brasil são proibidos na União Europeia (Bombardi, 2017).

Na figura 5.1 são apresentados os dados relativos às quantidades de ingredientes ativos comercializados nas unidades da federação, entre 2010 e 2014. Os Estados de SP, MT, PR, RS e GO foram os cinco locais com as maiores vendas de agrotóxicos registrados no período. Por outro lado, quando a quantidade de ingredientes ativos de agrotóxicos comercializados (Ibama, 2016) foi dividida pela área total cultivada, obtida a partir da soma das áreas ocupadas por lavouras temporárias e lavouras permanentes (IBGE, 2016), resultou que os cinco Estados com as maiores taxas de uso de agrotóxicos por área cultivada foram SP, GO, MT, SC e MG (figura 5.2).

Figura 5.1 Quantidades de ingredientes ativos de agrotóxicos comercializados por unidade da federação, entre 2010 e 2014

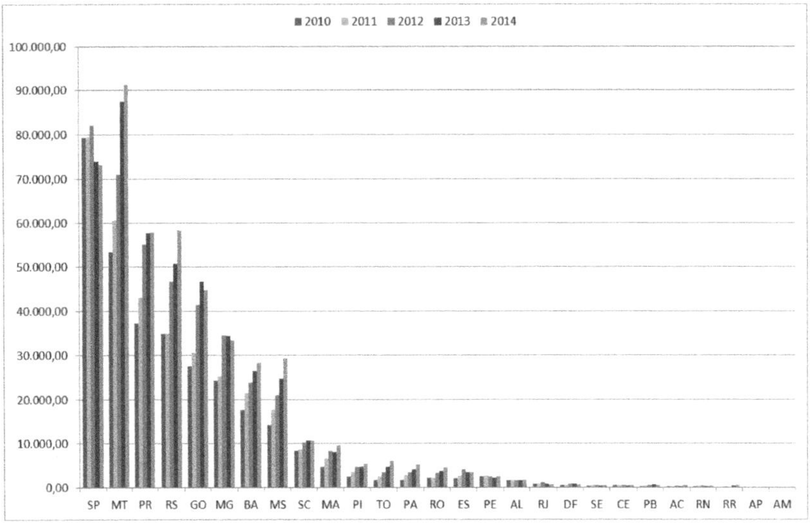

Fonte dos dados: IBAMA, 2016. Nota: construção dos autores

Figura 5.2 Proporção entre a quantidade de ingredientes ativos de agrotóxicos comercializados e a área total cultivada, por unidade da federação, entre 2010 e 2014

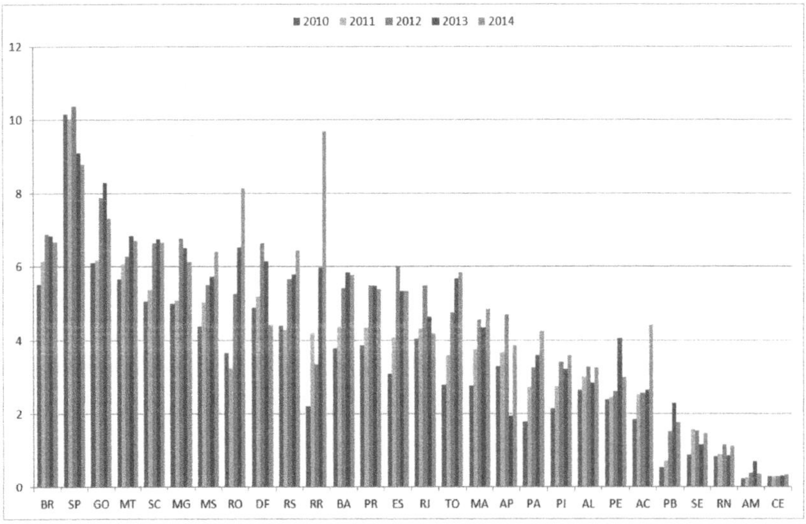

Fontes dos dados: IBAMA, 2016; IBGE, 2016. Nota: construção dos autores

De acordo com a Anisa (2017a), os seguintes números de ingredientes ativos de agrotóxicos têm uso autorizado no Brasil, considerando-se suas atividades biológicas: inseticidas (147), herbicidas (126), fungicidas/bactericidas (114), acaricidas (63), reguladores de crescimento (36), feromônios (34), formicidas (17), nematicidas (16), raticidas (10), cupinicidas (7), moluscicidas (3) e repelentes de insetos (2) (ANVISA, 2017a). No portal da internet da Agência Nacional de Vigilância Sanitária – ANVISA estão disponíveis as monografias autorizadas dos ingredientes ativos de agrotóxicos, que são enquadrados em quatro classes toxicológicas (ANVISA, 2017b): – Classe I – Extremamente Tóxico; – Classe II – Altamente Tóxico; – Classe III – Medianamente Tóxico; – Classe IV – Pouco Tóxico. Os dados apresentados na figura 5.3 revelam que há numerosos produtos das classes III e IV com uso autorizado no país, atendendo à maior parte das atividades biológicas demandadas. Portanto, não se justifica que ingredientes ativos das classes I e II continuem a ter o seu uso autorizado, quando poderiam ser substituídos por princípios ativos menos tóxicos.

Figura 5.3 Número de ingredientes ativos de agrotóxicos autorizados para uso no Brasil, segundo atividade biológica e classe toxicológica

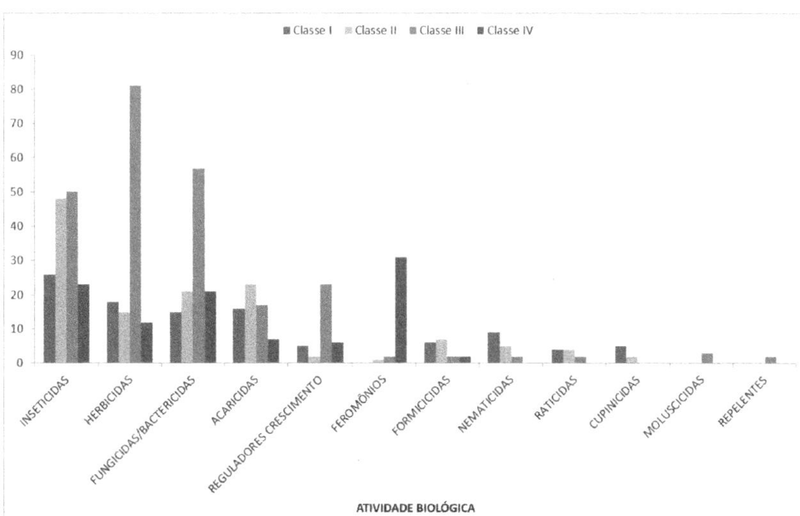

Fonte dos dados: ANVISA, 2017a. Nota: construção dos autores

Na figura 5.4 são apresentados os números de agrotóxicos extremamente tóxicos e altamente tóxicos (classes I e II) com uso autorizado (Anvisa, 2017a) nas culturas agrícolas dos alimentos mais consumidos no Brasil (IBGE, 2011) inclusive, em hortaliças tais como alface (3 da classe I e 7 da classe II); couve (4 e 9, respectivamente); além de arroz (13 e 26), batata (21 e 33), feijão (20 e 33), laranja/citros (16 e 28), milho (22 e 30), soja (22 e 32), tomate (17 e 37) e trigo (16 e 25). Há de se questionar as autoridades sobre os riscos à saúde dos consumidores decorrentes do uso de ingredientes ativos das classes I e II no cultivo daqueles alimentos, que incluem alface, couve, pepino, pimentão e repolho, geralmente consumidos crus, em saladas.

Figura 5.4 Número de ingredientes ativos de agrotóxicos das classes toxicológicas I e II com uso autorizado no Brasil, segundo cultura agrícola

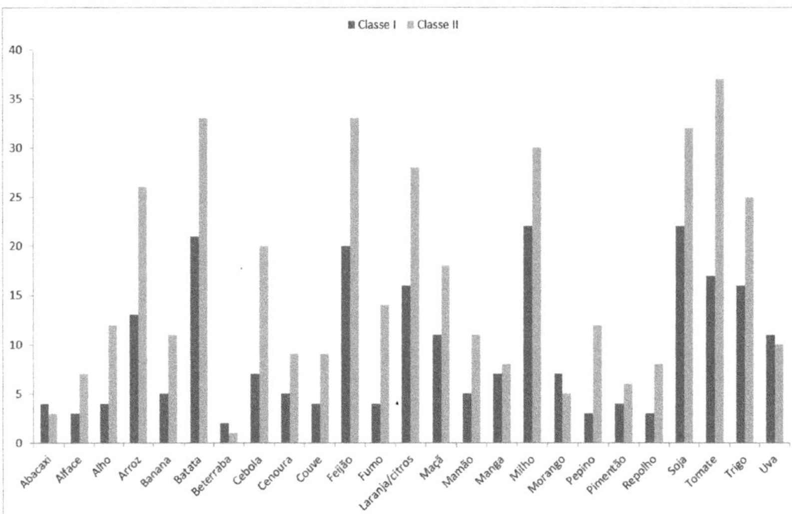

Fonte dos dados: ANVISA, 2017a. Nota: construção dos autores

Na tabela 5.1 são descritos os 10 ingredientes ativos de agrotóxicos (IAs) mais comercializados no Brasil entre 2010 e 2014, não se considerando o óleo mineral e o óleo vegetal (Ibama, 2016). Observa-se que, dentre os IAs mais vendidos no país naquele período, cinco eram herbicidas, três inseticidas e acaricidas e dois fungicidas. Também merece destaque que, entre 2010 e 2014, no país foram comercializadas 821.499,2 toneladas de glifosato, enquanto que a soma das vendas dos demais agrotóxicos que constaram na lista dos 10 mais vendidos no país totalizaram 545.577,4 toneladas (tabela 5.1).

No portal da internet da Anvisa (2017c) consta a lista dos princípios ativos de agrotóxicos cuja revisão foi concluída entre 2006 e 2017 (Tabela 5.2). No mesmo portal da agência constam os princípios ativos cuja reavaliação ainda não havia sido concluída em dezembro de 2017, onde constam o ácido 2,4-diclorofenoxiacético (2,4-D), tiram, abamectina e glifosato (Anvisa, 2017c). Portanto, os dois agrotóxicos mais utilizados no Brasil estão em processo de reavaliação toxicológica desde 2006 (glifosato, 2,4-D). O dicloreto de paraquate e o acefato, que constavam na lista dos dez mais vendidos, tiveram restrições de uso no Brasil (Tabela 5.2), enquanto já estão banidos na União Europeia desde 2009 e 2003, respectivamente. A atrazina foi proibida na União Europeia em 2004 e o carbendazim, em 2014 (Bombardi, 2017).

Tabela 5.1 Quantidades comercializadas dos 10 ingredientes ativos de agrotóxicos mais vendidos no Brasil entre 2010 e 2014

Ingrediente ativo	Quantidade comercializada no Brasil (toneladas)						Atividade biológica
	2010	2011	2012	2013	2014	Total	
Glifosato	127.585,9	128.514,3	186.483,4	184.967,7	193.947,9	821.499,2	Herbicida
2,4-D	19.450,3	23.117,0	32.164,0	37.131,4	36.513,5	148.376,2	Herbicida
Atrazina	12.811,5	18.580,9	27.139,6	28.394,9	13.911,4	100.838,2	Herbicida
Acefato	5.233,4	8.124,8	13.080,6	22.355,4	26.190,5	74.984,8	Inseticida, acaricida
Clorpirifós	3.191,8	4.288,4	6.218,3	13.084,6	16.452,8	43.235,9	Inseticida, formicida, acaricida
Mancozebe	6.917,6	7.290,2	7.134,8	8.419,0	12.273,9	42.035,5	Fungicida, acaricida
Carbendazim	7.629,8	12.216,9	7.999,8	6.689,8	5.141,1	39.677,5	Fungicida
Diurom	6.123,9	6.978,6	8.502,8	6.101,0	8.579,5	36.285,7	Herbicida
Metomil	3.350,5	4.247,1	6.376,0	8.533,3	9.801,1	32.308,0	Inseticida, acaricida
Dicloreto de paraquate	3.113,2	4.275,4	5.249,5	6.792,7	8.404,8	27.835,6	Herbicida

Fonte dos dados: IBAMA, 2016. Nota: construção dos autores.

Tabela 5.2 Ingredientes ativos de agrotóxicos cujas reavaliações foram concluídas pela ANVISA entre os anos de 2006 e 2017

Ingrediente Ativo	Resolução da Diretoria Colegiada		Decisão
	Início	Término	
Acefato	RDC 10/2008	RDC 45/2013	Mantido com restrições no registro
Cihexatina	RDC 10/2008	RDC 34/2009	Proibido
Carbofurano	RDC 10/2008	RDC 185/2017	Com restrições de uso a partir de 19/10/2017 e proibido a partir de 19/04/2018
Endossulfam	RDC 10/2008	RDC 28/2010	Proibido
Forato	RDC 10/2008	RDC 12/2015	Proibido
Fosmete	RDC 10/2008	RDC 36/2010	Mantido com restrições no registro
Lactofem	RDC 10/2008	RDC 92/2016	Mantido sem alterações no registro
Lindano*	RDC 124A/2006	RDC 165/2006	Proibido
Metamidofós	RDC 10/2008	RDC 01/2011	Proibido
Monocrotofós*	RDC 135/2002	RDC 215/2006	Proibido
Paraquate	RDC 10/2008	RDC 177/2017 e RDC 190/2017	Com restrições de uso a partir de 22/09/2017 e proibido a partir de 22/09/2020
Parationa metílica	RDC 10/2008	RDC 56/2015	Proibido
Pentaclorofenol*	RDC 124A/2006	RDC 164/2006	Proibido
Procloraz	RDC 44/2013	RDC 60/2016	Proibido
Triclorform	RDC 10/2008	RDC 37/2010	Proibido

Fonte dos dados: ANVISA, 2017c

Quanto à regulação dos agrotóxicos no Brasil, a lei número 7.802, de 11 de julho de 1989 estabelece:

> Art. 3° Os agrotóxicos, seus componentes e afins, de acordo com definição do art. 2° desta Lei, só poderão ser produzidos, exportados, importados, comercializados e utilizados, se previamente registrados em órgão federal, de acordo com as diretrizes e exigências dos órgãos federais responsáveis pelos setores da saúde, do meio ambiente e da agricultura [...] § 6° Fica proibido o registro de agrotóxicos, seus com-

> ponentes e afins: a) para os quais o Brasil não disponha de métodos para desativação de seus componentes, de modo a impedir que os seus resíduos remanescentes provoquem riscos ao meio ambiente e à saúde pública; b) para os quais não haja antídoto ou tratamento eficaz no Brasil; c) que revelem características teratogênicas, carcinogênicas ou mutagênicas, de acordo com os resultados atualizados de experiências da comunidade científica; d) que provoquem distúrbios hormonais, danos ao aparelho reprodutor, de acordo com procedimentos e experiências atualizadas na comunidade científica; e) que se revelem mais perigosos para o homem do que os testes de laboratório, com animais, tenham podido demonstrar, segundo critérios técnicos e científicos atualizados; f) cujas características causem danos ao meio ambiente.

Críticas à situação do Brasil em relação aos agrotóxicos têm sido veiculadas em diversos meios de comunicação. Dentre os documentários disponíveis gratuitamente na internet destacamos os filmes “O Veneno Está na Mesa” – 1 e 2, e o programa “Greg News” abordando o tema.

Um aspecto relevante, relativo à regulação dos agrotóxicos no Brasil, é que os dados toxicológicos avaliados se referem aos ingredientes ativos, mas não aos produtos formulados. Esta lacuna na legislação pode representar riscos à saúde humana e aos ecossistemas, uma vez que há componentes de tais formulações que apresentam propriedades tóxicas, por exemplo:

Polioxietilenoamina (Polyoxyethyleneamine/POEA)

A POEA está presente em formulações do herbicida glifosato. É cardiotóxica para mamíferos e, em casos severos, há coma, com ou sem hemorragia. Não há antídoto (Eddleston; Bateman, 2011).

t-Butóxido de piperonila (piperonyl t-butoxide/PBO)

O PBO está presente em formulações de pesticidas piretróides, como sinergista. A exposição ao PBO resulta em efeitos tóxicos sobre o sangue, rins, pulmões, fígado, pele e sistema nervoso central, e a exposição prolongada ou repetida ao PBO pode ocasionar lesões nos órgãos afetados, com potencial para levar à morte (COX, 2002 citado por Northwest Center For Alternatives To Pesticides, 2017).

Butil hidroxitolueno (Butylated hydroxytoluene/BHT)

Os ratos alimentados com BHT desenvolveram tumores pulmonares e hepáticos (EFSA, 2012 citado por EWG, 2017). O BHT também foi apontado como causador de efeitos no desenvolvimento e alterações da tireoide em animais, sugerindo que ele pode ser capaz de interromper a sinalização endócrina (EFSA, 2012 citado por EWG, 2017). Um estudo neurocomportamental de ratos expostos ao BHT ao longo do desenvolvimento descreveu efeitos sobre as habilidades motoras e coordenação antes dos animais serem desmamados (Vorhees *et al.*, 1981b citado por EWG, 2017).

Os dados descritos justificam o banimento do uso, no Brasil, dos 3 produtos descritos, POEA, PBO e BHT, em cumprimento à lei número 7.802, de 11 de julho de 1989.

A seguir são descritos efeitos tóxicos associados a agrotóxicos com uso ainda autorizado no Brasil, que justificariam o seu banimento, em atendimento à lei número 7.802, de 11 de julho de 1989. Os dados relativos ao glifosato serão apresentados no capítulo 7.

Ácido 2,4-diclorofenoxiacético ou 2,4-D

O ácido 2,4-diclorofenoxiacético ou 2,4-D foi o segundo agrotóxico mais vendido no Brasil entre 2010 e 2014, totalizando 148376,2 toneladas comercializadas naquele período: 19450,3 toneladas em 2010; 23117,0 em 2011; 32164,0 em 2012; 37131,4 em 2013 e 36513,5 em 2014 (Ibama, 2016). Portanto, naquele período de 05 anos, as vendas de 2,4-D aumentaram 88% no país.

Na monografia do 2,4-D (código D-27) constam as seguintes informações (Anvisa, 2016): Grupo químico: Ácido ariloxialcanóico (fenoxiacético); Classe: Herbicida; Classificação toxicológica: Classe I; Modalidade de emprego: aplicação em pré- e pós-emergência das plantas infestantes nas culturas de arroz, aveia, café, cana-de-açúcar, centeio, cevada, milho, pastagem, soja, sorgo e trigo. Além do 2,4-D, há outros quatro de seus derivados com uso ainda autorizado no Brasil (Anvisa, 2016): D27.1 – 2,4-D-dimetilamina, D27.2 – 2,4-D-trietanolamina, D27.3 – 2,4-D-butílico, D27.4 – 2,4-D-triisopropanolamina.

No banco de dados Agrofit (Mapa, 2016), que contém informações sobre os produtos agrotóxicos e afins registrados no Ministério da Agricultura, Pecuária e Abastecimento – MAPA, constam 57 produtos comerciais contendo o 2,4-D e derivados aminados como princípios ativos, sendo que 12 daqueles herbicidas também contém o picloram.

Segundo Eddleston e Bateman (2011), a intoxicação aguda por 2,4-D, entre outros efeitos, causa hiperventilação e coma, que pode ser prolongado.

A reavaliação toxicológica do 2,4-D, instituída por meio da Resolução RDC Anvisa nº 124, de 07 de julho de 2006, foi realizada devido à suspeita de que esse ingrediente ativo poderia possuir efeitos tóxicos considerados impeditivos de registro de agrotóxicos no Brasil. No parecer técnico que foi elaborado pela pesquisadora Karen Friedrich (Friedrich, 2014) para embasar a reavaliação toxicológica do 2,4-D pela Anvisa revelou que há dados na literatura descrevendo resultados de experimentos com cobaias que revelaram que este agrotóxico

> é teratogênico, ou seja, induz malformações fetais [...] A exposição ao 2,4-D em diferentes períodos da gestação (dia 6 ao 15º; dia 6 ao 10º; dia 11 ao 15º) levou a toxicidade materna e embrioletalidade, malformações nos rins e urogenitais em ratos [...].

Outros estudos citados naquele mesmo parecer técnico, descreveram o desencadeamento de problemas neurológicos e malformações ósseas em filhotes de cobaias tratadas com 2,4-D durante a gravidez. Quanto ao efeito em seres humanos, foram citados trabalhos descrevendo que a exposição ao 2,4-D resulta no aumento na taxa de abortos, e que “aplicadores de agrotóxicos provenientes de áreas com uso intenso de 2,4-D apresentam maior número de crianças nascidas com alterações circulatórias e respiratórias, efeitos sobre o sistema urogenital e do músculo esquelético do que os filhos de pessoas não expostas [...]" (Friedrich, 2014)

Um outro dado relevante é que durante a fabricação do 2,4-D há possibilidade de formação de dioxinas, como subprodutos indesejáveis (Baird, 1995). As dioxinas, que ficaram conhecidas por fazerem parte do agente laranja, estão incluídas no rol das substâncias orgânicas persistentes (POP's), que não são degradadas no meio natural pela ação da luz, água, ar ou microorganismos, permanecendo inalteradas por longos períodos de tempo (Braga *et al.*, 2005; Spiro; Stigliani, 2009). Os agravos à saúde humana decorrentes da exposição às dioxinas incluem: cânceres; efeitos reprodutivos e no desenvolvimento; deficiência imunológica; desregulação endócrina incluindo *diabetes mellitus*; níveis de testosterona e do hormônio da tireoide alterados; danos neurológicos em recém-nascidos de mães expostas, incluindo alterações cognitivas e comportamentais; danos ao fígado e à pele; entre outros (Assunção; Pesquero, 1999; Newby; Howard, 2005) (figura 5.6).

Na monografia do 2,4-D, disponível no portal da internet da Anvisa (2017a) está descrito: "contaminante(s) de importância toxicológica para o ingrediente ativo e seu limite máximo: dioxinas totais = 0,01 ppm". Portanto, evidencia-se o risco de contaminação ambiental por dioxinas, e seus efeitos sobre a saúde pública, a partir do uso deste herbicida.

Dicloreto de paraquate

O dicloreto de paraquate esteve entre os 10 princípios ativos de agrotóxicos mais comercializados no Brasil entre 2010 e 2014, totalizando 27.835,6 toneladas comercializadas naquele período: 3.113,2 toneladas em 2010; 4.275,4 em 2011; 5.249,5 em 2012; 6.792,7 em 2013 e 8.404,8 em 2014.

Na monografia do dicloreto de paraquate (código P01.1) estão descritas as seguintes informações (Anvisa, 2017d): Grupo químico: Bipiridílio; Classe: Herbicida; Classificação toxicológica:

Classe I; Modalidade de emprego: aplicação em pós-emergência das plantas infestantes nas culturas de abacate, abacaxi, algodão, arroz, aspargo, banana, batata, beterraba, cacau, café, cana-de-açúcar, citros, coco, couve, feijão, maçã, milho, pastagens, pera, pêssego, seringueira, soja, sorgo, trigo e uva; aplicação como dessecante da cultura de algodão, arroz, batata, cana-de-açúcar, milho, soja e sorgo.

Conforme pode ser lido no parecer técnico de reavaliação toxicológica do dicloreto de paraquate (Anvisa, 2015):

> A intoxicação aguda é uma das principais preocupações com relação ao uso do paraquate; pois, desde o início do uso deste agrotóxico, foram registrados inúmeros casos fatais. Muitos desses casos são decorrentes de suicídio, mas há uma quantidade expressiva de casos de intoxicações acidentais e ocupacionais. Segundo o Programa Internacional de Segurança Química (IPCS), cerca de metade dos casos fatais de intoxicação por paraquate é resultante de suicídios. Dos casos de ingestão acidental, 50% evoluem para morte geralmente após uma semana da intoxicação.

Naquele mesmo parecer técnico (Anvisa, 2015) está descrita a situação internacional deste agrotóxico, no qual consta a lista dos trinta e seis países onde este herbicida foi proibido ou teve restrições de uso.

Por outro lado, na justificativa da consulta pública da reavaliação toxicológica do paraquate, datada de 10 de outubro de 2015, assinada pelo diretor da Gerência-Geral de Toxicologia – GGTOX da Anvisa, lê-se o texto a seguir, que revela a fragilidade da regulação de agrotóxicos no Brasil (Anvisa, 2015):

> Por meio da Resolução – RDC n° 10, de 22 de fevereiro de 2008, a Anvisa determinou a condução da reavaliação toxicológica do ingrediente ativo paraquate devido à existência de estudos demonstrando a alta toxicidade aguda e crônica desse ingrediente ativo. Diante do exposto, o objetivo dessa norma é propor o cancelamento dos produtos à base de paraquate, uma vez que se concluiu que a sua toxicidade se en-

> quadra em alguns dos critérios de impeditivo de registro de agrotóxicos no Brasil (mutagenicidade, mais perigoso para o homem do que os ensaios em animais podem demonstrar e ausência de antídoto) definidos na Lei nº 7.802, de 1989, no Decreto nº 4.074, de 2002, e na Portaria do Ministério da Saúde nº 03, de 1992. A reavaliação concluiu que há peso de evidência científica suficiente para considerar que o paraquate possui aspectos toxicológicos impeditivos de registro e que, de acordo com a legislação vigente, representa risco à saúde humana. Entretanto, cabe ressaltar que o cancelamento do registro do Paraquate implica redução das opções de alternativas para o controle de pragas em culturas relevantes para a economia brasileira, especialmente no que diz respeito à técnica de plantio direto e ao manejo de resistência. Diante disso, a empresa propôs como medidas mitigadoras o aperfeiçoamento de um protocolo único de tratamento, a realização de projetos de prevenção de suicídio, de toxicovigilância, de treinamento obrigatório à distância pela internet para compradores e de treinamento de profissionais da saúde. Propôs ainda a eliminação das embalagens de 1 litro e o cancelamento do registro das culturas de abacaxi, couve, maçã, seringueira e uva.

Ao final do processo de revisão em 2017, o paraquate passou a ter uso restrito a partir de setembro daquele ano, e uso proibido a partir de setembro de 2020 (Anvisa, 2017c).

Agrotóxicos organofosforados

Há relatos apontando os organofosforados como grupo químico responsável pelo maior número de intoxicações e mortes no país (OPAS/OMS, 1997). Os seus efeitos no sistema nervoso incluem incoordenação, fala arrastada, tremores da língua e pálpebras e paralisia dos membros e músculos da respiração, o que pode causar a morte. Também ocasionam morte por parada cardíaca. Experiências com animais indicam que a ingestão de menos de 40 gramas pode ser fatal ou produzir danos graves para a saúde do indivíduo. O contato com a pele pode produzir uma reação descrita como dermatite de contato não alérgica. Quantidades relativamente pequenas absorvidas pelos pulmões podem revelar-se fatais.

Trabalhadores expostos repetidamente a estas substâncias podem apresentar memória prejudicada e perda de concentração, depressão grave e psicose aguda, irritabilidade, confusão, apatia, labilidade emocional, dificuldades de fala, dor de cabeça, desorientação espacial, tempos de reação atrasadas, sonambulismo, sonolência ou insônia. Embora o número de efeitos adversos em seres humanos diminua algum tempo depois de envenenamentos, em algumas pessoas estes ainda persistem depois de meses após a atividade da colinesterase retornar ao normal. Os tiofosfatos (ésteres fosfotioato) geralmente não produzem o mesmo grau de inibição da colinesterase associada com outros organofosforados (Eddleston; Bateman, 2011)[1]. Os organofosforados também são tóxicos para mamíferos, pássaros e causam efeitos adversos de longa duração no ambiente aquático. São em número de 35 os agrotóxicos organofosforados de uso ainda autorizado no Brasil (Anvisa, 2017a): C53 – Cadusafós (Cadusafos); D23 – Dissulfotom (Disulfoton); E06 – Etoprofós (ethoprophos); F02 – Fenamifós (fenamiphos); F21 – Fosmete (phosmet); M20 – Mevinfós (mevinphos); T37 – Terbufós (terbufos); T57 – Tebupirinfós (tebupirimfos); B12 – Bromofós; C20 – Clorpirifós; D10 – Diazinona; D13 – Diclorvós; D18 – Dimetoato; E01 – Edifenfós; E07 – Etiona (ethion); F05 – Fenitrotiona; F07 – Fentiona; F17 – Fosalona; F50 – Fostiazato; M14 – Metidationa; P13 – Profenofós; P38 – Protiofós; T18 – Triazofós; A02 – Acefato (acephate); A20 – Azametifós (azamethiphos); F04 – Fenclorfós (fenchlorphos); F58 – Foxim (phoxim); I03 – Iodofenfós (iodofenphos); M01 – Malationa (malathion); N01 – Nalede (naled); P12 – Pirimifós-metílico (pirimiphos-methyl); P32 – Piridafentiona (pyridaphenthion); T06 – Temefós (temephos). Destes, os seguintes agrotóxicos organofosforados foram proibidos na União Europeia: C53 – Cadusafós (2007); D23 – Dissulfotom (2002); T37 – Terbufós (2002); P13 – Profenofós (2002); T18 – Triazofós (2002); F07 – Fentiona (2004); E07 – Etiona (2002); P32 – Piridafentiona (2002); M14 – Metidationa (2004); D10 – Diazinona (2007); A02 – Acefato (2003); P38 – Protiofós (2002) (Bombardi, 2017).

---

[1] Disponível em: <http://datasheets.scbt.com/sc-207389.pdf>

Fosfina (PH3), Fosfeto de Alumínio (AlP) e Fosfeto de Magnésio (Mg3P2)

O gás fosfina reage violentamente com oxigênio. É letal na concentração de 8 ppm (hamsters, inalação). Em humanos, a exposição causa dor na região do diafragma, sensação de frio, fraqueza, vertigem, dispneia, bronquite, edema, danos aos pulmões, convulsões, coma e morte (Budavari, 1989). O fosfeto de alumínio tem a maior fatalidade entre todos os agrotóxicos. Em geral, mais de 65% das pessoas que o ingerem vêm a óbito. Em contato com a água do estômago, libera gás fosfina, que tem efeitos tóxicos em muitos órgãos. Não há evidências de tratamento eficaz (Eddleston & Bateman, 2011). Efeitos semelhantes são descritos para o fosfeto de magnésio.

Agrotóxicos carbamatos

Os carbamatos agem de forma semelhante aos organofosforados, mas o envenenamento por carbamatos é, em geral, menos severo e tem duração menor do que a causada por organofosforados. Além de outros sintomas, ocorre progressiva flacidez, fraqueza dos grupos musculares proximais, em particular do pescoço, olhos e da respiração. A falência respiratória é comum em casos de envenenamento severo (Eddleston & Bateman, 2011). A seguir são listados os ingredientes ativos de agrotóxicos carbamatos com uso ainda autorizado no Brasil (Anvisa, 2017a): classe toxicológica I: A07 – Aldicarbe (aldicarb) (proibido na União Europeia em 2003 (Bombardi, 2017); B19 – Bendiocarbe (bendiocarb); C06 – Carbofurano (carbofuran) (proibido na União Europeia em 2007 (Bombardi, 2017); F40.1 – Cloridrato de Formetanato (formetanate hydrochloride); M17 – Metomil (methomyl); classe toxicológica II: A27 – Alanicarbe (Alanycarb); B35 – Benfuracarbe; C03 – Carbaril; C26 – Carbosulfano (proibido na União Europeia em 2007 (Bombardi, 2017); F41 – Furatiocarbe; M21 – Molinato; M28.1 – Metam-sódico (Sodium methyldithiocarbamate); M30 – Metiocarbe; P10 – Pirimicarbe; P19 – Propoxur; T16 – Tiram; T30 – Tiodicarbe; classe toxicológica III: A12 – Asulam (asulam); B42

– Bentiavalicarbe Isopropílico (benthiavalicarb-isopropyl); C25.1 – Cloridrato de cartape (cartap hydrochloride); I24 – Iprovalicarbe (iprovalicarb); M02 – Mancozebe (mancozeb); M15 – Metiram (metiram); P23.1 – Cloridrato de Propamocarbe (propamocarb hydrochloride); P41 – Propinebe (propineb); T29 – Tiobencarbe (thiobencarb); classe toxicológica IV: I23 – IPBC (1-Iodo-2-propinil butilcarbamato (IPBC).

Atrazina

Cox (2001, citado por Northwest Center For Alternatives To Pesticides, 2017), em artigo de revisão, descreveu as seguintes propriedades tóxicas para a atrazina: imunitóxico, desregula o sistema imunológico; desregulador endócrino que afeta a ação da testosterona, prolactina, progesterona, hormônio luteinizante e estrógeno; a consumo de água de contendo resíduos de atrazina, por mulheres grávidas, resultou no nascimento de bebês com menor peso do que o esperado; atraso da puberdade em animais experimentais expostos; danos cromossômicos em animais de laboratório e em trabalhadores de indústrias produtoras de atrazina. Bombardi (2017) destacou que a o uso da atrazina foi proibido na União Europeia em 2004, enquanto que no Brasil, ainda consta como o terceiro princípio ativo mais utilizado no país (tabela 5.1), com uso autorizado nas culturas de abacaxi, cana-de-açúcar, milho, milheto, pinus, seringueira, sisal e sorgo (Anvisa, 2017a).

Dicofol

O dicofol é um agrotóxico do grupo químico dos organoclorados, com autorização para uso como acaricida em culturas de algodão, citros e maçã (Anvisa, 2017a). É severamente irritante para a pele e os olhos, causando possíveis danos irreversíveis. A exposição prolongada ou repetida ao produto pode causar danos ao fígado, rins, coração e glândula adrenal. [2]É tóxico para animais silvestres, peixes e outros organismos aquáticos. Um estudo epide-

[2] Disponível em: <www.cdms.net/LDat/mp59B013.pdf>.

miológico realizado na Itália revelou que os agricultores expostos ao dicofol apresentaram maior probabilidade de desenvolverem câncer de próstata (Settimi *et al.*, 2003). A divisão da Organização das Nações Unidas responsável pela área ambiental – UNEP divulgou em 2013 um relatório sobre o dicofol em que constam as seguintes conclusões:

> Foram identificadas evidências claras de que o dicofol se enquadra nos critérios para enquadramento como produto orgânico persistente, considerando-se seu potencial de bioacumulação, seu transporte de longo alcance no ambiente, sua toxicidade muito elevada para organismos aquáticos, além de outros riscos à saúde, incluindo propriedades de potencial desregulador endócrino, com efeitos reprodutivos (UNEP, 2013).

Brometo de Metila (CH3Br)

Gás inflamável. Pode causar incêndio. Nocivo por inalação ou ingestão. Pode causar danos para os seguintes órgãos: sangue, rins, sistema nervoso, fígado, coração, sistema digestivo, trato gastrointestinal, trato respiratório superior, pele, olhos, supra-renal, sistema nervoso central (SNC), testículos. Distúrbios pré-existentes envolvendo alguns órgãos mencionados podem ser agravadas pela superexposição a este produto. [3]Proibido na União Europeia em 2011 (Bombardi, 2017).

Dicamba

Os sintomas de envenenamento com dicamba por inalação incluem perda de apetite (anorexia), vômitos, fraqueza muscular, desaceleração do ritmo cardíaco, falta de ar, alterações no sistema nervoso central (a vítima pode tornar-se animada ou deprimida), ácido benzóico na urina, incontinência, cianose (pele e gengivas ficam azuladas) e exaustão seguida de espasmos musculares repetidos. Em adição a estes sintomas, a inalação pode causar irritação dos revestimentos das vias nasais e os pulmões, e perda de voz.

[3] Ver em <www.airgas.com/documents/pdf/001035.pdf>.

Muito irritante e corrosivo, e pode causar danos graves e permanentes aos olhos. As pálpebras podem inchar e a córnea pode ficar afetada por uma semana depois do dicamba ter alcançado os olhos. Pode causar irritação e queimaduras na pele.[4]

Fluazinam

A ingestão acidental do material pode ser seriamente prejudicial para a saúde do indivíduo; experiências com animais indicam que a ingestão de menos de 40 gramas podem ser fatais. A substância e/ou seus metabolitos podem inibir o transporte de oxigênio pela hemoglobina. Esta condição, conhecida como "metemoglobinemia", é uma forma de falta de oxigênio (anoxia). Se aplicado para os olhos, este material provoca danos graves. Pode provocar uma reação inflamatória da pele. Pode acentuar qualquer condição de dermatite pré-existente. Resultados experimentais sugerem que este material pode causar distúrbios no desenvolvimento do embrião ou feto, até mesmo quando não há sinais de envenenamento da mãe.[5]

Picloram

Produto químico perigoso. Pode causar irritação dos olhos e da pele. Pode causar lesão da córnea. Tóxico para os organismos aquáticos.[6] Em testes de laboratório, o picloram provocou danos no fígado, rim e baço. Outros efeitos adversos observados nos testes laboratoriais incluem a perda embrionária em coelhas grávidas e atrofia testicular em ratos machos. A combinação de picloram e 2,4-D causa defeitos de nascimento e diminui peso ao nascer em camundongos. Picloram está contaminado com o hexaclorobenzeno cancerígeno. Hexaclorobenzeno, para além de causar o câncer de fígado, tireoide, rim, também prejudica ossos, sangue, o sistema imunológico e o sistema endócrino. Lactentes e crianças não nascidas são particularmente em risco de hexaclorobenzeno. Picloram é

4 Ver em <www.herbiguide.com.au/MSDS/MDIC70_62701-0308.PDF>.
5 Ver em <http://datasheets.scbt.com/sc-239996.pdf>.
6 Ver em <www.rayfull.com/UploadFiles/PDF/2013671721153.pdf>

tóxico para peixes juvenis em concentrações inferiores a 1 parte por milhão (ppm). Concentrações tão baixas como 0,04 ppm mataram truta. Em Montana, a pulverização de uma estrada com Tordon matou 15 toneladas de peixe em ¼ de milha a jusante do tratamento. Picloram é persistente e altamente móvel no solo. É amplamente encontrado como contaminante das águas subterrâneas e também foi encontrado em rios e lagos. Também é extremamente fitotóxico, e derivas e escoamentos de tratamentos com Picloram causaram danos surpreendentes às culturas, particularmente tabaco e batatas.[7]

Tolifluanida

Apresentou atividade como desregulador endócrino: Sargis *et al.*, 2012. Proibido na União Europeia desde 2010 (Bombardi, 2017).

Tembotrione

Nocivo por ingestão ou absorção pela pele. Irritação moderada dos olhos. Este produto ou seus componentes podem ter efeitos a longo prazo (crônica) de saúde. Tembotriona causou efeitos nos olhos, nos rins, fígado, pâncreas, da tireoide e/ou da vesícula biliar em estudos crônicos em ratos, ratazanas e cães. Além disso, parâmetros hematológicos foram afetados em ratos e cães.[8]

Conclusões

Os dados apresentados revelam que:

– há numerosos produtos das classes toxicológicas III (medianamente tóxico) e IV (pouco tóxico) disponíveis no mercado, atendendo à maior parte das atividades biológicas demandadas. Portanto, não se justifica que ingredientes ativos das classes I (extremamente tóxico) e II (altamente tóxico) continuem a ter uso

[7] Ver em: <www.pesticide.org/get-the-facts/pesticide-factsheets/factsheets/picloram>

[8] Ver em: <www.cdms.net/ldat/mp90D001.pdf>

autorizado no país, quando poderiam ser substituídos por sucedâneos menos tóxicos, das classes III e IV, já autorizados;

– há um grande número de agrotóxicos extremamente tóxicos e altamente tóxicos (classes I e II) com uso autorizado em culturas agrícolas de alimentos muito consumidos no Brasil inclusive, em hortaliças. Há de se questionar a permissão do uso de tais ingredientes ativos em tais culturas de alimentos, considerando-se seus possíveis riscos à saúde pública;

– a legislação prevê a avaliação toxicológica e a descrição dos ingredientes ativos de agrotóxicos nos rótulos dos produtos, mas não prevê o mesmo para os produtos formulados. Esta lacuna pode representar riscos à saúde humana e aos ecossistemas, uma vez que há componentes que não são ingredientes ativos, e que apresentam propriedades tóxicas que usualmente são utilizados em formulações de agrotóxicos. Portanto, é necessário aperfeiçoar a legislação relativa à regulamentação de agrotóxicos no Brasil para incluir, entre outros aspectos, a obrigatoriedade da avaliação toxicológica dos produtos formulados;

– os dados relativos à toxicidade de ingredientes ativos e componentes de formulações de agrotóxicos com uso autorizado no Brasil, descritos acima, revelam o descumprimento da lei número 7.802, de 11 de julho de 1989, justificando o banimento de tais produtos no país;

– faz-se necessário, ainda, implementar no Brasil o que foi descrito por Carneiro e colaboradores (2015): "Banir os agrotóxicos já proibidos em outros países e que apresentam graves riscos à saúde humana e ao ambiente, prosseguindo para uma reconversão tecnológica a uma agricultura livre de agrotóxicos, transgênicos e fertilizantes químicos"

Referências

AGÊNCIA NACIONAL DE VIGILÂNCIA SANITÁRIA – ANVISA. *Agrotóxicos. Avaliação toxicológica.* Disponível em: <http://portal,anvisa,gov,br/registros-e-autorizacoes/agrotoxicos/produtos/avaliacao-toxicologica>. Acesso em janeiro de 2017b.

______. *Quais reavaliações já foram finalizadas pela ANVISA?* Disponível em: <http://portal.anvisa.gov.br/registros-e-autorizacoes/agrotoxicos/produtos/reavaliacao-de-agrotoxicos>. Acesso em dezembro de 2017c.

______. *Quais reavaliações encontram-se em andamento na ANVISA?* Disponível em: <http://portal.anvisa.gov.br/registros-e-autorizacoes/agrotoxicos/produtos/reavaliacao-de-agrotoxicos>. Acesso em dezembro de 2017c.

______. *Consulta pública – Paraquate,* 2015. Disponível em: <http://portal,anvisa,gov,br/consultas-publicas#/visualizar/24753>. Acesso em maio de 2016.

______. *Regularização de produtos agrotóxicos. Monografias autorizadas.* Disponível em: <http://portal.anvisa.gov.br/registros-e-autorizacoes/agrotoxicos/produtos/monografia-de-agrotoxicos/autorizadas>. Acesso em dezembro de 2017a.

ASSUNÇÃO, J. V.; PESQUERO, C. R. Dioxinas e furanos: origens e riscos. *Rev. Saúde Pública*, v. 33, n. 5, p. 523-530,1999.

BAIRD, C. *Environmental chemistry.* W. F. Freeman and Co.: New York, 1995.

BOMBARDI, L. M. *Geografia do uso de agrotóxicos no Brasil e conexões com a União Europeia.* São Paulo: FFLCH-USP, 2017.

BRAGA, B.; HESPANHOL, I.; CONEJO, J. G. L.; MIERZWA, J. C.; BARROS, M. T. L.; SPENCER, M.; PORTO, M.; NUCCI, N.; JULIANO, N.; EIGER, S. *Introdução à engenharia ambiental:* o desafio do desenvolvimento sustentável. 2. Ed. São Paulo: Pearson, 2005.

CARNEIRO, F. F.; PIGNATI, W. A.; RIGOTTO, R. M.; AUGUSTO, L. G. S.; PINHEIRO, A. R. O.; FARIA, N. M. X. *et al.* Parte 1 – Segurança alimentar e nutricional e saúde. *In*: CARNEIRO, F. F.; RIGOTTO, R. M.; AUGUSTO, L. G. S.; FRIEDRICH, K.; BURIGO, A. C. (Org). *Dossiê ABRASCO*: um alerta sobre os impactos dos agrotóxicos na saúde. Rio de Janeiro: ABRASCO; 2015. p. 46-86.

COX, C. Herbicide factsheet. Atrazine: toxicology. *Journal of Pesticide Reform*, v. 21, n. 2, p. 12-20, 2001. Disponível em: <https://d3n8a8pro7vhmx.cloudfront.net/ncap/pages/26/attachments/original/1428423438/piperonylbutoxide.pdf?1428423438>. Acesso em janeiro de 2017.

COX, C. Insecticide synergist factsheet, pyperonyl butoxide. *Journal of Pesticide Reform*, v. 22, p. 12-20, 2002. Disponível em: <https://d3n8a8pro7vhmx.cloudfront.net/ncap/pages/26/attachments/original/1428423438/piperonylbutoxide.pdf?1428423438>. Acesso em janeiro de 2017.

EDDLESTON, M.; BATEMAN, D. N. Pesticides. *Medicine*, v. 40, n. 3, p. 147-150, 2011.

ENVIRONMENTAL WORKING GROUP – EWG. Disponível em: <www.ewg.org/>. Acesso em janeiro de 2017.

EUROPEAN FOOD SAFETY AUTHORITY – EFSA. Panel on Food Additives and Nutrient Sources added to Food (ANS). Scientific Opinion on the re-evaluation of butylated hydroxytoluene BHT (E 321) as a food additive. *EFSA Journal*, v. 10, n. 3, p. 2588, 2012.

FRIEDRICH, K. *Avaliação dos efeitos tóxicos sobre o sistema reprodutivo, hormonal e câncer para seres humanos após o uso do herbicida 2,4-D.* Disponível em: <www.contraosagrotoxicos.org/index.php/materiais/relatorios/detail>. Acesso em maio de 2016.

INSTITUTO BRASILEIRO DE GEOGRAFIA E ESTATÍSTICA – IBGE. Coordenação de Trabalho e Rendimento. *Pesquisa de orçamentos familiares 2008-2009. Análise do consumo alimentar pessoal no Brasil.* Rio de Janeiro: IBGE, 2011. 150p. Disponível em: <http://biblioteca.ibge.gov.br/visualizacao/livros/liv50063.pdf>. Acesso em abril de 2016.

______. *Sidra.* Disponível em: <www.sidra.ibge.gov.br/bda/tabela/protabl.asp?c=1612&z=p&o=29&i=P>. Acesso em maio de 2016.

INSTITUTO BRASILEIRO DO MEIO AMBIENTE – IBAMA. *Relatórios de comercialização de agrotóxicos.* Disponível em: <www.ibama.gov.br/areas-tematicas-qa/relatorios-de-comercializacao-de-agrotoxicos/pagina-3>. Acesso em maio de 2016.

MINISTÉRIO DA AGRICULTURA, PECUÁRIA E ABASTECIMENTO – MAPA. *Agrofit.* Disponível em: <http://agrofit.agricultura.gov.br/agrofit_cons/principal_agrofit_cons>. Acesso em janeiro de 2017.

NEWBY, J. A.; HOWARD, C. V. Environmental influences in cancer aetiology. *Journal of Nutritional and Environmental Medicine*, v. 15, p. 56-114, 2005.

NORTHWEST CENTER FOR ALTERNATIVES TO PESTICIDES. Pesticide factsheets. Disponível em: <www.pesticide.org/pesticide_factsheets>. Acesso em janeiro de 2017.

ORGANIZAÇÃO PANAMERICANA DE SAÚDE/ORGANIZAÇÃO MUNDIAL DA SAÚDE – OPAS/OMS. *Manual de vigilância da saúde de populações expostas a agrotóxicos.* OPAS/OMS: Brasília, 1997.

PELAEZ, V. *Agrotóxicos, agricultura e mercado.* Mesa de controvérsias sobre agrotóxicos – CONSEA. Brasília, 21/09/2012. Disponível em: <www4.planalto.gov.br/consea/biblioteca/documentos/agrotoxicos-agricultura-e-mercado>. Acesso em janeiro de 2017.

SARGIS, R. M.; NEEL, B. A.; BROCK, C. O.; LIN, Y.; HICKEY, A. T.; CARLTON, D. A.; BRADY, M. J. The novel endocrine disruptor tolylfluanid impairs insulin signaling in primary rodent and human adipocytes through a reduction in insulin receptor substrate-1 levels. *Biochim Biophys Acta*, v. 1822, n. 6, p. 952-960, 2012.

SETTIMI, L.; MASINA, A.; ANDRION, A.; AXELSON, O. Prostate cancer and exposure to pesticides in agricultural settings. *Int. J. Cancer*, v. 104, n. 4, p. 458-461, 2003.

SPIRO, T. G.; STIGLIANI, W. M. *Química ambiental.* 2. Ed. São Paulo: Pearson, 2009.

UNITED NATIONS ENVIRONMENTAL PROGRAM – UNEP. Persistent Organic Pollutants Review Committee, ninth meeting. 2013. *Proposal to list dicofol in Annexes A, B and/or C to the Stockholm Convention on Persistent Organic Pollutants.* Disponível em: <www.google.com.br/url?sa=t&rct=j&q=&esrc=s&source=web&cd=1&ved=0CBwQFjAA&url=http%3A%2F%2Fchm.pops.int%2FPortals%2F0%2Fdownload.aspx%3Fd%3DUNEP-POPS-POPRC.9-3.English.pdf&ei=FH-tU5O4KLGlsATf6YCYAQ&usg=AFQjCNF5mZPMZJ2xHwho5P4188U94wUGJw&sig2=qbnz9qeHedWMWuowTFi3GA&bvm=bv.69837884,d.cWc>. Acesso em janeiro de 2017.

VORHEES, C. V.; BUTCHER, R. E.; BRUNNER, R. L.; SOBOTKA, T. J. Developmental neurobehavioural toxicity of butylated hydroxytoluene in rats. *Food Cosmet. Toxicol.*, v. 19, n. 2, p. 153-162, 1981.

VÍDEOS

DUVIVIER, G. *Greg News – Agrotóxicos.* 2017. Disponível em: <https://www.youtube.com/watch?v=d4Xy6yBM378>. Acesso em setembro de 2017.

TENDLER, S. *O veneno está na mesa 1.* 2011. Disponível em: <https://www.youtube.com/watch?v=V9KJyR9hxJI>. Acesso em setembro de 2017.

TENDLER, S. *O veneno está na mesa 2.* 2014. Disponível em: <https://www.youtube.com/watch?v=fyvoKljtvG4>. Acesso em setembro de 2017.

6. Glifosato, o maior dos venenos

Sonia Corina Hess, Rubens Onofre Nodari

Introdução

Em 1969, a empresa Monsanto obteve a patente do glifosato como herbicida, sendo este o princípio ativo de muitos produtos comerciais (ex.: Roundup). Posteriormente, em 2005, a Monsanto também obteve a patente do glifosato como agente dessecante (Carlisle; Trevors, 1988; Funke *et al.*, 2006; Jaworski, 1972). Os herbicidas a base de glifosato (HBG) são não seletivos e matam qualquer tipo de planta, exceto os vegetais transgênicos, denominados RR (Roundup Ready), que foram desenvolvidos para serem resistentes aos HBG. Além do uso intensivo em cultivos transgênicos, Samsel e Sneff (2015) descreveram que uma prática comum atualmente é a dessecação das plantações pela aplicação de HBG, pouco antes da colheita, o que tem resultado em aumento da presença de resíduos destes em alimentos não transgênicos, tais como trigo e cana-de-açúcar, entre outros. Também na criação de bois, porcos, ovelhas e frangos, os animais são alimentados com grãos geneticamente modificados (GM), contaminados por resíduos glifosato e um dos seus metabólitos, o ácido aminometilfosfônico (AMPA). Consequentemente, produtos animais tais como ovos, leite, manteiga e queijo também estão contaminados. Por outro lado, Bohn e colaboradores (2014) descreveram que ao investigarem a composição química de soja produzida em Iowa, Estados Unidos, observaram que os grãos de soja GM Roundup Ready acumulavam glifosato e AMPA, o que não ocorria em grãos do vegetal não-transgênico. Além disso, os autores encontraram diferenças substanciais na composição química dos grãos investigados, como nos teores de proteínas, minerais e açúcares, evidenciando-se que a soja transgênica não tem o mesmo perfil químico e nutricional que a soja não-transgênica produzida em sistemas orgânico ou convencional. Não são, portanto, alimentos substancialmente equivalentes.

No Brasil, na monografia do princípio ativo glifosato (ANVISA, 2016) constam as seguintes informações: – nome químico, N-(fosfonometil)glicina; – grupo químico, glicinas substituídas; – classe toxicológica IV (pouco tóxico); – usos agrícolas autorizados: aplicação em pós-emergência das plantas infestantes nas culturas de algodão, ameixa, arroz, banana, cacau, café, cana-de-açúcar, citros, coco, feijão, fumo, maçã, mamão, milho, nectarina, pastagem, pera, pêssego, seringueira, soja, trigo e uva; aplicação como maturador de cana-de-açúcar; aplicação para eliminação de soqueira no cultivo de arroz e cana-de-açúcar; aplicação em pós-emergência das plantas infestantes em florestas de eucalipto e pinus; aplicação para o controle da rebrota do eucalipto; e aplicação como dessecante nas culturas de aveia preta, azevém e soja.

No banco de dados Agrofit (Mapa, 2016), que contém informações sobre os produtos agrotóxicos e afins registrados no Ministério da Agricultura, Pecuária e Abastecimento, constam 59 produtos comerciais contendo o glifosato como princípio ativo; 11 produtos contendo sal de amônio do glifosato, para uso exclusivo e seletivo em variedades de soja geneticamente modificadas; 19 produtos contendo o sal de isopropilamina do glifosato e; 04 produtos com sal de potássio do glifosato, com uso permitido para aplicação em pós-emergência das plantas infestantes nas culturas de café, milho, soja e trigo; aplicação em jato dirigido na cultura de café; sistema de plantio direto nas culturas de milho, soja e trigo; aplicação em pós-emergência das plantas infestantes nas culturas de eucalipto e pinus; e aplicação em jato dirigido.

As vendas de herbicidas a base de glifosato têm crescido continuamente no Brasil, totalizando 127.585,92 toneladas em

2010 e 193.947,87 em 2014 (Ibama, 2016). Na figura 6.1 são apresentadas as quantidades HBG comercializado entre 2010 e 2014 nas unidades da federação. Em torno de 10.000 toneladas comercializadas a cada ano não tiveram registro do local onde a venda ocorreu (legenda SD na figura 6.1). Ao comparar-se o comércio de glifosato com o do total dos ingredientes ativos de agrotóxicos vendidos entre 2010 e 2014, observa-se que este correspondeu a aproximadamente 40% das vendas totais.

Figura 6.1 – Quantidades de glifosato comercializado nas unidades da federação, entre 2010 e 2014

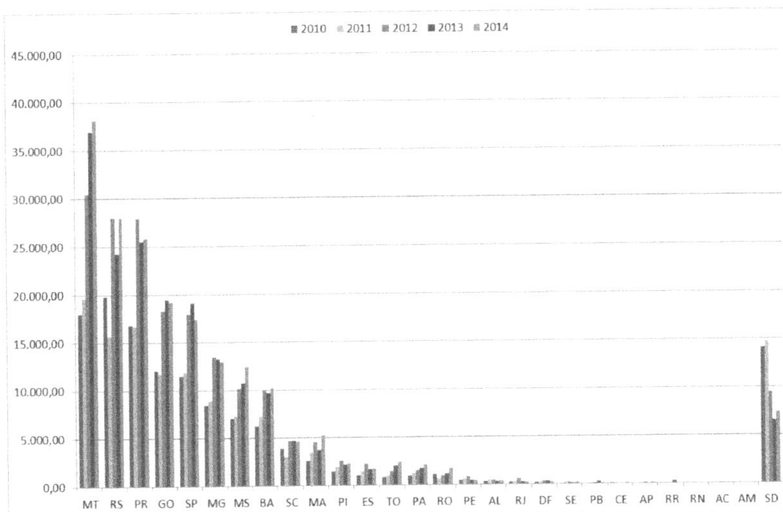

Fonte dos dados: IBAMA, 2016; *SD: vendas sem definição do local. Nota: construção dos autores

Efeitos do glifosato na saúde humana e em mamíferos

O glifosato age como herbicida ao inibir a enzima 5-enolpiruvoil-shikimato-3-fosfato sintetase (EPSPS), bloqueando a biossíntese dos aminoácidos aromáticos triptofano, fenilalanina e tirosina. Estes aminoácidos fazem parte da estrutura de enzimas e proteínas essenciais à sobrevivência do vegetal, por isso, a interrupção da sua síntese repercute na morte da planta (Carlisle; Trevors, 1988; Funke *et al.*, 2006; Jaworski, 1972). Estudos demonstraram que o glifosato, ao bloquear este e outros processos metabólicos das bactérias do trato intestinal, leva ao desenvolvimento de doenças devido à interrupção da síntese de substâncias que estas bactérias fornecem ao hospedeiro (humanos e outros), incluindo: aminoácidos (triptofano, fenilalanina, tirosina, metionina e glicina); serotonina (neurotransmissor); melatonina (hormônio, regulação endócrina e reprodução); melanina (pigmento e proteção contra a radiação solar); epinefrina (sinônimo de adrenalina, hormônio e neurotransmissor); dopamina (neurotransmissor envolvido no controle aprendizado, humor, emoções, memória, entre outros); hormônio da tireóide (controle do metabolismo e de muitos sistemas no corpo humano); folato (vitamina necessária para a síntese de proteínas, incluindo a hemoglobina); coenzima Q10 (participa da produção de ATP, molécula que armazena energia para consumo imediato nas células); vitamina K (atua no processo de coagulação sanguínea); e vitamina E (proteção do organismo contra agentes oxidantes) (Samsel; Sneff, 2015).

Samsel e Sneff (2013a, 2013b, 2015) publicaram artigos científicos nos quais inferem que, devido ao seu modo de ação e à sua crescente disseminação nos alimentos e no ambiente, os HBG têm sido responsáveis pelo desencadeamento de doenças graves cada vez mais comuns na população, incluindo: desordens gastrointestinais, obesidade, diabetes, doenças cardíacas, depressão, autismo, infertilidade, câncer, mal de Alzheimer e mal de Parkinson; doença celíaca e intolerância a glúten.

Mesnage e colaboradores (2014) revelaram que as formulações comerciais contendo glifosato são até mil vezes mais tóxicas do que o princípio ativo isolado, revelando haver efeitos sinérgicos entre os componentes de herbicidas à base de glifosato. Destaca-se que a polioxietilenoamina (Poea) é utilizada como surfactante em formulações de glifosato. Existem numerosos estudos mostrando que Poea é tóxico e, frequentemente, mais tóxico que o glifosato, como demonstrado em ratos por Williams e Semlitsch (2010). Poea induz necrose e desregula e estrutura e função de membranas celulares, nas doses de 1 a 3 mg/L (Mesnage *et al.*, 2013a), tem ação cardiotóxica em mamíferos e, em casos de intoxicação severa há coma, com ou sem hemorragia e não há antídoto (Eddleston; Bateman, 2011).

Devido ao amplo e indiscriminado uso dos HBG, eo aumento da incidência de problemas renais crônicos em uma região agrícola do Sri Lanka foi constatado estar associado à contaminação ambiental por glifosato, que repercutia em acúmulo de sais nos rins das pessoas expostas (Jayasumana *et al.*, 2014).

Anteriormente, também foi verificado que po Roundup causou danos às células embrionárias e da placenta de seres humanos e de equinos (Benachour *et al.*, 2007) e, em outro estudo divulgado em 2009, foi descrito que quatro formulações comerciais de glifosato (Roundup), em concentrações na ordem de partes por milhão (ppm), causaram apoptose (morte programada) e necrose de células humanas placentárias, umbilicais e embrionárias (Benachour; Séralini, 2009).

Estudos também que o glifosato apresenta efeito de desregulador endócrino em células hepáticas humanas (Gasnier *et al.*, 2009), e em trabalho divulgado em 2012, foi relatado que o Roundup, em concentrações da ordem de partes por milhão (ppm), induziu à necrose e à morte programada (apoptose) de células de testículos de ratos, entre outros efeitos indicativos de interferência hormonal naqueles mamíferos (Clair *et al.*, 2012). Coelhos brancos machos tratados com soluções de glifosato apresentaram: diminuição do peso corporal, da libido, do volume das ejaculações, da concentração de esperma, e aumento da quantidade de espermatozóides anormais ou mortos (Yousef *et al.*, 1995).

Em 2013 foi divulgado um estudo que demonstrou que o glifosato, na concentração de partes por trilhão (ppt), induz à proliferação de células humanas de câncer de mama (Thongprakaisang *et al.*, 2013).

Em artigo divulgado em janeiro de 2017, Mesnage e colaboradores revelaram que a ingestão por 2 anos, de doses muito baixas de Roundup, herbicida à base de glifosato, na concentração equivalente de glifosato da ordem de 0,1 ppb (50 mg/L, correspondendo a 4 ng/kg de peso corporal/dia), resultou em esteatose hepática e severos prejuízos às funções hepáticas (Mesnage *et al.*, 2017.

Séralini e colaboradores (2014) divulgaram os resultados de um estudo de longa duração realizado com ratos, durante todo o seu tempo de vida. Os animais tratados com água contendo o herbicida Roundup (0,1 partes por bilhão) ou com milho transgênico tolerante a Roundup, apresentaram diferenças estatísticas significativas relativas em cerca de parâmetros estudados: hematológicos (hematócrito, plaquetas, neutrófilos, linfócitos, monócitos, volume corpuscular médio, concentração corpuscular média de hemoglobina); químicos clínicos (albumina, nitrogênio ureico do sangue, creatinina, fósforo, sódio, cloreto, fosfatase alcalina, cálcio, potássio); químicos urinários (creatinina, fósforo, potássio, clearence da creatinina, pH, cálcio); peso dos órgãos (coração, cérebro, fígado); peso corporal e modificação de peso; e consumo alimentar dos animais. Decorrentes destas alterações, aumentou o risco de desenvolvimento de câncer de mama nas fêmeas, câncer e danos ao sistema gastrointestinal, rins e fígado, principalmente dos machos, além de tempo menor de vida para os animais de ambos os sexos. Os tumores só começaram a ficar aparentes quatro meses nos machos e sete meses em fêmeas após o início dos tratamentos.

Em maio de 2017 foi divulgado estudo de autoria de Owagboriaye e colaboradores, no qual é descrito que ratos do sexo masculino tratados com baixas concentrações de Roundup apresentaram significativas reduções na contagem e mobilidade dos espermatozoides; aumento da proporção de células espermáticas anormais; lesões degenerativas dos testículos; e que o Roundup pode interferir na espermatogênese e diminuir a fertilidade de gônadas masculinas (Owagboriaye *et al.*, 2017). Portanto, o trabalho demonstrou que o glifosato atua como desregulador endócrino em mamíferos.

Com base nestes estudos mencionados e centenas de outros, é relevante destacar que, em 20 de março de 2015, a Agência Internacional para a Pesquisa do Câncer (Iarc), vinculada à Organização Mundial da Saúde, divulgou relatório em que o glifosato foi classificado como provável cancerígeno (Iarc, 2015).

Efeitos do glifosato nos microorganismos e em ecossistemas aquáticos

Formulações comerciais do glifosato (em concentrações menores do que 1 ppm) apresentaram atividade antibiótica intensa frente a bactérias benéficas presentes no trato digestivo de animais, ao mesmo tempo que bactérias patogênicas, incluindo *Salmonella typhimurium* e *Clostridium botulinum*, foram altamente resistentes ao herbicida (Shehata *et al.*, 2013).

Em ecossistemas aquáticos, estudos publicados em 2005 demonstraram que uma formulação comercial de glifosato (Roundup), a uma concentração de 3,8 mg/L (3,8 ppm) foi capaz de eliminar completamente duas espécies de girinos e quase exterminar uma terceira espécie, resultando em um declínio de 70% na diversidade de girinos do experimento (Relyea, 2005). Outro estudo, que causou enorme impacto, concluiu que herbicidas à base de glifosato causam malformações na rã *Xenopus laevis* (Paganelli *et al.*, 2010). Segundo Samsel e Sneff (2013a), os resultados inferem que a disseminação do glifosato no ambiente pode ser uma explicação para o desaparecimento de sapos, observado em diversos locais do mundo.

Efeitos genotóxicos foram causados por 500 microgramas do herbicida Roundup ao serem aplicados em ovos do jacaré-de-papo-amarelo, *Caiman latirostris* (Poletta *et al.*, 2009) e, na concentração de 10 ppm, o Roundup causou efeitos genotóxicos no peixe neotropical *Prochilodus lineatus* (Cavalcante *et al.*, 2008).

Annett e colaboradores (2014) também constataram efeitos de formulações de glifosato em seres aquáticos (peixes, sapos, crustáceos), que incluíram: inibição da acetilcolinesterase (enzima que controla os impulsos nervosos); genotoxicidade; mudanças histopatológicas; problemas no desenvolvimento sexual e maior proporção de hermafroditas; alterações no comportamento; alterações bioquímicas; entre outros.

Em um estudo *in vivo*, machos do pato selvagem *Anas platyrhynchos* tratados com soluções aquosas de Roundup (5 e 100 mg/kg), apresentaram distúrbios no sistema reprodutivo (Oliveira *et al.*, 2007).

Myers e colaboradores (2016) relataram que porcos alimentados com soja contaminada com resíduos de glifosato apresentaram malformações congênitas. Os autores sugerem que os HBG podem estar contribuindo para o desencadeamento de problemas semelhantes em seres humanos que moram próximos a áreas agrícolas com uso intensivo de tais herbicidas.

Em estudo ambiental realizado na Argentina, o glifosato foi identificado e aferido em águas lixiviadas de plantações de soja em concentrações entre 0,10 e 0,7 mg/L (0,10 e 0,7 ppm), enquanto que em sedimentos e em solos, os valores variaram entre 0,5 e 5,0 mg/kg (0,5 e 5,0 ppm) (Peruzzo *et al.*, 2008). Sanchis e colaboradores (2012), ao analisarem 140 amostras de água subterrânea coletadas na Catalunha, Espanha, detectaram a presença de glifosato em 41% das amostras. Annett e colaboradores (2014), reuniram informações descritas em estudos ambientais, nos quais glifosato e AMPA (seu derivado) foram detectados na água superficial de diversos locais dos Estados Unidos, Canadá e França, em concentrações que variaram da ordem de partes por bilhão (microgramas por litro) a partes por milhão (miligramas por litro).

Nos Estados Unidos, a água coletada na entrada e na saída de estações de tratamento de esgoto de 10 cidades revelou a presença de glifosato em 17,5% das amostras e de seu derivado, AMPA, em 67,5% das amostras. O estudo demonstrou que a contaminação de recursos hídricos por glifosato também ocorre em áreas urbanas (Kolpin *et al.*, 2006). Ainda nos Estados Unidos, análises ambientais revelaram que 75% das amostras de ar e de chuva coletados na região agrícola do delta do Mississipi estavam contaminadas por glifosato e por AMPA (Majewski *et al.*, 2014).

Conforme Myers e colaboradores (2016), autoridades do Reino Unido divulgaram que, em levantamento realizado em outubro de 2012, foram encontrados resíduos de glifosato em concentrações superiores a 0,2 ppm em 27 das 109 amostras de pão analisadas. Já nos Estados Unidos, análises realizadas por órgãos governamentais em 2011 aferiram a presença de glifosato em 90,3% das 300 amostras de soja analisadas, e de AMPA em 95,7% das amostras, em concentrações de 1,9 ppm e 2,3 ppm, respectivamente.

Está disponível gratuitamente na internet, o vídeo intitulado "Engineered food and your health: the nutritional status of GMOs" , em que o agrônomo Thierry Vrain descreve os riscos associados ao uso do glifosato.

Considerações finais

No Brasil, a portaria número 2.914 de 2011, do Ministério da Saúde, estabeleceu em 500 microgramas por litro (0,5 ppm) a concentração máxima de glifosato permitida na água potável. Entretanto, os dados da literatura apresentados no presente artigo demonstram que, nesta concentração, o glifosato apresenta efeitos tóxicos aos seres humanos. Além disso, conforme foi comentado por Bombardi (2017), enquanto que na União Europeia o limite de resíduos de glifosato permitido na soja é de 0,05mg/kg, no Brasil o valor é 200 vezes maior, 10 mg/kg.

Por outro lado, os efeitos teratogênicos, genotóxicos e de desregulador endócrino descritos na literatura e citados no presente trabalho justificam o banimento do uso do glifosato no Brasil, com base na a lei número 7.802 de 1989, que estabelece, no Artigo 3º:

> § 6º Fica proibido o registro de agrotóxicos, seus componentes e afins: [...] c) que revelem características teratogênicas, carcinogênicas ou mutagênicas, de acordo com os resultados atualizados de experiências da comunidade científica; d) que provoquem distúrbios hormonais, danos ao aparelho reprodutor, de acordo com procedimentos e experiências atualizadas na comunidade científica; [...] (Brasil, 1989)

Portanto, diante dos efeitos tóxicos resumidamente descritos para o glifosato e suas formulações comerciais, é relevante enfatizar que a ampla utilização de produtos à base de glifosato tem resultado de fato na contaminação ambiental não só nas regiões onde é aplicado, mas também atinge alvos muito distantes dos locais de aplicação. Desta forma, é imperativo que os registros dos herbicidas à base de glifosato sejam imediata e rigorosamente reavaliados.

Referências

ANNET, R.; HABIBI, H. R.; HONTELA, A. Impact of glyphosate and glyphosate-based herbicides on the freshwater environment. *J. Appl. Toxicol.*, v. 34, n. 5, p. 458-479, 2014.

ANVISA. *Agrotóxicos. Monografias autorizadas.* Disponível em: <http://portal.anvisa.gov.br/wps/content/Anvisa+Portal/Anvisa/Inicio/Agrotoxicos+e+Toxicologia/Assuntos+de+Interesse/Monografias+de+Agrotoxicos/Monografias>. Acesso em maio de 2016.

BENACHOUR, N.; SÉRALINI, G.E. Glyphosate formulations induce apoptosis and necrosis in human umbilical, embryonic, and placental cells. *Chem. Res. Toxicol.*, v. 22, p. 97–105, 2009.

BENACHOUR, N.; SIPAHUTAR, H.; MOSLEMI, S.; GASNIER, C.; TRAVERT, C.; SERALINI, G. E. Time- and dose-dependent effects of Roundup on human embryonic and placental cells. *Arch. Environ. Contam. Toxicol.*, v. 53, p. 126–133, 2007.

BOHN, T.; CUHRA, M.; TRAAVIK, T.; SANDEN, M.; FAGAN, J.; PRIMICERIO, R. Compositional differences in soybeans on the market: glyphosate accumulates in Roundup Ready GM soybeans. *Food Chemistry*, v. 153, p. 207–215, 2014.

BOMBARDI, L. M. *Geografia do uso de agrotóxicos no Brasil e conexões com a União Europeia.* São Paulo: FFLCH-USP, 2017.

BRASIL. Lei n. 7.802, de 11 de julho de 1989. Dispõe sobre a pesquisa, a experimentação, a produção, a embalagem e rotulagem, o transporte, o armazenamento, a comercialização, a propaganda comercial, a utilização, a importação, a exportação, o destino final dos resíduos e embalagens, o registro, a classificação, o controle, a inspeção e a fiscalização de agrotóxicos, seus componentes e afins, e dá outras providências. *Diário Oficial da República Federativa do Brasil*, Brasília, 12 jul. 1989. Seção 1, p. 11459.

CARLISLE, S. M.; TREVORS, J. T. Glyphosate in the environment. *Water, Air and Soil Pollution*, v. 39, p. 409-420, 1988.

CAVALCANTE, D. G. S. M.; MARTINEZ, C. B. R.; SOFIA, S. H. Genotoxic effects of Roundup® on the fish *Prochilodus lineatus. Mutation Research/Genetic Toxicology and Environmental Mutagenesis*, v. 655, n. 1-2, p. 41–46, 2008.

CLAIR, E.; MESNAGE, R.; TRAVERT, C.; SERALINI, G. E. A glyphosate-based herbicide induces necrosis and apoptosis in mature rat testicular cells in vitro, and testosterone decrease at lower levels. *Toxicology in Vitro*, v. 26, p. 269–279, 2012.

EDDLESTON, M.; BATEMAN, D. N. Pesticides. *Medicine*, v. 40, n. 3, p. 147-150, 2011.

FUNKE, T.; HAN, H.; HEALY-FRIED, M. L.; FISCHER, M.; SCHONBRUNN, E. Molecular basis for the herbicide resistance of Roundup Ready crops. *PNAS*, v. 103, n. 35, p. 1301-1305, 2006.

GASNIER, C.; DUMONT, C.; BENACHOUR, N.; CLAIR, E.; CHAGNON, M. C.; SÉRALINI, G. E. Glyphosate-based herbicides are toxic and endocrine disruptors in human cell lines. *Toxicology*, v. 262, p. 184-191, 2009.

INSTITUTO BRASILEIRO DE GEOGRAFIA E ESTATÍSTICA – IBGE. *Sidra.* Disponível em: <www.sidra.ibge.gov.br/bda/tabela/protabl.asp?c=1612&z=p&o=29&i=P>. Acesso em maio de 2016.

INSTITUTO BRASILEIRO DO MEIO AMBIENTE – IBAMA. *Relatórios de comercialização de agrotóxicos.* Disponível em: <www.ibama.gov.br/areas-tematicas-qa/relatorios-de-comercializacao-de-agrotoxicos/pagina-3>. Acesso em maio de 2016.

INTERNATIONAL AGENCY FOR RESEARCH ON CANCER – IARC. *IARC monographs, volume 112: evaluation of five organophosphate insecticides and herbicides.* Disponível em: <https://www.iarc.fr/en/media-centre/iarcnews/pdf/MonographVolume112.pdf>. Acesso em maio de 2016.

JAWORSKI, E. G. Mode of action of N-Phosphonomethylglycine: inhibition of aromatic amino acid biosynthesis. *J. Agric. Fd. Chem.*, v. 20, p. 1195-1198, 1972.

JAYASUMANA, C.; GUNATILAKE, S.; SENANAYAKE, P. Glyphosate, hard water and nephrotoxic metals: are they the culprits behind the epidemic of chronic kidney disease of unknown etiology in Sri Lanka? *Int. J. Environ. Res. Public Health*, v. 11, p. 2125-2147, 2014.

KOLPIN, D. W.; THURMAN, E. M.; LEE, E. A.; MEYER, M. T.; FURLONG, E. T.; GLASSMEYER, S. T. Urban contributions of glyphosate and its degradate AMPA to streams in the United States. *Science of the Total Environment*, v. 354, p. 191– 197, 2006.

LARSEN, K.; NAJLE, R.; LIFSCHITZ, A.; MATÉ, M. L.; LANUSSE, C.; VIRKEL, G. L. Effects of sublethal exposure to a glyphosate-based herbicide formulation on metabolic activities of different xenobiotic-metabolizing enzymes in rats. *Int. J. Toxicol.*, v. 33, p. 307-318, 2014.

MAJEWSKI, M. S.; COUPE, R. H.; FOREMAN, W. T.; CAPEL, P. D. Pesticides in Mississipi air and rain: a comparison between 1995 and 2007. *Environmental Toxicology and Chemistry*, v. 33, n. 6, p. 1283–1293, 2014.

MESNAGE, R.; BERNAY, B.; SÉRALINI, G.E. Ethoxyklated adjuvants of glyphosate-based herbicides are active principles of human cell toxicity. *Toxicology*, v. 313, n. 2-3, p. 122-128, 2013.

MESNAGE, R.; DEFARGE, N.; DE VENDÔMOIS, J. S.; SÉRALINI, G. E. Major pesticides are more toxic to human cells than their declared active principles. *Biomed. Res. Int.*, p. 1-8, 2014.

MESNAGE, R.; RENNEY, G.; SÉRALINI, G. E.; WARD, M.; ANTONIOU, M. N. Multiomics reveal non-alcoholic fatty liver disease in rats following chronic exposure to an ultra-low dose of Roundup herbicide. *Scientific Reports, v.* 7, article number: 39328, 2017. Disponível em: <www.nature.com/articles/srep39328>. Acesso em janeiro de 2017.

MINISTÉRIO DA AGRICULTURA, PECUÁRIA E ABASTECIMENTO – MAPA. *Agrofit.* Disponível em: <http://agrofit.agricultura.gov.br/agrofit_cons/principal_agrofit_cons>. Acesso em maio de 2016.

MYERS, J. P.; ANTONIOU, M. N.; BLUMBERG, B.; CARROLL, L.; COLBORN, T.; EVERETT, L. G. *et al.* Concerns over use of glyphosate-based herbicides and risks associated with exposures: a consensus statement. *Environmental Health*, v. 15, p. 19-31, 2016.

OLIVEIRA, A. G.; TELLES, L. F.; HESS, R. A.; MAHECHA, G. A.B.; OLIVEIRA, C. A. Effects of the herbicide Roundup on the epididymal region of drakes *Anas platyrhynchos. Reprod. Toxicol.*, v. 23, p. 182–191, 2007.

OWAGBORIAYE, F. O.; DEDEKE, G. A.; ADEMOLU, K. O.; OLUJIMI, O. O.; ASHIDI, J. S.; ADEYINKA, A. A. Reproductive toxicity of Roundup herbicide exposure in male albino rat. *Experimental and Toxicologic Pathology*. Disponível em: <www.sciencedirect.com/science/article/pii/S0940299316302585>. Acesso em maio de 2017.

PAGANELLI, A.; GNAZZO, V.; ACOSTA, H.; LÓPEZ, S. L.; CARRASCO, A. E. Glyphosate-based herbicides produce teratogenic effects on vertebrates by impairing retinoic acid signaling. *Chem. Res. Toxicol.*, v. 23, p. 1586-1595, 2010.

PERUZZO, P.; PORTA, A.; RONCO, A. Levels of glyphosate in surface waters, sediments and soils associated with direct sowing soybean cultivation in north pampasic region of Argentina. *Environ. Pollut.*, v. 156, n. 1, p. 61-66, 2008.

POLETTA, G. L.; LARRIERA, A.; KLEINSORGE, E.; MUDRY, M. D. Genotoxicity of the herbicide formulation Roundup (glyphosate) in broad-snouted caiman (*Caiman latirostris*) evidenced by the Comet assay and the micronucleus test. *Mutat. Res.*, v. 672, p. 95-102, 2009.

RELYEA, R.A. The impact of insecticides and herbicides on the biodiversity and productivity of aquatic communities. *Ecol. Appl.*, v. 15, p. 618-627, 2005.

SAMSEL, A.; SENEFF, S. Glyphosate, pathways to modern diseases II: celiac sprue and gluten intolerance. *Interdiscip. Toxicol.*, v. 6, n. 4, p. 159–184, 2013b.

SAMSEL, A.; SENEFF, S. Glyphosate, pathways to modern diseases III: manganese, neurological diseases, and associated pathologies. *Surg. Neurol. Int.*, v.6, p. 45-70, 2015.

SAMSEL, A.; SENEFF, S. Glyphosate's suppression of Cytochrome P450 enzymes and amino acid biosynthesis by the gut microbiome: pathways to modern diseases. *Entropy,* v. 15, p. 1416-1463, 2013a.

SANCHÍS, J.; KANTIANI, L.; LLORCA, M.; RUBIO, F.; GINEBREDA, A.; FRAILE, J.; GARRIDO, T.; FARRÉ, M. Determination of glyphosate in groundwater samples using an ultrasensitive immunoassay and confirmation by on-line solid-phase extraction followed by liquid chromatography coupled to tandem mass spectrometry. *Anal. Bioanal. Chem.*, v. 402, n. 7, p. 2335-2345, 2012.

SÉRALINI, G. E.; CLAIR, E.; MESNAGE, R.; GRESS, S.; DEFARGE, N.; MALATESTA, M. *ET AL*. Republished study: long term toxicity of a Roundup herbicide and a Roundup-tolerant genetically modified maize. *Environmental Sciences Europe,* v. 26, p. 1-17, 2014.

SHEHATA, A. A.; SCHRODL, W.; ALDIN, A. A.; HAFEZ, H. M.; KRUGER, M. The effect of glyphosate on potential pathogens and beneficial members of poultry microbiota in vitro. *Curr. Microbiol.*, v. 66, p. 350–358, 2013.

THONGPRAKAISANG, S.; THIANTANAWAT, A.; RANGKADILOK, N.; SURIYO, T.; SATAYAVIVAD, J. Glyphosate induces human breast cancer cells growth via estrogen receptors. *Food Chem. Toxicol.*, v. 59, p. 129-136, 2013.

WILLIAMS, B. K.; SEMLITSCH, R.D. Larval responses of three midwestern anurans to chronic, low-dose exposures for four herbicides. *Arch. Environ. Contam. Toxicol.*, v. 58, n. 3, p. 819-27, 2010.

YOUSEF, M. I.; SALEM, M. H.; IBRAHIM, H. Z.; HELMI, S.; SEEHY, M. A.; BERTHEUSSEN, K. Toxic effects of carbofuran and glyphosate on semen characteristics in rabbits. *J. Environ. Sci. Health B*, v. 30, n. 4, p. 513-534, 1995.

VÍDEO

VRAIN, T. *Engineered food and your health: the nutritional status of GMOs.* Disponível em: <https://www.youtube.com/watch?v=yiU3Ndi6itk>. Acesso em setembro de 2017.

7. O modelo de (des)envolvimento agrícola em Mato Grosso e os impactos dos agrotóxicos na saúde ambiental e humana

Wanderlei Antonio Pignati, Débora Fernandes Calheiros, Francco Antonio Neri de Souza e Lima

Introdução

O título deste capítulo refere-se ao significado do prefixo *Des* de origem latina, que remete à negação e, por conseguinte, à falta de envolvimento entre crescimento econômico e a qualidade de vida anunciada em municípios de base agrícola. Este distanciamento entre a proposta de qualidade de vida e a realidade observada está relacionado às "não conformidades" quanto às condições ideais para a preservação da saúde humana, o incentivo à participação social, à diversidade cultural e de um ambiente saudável, que deveriam acompanhar o crescimento destes municípios. Como exemplo, apresentaremos pesquisas concluídas no Estado de Mato Grosso, principalmente, em municípios com Produto Interno Bruto (PIB) elevados. Estes municípios são grandes produtores de culturas agrícolas como algodão, cana, milho e soja que, neste modelo de agricultura, voltados principalmente para exportação, apresentam um intenso uso de insumos químicos, como fertilizantes e agrotóxicos.

O Estado de Mato Grosso é um dos maiores produtores agrícolas do país, alcançando a primeira colocação na produção de algodão, milho e soja no ano de 2015. Somente para as culturas de soja, milho e algodão, Mato Grosso produziu 71.655.123 toneladas, o que representa 97,4% da produção agrícola total do Estado. Na pecuária, Mato Grosso também ocupa a primeira colocação em produção de rebanho bovino, com 29.364.042 de cabeças (IBGE, 2016).

O Estado tem 141 municípios, sendo a produção de *commodities* (principalmente algodão, cana-de-açúcar, milho e soja) realizada, na grande maioria dos casos, por meio de extensas monoculturas que se concentram em três grandes regiões: município de Sapezal, na região Oeste, município de Sorriso, na região Centro-Norte, e município de Rondonópolis, na porção Sul do Estado (figura 7.1). Estas regiões produzem 70% dos produtos agrícolas de exportação e consomem 70% dos agrotóxicos e fertilizantes químicos utilizados nos monocultivos do Estado (Pignati *et al.*, 2014).

Figura 7.1 Mapa da produção agrícola e do consumo de agrotóxicos em Mato Grosso, 2015

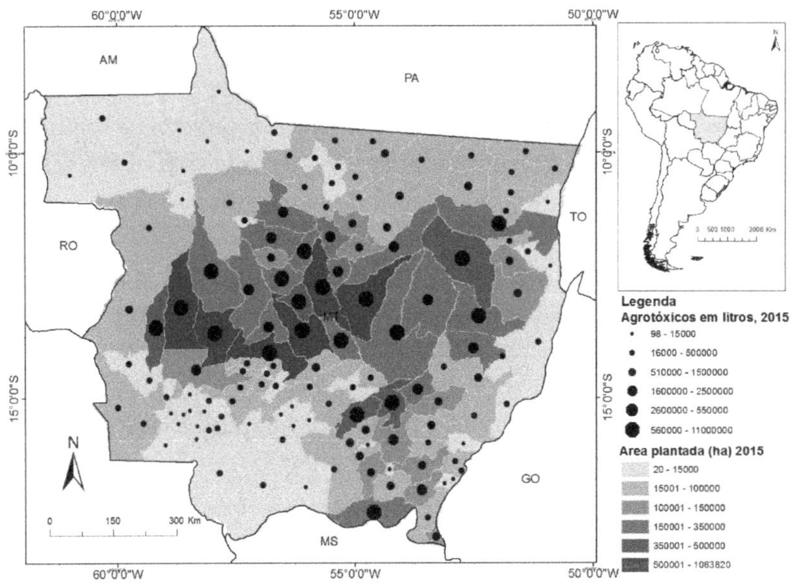

Fonte: PIGNATI *et al.*, 2014

Para o ano de 2015, nos 14 milhões de hectares de lavouras plantadas, estima-se que Mato Grosso consumiu/pulverizou aproximadamente 150 milhões de litros de agrotóxicos, como produto formulado, somente nas culturas de algodão, cana, milho e soja

(IBGE, 2016; INDEA-MT, 2013; Pignati *et al.*, 2014). Na figura 7.2 é apresentado o histórico da área plantada e do consumo de agrotóxicos das culturas de algodão, cana-de-açúcar, milho e soja no Estado do MT.

Na tabela 7.1 são apresentados os princípios ativos de agrotóxicos mais utilizados nas lavouras de quatro municípios de alta produção agrícola em Mato Grosso: Campo Verde e Lucas do Rio Verde para soja, milho e algodão; Barra do Bugres e Nova Olímpia para cana de açúcar (Pignati *et al.*, 2014).

Na cadeia produtiva do agronegócio, a poluição contínua do ar, do solo e da água gera intoxicações agudas e crônicas relacionadas aos agrotóxicos, apresentando impactos de grande relevância para a saúde dos(as) trabalhadores(as), da população e do ambiente. Neste processo agroquímico dependente, a utilização de agrotóxicos com o objetivo de atingir os alvos ou as "pragas da lavoura" (insetos, fungos ou ervas daninhas), contamina a lavoura, o produto, o ambiente, os(as) trabalhadores(as) rurais e a população do entorno (Augusto *et al.*, 2015; Grisolia, 2005; Pignati, 2007; Moreira *et al.*, 2012).

Figura 7.2 Série histórica de área plantada (em milhões de hectares) e consumo de agrotóxicos (milhões de litros) em Mato Grosso

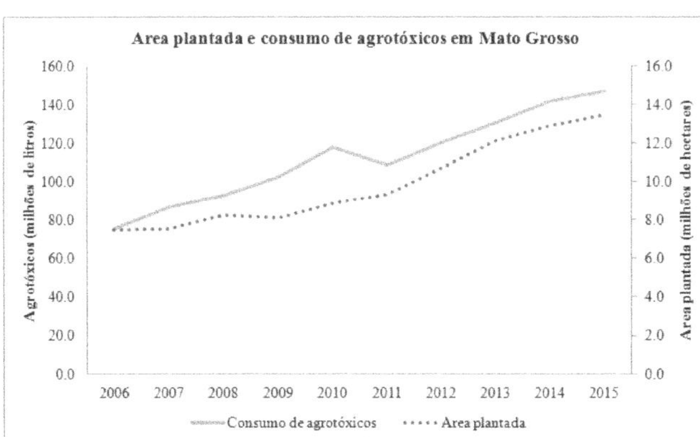

Fontes: IBGE, 2016; INDEA, 2013. Nota: *Estimativas propostas por PIGNATI *et al.*,(2014) a partir dos parâmetros do ano de 2011.

As intoxicações por uso de agrotóxicos são um problema de saúde pública no país e são diferenciadas, principalmente, por dois tipos: intoxicações agudas, aquelas que ocorrem em até 24 horas acarretando efeitos rápidos sobre a saúde; e as intoxicações crônicas, cujos efeitos ocorrem em repetidas exposições e por longos períodos de tempo (Dux; Stalzer, 1988). O Sistema Nacional de Informações Tóxico-Farmacológicas (Sinitox) categoriza os agrotóxicos em quatro tipos: agrotóxicos de uso agrícola; agrotóxicos de uso doméstico; produtos veterinários e raticidas. Para os estudos que mostram os riscos destes compostos na saúde humana, reunir estes quatros grupos em um só serve de alerta para a gravidade do problema quando aparecem em terceiro lugar no número de casos de intoxicação humana registrados pelo Sinitox. Para óbitos, os agrotóxicos de uso agrícola concentram, sozinhos, o primeiro lugar (Bochner, 2007).

Observa-se que, à medida que a produção agrícola aumenta, o consumo de agrotóxicos também aumenta, indicando uma relação "químico-dependente" destas lavouras com o uso de agrotóxicos (Carneiro *et al.*, 2015; Moreira *et al.*, 2012; Pignati, 2007; Pignati *et al.*, 2014). Deste modo, locais com alta produtividade agrícola devem ter mais agravos à saúde em suas populações do que os locais d e baixa produção, por causa do potencial de ocorrência de intoxicações (Cunha, 2010; Curvo *et al.*, 2013; Fávero, 2011). No entanto, a Organização Pan-Americana de Saúde (OPAS-OMS, 1996) estima que para cada registro de intoxicação, outros 50 não são notificados. Deste modo, a falta de dados inviabiliza ações mais efetivas de proteção à saúde de populações expostas a agrotóxicos.

Tabela 7.1 Princípios ativos mais utilizados em 2012, segundo classe de uso, classificação toxicológica e risco ambiental, em quatro municípios – Campo Verde, Lucas do Rio Verde, Barra do Bugres e Nova Olímpia, em Mato Grosso

Princípio ativo	Classe de uso	Classificação Toxicológica	Risco Ambiental
2,4-D	Herbicida	I	III
Acefato	Inseticida	II	III
Amicarbe	Herbicida	III	III
Atrazina	Herbicida	III	III

Azafenidin	Herbicida	III	III
Carbendazim	Fungicida	II	III
Carbofurano	Inseticida	I	II
Cipermetrina	Inseticida	III	II
Clomazona	Herbicida	II	II
Clorpirifos	Inseticida	I	I
Diuron	Herbicida	III	II
Endosulfan*	Inseticida	I	I
Etefom	Regulador de crescimento	II	II
Fipronil	Inseticida	II	II
Flutriafol	Fungicida	II	III
Glifosato	Herbicida	IV	III
Imazapic	Herbicida	II	III
Isoxaflutol	Herbicida	III	II
Malation	Inseticida	III	III
Metolacloro	Herbicida	I	II
Metomil	Inseticida	I	II
Metribuzim	Herbicida	IV	II
Metamidofós**	Inseticida	I	II
MSMA	Herbicida	III	III
Óleo mineral	Adjuvante	IV	III
Paraquate	Herbicida	I	II
Parationa-metílica***	Inseticida	I	III
Permetrina	Inseticida	III	II
Tebuconazol	Fungicida	IV	II
Tebutiurom	Herbicida	II	II
Trifluralina	Herbicida	II	II

Fonte: Pignati *et al.* (2014). Notas: *Uso proibido no Brasil a partir de 2013; ** Uso proibido no Brasil a partir de 2011;*** Uso proibido no Brasil a partir de 2016.

Outro fator que contribui para este cenário é a relação dos gestores e governantes com o agronegócio, que em muitos casos são também latifundiários e acabam por favorecer o setor, legislando de maneira a favorecer a atividade em detrimento da saúde da população, e agindo em oposição a ações de vigilância em saúde. Um dos casos mais evidentes foi exposto pelas contradições das normas sobre pulverização aérea. A regulamentação da Instrução Normativa do MAPA Nº 02/2008 (Brasil, 2008) sobre pulverização aérea, estabeleceu uma distância mínima de 500 metros para pulverizar próximo a cidades, vilas, bairros, mananciais de captação de água para abastecimento da população, e de 250 metros no caso de mananciais de água, moradias isoladas e agrupamentos de animais. Já em Mato Grosso, a Lei de Agrotóxicos nº 8.588/2006 (Mato Grosso, 2006), foi regulamentada pelo Decreto nº 2.283/2009 (Mato Grosso, 2009) no que se refere à distância de pulverização terrestre, estabelecendo uma distância mínima de 300 metros para pulverizar agrotóxicos em áreas de povoações, cidades, vilas, bairros, mananciais de captação de água, moradias isoladas, agrupamento de animais e nascentes ainda que intermitentes. Em 2013, o então governador do Estado alterou o decreto anterior, aprovando o Decreto nº 1.651/2013, que permitiu a pulverização terrestre numa distância mínima de somente 90 metros dos mesmos locais, expondo, assim, muito mais as pessoas, animais e fontes de água (Mato Grosso, 2013). Na figura 7.3 é mostrada a proximidade das lavouras com escolas e a zona urbana no Município de Campo Novo dos Parecis (MT).

Figura 7.3 Imagem de escolas no Município de Campo Novo dos Parecis – MT. A: Escola urbana, B: Escola rural.

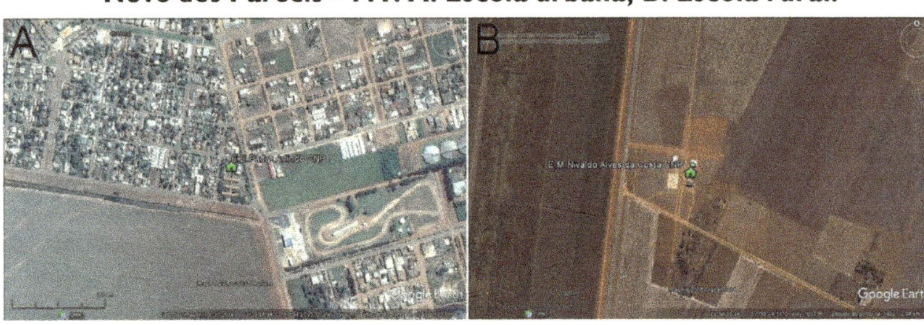

Fonte: Google Earth, 2016.

Contaminação ambiental por agrotóxicos

Como resultado deste modelo de "desenvolvimento" sem preocupação com a qualidade da vida e do ambiente, ocorre a contaminação por agrotóxicos em matrizes ambientais que, por sua vez, se tornam vias de contaminação direta e indireta para a saúde humana. Em Mato Grosso, pesquisas realizadas principalmente pela Universidade Federal de Mato Grosso e Embrapa Pantanal demonstram a presença de agrotóxicos em água superficial, subterrânea, de chuva (Calheiros *et al.*, 2010; Dores; Calheiros,

2008; Gomes; Barizon, 2014; Laabs *et al.*, 2002; Moreira *et al.*, 2012; Nogueira *et al.*, 2012; Ribeiro *et al.*, 2013) e em sedimento de rios (Miranda *et al.*, 2008; Possavatz *et al.*, 2014).

Em 2015, o Ministério da Saúde (MS, 2015), por meio da Secretaria de Vigilância em Saúde, apresentou um diagnóstico do monitoramento de agrotóxicos na água para consumo humano no Brasil, a partir das análises de dados do Sistema de Informação de Vigilância da Qualidade da Água para Consumo Humano (SisÁgua), referentes a dados de 2013. Esse monitoramento foi realizado em atendimento aos parâmetros estabelecidos na Portaria MS Nº 2.914/2011 (Brasil, 2011). Em Mato Grosso, foram realizadas análises de água em 38 municípios pela Vigilância da Qualidade da Água. Destes municípios, Alto Garças, Cláudia, Juara, Lucas do Rio Verde, Nova Canaã do Norte, Peixoto de Azevedo, Pontal do Araguaia, Porto Esperidião, Sapezal e Terra Nova do Norte, apresentaram parâmetros de agrotóxicos acima do VMP – Valor Máximo Permitido para água de consumo humano estabelecido pela Portaria em questão. Dentre os princípios ativos acima do VMP destacam-se aldrin/dieldrin, clordano, endrin, atrazina e DDT, que totalizaram 93,8% das substâncias detectadas no país.

Nos municípios de Lucas do Rio Verde e Campo Verde, Moreira e colaboradores (2012) analisaram a contaminação de agrotóxicos em águas superficiais e de chuva nos anos de 2006 e 2007. Foram selecionados 27 princípios ativos de agrotóxicos mais utilizados nesses municípios e analisados por cromatografia gasosa acoplada a detector de massa (CG-MS). Os resultados mostram que em 83% das 62 amostras de água de poços artesianos, utilizados na distribuição urbana do município de Lucas do Rio Verde, foram encontrados resíduos dos agrotóxicos atrazina, metolacloro, clorpirifós, endossulfan alfa e beta, flutriafol e permetrina. Para água superficial, das 34 amostras coletadas, em 81% foram encontrados resíduos de pelo menos um dos agrotóxicos avaliados. Os resíduos mais frequentemente encontrados foram endossulfan, flutriafol e metolacloro que, em várias amostras, apareceram conjuntamente. Para as amostras de água de chuva, 56% deram positivas para pelo menos três tipos de resíduos de agrotóxicos, e em diferentes níveis (Moreira *et al.*, 2012).

No mesmo estudo (Moreira *et al.*, 2012), no município de Campo Verde, cerca de 50% das 28 amostras de água de poço coletadas apresentaram resíduos dos agrotóxicos identificados, em concentrações que variaram de 0,18 a 18,96 µg/L. Nas águas superficiais foram identificadas as presenças dos agrotóxicos atrazina e DEA (desetil atrazina – seu produto de degradação) e endossulfan (alfa e beta), em concentrações que variaram até 0,25 µg/L. Para os resultados das análises de água de chuva, das 58 amostras coletadas foram detectados e quantificados resíduos de DEA (1,20 a 4,45 µg/L, em 3 amostras), atrazina (0,21 a 75,43 µg/L, em 31 amostras), metil paration (0,71 µg/L, em 1 amostra), malation (4,37 e 7,08 µg/L, em 2 amostras), metolacloro (0,11 a 4,49 µg/L, em 15 amostras), endossulfan alfa e beta (de 0,5 a 29,6 µg/L, em 26 amostras), flutriafol (0,27 a 1,51 µg/L, em 4 amostras) e endossulfan sulfato (2,00 a 7,59 µg/L, em 5 amostras).

Oliveira (2016) realizou um estudo sobre o uso de agrotóxicos na produção agrícola e a contaminação ambiental e alimentar por agrotóxicos nos municípios de Campo Novo do Parecis, Sapezal e Campos de Júlio, região oeste de Mato Grosso. Foram coletadas amostras de água superficial, sedimento, peixes de rios e córregos, carne bovina e ovina, para a aferição da presença de resíduos de agrotóxicos. Das 18 amostras de água superficial coletadas, sete apresentaram resíduos de atrazina (0,03 a 0,20 µg/L). Dentre as 18 amostras de peixes analisados pela técnica multiresíduo, foram detectados dois princípios ativos, sendo que uma amostra composta de Carás continha flutriafol (3 a 10 µg/L) e uma amostra de Trairão continha atrazina (1,5 a 5,0 µg/L). Para amostras de sedimento, carnes bovina e ovina, não houve detecção de resíduos de agrotóxicos. Como conclusão, entendeu-se que a ocorrência de agrotóxicos em amostras de água superficial e peixes são críticas para à saúde humana e ambiental e indicam possível contaminação por outros agrotóxicos de uso intensivo na região, porém não analisados naquele estudo.

Na região nordeste de Mato Grosso, a Terra Indígena (TI) Marãiwatsédé, território da etnia Xavante, foi ocupada em 1950 por não-indígenas. O processo final de desintrusão dos não-indígenas aconteceu somente em 2013, sem a realização de avaliações sanitárias e ambientais. Uma denúncia de quatro óbitos infantis durante os anos de 2012 e 2013, com suspeita de intoxicação por agrotóxicos, motivou uma pesquisa naquela área. A pesquisa realizada por Lima (2015) verificou a presença de agrotóxicos em rios e córregos na TI Marãiwatsédé. Dos sete pontos amostrados para análise de agrotóxicos na água superficial, em um ponto foi detectada permetrina na concentração de 0,19 µ/L. Essa concentração é menor do que o Valor Máximo Permitido para esse princípio ativo na legislação de potabilidade da água (Ministério da Saúde, portaria MS 2.914/2011). No entanto, conclui-se que é preciso ampliar o número de pontos amostrais, da quantidade de princípios ativos investigados e monitorar as fontes de emissão de agrotóxicos, que são as lavouras em atividade no entorno daquela terra indígena, principalmente, em cursos d'água que nascem nas lavouras e possibilitam o transporte destas substâncias para dentro da TI.

Contaminação do Sistema Bacia do Alto Paraguai/Pantanal Mato-Grossense

Uma via muito importante de transporte de agrotóxicos para longe do local de aplicação é por meio de sua movimentação na atmosfera, a deriva, resultante do processo de volatilização dos compostos, aumentado devido às altas temperaturas da região. Na Bacia do Alto Paraguai, compartilhada pelos Estados de Mato Grosso e Mato Grosso do Sul e que compreende o Pantanal Mato-Grossense, as atividades de cultivo das extensas monoculturas de soja, milho, algodão e cana-de-açúcar, com uso intensivo de agrotóxicos, são realizadas no planalto que circunda a planície pantaneira, exatamente onde se encontram as nascentes dos seus rios formadores, e onde também ocorre uma taxa de supressão da vegetação nativa de 60 a 80%.

Laabs e colaboradores (2002) determinaram a ocorrência de agrotóxicos de diferentes classes químicas (29 agrotóxicos e 3 metabólitos) na bacia do Rio Cuiabá, formadora do Pantanal, em amostras de água superficial, sedimento e chuva coletadas na época principal de pulverização. Das substâncias investigadas, 22 foram detectadas pelo menos uma vez, resultando em uma frequência de ocorrência de 68% nas amostras de água superficial (n = 139), 87% nas amostras de água da chuva (n = 91) e 62% nas amostras de sedimentos (n = 26). As amostras de água superficial foram as mais frequentemente contaminadas por compostos de endossulfan (α-, β-, -sulfato), ametrina, metolacloro e metribuzina, embora em baixas concentrações (< 0,1 µg/L). As amostras de sedimentos apresentaram concentrações de até 4,5 µg/kg de p,p'-DDT, p,p'-DDE, sulfato de endossulfan, β-endossulfan e ametrina. Em contraste, a água da chuva estava poluída com quantidades substanciais de endossulfan, alacloro, metolacloro, trifluralina, monocrotofós e profenofós (concentrações máximas = 0,3 a 2,3 µg/L) no planalto. O maior porcentual de detecção foi aferido nos rios do planalto, próximos às áreas agrícolas.

No Pantanal, os agrotóxicos alacloro, sulfato de endossulfan, malation, metolacloro, simazina e trifluralina foram detectados em mais de 10% das amostras de água. Em amostras de sedimento coletadas na planície, a frequência de detecção dos agrotóxicos organoclorados p,p'-DDT e p,p'-DDE foi de 25% do total de amostras. Na planície, a contaminação da água de chuva coletada a cerca de 75 km de distância das áreas de aplicação, continha concentrações médias cinco a dez vezes menores do que no planalto. Taxas de deposição cumulativa da soma de agrotóxicos dentro do período de estudo variaram de 423 µg/m^2 no planalto a 14 µg/m^2 na planície. Quanto ao endossulfan, seus isômeros foram observados em águas de córregos e de rios em áreas de planalto próximas às lavouras em menos de 14% das amostras analisadas, enquanto que o metabolito sulfato de endossulfan foi detectado em 50% das amostras de água no planalto e em 10,5% na planície pantaneira (Laabs *et al.*, 2002).

Troli (2004, *apud* Dores, 2015) analisou 16 compostos organoclorados (dez agrotóxicos e seis metabólitos) em 66 amostras de água e 64 de sedimento em vários rios da Bacia do Alto Paraguai (BAP). Em amostras de água, o autor detectou apenas heptacloro-epóxido (um metabolito do heptacloro) em cinco amostras, em concentrações variando de 0,15 a 0,62 µg/L e os isômeros de DDE (o,p'- e p,p'-DDE) em concentrações variando de 0,78 a 14,65 µg/L. Tanto o DDE como o epóxido de heptacloro são metabólitos que apresentam alta persistência no ambiente. Nos sedimentos, o único agrotóxico detectado foi o lindano, variando de 20,0 a 71,1 µg/kg, em três pontos da bacia. As concentrações detectadas podem representar riscos para a biota de acordo com a legislação brasileira.

Cunha (2003) analisou amostras de sedimento coletadas em duas épocas, novembro de 2001 e fevereiro de 2002, que correspondem ao início e final da fase de chuvas, respectivamente, em 23 pontos de coleta nos rios formadores da planície pantaneira, em sua área de transição planalto/planície. Foram detectados os compostos: alacloro, ametrina, clorpirifós, p,p' DDE, p,p' DDT, endossulfan sulfato, ß-endossulfan, metolacloro, metoxicloro, metribuzina, simazina, terbutilazina, trifluralina. Em 83% das amostras, pelo menos um agrotóxico foi detectado, sendo em 91% das amostras coletadas no mês de novembro e 74% no mês de fevereiro. As moléculas mais frequentemente detectadas foram p,p' DDT (58%) e seu metabólito p,p' DDE (36%), alacloro (27%), ß-endossulfan (16%) e metribuzin (9%).

Em outro estudo, Maraschin (2003) analisou as amostras de água coletadas nos mesmos locais e datas das amostragens realizadas por Cunha (2003), nos principais rios formadores do Pantanal (Jauru, Paraguai, Sepotuba, Cabaçal, Cuiabá, São Lourenço, Vermelho, Correntes, Itiquira, Coxim, Taquari, Negro, Apa, Aquidauana, Salobra e Miranda), em 23 pontos localizados entre o planalto e a planície pantaneira, dentro da área conhecida como borda do Pantanal. Das amostras analisadas nas duas campanhas (n = 45), 12 apresentaram o p,p'DDT com concentração variando de 0,10 a 0,24 µg/L, uma amostra apresentou ditalinfós na concentração de 0,06 µg/L, e o metabólito sulfato de endossulfan foi encontrado em uma amostra na concentração de 0,08 µg/L, traços de dieldrin foram encontrados em 6 amostras. Os níveis de contaminação por agrotóxicos apresentaram valores abaixo do limite máximo estabelecido pela legislação brasileira, para os princípios ativos analisados. A presença dos organoclorados p,p'DDT e dieldrin em algumas amostras evidencia a persistência destes no ambiente, embora seu uso tenha sido proibido na agricultura em 1985. O número reduzido de pesticidas detectados na água indica que esta matriz não é a mais recomendável para estudos de contaminação ambiental, pois salvo alguns princípios ativos, muitos apresentam baixa solubilidade na água, e a maioria é adsorvida nos sedimentos.

Miranda *et al.* (2008) analisaram sedimentos dos 17 principais rios formadores do Pantanal, amostrados em 24 pontos de coleta também localizados na área de transição planalto-planície da Bacia do Alto Paraguai, entre novembro e março de 2004. Os autores aferiram as presenças de aldrin, dieldrin, endrin, isômeros de endossulfan, sulfato de endossulfan, metoxicloro, p,p'-DDE e p,p'-DDT. Os resultados mostraram presença de p,p'-DDT (3,6 µg/kg) em apenas uma amostra de sedimento coletada no Rio Miranda. Foram identificados também três ingredientes ativos da classe de piretróides nas seguintes concentrações: λ-cialotrina (1,0 – 5,0 µg/kg), deltametrina (20,0 µg/kg) e permetrina (1,0 – 7,0 µg/kg). Princípios ativos de agrotóxicos frequentemente usados na região não têm sido estudados por falta de equipamento específico para analisar agrotóxicos iônicos e termicamente instáveis, tais como o dicloreto de paraquat, diuron, glifosato, metomil, 2,4-D e teflubenzuron.

Dores e Calheiros (2008) analisaram amostras de sedimentos de rios, coletadas nos principais afluentes dos rios Miranda e Aquidauana, em 21 pontos de amostragem em toda a bacia hidrográfica, abrangendo áreas do planalto e da planície de inundação. Foram detectados: o piretróide λ-cialotrina, de baixa persistência, mas de alta toxicidade para peixes; o dieldrin, que é um agrotóxico e também um metabolito do aldrin, que foi detectado em todas as amostras de sedimentos coletadas em maio de 2005, em concentrações variando de 9,5 a 10,8 µg/kg, e em 88% das amostras coletadas em dezembro de 2005, de 9,3 a 15,4 µg/kg; o inseticida p,p'-DDT foi novamente detectado no Rio Miranda, em apenas uma amostra (1,0 µg/kg), e em outra coletada num canal de irrigação de cultivo de arroz, sob concentração muito elevada (20,3 µg/kg). Por outro lado, seu principal metabólito, o p,p'-DDE, foi detectado em todas as amostras de sedimentos, em concentrações que variaram de 1,2 a 14,4 µg/kg. O índice baixo obtido na relação DDE/DDT na amostra coletada no canal de irrigação indicou que a contaminação era recente, contrariando a legislação que baniu o uso de DDT no Brasil desde 1997 (Anvisa, 2017). A Resolução Conama nº 344/2004 estabelece dois níveis de efeitos adversos à biota: Nível 1: limiar abaixo do qual prevê-se baixa probabilidade de efeitos adversos à biota e Nível 2: limiar acima do qual prevê-se um provável efeito adverso à biota. Segundo a referida Resolução, os valores de Dieldrin, DDT e DDE obtidos neste estudo estavam próximos ou acima do Nível 2, implicando em alto potencial de efeitos adversos à biota.

Calheiros e colaboradores (2010) avaliaram a contaminação de nove princípios ativos de herbicidas na Bacia do Alto Paraguai (BAP), tendo sido detectada a contaminação das águas em quatro rios (Coxim, Taquari, Negro e Miranda) pelo herbicida atrazina, variando de 0,0064 a 0,0477 µg/L. Esta contaminação é decorrente da drenagem de áreas ocupadas com soja, milho, sorgo e pastagens, muito comuns nessas sub-bacias. A atrazina, utilizada em culturas de milho, cana e sorgo, pertence à classe toxicológica III (medianamente tóxico para humanos) e classe II (muito perigoso) para o ambiente, pela classificação do Ibama, e apresenta persistência média no ambiente. Sua concentração máxima permitida é de 2 µg/L, para águas doces pertencentes às Classe I e II, classes de qualidade a que pertencem a maioria dos corpos de água do sistema BAP/Pantanal. Desta forma, as concentrações aferidas apresentaram valores abaixo dos padrões estipulados pela legislação, contudo, é relevante a preocupação com os efeitos subletais e de longo prazo, de contaminações constantes por tal substância tóxica. A atrazina pode sofrer bioacumulação nos organismos, sendo altamente tóxico para algas, com $CE(I)_{50,\,96h}$= 0,07 mg/L, comprometendo a base da cadeia alimentar dos ambientes aquáticos.

No estudo mais recente sobre a contaminação da bacia do Alto Paraguai por organoclorados (De Sena 2013, *apud* Dores 2015), foram analisadas 188 amostras de água coletadas ao longo dos rios Cuiabá, Perigara/São Lourenço e Piquiri. Somente dez amostras do trecho mais a jusante do Rio Cuiabá estavam contaminadas. O sulfato de endossulfan foi detectado em apenas uma amostra, enquanto que os metabólitos do p,p'-DDT (p,p'-DDD e m,p'-DDD) estiveram presentes em nove amostras, em concentrações variando de 0,7 a 3,0 µg/L. O sulfato de endossulfan e o DDD são compostos muito estáveis, sendo que o primeiro tem a propriedade de bioacumulação e possui alta toxicidade (DORES, 2015).

Em outro estudo realizado na bacia hidrográfica do Rio Cuiabá (Possavatz *et al.*, 2014), foram analisados agrotóxicos em sedimentos coletados mensalmente em 15 pontos localizados ao longo dos rios Cuiabá e São Lourenço, desde a parte alta até a planície de inundação do Pantanal. Num total de 216 amostras, apenas dez apresentaram concentrações detectáveis de pelo menos um agrotóxico. Os agrotóxicos clorpirifos, endossulfan (α- e sulfato), λ-cialotrina, malation, metolacloro e permetrina foram aferidos em concentrações variando de 5,7 a 79,3 µg/kg. Embora detectados em baixa frequência nas amostras coletadas na planície de inundação do Pantanal, os resíduos de metolacloro, λ-cialotrina, sulfato de endossulfan e malation indicaram que existe potencial para que os agrotóxicos utilizados na agricultura realizada no planalto, alcancem a planície pantaneira.

No estudo de Bosco e colaboradores (2015), realizado no Município de Jaciara – MT, onde predominam monoculturas de soja, milho, girassol algodão e cana-de-açúcar, além da pecuária, foram implantados numa microbacia do Rio Tenente Amaral seis sistemas coletores para a análise da água de escoamento superficial, sendo três deles em área de pastagem e três em área de plantio de soja e milho de forma consorciada; este rio é tributário do Rio

São Lourenço, formador do Pantanal. Além disso, foram coletadas amostras de água de dois lisímetros e três piezômetros, para análise da água percolada e da subterrânea, respectivamente, além de amostradas realizadas em três pontos do córrego Tenente Amaral e no afloramento do lençol freático em duas voçorocas presentes na região. Os agrotóxicos estudados foram: trifluralina, atrazina, metolacloro, metribuzin, clorpirifós, β endossulfam e permetrina. Os resultados indicaram a presença de clorpirifós e atrazina (respectivamente, Altamente Perigoso – Classe I e Perigoso – Classe III ao ambiente) nas águas de escoamento superficial; clorpirifós e metolacloro (Muito Perigoso ao meio ambiente – Classe II) em águas subterrâneas e metolacloro e metribuzin (Muito Perigoso – Classe II) em águas superficiais. Na maioria dos pontos, os resultados obtidos estavam dentro dos limites permitidos; somente na água escoada superficialmente de uma parcela experimental na área de lavoura o princípio ativo atrazina foi encontrado com concentração de 5,19 μg/L. Neste mesmo estudo foram analisadas amostras de sedimento, tendo sido detectados dois princípios ativos: atrazina – 3,7 μg/kg em uma lagoa próxima ao cultivo de soja/milho e endossulfan sulfato – 9,0 μg/kg no córrego Tenente Amaral, que drena a mesma área.

Todos esses trabalhos realizados na bacia do Alto Paraguai mostram que o Pantanal está sendo contaminado. Os resultados indicam que o transporte de agrotóxicos para a planície pantaneira, a partir das áreas de agricultura no planalto circundante está ocorrendo e, em grande parte, associado ao material em suspensão resultante do escoamento superficial e da perda de solo. Os inseticidas piretróides, como λ-cialotrina e permetrina, detectados no Pantanal (Dores; Calheiros, 2008; Miranda *et al.*, 2008), estão relacionados ao seu uso intensivo nas lavouras de soja e algodão, e ao seu elevado coeficiente de sorção do solo, contribuindo para o transporte associado ao material particulado carreado pelo escoamento superficial. Outros agrotóxicos frequentemente detectados em sedimentos, por vários autores, em diferentes regiões do mundo, são o endossulfan (isômeros alfa e beta e seu principal metabólito sulfato de endossulfan) e o clorpirifós. Assim como os piretróides, estes compostos apresentam elevados coeficientes de sorção do solo, baixa solubilidade em água e persistência moderada (Dores, 2015). Um estudo de dissipação desenvolvido por Laabs e colaboradores (2007) no Pantanal, apontou que o β-endossulfan, seguido de metolacloro, atrazina, simazina e clorpirifós, foram os mais persistentes entre os nove agrotóxicos estudados, e tenderam a se acumular no sedimento.

Em uma revisão sobre contaminação por resíduos de agrotóxicos na BAP realizada por Dores (2015), a autora afirma que, em contraste com os agrotóxicos organoclorados, os princípios ativos modernos são muito menos persistentes no ambiente, mas devido ao seu uso intensivo nas áreas de planalto circundantes ao Pantanal, também podem representar um risco para este bioma. Ainda de acordo com Dores (2015), a entrada de agrotóxicos no ambiente aquático não é contínua, mas episódica, principalmente associada a eventos intensos de precipitação, que causam escoamento superficial. Desta forma, as concentrações máximas de agrotóxicos são de difícil detecção devido à hidrodinâmica elevada, característica de ambientes fluviais, bem como aos vários processos que esses compostos tóxicos sofrem no ambiente aquático como diluição, degradação, absorção por organismos vivos ou sorção em partículas. Por outro lado, estudos que determinem a concentração de agrotóxicos em organismos aquáticos e ensaios que determinem o efeito agudo das concentrações máximas para os organismos aquáticos, ou mesmo, da mistura de princípios ativos a que os organismos estão sendo sazonalmente expostos, são escassos, tornando muito difícil avaliar os riscos reais para o ambiente Pantanal.

A simples detecção de resíduos de agrotóxicos na planície pantaneira é preocupante. Embora detectados sob baixa frequência e relativamente baixas concentrações, os agrotóxicos devem estar interferindo nos processos biológicos e ecológicos do ecossistema Pantanal, demandando mais pesquisas (Dores, 2015). Em termos ecológicos, o efeito crônico da contaminação, mesmo sob baixas concentrações (sub-letais), é muito difícil de se determinar a curto e médio prazos, mas pode originar alterações imperceptíveis de longo prazo, como a diminuição do potencial biológico (diminuição do sucesso reprodutivo, por exemplo) de espécies animais e vegetais. Um possível resultado negativo seria a diminuição da produtividade pesqueira, com consequências ecológicas, econômicas e sociais.

Portanto, medidas de redução de uso, e mesmo desuso de agrotóxicos devem ser estimuladas, para evitar-se impactos significativos, em especial na flora e fauna aquáticas do Pantanal (Dores; Calheiros, 2008; Dores, 2015), bem como na própria saúde humana. Exemplos de possíveis medidas de mitigação são o uso de ingredientes ativos menos persistentes e tóxicos, a aplicação de medidas para a conservação do solo, com atenção especial às de redução da erosão, bem como a manutenção e a recuperação das Áreas de Proteção Permanente (APPs) (Dores, 2015). Boas práticas agrícolas e/ou conversão para modelos de produção agroecológicos devem ser amplamente adotados na parte alta da BAP, bem como na planície de inundação.

Os rios formadores do Pantanal ainda apresentam certa saúde ambiental o que os torna capazes de "autodepuração" ("autolimpeza"), ou capacidade de metabolizar e decompor os poluentes. Isso se dá, pois a relação entre quantidade de poluentes, volume de água e saúde ambiental ainda é favorável, resultando em processos ecológicos ainda conservados. Contudo, esta saúde está sendo gradativamente comprometida pelos impactos das ações humanas (Dores; Calheiros, 2008).

Albuquerque e colaboradores (2016), em uma extensa revisão da literatura concluíram que os estudos da ocorrência de agrotóxicos em águas doces no Brasil são escassos. Os dados encontrados referem-se a apenas 11% dos agrotóxicos registrados no país, e os dados de qualidade (ou seja, com suporte analítico) estavam disponíveis apenas para 5 dos 27 Estados do país, e em poucos corpos d'água. Mesmo com este conjunto limitado de dados, um risco à vida aquática foi esperado para 59% dos agrotóxicos com dados de ocorrência, sendo os inseticidas avaliados, os mais críticos. Para os autores, o primeiro passo para se proteger-se a vida aquática brasileira seria a definição de um protocolo com critérios adequados de qualidade da água.

Consequências da contaminação na saúde humana

O uso de agrotóxicos tem como efeito esperado combater as "pragas da lavoura". Contudo, tem como resultado indireto a contaminação de quem os utiliza, contaminando intencionalmente seu local de trabalho, e do ambiente, atingindo em maior ou menor intensidade o restante da população e a própria produção agrícola. As aplicações de agrotóxicos nas monoculturas são feitas através de pulverizações por tratores ou por aviões agrícolas. As névoas de agrotóxicos chamadas de "deriva" atingem não só o alvo, que é a lavoura, mas também indiretamente o ar, solo, água, os animais do entorno e a população da região de aplicação (Pignati *et al.*, 2007; Carneiro *et al.*, 2015).

Para Faria e colaboradores (2007) o trabalho agrícola é uma ocupação perigosa, considerando dados publicados pela Organização Internacional do Trabalho (OIT) e Organização Mundial de Saúde (OMS) onde estima-se que, entre trabalhadores de países em desenvolvimento, os agrotóxicos causam anualmente 70 mil intoxicações agudas e crônicas que evoluem para óbito, e 7 milhões de doenças agudas e crônicas não fatais.

Em Mato Grosso, as intoxicações por agrotóxicos têm sido evidenciadas por estudos que descrevem agravos à saúde nas populações expostas à grande quantidade de agrotóxicos utilizados (Curvo *et al.*, 2012; 2013; Moreira *et al.*, 2012; Pignati *et al.*, 2014).

Curvo e colaboradores (2013) realizaram um estudo para verificar a associação entre o uso agrícola de agrotóxico e a morbimortalidade por câncer em menores de 20 anos, utilizando a média das séries históricas de morbidade (2000-2005) e mortalidade (2000-2006) por câncer na faixa etária de 0 a 19 anos, e o uso de agrotóxicos nos municípios do Estado de Mato Grosso. Os resultados indicaram que a exposição aos agrotóxicos, nos municípios de maior produção agrícola e maior consumo de agrotóxicos, está associada à morbimortalidade por câncer na população infanto-juvenil.

Em outro estudo, as malformações congênitas foram avaliadas em crianças abaixo de cinco anos atendidas em hospitais de Cuiabá. Verificou-se haver associação entre a exposição dos pais aos agrotóxicos no período periconcepcional; e das mães no primeiro trimestre gestacional e nos três meses que antecederam a gravidez, resultando no nascimento de crianças com malformações congênitas (Uecker, 2012).

Cunha (2010) analisou a mortalidade por câncer e a utilização de agrotóxicos no Estado do MT no período de 1998 a 2006. Os resultados mostraram associação entre níveis alto/médio de uso de agrotóxicos em 1998 e a mortalidade por neoplasias malignas de esôfago, estômago, pâncreas, encéfalo, próstata, leucemias e linfomas para as faixas etárias de 60 a 69 anos e 70 anos ou mais. Em relação ao câncer de mama, foi observada uma associação com o uso alto/médio de agrotóxicos para as faixas etárias de 40 a 49 anos e de 50 a 59 anos. As maiores incidências ocorreram nas três regiões de maior produção agrícola e de maior consumo de agrotóxicos do Estado, ou seja, em torno de Sinop, Rondonópolis e Tangará da Serra.

No estudo desenvolvido por Fávero (2011), o autor fez a análise da ocorrência de agravos respiratórios em crianças menores de cinco anos e das pulverizações de agrotóxicos nas lavouras do Município de Lucas do Rio Verde, no período de 2004 a 2009, fazendo relações com produção agrícola, quantidade e tipos de agrotóxicos utilizados. Os resultados mostraram significância entre as internações e os agravos respiratórios por doenças respiratórias com o uso de agrotóxicos nas lavouras, principalmente, nos períodos de maior intensidade das pulverizações.

Palma e colaboradores (2014) realizaram estudo com o objetivo de determinar resíduos de agrotóxicos em amostras de leite materno de mães residentes do município de Lucas do Rio Verde. Dez substâncias (α-endossulfan, β-endossulfan, α-HCH, lindano, aldrin, p,p' DDE, p,p'-DDT, cipermetrina, deltametrina e trifluralina) foram detectadas, em amostras coletadas entre a 3ª e a 8ª semana após o parto. Os resultados mostram que 100% das amostras analisadas (n = 62) apresentaram contaminação por p,p'- DDE (0,32 – 12,03 µg/g de gordura), 44% por β-endossulfan (0,54 – 0,61 µg/g de gordura) e 13% por p,p'-DDT (2,62 – 12,41 μg/g de gordura). Todas as amostras analisadas apresentaram pelo menos um tipo de agrotóxico analisado. As demais substâncias analisadas foram encontradas abaixo do limite de quantificação do método (0,0013 – 0,108 μg/mL). Entre as variáveis estudadas, ter tido aborto anteriormente foi uma variável que se manteve associada à presença de três agrotóxicos: β-endossulfan, aldrin e deltametrina.

Considerações finais

Para manter este modelo hegemônico de produção agrícola que visa apenas atender a interesses econômicos e políticos, num ambiente social caracterizado por falhas no controle social e na fiscalização pública, a população do interior do Estado de Mato Grosso convive com a alta exposição a agrotóxicos e, por conseguinte, são vítimas de agravos à saúde, e danos ambientais nas suas três bacias hidrográficas – Amazônica, Araguaia e do Alto Paraguai/Pantanal. As maiores incidências de agravos à saúde (intoxicações, cânceres, más-formações e agravos respiratórios) ocorrem nas regiões de alta produção agrícola, como as dos municípios de Sinop, Tangará da Serra e Rondonópolis.

A detecção da presença de agrotóxicos no ar, na chuva, na água, no sedimento de rios, na biota, nos trabalhadores e na população das áreas urbanas serve como sinal de alerta para o tipo de "desenvolvimento" a que estas populações estão sujeitas. O conceito de desenvolvimento nestes municípios de alta produção agrícola, quanto às condições que garantam maior qualidade de vida, não apenas em relação a aspectos econômicos, deveria ser, portanto, repensado. Por conta dos impactos extremamente negativos que este modelo econômico/agrário acarreta para a saúde das populações humanas, a partir da utilização de inúmeras substâncias tóxicas e carcinogênicas e sua dispersão no ambiente, deve ser devidamente reavaliado, buscando a mudança para uma produção mais sustentável. Essa realidade não é exclusiva dos municípios de Mato Grosso aqui mencionados. Todos os municípios de base econômica agroindustrial do país, de intensa produção agrícola e sem a devida implementação das políticas públicas de vigilância em saúde, em especial, nas populações expostas aos agrotóxicos, também devem apresentar, infelizmente, cenários de contaminação ambiental e humana semelhantes.

Referências

AGÊNCIA NACIONAL DE VIGILÂNCIA SANITÁRIA – ANVISA. *Regularização de produtos – agrotóxicos. Monografias excluídas.* Disponível em: <http://portal.anvisa.gov.br/registros-e-autorizacoes/agrotoxicos/produtos/monografia-de-agrotoxicos/excluidas>. Acesso em janeiro de 2017.

ALBUQUERQUE, A. F.; RIBEIRO, J. S.; KUMMROW, F.; NOGUEIRA, A. J. A.; MONTAGNERD, C. C.; UMBUZEIRO, G. A. Pesticides in Brazilian freshwaters: a critical review. *Environ. Sci.: Processes & Impacts*, v. 18, p. 779–787, 2016.

AUGUSTO, L. G. S.; CARNEIRO, F. F.; PIGNATI, W. A.; RIGOTTO, R. M.; FRIEDRICH, K.; FARIA, N. M. X. *et al.* Parte 2 – Saúde, ambiente e sustentabilidade. *In*: CARNEIRO, F. F.; RIGOTTO, R. M.; AUGUSTO, L. G. S.; FRIEDRICH, K.; BURIGO, A. C. (Org). *Dossiê ABRASCO*: um alerta sobre os impactos dos agrotóxicos na saúde. Rio de Janeiro: ABRASCO; 2015. p. 90-190.

BOCHNER, R. Sistema Nacional de Informações Tóxico-Farmacológicas – SINITOX e as intoxicações humanas por agrotóxicos no Brasil. *Ciênc. Saúde Colet.*, v.12, p.73-89, 2007.

BOSCO, A. C.; DORES, E. F. G. C.; CARVALHO, D. P.; FERRACINI, V. L.; CALHEIROS, D. F. Avaliação da contaminação por agrotóxicos numa microbacia do Córrego Tenente Amaral, Jaciara – MT. *In: Anais do III Seminário da rede AGROHIDRO e I Workshop do Projeto Impacto da Agricultura e das Mudanças Climáticas nos Recursos Hídricos.* 2015, Corumbá. Anais... Corumbá: Embrapa, 2015. p.1-66.

BRASIL. MINISTÉRIO DA AGRICULTURA, PECUÁRIA E ABASTECIMENTO – MAPA. Instrução Normativa nº2, de 03 de janeiro de 2018. Aprova as normas de trabalho da aviação agrícola, em conformidade com os padrões técnicos operacionais e de segurança para aeronaves agrícolas. *Diário Oficial da União.* 01 fev 2008. Seção 1. p. 11.

BRASIL. Ministério da Saúde. Portaria nº 2.914, de 12 de dezembro de 2011. Dispõe sobre os procedimentos de controle e de vigilância da qualidade da água para consumo humano e seu padrão de potabilidade. *Diário Oficial da União.* 14 dez 2011. Seção 1. p. 39-46.

CARNEIRO, F. F.; PIGNATI, W. A.; RIGOTTO, R. M.; AUGUSTO, L. G. S.; PINHEIRO, A. R. O.; FARIA, N. M. X. *et al.* Parte 1 – Segurança alimentar e nutricional e saúde. *In*: CARNEIRO, F. F.; RIGOTTO, R. M.; AUGUSTO, L. G. S.; FRIEDRICH, K.; BURIGO, A. C. (Org). *Dossiê ABRASCO*: um alerta sobre os impactos dos agrotóxicos na saúde. Rio de Janeiro: ABRASCO; 2015. p. 46-86.

CALHEIROS, D. F.; FERRACINI, V. L.; QUEIROZ, S. C. N. Contaminação por agrotóxicos nas águas da Bacia do Alto Paraguai. *Cadernos de Agroecologia*, v. 5, p.1-4, 2010.

CUNHA, M. L. F. *Determinação de resíduos de agrotóxicos em sedimentos dos principais rios do Pantanal Mato-Grossense por CG/EM*. 2003. 88p. Dissertação (Mestrado em Saúde e Ambiente) – Instituto de Saúde Coletiva, Universidade Federal de Mato Grosso, Cuiabá. 2003.

CUNHA, M. L. O. N. *Mortalidade por câncer e a utilização de agrotóxicos no Estado de Mato Grosso no período de 1998 a 2006*. 2010. 86p. Dissertação (Mestrado em Saúde Coletiva) – Faculdade de Medicina da Santa Casa de São Paulo, São Paulo. 2010.

CURVO, H. R. M.; PIGNATI, W. A.; RIGOTTO, R. M.; PIGNATTI, M. G. Crescimento econômico, poluição ambiental por agrotóxicos e câncer no Estado de Mato Grosso – Brasil: Abordagem comparativa 1996 e 2006. *In:* GUIMARÃES, L. V.; PIGNATTI, M. G.; SOUZA, D. P. O. (Org.). *Saúde coletiva*: múltiplos olhares em pesquisa. Cuiabá: UFMT, 2012. p. 59-82.

CURVO, H. R. M.; PIGNATI, W. A.; PIGNATTI, M. G. Morbimortalidade por câncer infantojuvenil associada ao uso agrícola de agrotóxicos no Estado de Mato Grosso, Brasil. *Cad. Saúde Colet.*, v. 21, p. 10-17, 2013.

DORES, E. F. G. C.; CALHEIROS, D. F. Contaminação por agrotóxicos na bacia do rio Miranda, Pantanal (MS). *Rev. Bras. Agroecol.*, v. 3, p. 202-205, 2008.

DORES, E. F. G. C. Pesticides in the Pantanal. *In*: BERGIER, I.; ASSINE, M. L. (Org.). *The handbook of environmental chemistry*. New York: Springer International Publishing, 2015. p. 179-190.

DUX, J. P.; STALZER, R. F. *Managing safety in the chemical laboratory*. New York: Van Nostrand Reinhold, 1988. 154 p.

FÁVERO, K. A. S. *Pulverizações de agrotóxicos nas lavouras de Lucas do Rio Verde e os agravos respiratórios em crianças menores de 5 anos*. 2011. 79p. Dissertação (Mestrado em Saúde Coletiva) – Instituto de Saúde Coletiva, Universidade Federal de Mato Grosso, Cuiabá. 2011.

FARIA, N. M. X.; FASSA, A. G.; FACCHINI, L. A. Intoxicação por agrotóxicos no Brasil: os sistemas oficiais de informação e desafios para realização de estudos epidemiológicos. *Ciênc. Saúde Colet.*, v. 12, p. 25-38, 2007.

GRISÓLIA, C. K. *Agrotóxicos*: mutações, reprodução e câncer. Brasília: UNB, 2005. 392 p.

GOMES, M. A. F.; BARIZON, R. R. M. *Panorama da contaminação ambiental por agrotóxicos e nitrato de origem agrícola no Brasil: cenário 1992/2011*. Jaguariúna, SP : Embrapa Meio Ambiente, 2014. 35p.

INSTITUTO BRASILEIRO DE GEOGRAFIA E ESTATÍSTICA – IBGE. Sistema de Recuperação Automática – SIDRA. *Produção agrícola municipal*. Disponível em: <https://sidra.ibge.gov.br/home/ipca15/brasil>. Acesso em novembro de 2016.

INSTITUTO DE DEFESA AGROPECUÁRIA DO MATO GROSSO – INDEA-MT. *Relatório/Planilha de dados do sistema de informação de agrotóxicos dos anos de 2005 a 2012* (banco de dados eletrônico). Cuiabá: INDEA-MT, 2013.

LAABS, V.; AMELUNG, W.; PINTO, A. A.; WANTZEN, M.; SILVA, C. J.; ZECH, W. Pesticides in surface water, sediment, and rainfall of the Northeastern Pantanal Basin, Brazil. *J. Environ. Qual.*, v. 31, p. 1636–1648, 2002.

LAABS, V.; WEHRHAN, A.; PINTO, A.; DORES, E.; AMELUNG, W. Pesticide fate in tropical wetlands of Brazil: an aquatic microcosm study under semi-field conditions. *Chemosphere*, v. 67, p. 975–989, 2007.

LIMA, F.A.N.S. *Saúde, ambiente e contaminação hídrica por agrotóxicos na Terra Indígena Marãiwatsédé, Mato Grosso*. 2015. 113p. Dissertação (Mestrado em Saúde Coletiva) – Instituto de Saúde Coletiva, Universidade Federal de Mato Grosso, Cuiabá. 2015.

MARASCHIN, L. *Avaliação do grau de contaminação por agrotóxicos na água dos principais rios formadores do Pantanal Mato-Grossense*. 2003. 90f. Dissertação (Mestrado em Saúde e Ambiente) – Instituto de Saúde Coletiva, Universidade Federal de Mato Grosso, Cuiabá. 2003.

MATO GROSSO. Lei nº 8.588, de 27 de novembro de 2006. Dispõe sobre o uso, a produção, o comércio, o armazenamento, o transporte, a aplicação e a fiscalização de agrotóxicos, seus componentes e afins no Estado de Mato Grosso. *Diário Oficial de Mato Grosso*. 27 nov 2006 a. Seção 1. p. 1.

_____. Decreto nº 2.283 de 09 de dezembro de 2009. Regulamenta a Lei nº 8.588, de 27 de novembro de 2006, que dispõe sobre o uso, a produção, o comércio, o armazenamento, o transporte, a aplicação, o destino final de embalagens vazias e resíduos e a fiscalização de agrotóxicos, seus componentes e afins no Estado de Mato Grosso, e dá outras providências. *Diário Oficial de Mato Grosso*. 09 dez 2009. Seção 1. p. 2.

_____. Decreto nº 1.651, de 11 de março de 2013. Regulamenta a Lei nº 8.588, de 27 de novembro de 2006. *Diário Oficial de Mato Grosso*. 11 mar 2013. Seção 1. p. 1.

MINISTÉRIO DA SAÚDE – MS. Secretaria de Vigilância em Saúde. Coordenação Geral de Vigilância em Saúde Ambiental. *Documento orientador para a implementação da vigilância em saúde de populações expostas a agrotóxicos*. Brasília: Ministério da Saúde, 2012.

_____.Secretaria de Vigilância em Saúde – SVS. Monitoramento de agrotóxicos na água para consumo humano no Brasil, 2013. *Boletim Epidemiológico*, v. 46, p. 1-10, 2015.

MIRANDA, K.; CUNHA, M. L. F.; DORES, E. F. G. C.; CALHEIROS, D. F. Pesticide residues in river sediments from the Pantanal wetland, Brazil. *J. Environ. Sci. Health B*, v. 43, p. 717–722, 2008.

MOREIRA, J.; PERES, F.; SIMÕES, A. C.; PIGNATI, W. A.; DORES, E. F. G. C.; VIEIRA, S. N.; *et al.* Contaminação de águas superficiais e de chuva por agrotóxicos em uma região de Mato Grosso. *Ciênc. Saúde Colet.*, v.17, p.1557-1568, 2012.

NOGUEIRA, E. M.; DORES, E. F. G.; PINTO, A. A.; AMORIM, R. S. S.; RIBEIRO, M. L.; LOURENCETTI, C. Currently used pesticides in water matrices in Central-Western Brazil. *J. Braz. Chem. Soc.*, v. 23, p.1476-1487, 2012.

OLIVEIRA, L. K. *O processo de poluição ambiental e alimentar por agrotóxicos em municípios da bacia do Rio Juruena, Mato Grosso*. 2016. 246p. Dissertação (Mestrado em Saúde Coletiva) – Instituto de Saúde Coletiva, Universidade Federal de Mato Grosso, Cuiabá. 2016.

ORGANIZAÇÃO PAN-AMERICANA DA SAÚDE / ORGANIZAÇÃO MUNDIAL DE SAÚDE – OPAS/OMS. *Manual de vigilância da saúde de populações expostas a agrotóxicos*. Ministério da Saúde, Secretaria de Vigilância Sanitária. Brasília: OPAS/OMS, 1996. 72 p.

PALMA, D. C. A.; LOURENCETTI, C.; UECKER, M. E.; MELLO, P. R. B.; PIGNATI, W. A.; DORES, E. F. G. C. Simultaneous determination of different classes of pesticides in breast milk by solid-phase dispersion and GC/ECD. *J. Braz. Chem. Soc.*, v. 25, p.1419-1430, 2014.

PIGNATI, W. A. *Os riscos, agravos e vigilância em saúde no espaço de desenvolvimento do agronegócio no Mato Grosso*. 2007. 114p. Tese (Doutorado em Saúde Pública) – Escola Nacional de Saúde Pública Sergio Arouca, Fundação Oswaldo Cruz, Rio de Janeiro. 2007.

PIGNATI, W. A.; OLIVEIRA, N. P.; SILVA, A. M. C. Vigilância aos agrotóxicos: quantificação do uso e previsão de impactos na saúde-trabalho-ambiente para os municípios brasileiros. *Ciênc. Saúde Colet.*, v. 19, p. 4669-4678, 2014.

POSSAVATZ, J.; ZEILHOFER, P.; PINTO, A. A.; TIVES, A. L.; DORES, E. F. G. C. Resíduos de agrotóxicos em sedimento de fundo de rio na Bacia Hidrográfica do Rio Cuiabá, Mato Grosso, Brasil. *Rev. Ambient. Água*, v. 9, p. 83–96, 2014.

RIBEIRO, A. C. A.; LOURENCETTI, C.; AMORIM, R. S. S.; DORES, E. F. G. C. Resíduos de agrotóxicos em águas superficiais de área de nascente do Rio São Lourenço-MT: validação de método por extração em fase sólida e cromatografia líquida. Química Nova, v. 36, p. 284-290, 2013.

TROLI, A. C. *Praguicidas em rios da Bacia Hidrográfica do Alto Paraguai*. 2004. 151p. Dissertação (Mestrado em Saneamento Ambiental e Recursos hídricos) – Centro de Ciências exatas e Tecnologia, Universidade Federal de Mato Grosso do Sul, Campo Grande. 2004.

UECKER, M. E. *Exposição aos agrotóxicos em Mato Grosso e ocorrência de malformações congênitas em crianças menores de cinco anos de idade atendidas em Hospitais de Cuiabá: estudo caso-controle*. 2012. Dissertação (Mestrado em Saúde Coletiva) – Instituto de Saúde Coletiva, Universidade Federal de Mato Grosso, Cuiabá. 2012.

8. Riscos associados aos pesticidas domésticos piretróides

Sonia Corina Hess, Cristian Soldi

Introdução

Os pesticidas piretróides sintéticos estão entre os mais utilizados atualmente no ambiente doméstico. O uso de tais inseticidas aumentou muito nos anos 2000 nos Estados Unidos e em outros países, em decorrência da demanda gerada pelas restrições legais ao emprego de pesticidas organofosforados. Como consequência da ampliação da disponibilidade, uso e amplo espectro de aplicabilidade dos piretróides, houve maior exposição da população em geral a esta classe de pesticidas as quais chegaram aos lares principalmente na forma de produtos domissanitários (Bradman *et al.*, 1997; Meeker *et al.*, 2008; Zuo *et al.*, 2015). Os rótulos destes produtos, utilizados diariamente pela população, muitas vezes não contém informações importantes, que deveriam ser de conhecimento dos consumidores como, por exemplo, a concentração estimada de pesticida no ambiente, a partir da aplicação do produto.

Vesin e colaboradores (2012) avaliaram a evolução temporal da concentração de alguns piretróides na atmosfera de ambientes fechados, quando inseticidas domissanitários eram utilizados em sistemas de aquecimento e volatilização. O estudo revelou que a concentração dos piretróides no ambiente fechado foi máxima no final das oito horas de utilização e que esta concentração só voltou ao normal em torno de 17 horas após o desligamento do vaporizador elétrico. Além disso, Zoubiri (2011) relatou que, após a aplicação de pesticidas piretróides contidos em aerossóis, por um período de dois segundos, foram detectadas quantidades significativas destes princípios ativos no chão e sobre a mesa. Pedaços de lã colocados no chão e sobre a mesa em um ambiente fechado também acumularam quantidades significativas dos piretróides aplicados. O autor destaca que, mesmo após a limpeza do chão e da mesa utilizando produtos de limpeza comuns, estes pesticidas piretróides não foram completamente eliminados.

Quando os pesticidas permanecem por muito tempo no ambiente, ampliam-se os riscos de intoxicação em seres humanos. O biomonitoramento dos metabólitos de inseticidas piretróides revelou que estes foram frequentemente encontrados em amostras de urina, indicando haver um alto potencial de contaminação entre as populações (Zhang *et al.*, 2013, 2014). A exposição de mulheres grávidas a estes pesticidas piretróides é especialmente preocupante, porque estas substâncias podem atravessar a barreira placentária e interferir no desenvolvimento hormonal e neurológico do feto, além de afetar o sistema imunológico e outras funções fisiológicas (Dewailly *et al.*, 2014).

Em comparação com adultos, as crianças são mais vulneráveis à contaminação do ambiente doméstico por pesticidas, uma vez que passam grande parte do tempo brincando no chão, onde há pesticidas acumulados, vestindo pouca roupa e levando as mãos à boca frequentemente (Bass *et al.*, 2001; Coronado *et al.*, 2006; Guha *et al.*, 2013; Rohitrattana *et al.*, 2014; Wu *et al.*, 2013).

No Brasil, entre os anos de 2008 e 2012, foram registrados 12.617 casos de intoxicação por pesticidas domésticos, sendo as vítimas, em sua maioria, crianças na faixa etária de 1 a 4 anos de idade (Fiocruz-Sinitox, 2015). Os sinais e sintomas da intoxicação aguda por piretróides incluem: reações alérgicas (dermatites, asma, rinite), parestesias (sensações de queima, picada, coceira, formigamento, dormência), sensações na face, dor de cabeça, fadiga, salivação, náusea e vômito, tremor, diarréia, irritabilidade e desmaios (Karr *et al.*, 2007).

Quanto aos efeitos crônicos, em artigo de revisão publicado em 2017, Mostafalou e Abdollahi divulgaram estudos que revelaram que, em adultos, a exposição a piretróides foi associada ao risco aumentado de: adoecimento por leucemia; por esclerose lateral amiotrófica; e diabetes; diminuição na contagem e na mobilidade dos espermatozoides; incremento nos danos ao DNA dos espermatozóides; e alterações no volume e no pH do sêmen; desregulação de hormônios sexuais; aumento da incidência da desordem do déficit de atenção e hiperatividade (ADHD)e autismo; atraso no desenvolvimento de crianças (Mostafalou; Abdollahi, 2017). Além disso, estudo realizado na China revelou que a presença de metabólitos de piretróides na urina de crianças repercute em risco ampliado de adoecimento por leucemia linfocítica (DING *et al.*, 2012). Também foi demonstrado que os piretróides e seus metabólitos têm capacidade de se ligarem ao receptor do hormônio da tireóide e de serem transferidos pela placenta, o que implica em riscos potenciais à tireóide, tanto de fetos, quanto de crianças e adultos expostos a tais pesticidas (Karr *et al.*, 2007). Além disso, foi observado em estudo epidemiológico com mulheres grávidas, que o nível de exposição a piretróides sintéticos resultou em efeitos negativos sobre o desenvolvimento neurológico e mental dos seus bebês (Xue *et al.*, 2013). Dutra e Ferreira (2017) apresentaram lista com 68 agrotóxicos com uso permitido no Brasil, que são reconhecidos como desreguladores endócrinos, onde constam os piretróides: cipermetrina, deltametrina e permetrina. A partir de análises de metabólitos presentes na urina e da realização de testes de aptidão, Viel e colaboradores (2015) concluíram que a exposição a piretróides afeta negativamente o desenvolvimento neurocognitivo de crianças. Hicks e colaboradores (2017) revelaram que nas cidades onde há aplicação aérea de pesticidas piretróides para o combate a mosquitos causadores da Zika e de outras doenças, há aumento na prevalência de atrasos no neurodesenvolvimento entre as crianças expostas.

Levantamentos realizados em estabelecimentos comerciais

Levantamentos *in situ*, dos pesticidas comercializados, foram realizados em dois municípios (MA e MB) do Estado de

Santa Catarina. MA, o qual tem como principais atividades econômicas o turismo e os serviços, está localizado ao nível do mar e tem densidade demográfica de 623,68 habitantes por quilômetro quadrado, 96% residindo em área urbana. MB, o qual tem a agropecuária como principal atividade econômica, está a mil metros de altitude, densidade demográfica de 39,79 habitantes/km^2, sendo 92% em área urbana (IBGE, 2010). Foram realizados levantamentos dos pesticidas industriais domissanitários comercializados nos cinco maiores supermercados de MA e cinco de MB, no período de março de 2011 a setembro de 2012, visitando-se cada estabelecimento em, pelo menos, duas ocasiões. Foram levantadas as informações descritas nos rótulos de cada produto, incluindo nome comercial, fabricante, ingredientes e recomendações de uso. Os dados relativos à toxicidade dos materiais descritos nos rótulos foram levantados na literatura, nas respectivas fichas de segurança dos produtos químicos e no portal da internet da Agência Nacional de Vigilância Sanitária e Ambiental (Anvisa, 2017a).

Os levantamentos realizados nos supermercados dos municípios MA e MB resultaram na identificação de 126 pesticidas de uso doméstico, sendo 116 produtos com atividades inseticidas, repelentes de insetos, formicidas, cupinicidas e/ou acaricidas (In) e 10 raticidas (Ra). Dentre os 116 produtos In, 23 (18,3%) foram encontrados somente em MA, 18 (15,5%) somente em MB e 75 (64,7%) em MA e MB.

Dentre os 116 produtos com atividades inseticidas, acaricidas, formicidas e/ou cupinicidas (In) comercializados nos supermercados visitados, 94 (81,0%) continham pelo menos um princípio ativo da classe química dos piretróides. Foram encontrados 24 diferentes princípios ativos descritos nos rótulos dos produtos In, sendo que 13 daqueles (52,2%) eram piretróides. Os princípios ativos piretróides descritos nos rótulos dos produtos In levantados foram: aletrina (presente em 9,5% de In), cifenotrina (5,2%), cipermetrina (13,8%), deltametrina (4,3%), empentrina (0,9%), esbiobrina (12,9%), fenotrina (5,2%), fenvalerato (2,6%), imiprotrim (19,0%), permetrina (17,2%), praletrina (22,4%), tetrametrina (6,0%) e transflutrina (8,6%) (figura 8.1). Em 37,0% dos produtos In havia dois ou mais princípios ativos da classe dos piretróides e, em 2 produtos, havia extrato bruto de piretro (piretrinas) como princípio ativo. Quanto à classe toxicológica, apenas a cipermetrina e o fenvalerato são da classe II (altamente tóxico). Os demais piretróides são da classe toxicológica III (medianamente tóxico) e a transflutrina, da classe IV (pouco tóxico).

Figura 8.1 Porcentual de produtos contendo cada piretróide em relação ao número total de produtos com atividades inseticidas, repelentes de insetos, formicidas, cupinicidas e/ou acaricidas (In) levantados

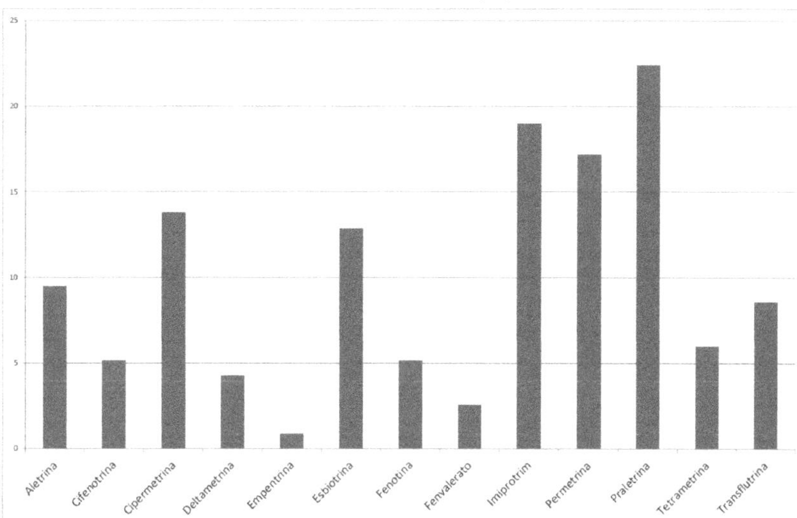

Nota: construção dos autores.

Lê-se na ficha de segurança (*material safety datasheet* – MSDS) da cipermetrina, princípio ativo piretróide encontrado em 16 produtos In, que este é um material mutagênico e que pode causar efeitos no sistema reprodutivo, na fertilidade e na saúde de fetos e bebês em lactação; a exposição a esta substância pode, ainda, ocasionar sonolência, convulsões, tremores, contrações musculares, efeitos nas glândulas salivares e no sistema motor; aumento no volume de urina, proteinúria e decréscimo da resposta imune (tabela 1). As propriedades tóxicas descritas pelo fabricante na MSDS da cipermetrina e a autorização de seu uso no país estão, portanto, em contradição com o texto do artigo 31 do decreto n. 4.074, de 4 de janeiro de 2002, onde se lê:

> Art. 31. É proibido o registro de agrotóxicos, seus componentes e afins: [...] III – considerados teratogênicos, que apresentem evidências suficientes nesse sentido, a partir de observações na espécie humana ou de estudos em animais de experimentação; IV – considerados carcinogênicos, que apresentem evidências suficientes nesse sentido, a partir de observações na espécie humana ou de estudos em animais de experimentação; V – considerados mutagênicos, capazes de induzir mutações observadas em, no mínimo, dois testes, um deles para detectar mutações gênicas, realizado, inclusive, com uso de ativação metabólica, e o outro para detectar mutações cromossômicas; VI – que provoquem distúrbios hormonais, danos ao aparelho reprodutor, de acordo com procedimentos e experiências atualizadas na comunidade científica [...].

Portanto, a autorização de uso da cipermetrina no país deveria ser reavaliada. Mas este princípio ativo não consta na lista de agrotóxicos em processo de reavaliação de uso no Brasil (Anvisa, 2017b).

Na tabela 8.1 são listados os componentes descritos nos rótulos dos produtos contendo piretroides, levantados no comércio das cidades A e B. Todos os princípios ativos piretróides encontrados nos pesticidas domissanitários In, e suas formas de aplicação, têm uso autorizado no Brasil (Anvisa, 2017a). Por outro lado, ao analisarem-se os efeitos tóxicos de tais piretróides, descritos nas fichas de segurança fornecidas pelos fabricantes (tabela 8.2), verifica-se que há problemas nas formas de uso e recomendações apresentadas nos rótulos, que podem resultar em danos à saúde dos consumidores. Por exemplo, aletrina, esbiotrina, fenotrina, permetrina, praletrina e transflutrina, encontradas em espirais, pastilhas e líquidos para aplicação por vaporização a partir de aquecimento, são perigosos se inalados.

Tabela 8.1 Componentes dos pesticidas contendo piretróides, descritos nos rótulos dos produtos levantados no comércio das cidades A e B de Santa Catarina

Nome do produto comercial	Marca	Composição descrita no rótulo
Inseticida K-OTHRINE Casa e jardim pó lata 100g	BAYER, K-OTHRINE	Deltametrina 0,05%, VEÍCULOS
INSETICIDA AEROSOL BAYGON MULTI INSETOS 300ML	BAYGON	Transfluthrin 0,04%, d – phenothrin 0,10%etanol, emulsificantes solvente e propelentes
Inseticida BAYGON Ação total líquido (para pulverizar), 500 mL		Piretróides
Inseticida BAYGON Ação total aerosol frasco 300ml		Praletrina 0,03%, cipermetrina 0,1%, imiprotina 0,03%, solvente e propelente.
INSETICIDA BAYGON APARELHO + 4 PASTILHAS		ESBIOTRINA19,6%P/P (20MG/ UNIDADE), BUTÓXIDO DE PIPERONILA 18,8%P/P (19,2MG/ UNIDA DE) ANTIOXIDADE, SOLVENTE ALIFÁTICO E CORANTE.
Inseticida BAYGON elétrico líquido 30 noites caixa 21.9ml		Praletrina 1,6%, butil hidroxi tolueno e solvente alifático.
Inseticida BAYGON Max mata baratas e formigas aerosol frasco 300ml		Imiprotrina 0,1%, cipermetrina, 0,1% solvente Isopropanol e Propelentes.
Inseticida BAYGON Multi plus aerosol frasco 300ml		Transfluthrin 0,04%, d – phenothrin 0,10%etanol, emulsificantes solvente e propelentes.
Inseticida BAYGON Fort espiral com 10 unidades pacote		D-aletrina 7mg/unidade, agentes de dispersão, solvente e coadjuvantes.
Refil elétrico BAYGON pastilha 12 horas com 6 unidades pacote		D'aletrina 40mg/ unidade, butóxido de piperonila 10mg/ unidade, antioxidante e isoparafina.
INSETICIDA BOA NOITE PASTILHA 12 H, VAPORIZADOR ELÉTRICO	BOA NOITE	Praletrina 0,99%, Butóxido de Piperonila 2,37%, Anti Oxidante, Diluente, Corantes, Estabilizantes e Carga.
Inseticida BOA NOITE fort espiral		Praletrina, sinergista, diluente, estabilizante
INSETICIDA BOM BRIL FORT MULTI-INSETICIDA 300ML	BOM BRIL	D-aletrina 0.12%, d-tetrametrina 0.22%, permetrina 0.12%, aditivos, solvente, antioxidante, água e propelente.
INSETICIDA FORT BOMBRIL MATA BARATAS E FORMIGAS		IMIPROTRINA 0,1%, CIPERMETRINA 0,13%, SOLVENTES, PROPELENTES
INSETICIDA BOMBRIL PASTILHA 12H		PRALETRINA, ANTIOXIDANTE, COADJUVANTE, CORANTE E SOLVENTES

MATA INSETOS MULTI INSETICIDA SPRAY 300 ML	CASAVIE	PRALETRINA, PERMETRINA
INSETICIDA AEROSOL DETEFON AÇÃO TOTAL 300ML	DETEFON	imiprotrina 0,015%, permetrina 0,069%. Composição: ingredientes ativos, emulsificante, antioxidante, solvente e propelentes
INSETICIDA DETEFON AÇÃO TOTAL LÍQUIDO 500ML		imiprotrina 0,010%, permetrina 0,049%. Composição: ingredientes ativos, emulsificante, antioxidante e solvente
INSETICIDA DETEFON ESPIRAL		d-aletrina
INSETICIDA REPELENTE REFIL 12 H	DIPIL	ESBIOTRINA, BUTÓXIDO DE PIPERONILA
BARAPIL SPRAY 300 ML		CIPERMETRINA, IMIPROTRINA
DIPIL MATA FORMIGA E CUPIM SPRAY 300 ML		CIPERMETRINA
MADELTRINE PLUS SPRAY 300 ML		CIPERMETRINA, IMIPROTRINA
Inseticida FERRACUPIM aerosol frasco 400ml	FERRACUPIM	Fenvalerato 0,35% Propano/Butano 30:70-30%, solvente 69,65%
PASTILHA FUJINSET 15 NOITES	FUJINSET	PRALETRINA, BUTOXIDO DE PIPERONILA, ANTIOXIDANTE, CORANTE
Dedetizador JIMO ativado por água lata 10g	JIMO	CIFONETRINA 7,2%, ESSÊNCIA E COADJUVANTES
Dedetizador JIMO Gás fumigante com 2 unidades caixa 35g		Permetrina 4% p/p, coadjuvantes, estabilizante e veículo
JIMO OPEN AIR SPRAY 300 ML		TRANSFLUTRINA
INSETICIDA JIMO ÁCAROS E PULGAS SPRAY		d-fenotrina piriproxifeno
INSETICIDA JIMO ANTI-INSET MULTIINSETICIDA		Cipermetrina 0,1% p/p, veículo e propelente
Inseticida JIMO Cupim aerosol frasco 400ml		cipermetrina
Inseticida JIMO Cupim incolor líquido lata 900ml		Cipermetrina 0,10% p/p, coadjuvante e veículo.
REFIL ELÉTRICO JIMO ANTI INSET LÍQUIDO 90 NOITES		Praletrina 1,87% p/p, antioxidante sinergista e solvente
REFIL ELÉTRICO JIMO ANTI INSET PASTILHA 12H		PRALETRINA 1,53%, BUTOXIDO DE PIPERONILA 0,51%, COADJUVANTE, VEÍCULO, CORANTE, CARGA
VENENO KELLDRIN SC 25 BARATAS, MOSCAS E MOSQUITOS 30ML	KELLDRIN	CIPEMETRINA – 25G. VEÍCULO Q.A.P. 1000ML

INSETICIDA AEROSOL MAFÚ AÇÃO TOTAL 300ML	MAFÚ	PRALETRINA 0,03%, CIPERMETRINA 0,1%, IMIPROTRINA 0,03%, SOLVENTES E PROPELENTES
INSETICIDA MAFÚ AÇÃO TOTAL LÍQUIDO 500ML		PRALETRINA, CIPERMETRINA, IMIPROTRINA
Anti traça MAT INSET pacote 6g	MAT INSET	EMPETRINA 0,33%, ANTIOXIDANTE, VEÍCULO
INSETICIDA MATINSET REFIL PASTILHA 12 H		Praletrina 0,99% p/p, Butoxico de piperonila (PBQ) 2,37% p/p, antioxidante, diluentes, corantes, estabilizantes conservantes e carga. Cada cartão contém 0,5 mg de praletrina e 25 mg de PBO.
Dedetizador MAT INSET aerosol frasco 100ml		CIFONETRINA 0,5%, IMIPROTRINA 0,1%, SOLVENTE ALIFÁTICO E PROPELENTE
INSETICIDA AEROSOL MAT INSET MATA BARATA AÇÃO TOTAL 300ML		CIFENOTRINA S 0,13%, PRALETRINA 0,06%, IMIPROTRINA 0,04%
MAT INSET MATA CUPIM		FENVALERATO
MAT INSET MATA DENGUE		CIFENOTRINA, PRALETRINA, PIRIPROXIFENO
Inseticida MAT INSET Multi inseticida AÇÃO TOTAL 300ml MATA MOSQUITO dengue MATA BARATAS		Imiprotina 0,04% p/p, Cifenotrina S 0,12% p/p, solventes, emulsificantes, espessante, propelente, conservantes, antioxidantes e água
Refil elétrico MAT INSET 60 noites 28ml		Praletrina 1.9%p/p, antioxidante e diluentes.
Inseticida MAT INSET Ar livre frasco 500ml		Transflutrina 0,10%, Conservante, Emulsificante, Solventes, Desnaturante e Água

INSETICIDA AEROSOL RODASOL MORTEIN AÇÃO TOTAL 300ML	MORTEIN	D-FENOTRINA 0,03%, IMIPROTRINA 0,02%, ESBIOTRINA 0,10%. COMPOSIÇÃO: INGREDIENTES ATIVOS, SOLVENTE, ANTIOXIDANTE, EMULSIFICANTE, BUTANO / PROPANO.
INSETICIDA AEROSOL RODASOL MORTEIN ULTRA MULTI-USO ÓLEO CITRONELA300ML		IMIPROTRINA 0,02%, PERMETRINA 0,05%, ESBIOTRINA 0,1%
INSETICIDA MORTEIN 30 NOITES REFIL 35ML		ESBIOTRINA 1,8%, SOLVENTES, ANTIOXIDANTE
Inseticida MORTEIN RODOX barreira ativa aerosol frasco 300ml		Imiprotrina 0,03%, deltametrina 0,05%, coadjuvantes, limoneno, antioxidante, solvente derivado de petróleo, Butano/Propano
Inseticida MORTEIN Mata baratas aerosol frasco 300ml		IMIPROTRINA 0,07%, CIPERMETRINA 0,19%, EMULSIFICANTE, ANTIOXIDANTE, MASCARANTE
Refil elétrico MORTEIN com 6 unidades caixa PASTILHA 12H		Esbiotrina 1,8%, solventes, antioxidante.
MORTEIN SUPER PASTILHA 14 NOITES		TRANSFLUTRINA
MORTEIN MATA MOSCAS, MOSQUITOS		ESBIOTRINA, PERMETRINA
NITROCID – PÓ	NITROCID	Deltametrina 0,05% Ingredientes inertes qsp
NITROCID MATA PULGAS PÓ		DELTAMETRINA
PIRINSET VAPORIZADOR 60 NOITES	PIRINSET	PRALETRINA
PIRINSET PASTILHA 12H		PRALETRINA
ESPIRAL PIRISA	PIRISA	PRALETRINA
MULTIINSETICIDA PROINSET	PROINSET	D-ALETRINA 0,1%, D-TETRAMETRINA 0,1%, CIFENOTRINA 0,13%

INSETICIDA AEROSOL RAID PROTECTOR MATA INSETOS PAGUE 300ML E LEVE 480ML	RAID	PRALETRINA 0,102%, D-FENOTRINA 0,125%,
Inseticida RAID Ação total aerosol frasco 300ml		Praletrina, cipermetrina, imiprotrina, solvente e propelente
Inseticida RAID Casa e jardim aerosol frasco 300ml		TETRAMETRINA 0,35%, D-ALETRINA 0,1%, PERMETRINA 0,1%, EMULSIFICANTES, ANTIOXIDANTE, VEÍCULO, SOLVENTE E PROPELENTES
Inseticida RAID elétrico7 noites com difusor spray programado		Praletrina 1,6%, butilhidroxitolueno e solvente alifático
Inseticida RAID Multi insetos aerosol frasco 300ml		d-Aletrina 0,1%, permetrina 0,1%, tetrametrina 0,35%, solvente alifático e propelente (propano/ butano).
INSETICIDA RAID PROTECTOR ELÉTRICO REFIL 45 NOITES		Praletrina 1,6%, butilhidroxitolueno e solvente alifático
INSETICIDA RAID PROTECTOR MATA BARATA D-LIMONENO 300ML		Imiprotrina 0.10%, cipermetrina 0.10%, mascarante, solventes, antioxidante e propelentes.
Inseticida RAID Protector mata baratas E FORMIGAS aerosol frasco 300ml		Improtrina 0,1%, cipermetrina 0,1%, solventes e propelente (Propano/Butano)
INSETICIDA RAID PROTECTOR MULT INSETOS D-LIMONENO 300ML		d-Aletrina 0,1%, permetrina 0,1%, tetrametrina 0,35%, solvente alifático e propelente (propano/ butano).
Inseticida RAID protector multi-insetos elétrico 28 noites		TRANSFLUTRI NA – 100% (272MG).
Refil elétrico RAID pastilha 12 horas com 12 unidades pacote		Esbiotrina 19,6% p/p (20mg/ unidade), butóxido de piperonita 18,8% p/p (19,2mg/unidade), antioxidante, solvente alifático e corante.
Refil RAID automático 291 mL com extrato de flor		Piretrinas (ativo extraído da flor de Crisântemo) 0,9%, butóxido de piperonila 4,5%, solvente e propelentes
Inseticida Raid líquido		D-ALETRINA, PERMETRINA, TETRAMETRINA

Refil SBP Multi automático 250ml	SBP	Permetrina 0,8% e transflutrina 0,6%.Ingredientes ativos, antioxidante, D-limoneno, solvente e propelentes.
INSETICIDA AEROSOL SBP MATA MOSCAS E MOSQUITOS 300ML		Imiprotrina 0,02%, Permerina 0.05%, esbiotrina 0,10%, solvente, antioxidante, emulsificante e propelente.
Inseticida SBP Barreira protetora mata baratas e formigas aerosol frasco 300ml		Imiprotrina 0,03%, deltametrina 0,05%, solvente, antioxidante, emulsificante, espessante, alcalinizante, veículo e propelente.
Inseticida SBP Casa e jardim aerosol frasco 300ml		D-aletrina 0,297%, d-fenotrina 0,050%. Solventes e propelentes.
INSETICIDA SBP ELÉTRICO 45 NOITES REFIL		Esbiotrina 2,6%, solventes, antioxidante.
INSETICIDA SBP ELÉTRICO 45 NOITES REFIL ÓLEO CITRONELA		ESBIOTRINA
Inseticida SBP Multi citronela aerosol frasco 300ml		Imiprotrina 0,020%, permetrina 0,050%, esbiotrina 0,100%, solventes, antioxidante, emulsificantes, propelentes e óleo de citronela.
Inseticida SBP Multi inseticida aerosol frasco 300ml		D'aletrina 0,135%, D-tetrametrina 0,10%, parmetrina 0,10%.
INSETICIDA SBP PASTILHA ELÉTRICO REFIL 12 HORAS		PRALETRINA
INSETICIDA SBP PASTILHA ELÉTRICO REFIL 12 HORAS ÓLEO CITRONELA		ESBIOTRINA
INSETICIDA SBP PASTILHA ELÉTRICO REFIL 12 HORAS ÓLEO EUCALIPTO		ESBIOTRINA
Inseticida SBP Multi automático com 50% de desconto 250ml		Permetrina 0,72% e transflutrina 0,58%, antioxidante, D-limoneno, solvente e propelentes.
INSETICIDA MULTIAUTOMÁTICO ÓLEO CITRONELA		PERMETRINA 0,8%, TRANSFLUTRINA 0,6%, ANTIOXIDANTE, MASCARANTE, SOLVENTE, PROPELENTE
SBP MULTIAUTOMÁTICO ÓLEO EUCALIPTO		PERMETRINA 0,8%, TRANSFLUTRINA 0,6%, ANTIOXIDANTE, MASCARANTE, SOLVENTE, PROPELENTE
INSETICIDA MULTI-INSETICIDA ÓLEO EUCALIPTO		Imiprotrina 0,020%, permetrina 0,050%, esbiotrina 0,100%, solventes, antioxidante, emulsificantes, propelentes e óleo de eucalipto

PASTILHAS 12H SET INSET	SET INSET	PRALETRINA E INERTES
Straik-Multi Inseticida Aerosol	STRAIK	Praletrina 0,20% p/p, Permetrina 0,21% p/p. Veículo emulsificante, antioxidante e propelentes (propano/butano).
STRAIK PASTILHA 12 H		PRALETRINA
STRAIK ELECTRIC 33ML		PRALETRINA, BHT, SOLVENTE

Tabela 8.2 Dados toxicológicos de princípios ativos de pesticidas domésticos da classe química dos piretroides, descritas nas respectivas fichas de segurança de produtos químicos

Princípio ativo	Classificação toxicológica	Potenciais efeitos tóxicos	Apresentação do produto
Aletrina/ esbiotrim	III	Permitido o uso apenas em áreas bem ventiladas. Além disso, proteção respiratória é recomendada. Nocivo se inalado, ingerido e ao contato com a pele e olhos. Tóxico para abelhas (Extoxnet, 2017).	Espiral, pastilha, aerossol/spray, refil vapor 45 noites. (contém óleo de eucalipto).
Cipermetrina	II	Mutagênico e afeta sistema reprodutor. Exposição pode causar irritação nos olhos, nas mucosas, trato respiratório superior e na pele. Além disso, pode afetar a fertilidade e bebês em gestação e aleitamento materno. Sonolência, convulsões, alterações nas glândulas salivares e atividade motora, hipoglicemia (Syngenta Crop Protection, 2017a); desregulador endócrino (Dutra; Ferreira, 2017).	Spray, líquido/ aerossol, pó.
Cifenotrina	III	Nocivo por inalação, em contato com a pele e se ingerido. Irritante para os olhos e a pele. Tóxico para abelhas. Muito tóxico para organismos aquáticos, e pode causar efeitos adversos duradouros no ambiente aquático (Santa Cruz Biotechnology, 2017a).	Pó ativado por água, spray.

Lambda-cialotrina	III	Nocivo se ingerido. Irritante para os olhos e a pele. Os vapores podem causar sonolência e vertigens. Pode causar coceiras e sensação temporária de formigamento, queimação ou dormência. Muito tóxico para organismos aquáticos, e pode causar efeitos adversos duradouros no ambiente aquático (Syngenta Crop Protection, 2017b).	Pó, sólido.
Deltametrina	III	Nocivo se inalado. Tóxico se ingerido. Muito tóxico para organismos aquáticos, e pode causar efeitos adversos duradouros no ambiente aquático (Sumitomo Chemical, 2017); desregulador endócrino (Dutra; Ferreira, 2017).	Pó, aerossol, líquido, coleira.
Empentrina	III	Nocivo se ingerido. Muito tóxico para organismos aquáticos, e pode causar efeitos adversos duradouros no ambiente aquático (Chem Service, 2017a).	Antitraça sólido.
Fenotrina	–	Nocivo por inalação, em contato com a pele e se ingerido. Muito tóxico para organismos aquáticos, e pode causar efeitos adversos duradouros no ambiente aquático (Santa Cruz Biotechnology, 2017b).	Aerossol, spray, automático, óleo eucalipto, coleira.
Fenvalerato	II	Pode causar irritação nas vias respiratórias, olhos e pele. Potencial agente cancerígeno; pode causar danos aos tecidos musculares, coração, trato gastrointestinal, pele e olhos (Zhejiang Rayfull Chemicals, 2017b).	Spray.

Imiprotrim	III	Nocivo se inalado, em contato com a pele e se ingerido. Muito tóxico para organismos aquáticos, e pode causar efeitos adversos duradouros no ambiente aquático (Santa Cruz Biotechnology, 2017c).	Spray, com óleo d-limoneno, citronela, eucalipto, líquido.
Permetrina	III	Pode causar sensibilização por contato com a pele. Nocivo por inalação, em contato com a pele e se ingerido. Muito tóxico para organismos aquáticos, e pode causar efeitos adversos duradouros no ambiente aquático (Santa Cruz Biotechnology, 2017d); desregulador endócrino (Dutra; Ferreira, 2017). Proibido na União Europeia desde 2000 (Bombardi, 2017)	Spray, óleo d-limoneno, óleo citronela, óleo eucalipto, gás fumigante, refil líquido tomada, bisnaga.
Praletrina	III	Tóxico se inalado, ingerido e em contato com a pele. Tóxico para abelhas. Muito tóxico para organismos aquáticos e pode causar efeitos adversos a longo prazo para o ambiente aquático (Santa Cruz Biotechnology, 2017e).	Spray, liq/elétrico, vaporizador, espiral, pastilha, spray programado, líquido.
Tetrametrina	III	Nocivo se inalado ou absorvido através da pele. O contato pode irritar e queimar a pele e os olhos. O contato prolongado ou repetido com a pele pode causar pode causar erupções, coceira, vermelhidão e dormência ou formigamento. A inalação pode causar irritação no nariz, garganta e pulmões. A exposição pode causar dores de cabeça, tontura, fadiga, salivação excessiva, fraqueza muscular, náusea e vômito. Nocivo ao fígado (Nj Health, 2017).	Spray, aerossol, d-limoneno, líquido.

Transflutrina	IV	Causa irritação na pele. Muito tóxico para organismos aquáticos e pode causar efeitos adversos a longo prazo para o ambiente aquático (Chem Service, 2017b).	Spray, pastilha 14 noites.

Observou-se que as informações descritas nos rótulos dos produtos, além de estarem escritas em letras extremamente pequenas, também continham orientações contraditórias. Por exemplo, em embalagens de repelentes de insetos contendo piretróides em soluções líquidas ou em pastilhas, para aplicação a partir do aquecimento em dispositivos elétricos, apresentavam os seguintes textos nas instruções de uso:

> [...] – use em locais ventilados. Mantenha uma porta ou janela parcialmente aberta durante sua utilização, para que os insetos possam sair. Entretanto, nunca deixe ambas abertas, evitando corrente de ar, que diminui a eficiência do produto...; – para uma maior eficácia, ligue o produto 30/45 minutos antes de dormir[...].

Portanto, aquelas instruções de uso sugeriam ao consumidor o uso do produto durante toda a noite, em ambiente parcialmente ventilado. Mas na embalagem do mesmo produto, na descrição das precauções lia-se:

> [...] – perigosa sua ingestão, inalação ou absorção pela pele; – este produto não deve ser utilizado em ambientes com pouca ventilação; – manter a cabeça a uma distância mínima de 2 metros do ponto de liberação do produto[...].

Ou seja, o texto das precauções indicava que os produtos eram potencialmente perigosos. Por outro lado, ao contrário do que era indicado naqueles itens, não foram encontradas referências na literatura descrevendo o procedimento de segurança contemplando a mínima distância da cabeça do consumidor em relação ao ponto de liberação do produto.

Nos rótulos daqueles mesmos produtos também havia indicação do rendimento, em termos do número de noites de uso, acompanhados da frase: "(número) noites livres de mosquitos e pernilongos", com a seguinte ressalva: "quando usado 8 horas por noite".

Assim sendo, as orientações descritas nos rótulos daqueles produtos sugeriam que o consumidor os utilizasse por muitas horas, durante o sono, em local com ventilação ineficiente, apesar de alertas de que a inalação do produto repercute em riscos à saúde.

Tais problemas detectados nos rótulos dos pesticidas piretróides indicam que estes estão em desacordo com o artigo 31 do código de defesa do consumidor, lei n. 8.078, de 11 de setembro de 1990, onde lê-se:

> Art. 31. A oferta e apresentação de produtos ou serviços devem assegurar informações corretas, claras, precisas, ostensivas e em língua portuguesa sobre suas características, qualidades, quantidade, composição, preço, garantia, prazos de validade e origem, entre outros dados, bem como sobre os riscos que apresentam à saúde e segurança dos consumidores.

Dentre os produtos contendo piretróides também foram encontradas formulações com aromas de óleo de eucalipto ou de pinho, nos quais constavam, nos rótulos: "[...]o óleo de eucalipto/pinho tem a função de mascarar o odor de outros componentes da formulação[...]". Evidencia-se, assim, que o acréscimo de tais óleos essenciais aos produtos pesticidas serve de estímulo à ampliação de seu uso, uma vez que também inserem aromas agradáveis nos ambientes onde são aplicados.

Também verificou-se que, na maioria dos produtos comerciais encontrados, somente os princípios ativos estavam identificados nas embalagens. Os demais materiais presentes nas formulações que, em geral, compõem mais de 90% da massa dos pesticidas, eram descritos por termos genéricos, tais como: emulsificante, solvente, estabilizante, veículo, sinergista, diluente, entre outros. Tal omissão de informação torna-se relevante ao considerar-se que diversos de tais materiais, considerados "inertes", apresentam efeitos tóxicos. Por exemplo, conforme está descrito nas respectivas fichas de segurança – MSDS, a exposição ao *t*-butóxido de piperonila (PBO), utilizado como sinergista em formulações de inseticidas piretróides, resulta em efeitos tóxicos sobre o sangue, rins, pulmões, fígado, pele e sistema nervoso central, e a exposição prolongada ou repetida ao PBO pode ocasionar lesões nos órgãos afetados (Cox, 2002 citado por Northwest Center For Alternatives To Pesticides, 2017). O *butil*-hidroxi tolueno (BHT), agente antioxidante presente em formulações de inseticidas, se mostrou mutagênico em testes com células somáticas de mamíferos e para bactérias e levedura. Pode ter efeitos tóxicos sobre o sangue, fígado e sistema nervoso central, e a exposição prolongada ou repetida ao BHT pode ocasionar lesões nos órgãos (Science Lab.Com, 2015) (ver mais informações no capítulo 10 deste livro). Portanto, a identificação incompleta dos componentes das formulações dos pesticidas domésticos prejudica o atendimento médico em caso de intoxicação, e constitui-se em descumprimento do código de defesa do consumidor (Brasil, 1990) que estabelece o direito do usuário ser informado dos riscos à saúde associados ao uso do produto.

Conclusões

No estudo foram identificados pesticidas piretróides domissanitários que possuem classificação toxicológica II e III, que não possuem nenhuma restrição em relação ao seu uso em ambiente doméstico. Ao se analisarem os efeitos tóxicos de tais piretróides, descritos na literatura e nas fichas de segurança fornecidas pelos fabricantes, verifica-se que há problemas nas formas de uso e recomendações apresentadas nos rótulos dos produtos comerciais, que podem resultar em danos à sua saúde dos consumidores. Também se verificou que, na maioria dos produtos comerciais encontrados, somente os princípios ativos estavam identificados nas embalagens. Os demais materiais presentes nas formulações que, em geral, compõem mais de 90% da massa dos pesticidas, eram descritos por termos genéricos. Tal omissão de informação torna-se relevante ao considerar-se que diversos de tais materiais, considerados "inertes", apresentam efeitos tóxicos. Além disso, a adição de aromas às formulações de pesticidas domissanitários estimula o uso de tais produtos. Os dados apresentados revelam que a regulação de pesticidas domissanitários contendo princípios ativos da classe química dos piretróides deverá passar por revisão no Brasil, para garantir-se que, tanto os componentes das formulações, quanto os modos de uso sugeridos nos produtos comerciais, não comprometam a saúde dos consumidores. Também deverão ser proibidas propagandas que estimulem o uso de pesticidas domissanitários, a exemplo do que já é praticado para os agrotóxicos. Neste momento, em que o país enfrenta epidemias de doenças transmitidas por mosquitos (dengue, febre amarela, entre outras), e o consumo de pesticidas domésticos contendo piretróides tem aumentado significativamente, evidencia-se a relevância das medidas sugeridas e a urgência da sua aplicação.

Referências

AGÊNCIA NACIONAL DE VIGILÂNCIA SANITÁRIA – ANVISA. *Agrotóxicos. Monografias autorizadas.* Disponível em: <http://portal.anvisa.gov.br/registros-e-autorizacoes/agrotoxicos/produtos/monografia-de--agrotoxicos/autorizadas>. Acesso em janeiro de 2017.

______. *Histórico de alterações de monografias.* Disponível em: <http://portal.anvisa.gov.br/registros-e-autorizacoes/agrotoxicos/produtos/monografia-de-agrotoxicos>. Acesso em janeiro de 2017.

BASS, J. K.; ORTEGA, L.; ROSALES, C.; PETERSEN, N. J.; PHILEN, R. M. What's being used at home: a household pesticide survey. *Revista Panamericana de Salud Publica,* v. 9, n. 3, p. 138–144, 2001.

BOMBARDI, L. M. *Geografia do uso de agrotóxicos no Brasil e conexões com a União Europeia.* São Paulo: FFLCH-USP, 2017.

BRADMAN, M. A.; HARNLY, M. E.; DRAPER, W.; SEIDEL, S.; TERAN, S.; WAKEHAM, D. *ET AL.* Pesticide exposures to children from California's Central Valley: results of a pilot study. *Journal of Exposure Analysis and Environmental Epidemiology,* v. 7, n. 2, p. 217-234, 1997.

BRASIL, PRESIDÊNCIA DA REPÚBLICA. Lei Federal nº 8.078 – Dispõe sobre a proteção do consumidor e dá outras providências. *Diário Oficial da República Federativa do Brasil*, Brasília – DF, 12 de setembro de 1990. Disponível em: <www.planalto.gov.br/ccivil_03/Leis/L8078.htm>. Acesso em janeiro de 2017.

CHEM SERVICE. *Safety data sheet, empenthrin.* Disponível em: <http://cdn.chemservice.com/product/msdsnew/External/English/N-13913%20English%20SDS%20US.pdf>. Acesso em janeiro de 2017a.

______. *Safety data sheet, transfluthrin.* Disponível em: <http://cdn.chemservice.com/product/msdsnew/External/English/N-13626%20English%20SDS%20US.pdf>. Acesso em janeiro de 2017b.

CORONADO, G. D.; VIGOREN, E. M.; THOMPSON, B.; GRIFFITH, W. C.; FAUSTMAN, E. M. Organophosphate pesticide exposure and work in pome fruit: evidence for the take-home pesticide pathway. *Environmental Health Perspectives*, v. 114, n. 7, p. 999-1006, 2014.

COX, C. Insecticide synergist factsheet, pyperonyl butoxide. *Journal of Pesticide Reform*, v. 22, p. 12-20, 2002. Disponível em: <https://d3n8a8pro7vhmx.cloudfront.net/ncap/pages/26/attachments/original/1428423438/piperonylbutoxide.pdf?1428423438>. Acesso em janeiro de 2017.

DEWAILLY, E.; FORDE, M.; ROBERTSON, L.; KADDAR, N.; SIDI, E. A. L.; COTE, S. *ET AL*. Evaluation of pyrethroid exposures in pregnant women from 10 Caribbean countries. *Environment International*, v. 63, p. 201-206, 2014.

DING, G.; SHI, R.; GAO, Y.; ZHANG, Y.; KAMIJIMA, M.; SAKAI, K. *ET AL*. Pyrethroid pesticide exposure and risk of childhood acute lymphocytic leukemia in Shanghai. *Environmental Science and Technology*, v. 46, n. 24, p. 13480-13487, 2012.

EXTENSION TOXICOLOGY NETWORK – EXTOXNET. *Allethrin*. Disponível em: <http://pmep.cce.cornell.edu/profiles/extoxnet/24d-captan/allethrin-ext.html>. Acesso em janeiro de 2017.

FUNDAÇÃO OSWALDO CRUZ / SISTEMA NACIONAL DE INFORMAÇÕES TÓXICO-FARMACOLÓGICAS – FIOCRUZ / SINITOX, *Casos registrados de intoxicação e/ou envenenamento*. Disponível em: <www.fiocruz.br/sinitox/cgi/cgilua.exe/sys/start.htm?sid=8>. Acesso em janeiro de 2017.

GUHA, N.; WARD, M. H.; GUNIER, R.; COLT, J. S.; LEA, S.; BUFFLER, P. A.; METAYER, C. Characterization of residential pesticide use and chemical formulations through self-report and household inventory: The Northern California childhood leukemia study. *Environmental Health Perspectives*, v. 121, n. 2, p. 276-282, 2013.

HICKS, S. D.; WANG, M.; FRY, K.; DORAISWAMY, V.; WOHLFORD, E. M. Neurodevelopmental delay diagnosis rates are increased in a region with aerial pesticide application. *Front Pediatr.*, v. 5, artigo 116, 2017. Disponível em: <https://www.ncbi.nlm.nih.gov/pmc/articles/PMC5443159/pdf/fped-05-00116.pdf>. Acesso em outubro de 2017.

INSTITUTO BRASILEIRO DE GEOGRAFIA E ESTATÍSTICA – IBGE. *Estimativas populacionais*. Disponível em: <http://tabnet.DATASUS/MS.gov.br/cgi/tabcgi.exe?ibge/cnv/popuf.def>. Acesso em janeiro de 2017.

KARR, C. J.; SOLOMON, G. M.; BROCK-UTNE, A. C. Health Effects of common home, lawn, and garden pesticides. *Pediatric Clinics of North America*, v. 54, n. 1, p. 63-80, 2007.

MEEKER, J. D.; BARR, D. B.; HAUSER, R. Human semen quality and sperm DNA damage in relation to urinary metabolites of pyrethroid insecticides. *Human Reproduction*, v. 23, n. 8, p. 1932-1940, 2008.

MOSTAFALOU, S.; ABDOLLAHI, M. Pesticides: an update of human exposure and toxicity. *Arch. Toxicol.*, v. 91, p. 549–599, 2017.

NEW JERSEY DEPARTMENT OF HEALTH – NJ HEALTH. *Hazardous substance fact sheet, tetramethrin*. Disponível em: <http://nj.gov/health/eoh/rtkweb/documents/fs/3745.pdf>. Acesso em janeiro de 2017.

NORTHWEST CENTER FOR ALTERNATIVES TO PESTICIDES. Pesticide factsheets. Disponível em: <www.pesticide.org/pesticide_factsheets>. Acesso em janeiro de 2017.

ROHITRATTANA, J.; SIRIWONG, W.; TUNSARINGKAM, T.; PANUWET, P.; RYAN, P. B.; BARR, D. B. *ET AL.* Organophosphate pesticide exposure in school-aged children living in rice and aquacultural farming regions of Thailand. *Journal of Agromedicine*, v. 19, n. 4, p. 406-416, 2014.

SANTA CRUZ BIOTECHNOLOGY. *Material safety datasheet, cyphenothrin.* Disponível em: <http://datasheets.scbt.com/sc-234495.pdf>. Acesso em janeiro de 2017a.

______. *Material safety datasheet, permethrin.* Disponível em: <http://datasheets.scbt.com/sc-201319.pdf>. Acesso em janeiro de 2017d.

______. *Material safety datasheet, pralethrin.* Disponível em: <http://datasheets.scbt.com/sc-236459.pdf>. Acesso em janeiro de 2017e.

______. *Material safety datasheet,(cis-trans)-phenothrin.* Disponível em: <http://datasheets.scbt.com/sc-257255.pdf>. Acesso em janeiro de 2017b.

______. *Material safety datasheet,imiprothrin.* Disponível em: <http://datasheets.scbt.com/sds/wpna/en/sc-235352.pdf>. Acesso em janeiro de 2017c.

SCIENCE LAB.COM, INC. *Material safety datasheet, butylated hydroxytoluene.* Disponível em: <www.sciencelab.com/msds.php?msdsId=9923084>. Acesso em janeiro de 2017.

SUMITOMO CHEMICAL. *Material safety datasheet, deltamethrin.* Disponível em: <www.t3db.ca/system/msds/attachments/000/001/732/original/T3D1035.pdf?1413587736>. Acesso em junho de 2017.

SYNGENTA CROP PROTECTION. *Material safety datasheet, cypermethrin.* Disponível em: <www.syngentacropprotection.com/pdf/msds/03_474504202009.pdf>. Acesso em janeiro de 2017a.

______. *Material safety datasheet, Lambda-Cyhalothrin.* Disponível em: <www.syngentacropprotection.com/pdf/msds/03_92817172007.pdf>. Acesso em janeiro de 2017b.

VESIN, A.; BOUCHOUX, G.; QUIVET, E.; TEMIME-ROUSSEL, B.; WORTHAM, H. Use of the HS-PTR-MS for online measurements of pyrethroids during indoor insecticide treatments. *Analytical and Bioanalytical Chemistry*, v. 403, n. 7, p. 1907–1921, 2012.

VIEL, J. F.; WAREMBOURG, C.; LE MANER-IDRISSI, G.; LACROIX, A.; LIMON, G.; ROUGET, F. *et al.* Pyrethroid insecticide exposure and cognitive developmental disabilities in children: the PELAGIE mother–child cohort. *Environ. Int.* v. 82, p. 69–75, 2015.

WU, C. H.; FENG, C.; QI, X. J.; WANG, G. Q.; ZHENG, M. L.; CHANG, X.;L. *ET AL.* Urinary metabolite levels of pyrethroid insecticides in infants living in an agricultural area of the Province of Jiangsu in China. *Chemosphere*, v. 90, n. 11, p. 2705-2713, 2013.

XUE, Z.; LI, X.; SU, Q.; XU, L.; ZHANG, P.; KONG, Z. *ET AL.* Effect of synthetic pyrethroid pesticide exposure during pregnancy on the growth and development of infants. *Asia Pacific Journal of Public Health*, v. 25, n. 4, p. 72S-79S, 2013.

ZHANG, J.; HISADA, A.; YOSHINAGA, J.; SHIRAISHI, A.; SHIMODAIRA, K.; OKAI ,T. *ET AL.* Exposure to pyrethroids insecticides and serum levels of thyroid-related measures in pregnant women. *Environmental Research*, v. 127, p. 16-21, 2013.

ZHANG, J.; YOSHINAGA, J.; HISADA, A.; SHIRAISHI, H.; SHIMODAIRA, K.; OKAI, T. *ET AL.* Prenatal pyretrhoid exposure and thyroid hormone levels and birth sizes of neonates. *Science of the Total Environment*, v. 488, p. 275-279, 2014.

ZHEJIANG RAYFULL CHEMICALS CO. *Material safety datasheet, cyfluthrin.* Disponível em: <www.rayfull.com/UploadFiles/PDF/201369952463.pdf>. Acesso em janeiro de 2017a.

______. *Material safety datasheet, fenvalerate.* Disponível em: <www.rayfull.com/UploadFiles/PDF/201369914123.pdf>. Acesso em janeiro de 2017b.

ZOUBIRI, S. Chemical characteristics of aerosol insecticide deposition in indoor surfaces. *Arabian Journal of Chemistry*, v. 4, n. 2, p. 153–158, 2011.

ZUO, Z. Q.; GONG T.; CHE Y.; LYU, R. H.; XU, P.; JIANG, P.; QIAO, C. L.; SONG, C.J.; YANG, C. Engineering *Pseudomonas putida* KT2440 for simultaneous degradation of organophosphates and pyrethroids and its applications in bioremediation of soil, *Biodegradation*, v. 26, n. 3, p. 223-233, 2015.

9. Aditivos em alimentos – riscos à saúde

Sonia Corina Hess, Dilma Budziak

Introdução

O uso de aditivos em alimentos atende a diversos propósitos, como pode ser apreendido da lista que consta na Resolução de Diretoria Colegiada – RDC/Anvisa número 45, de 03 de novembro de 2010, que estabelece suas Boas Práticas de Fabricação (BPF), aprovadas no âmbito do Mercosul (Anvisa, 2010a): ACI: acidulante; ACREG: regulador de acidez; AGC: agente de corpo ou massa; ANAH: antiaglutinante, antiumectante; ANESP: antiespumante; ANT: antioxidante; ARO: aromatizante; COL: corante; CONS: conservador; EDU: edulcorante; EMU: emulsificante; ESP: espessante; EST: estabilizante; ESTCOL: estabilizante de cor; EXA: realçador de sabor; FIR: agente de firmeza; FLO: melhorador de farinha; FOA: espumante; GLA: glaceante; GEL: gelificante; HUM: umectante; RAI: fermento químico; e SEC: sequestrante.

Ainda em 1978, Berglund descreveu que os aditivos utilizados em alimentos têm causado intoxicações em humanos, mesmo quando utilizados de acordo com as recomendações. Também há casos em que os envenenamentos ocorreram porque os aditivos estavam presentes em quantidades excessivas (por descuido ou acidente), ou quando os consumidores apresentaram hipersensibilidade a tais componentes.

Berglund (1978) ressaltou que a avaliação toxicológica de aditivos de alimentos, realizada a partir de experimentos baseados na alimentação de animais, pode ser prejudicada por diversos fatores, tais como: a presença de impurezas nos aditivos; por suas transformações ou desaparecimento durante a estocagem; por reações destes com componentes dos alimentos; ou pela formação de produtos tóxicos não previstos, resultantes do seu metabolismo. Os produtos resultantes do metabolismo dos aditivos nos animais também podem ser diferentes daqueles gerados nos seres humanos. Por exemplo, os ácidos guanílico e inosínico são metabolizados a alantoína em ratos enquanto que, em humanos, resultam na produção de ácido úrico (Berglund, 1978).

Diante do exposto, infere-se que aditivos com uso permitido em alimentos podem apresentar efeitos tóxicos não identificados nos experimentos exigidos pelos órgãos de regulação, no momento do registro. Em diversos casos, os problemas são identificados a partir de trabalhos de pesquisa realizados por grupos independentes, depois que os produtos estão sendo utilizados em larga escala. No Brasil, o decreto número 3.029, de 16 de abril de 1999, estabeleceu que compete à Agência Nacional de Vigilância Sanitária – Anvisa:

> Art. 4° Incumbe à Agência, respeitada a legislação em vigor, regulamentar, controlar e fiscalizar os produtos e serviços que envolvam risco à saúde pública. § 1° Consideram-se bens e produtos submetidos ao controle e fiscalização sanitária pela Agência: [...] II – alimentos, inclusive bebidas, águas envasadas, seus insumos, suas embalagens, aditivos alimentares, limites de contaminantes orgânicos, resíduos de agrotóxicos e de medicamentos veterinários;[...]

A Anvisa disponibiliza, em portal da internet (Anvisa, 2017), listas contendo os aditivos alimentares e coadjuvantes de tecnologia com uso autorizado no Brasil. Além disso, a Resolução de Diretoria Colegiada – RDC/Anvisa número 45, de 03 de novembro de 2010, que dispõe sobre aditivos alimentares autorizados para uso segundo as Boas Práticas de Fabricação (BPF), contempla as substâncias enquadradas nos parâmetros das BPFs, com uso permitido não somente no Brasil mas, também, no âmbito de todos os países do Mercosul. Por outro lado, há aditivos alimentares permitidos no Brasil (Anvisa, 2017) que não constam nas listas daqueles enquadrados nas BPFs. A seguir são descritos efeitos tóxicos descritos na literatura para aditivos alimentares com uso permitido no Brasil.

Conservadores

Nitrato e nitrito de potássio ou sódio

Os conservadores nitrato e nitrito de potássio ou sódio (KNO_3, $NaNO_3$ e KNO_2, $NaNO_2$, respectivamente), têm como respectivos códigos, PVII e PVIII. Os nitratos têm uso permitido no Brasil em produtos cárneos curados (exceto charque), queijos (exceto queijos frescais) e os nitritos, em produtos cárneos curados (exceto charque e alimentos infantis) (Anvisa, 2017; Mapa, 2006; Resolução CNS/MS n. 04, de 24 de novembro de 1988). Os nitratos e nitritos não constam da lista das Boas Práticas de Fabricação (BPF) do Mercosul (Anvisa, 2010a,b), e não têm uso permitido em alimentos à base de cereais para alimentação infantil (Anvisa, 2004).

Dentre os muitos estudos descrevendo riscos à saúde associados ao consumo de alimentos contendo tais conservantes tem-se o trabalho publicado por Preston-Martin e colaboradores (Pogoda; Preston-Martin, 2001; Preston-Martin *et al.*, 1996, citados por EWG, 2017) que descreveram que, em experimentos com animais, a alimentação de cobaias grávidas com precursores de nitrosamidas (por exemplo, o nitrito de sódio) resultou em maior incidência de tumores do sistema nervoso nos filhotes. Para testar se haveria tal risco também para os seres humanos, os pesquisadores realizaram um estudo epidemiológico com grávidas de condados da costa oeste dos EUA, que resultou nas seguintes conclusões quanto ao risco de desenvolvimento de tumores no cérebro nos filhos daquelas mulheres: o risco aumentava proporcionalmente ao aumento da frequência do consumo, pelas mães, de carnes processadas; o risco também aumentava proporcionalmente ao aumento da quantidade média diária consumida, de carnes curadas ou de nitritos presentes em carnes curadas, mas não dos nitratos presentes em vegetais; o consumo diário de vitaminas, pelas grávidas, diminuia o risco; o risco aumentava quando havia consumo acima da média diária, de nitritos presentes em carnes curadas, ao mesmo tempo em que não havia ingestão de vitaminas.

Rogers e colaboradores (1995), concluíram, a partir de estudo epidemiológico realizado em Washington (EUA), que o consumo diário de cerveja e de carnes contendo nitritos estava associado com o maior risco de desenvolvimento de câncer do esôfago e faringe (Rogers *et al.*, 1995, citado por EWG, 2017).

Em relatório divulgado pelo IARC (2010, citado por EWG, 2017) foram relatadas a conclusões de muitos estudos epidemiológicos em que aferiu-se que a exposição a nitratos presentes em águas de abastecimento ou em alimentos aumenta o risco para o desenvolvimento de câncer de estômago. Em 2015 a IARC enquadrou as carnes processadas (incluindo alimentos tais como salames, salsichas, presuntos, linguiças, carnes curadas) como cancerígenas (Grupo I), a partir das provas de que o seu consumo causa câncer colorretal (IARC, 2015).

Aschebrook-Kilfoy e colaboradores (2013) concluíram, a partir de levantamento realizado em Shangai (China), que mulheres que consumiam maiores quantidades de nitritos, principalmente presentes em carnes processadas, apresentavam maior risco de desenvolverem câncer de tireóide. Outro estudo realizado naquela mesma cidade revelou que, quanto maior o consumo de nitratos e nitritos presentes em alimentos, maiores as chances das mulheres expostas desenvolverem câncer colorretal (Dellavalle *et al.*, 2014).

Bahadoran e colaboradores (2015), a partir de levantamentos realizados em artigos científicos publicados, descreveram que o consumo elevado de nitratos e nitritos presentes em alimentos tem sido associado ao risco aumentado de desenvolvimento de problemas na tireóide.

Dióxido de enxofre

Os conservadores derivados do dióxido de enxofre (SO_2) (metabissulfito de sódio ($Na_2S_2O_5$), metabissulfito de potássio ($K_2S_2O_5$), metabissulfito de cálcio (CaS_2O_5), sulfito de sódio

(Na_2SO_3), sulfito de cálcio ($CaSO_3$), sulfito de potássio (K_2SO_3), bissulfito de cálcio ($Ca(HSO_3)_2$), bissulfito de sódio ($NaHSO_3$), bissulfito de potássio ($KHSO_3$), código P. V., têm uso autorizado no Brasil nos seguintes alimentos: açúcar refinado, batatas fritas congeladas, bebidas alcoólicas mistas, bebidas alcoólicas fermentadas, camarões e lagostas (exclusivamente na matéria prima após a captura) (no produto cozido), camarões e lagostas (exclusivamente na matéria prima após a captura) (no produto cru), coco ralado, cervejas (somente ditionito), cooler, filtrado doce, frutas dessecadas, frutose, geleias artificiais, jeropiga, legumes e verduras desidratadas, leite de coco esterilizado, leite de coco pasteurizado, licores de frutas, mistela composta, néctares de frutas, passas de frutas, picles, preparados sólidos e líquidos para refrescos com sucos de frutas, refrescos com sucos de frutas, refrigerantes, refrigerantes com sucos de frutas, sangria, saquê, sidras, sucos de frutas, vinagres, vinhos, vinhos compostos, vinhos de frutas, xaropes para refrescos com sucos de frutas (Anvisa, 2017; Resolução CNS/MS n. 04, de 24 de novembro de 1988). Os citados conservadores derivados do dióxido de enxofre não constam da lista das Boas Práticas de Fabricação (BPF) do Mercosul (Anvisa, 2010a,b).

Diversos estudos têm demonstrado efeitos tóxicos para os agentes conservantes derivados do dióxido de enxofre, por exemplo, em testes realizados com ratos adultos, o metabissulfito de sódio causou alterações nos testículos, na morfologia do epidídimo e na espermatogênese, diminuição da contagem e mobilidade dos espermatozoides e redução dos níveis de testosterona (Shekarforoush *et al.*, 2015). Ratos expostos a sulfito de sódio apresentaram perda de neurônios piramidais nas subdivisões CA1 e CA2-CA3 do hipocampo (cérebro) (Akdogan *et al.*, 2011). Em testes *in vitro* com tecidos de cobaias, o metabissulfito de sódio apresentou atividade genotóxica o que, segundo os autores, repercute em riscos à saúde de consumidores de alimentos contendo tal conservante (Carvalho *et al.*, 2011a). Carvalho e colaboradores (2011b) também demonstraram que o metabissulfito de sódio utilizado para conservar camarões após a captura, em locais de criação, se dispersa nos ambientes aquáticos, e a sua presença faz com que as águas contaminadas apresentem atividade genotóxica.

Revisão dos dados toxicológicos apresentados pelo grupo Toxnet, vinculado ao governo dos EUA, revelam há muitos relatos de reações alérgicas aos conservantes derivados de dióxido de enxofre, que em casos mais severos, levaram à morte. Também há descrição de efeitos genotóxicos associados a tais conservantes de alimentos (Toxnet, 2017).

Edulcorantes

Introdução

Na Resolução da Diretoria Colegiada – RDC/ANVISA número 08/2008, que "dispõe sobre o 'Regulamento Técnico que autoriza o uso de aditivos edulcorantes em alimentos, com seus respectivos limites máximos'" lê-se que, dentre outros, os seguintes adoçantes têm uso permitido no Brasil: acessulfame de potássio (acessulfame K); aspartame; e sucralose (Anvisa, 2008). Na tabela 9.1, dados de alguns de tais edulcorantes, fornecidos pelo Instituto Nacional de Metrologia, Qualidade e Tecnologia – Inmetro (Inmetro, 2017). Por outro lado, acessulfame K, aspartame e sucralose não constam da lista das Boas Práticas de Fabricação (BPF) do Mercosul (Anvisa, 2010a,b).

Tabela 9.1 Características dos edulcorantes acessulfame K, aspartame e sucralose

Nome do edulcorante	Característica do edulcorante	Poder adoçante	Tipo	Ingestão máxima/dia (mg/kg de peso corporal)
Acessulfame K	Estável em altas temperaturas é muito utilizado em bebidas, chocolates, geléias, produtos lácteos, gomas de mascar e panificação	200 vezes maior que a sacarose (açúcar)	Artificial, derivado de ácido acético	9 a 15 mg/kg

Aspartame	Não pode ir ao fogo porque perde o poder de adoçar. Boa dissolução em líquidos quentes	200 vezes maior que a sacarose	Artificial. Combina os aminoácidos fenilalamina e ácido aspático	40 mg/kg
Sucralose	Resiste bem a altas temperaturas	600 a 800 vezes maior que a sacarose	Artificial. Feito a partir de molécula do açúcar de cana modificado em laboratório	15 mg/kg

Fonte dos dados: INMETRO, 2017. Nota: construção dos autores

Fowler (2016), a partir do levantamento de dados descritos na literatura científica relata que há sólidas evidências de que animais expostos cronicamente a adoçantes, incluindo aspartame, sacarina, acesulfame K, sucralose, ou à combinação de eritrodiol e aspartame, exibiram uma ou mais das seguintes condições, em comparação com animais tratados com água ou com água e alimentos contendo açúcares calóricos: maior consumo de alimentos; maior ganho de peso; maior porcentual de gordura corporal; menor liberação de GLP-1 (peptídeo 1 semelhante ao glucagon) em testes de tolerância à glicose; e hiperinsulinemia. Os resultados descritos em estudos com animais podem ajudar a explicar o que tem sido observado em uma série de estudos observacionais de larga escala e de longo tempo com seres humanos, nos quais têm sido observados aumentos de peso, adiposidade abdominal e incidência de sobrepeso e obesidade entre pessoas que reportaram o consumo de bebidas contendo adoçantes. Além disso, o consumo frequente de bebidas diet foi associado, a longo prazo, ao maior risco de desencadeamento de condições associadas à obesidade: hipertensão, síndrome metabólica, diabetes, depressão, disfunção renal, ataque cardíaco, acidente vascular cerebral e mortalidade. Também Ramasarma e Rafi, em trabalho publicado em 2016, destacaram que o consumo dos adoçantes sucralose, aspartame e sacarina resultou, a longo prazo, no desencadeamento de intolerância à glicose e hiperglicemia.

Os adoçantes acessulfame K e sucralose têm sido incluídos na lista dos contaminantes ambientais emergentes, devido à sua persistência e ampla ocorrência no ambiente. Por apresentarem tais características, têm sido utilizados como marcadores químicos, monitorados para a verificação da presença, em águas, de substâncias provenientes de esgotos (LI *et al.*, 2016a,b; Ren *et al.*, 2016; Robertson *et al.*, 2016; Sultana *et al.*, 2017). Em um estudo em que foram analisadas as águas do lago Simcoe em Ontário, Canadá, a sucralose e o acessulfame K foram encontrados em concentrações que variaram, respectivamente, de 128 a 213 ng/L e de 4 a 33 ng/L (Sultana *et al.*, 2017). O acessulfame também foi encontrado em águas do estuário de Sidnei, na Austrália, indicando que aquele local tem recebido águas provenientes de esgotos (Birch *et al.*, 2015).

Trabalho realizado por Sylvetsky e colaboradores (2015) revelou que 65% das amostras de leite das mães que consumiam aqueles adoçantes continham resíduos de acessulfame K ou sucralose, sendo estes transferidos para os bebês, no ato da amamentação.

Um estudo epidemiológico realizado nos EUA revelou que as pessoas que consumiam rotineiramente aspartame e acessulfame K apresentavam diferenças na diversidade microbiana do trato digestivo, em relação aos não consumidores de tais adoçantes. Os autores concluíram que mais estudos são necessários para avaliar-se o impacto deste efeito na saúde dos consumidores, uma vez que problemas na microbiota do sistema digestivo podem resultar em muitas doenças (Frankenfeld *et al.*, 2015).

Aspartame

Cientistas do centro de pesquisas sobre o câncer – Cesare Maltoni Cancer Research Center, localizado em Bologna, na Itália, divulgaram estudos em que descreveram que o consumo de aspartame, na dieta, resultou em uma maior incidência de diversos tipos de tumores malignos (linfomas, leucemias, tumores na uretra e nos nervos periféricos) em animais de laboratório (ratos Sprague-Dawley). Os tumores surgiram mesmo quando os animais foram tratados com baixas doses diárias de aspartame, da ordem de 20 miligramas por quilo corporal ao dia (Belpoggi *et al.*, 2006; Soffritti *et al.*, 2006 e 2007) que é uma quantidade menor do que aquela que os órgãos de controle dos Estados Unidos e da União Europeia estabeleceram como limite seguro para o consumo diário do aspartame, respectivamente, de 50 e 40 miligramas por quilograma de peso corporal ao dia (Magnuson *et al.*, 2007).

Em 2007, um outro grupo de pesquisadores (Gombos *et al.*, 2007) também descreveu que animais de laboratório tratados com diferentes doses de aspartame, apresentaram proliferação de células cancerosas nos rins, medula óssea e órgãos linforreticulares. Os efeitos foram observados mesmo quando as doses de aspartame administradas aos animais estiveram abaixo da dose diária máxima recomendada nos EUA (50 mg/kg corporal/dia).

A Agência Internacional de Pesquisa sobre Câncer (Iarc) classificou o formaldeído como agente carcinogênico para seres humanos. Em um estudo realizado com ratos, *in vivo*, foi revelado que o metanol, liberado a partir do aspartame ingerido na dieta, na dose oral de 10 mg/kg corporal/dia, no organismo forma o formaldeído. Seis horas após a administração do aspartame, os ratos ainda retinham 5% do formaldeído gerado, metade deste ligado ao fígado dos animais. Os autores concluíram que o consumo de aspartame pode representar risco à saúde, devido à sua contribuição à reação do formaldeído com componentes celulares (Trocho *et al.*, 1998).

A dopamina é um neurotransmissor, precursor natural da adrenalina e da noradrenalina. Tem como função a atividade estimulante do sistema nervoso central e está associada ao Mal de Parkinson e à Esquizofrenia. Em um estudo realizado com ratos, *in vivo*, o aspartame (500 mg/kg massa corporal, dose única) foi administrado por via intraperitoneal, o que resultou em diminuição dos níveis de dopamina no cérebro dos animais (Bergstrom *et al.*, 2007).

Tem sido descrito na literatura, que o consumo de aspartame pode causar distúrbios neurológicos e de comportamento, como dores de cabeça, insônia e tonturas. Tais efeitos podem estar associados a mudanças nas concentrações de alguns neurotransmissores presentes em determinadas regiões do cérebro, como a dopamina, a norepinefrina e a epinefrina. Confirmando tais hipóteses, os autores de um estudo divulgado em 2008 concluíram que o consumo excessivo de aspartame pode estar envolvido na patogênese de algumas desordens mentais, além de afetar o aprendizado e o equilíbrio emocional (Humphries *et al.*, 2008). A estas mesmas conclusões chegaram os autores de um outro trabalho científico divulgado em 2007 (Simintzi *et al.*, 2007a).

Em um estudo desenvolvido com pacientes que foram tratados por 7 dias com aspartame, na dose de 30 miligramas por quilograma corporal ao dia, os pesquisadores descreveram que as pessoas com quadro de depressão foram intensamente afetadas, levando-os a concluir que pacientes depressivos devem ser desencorajados a consumir este adoçante (Walton *et al.*, 1993).

Em 2007 foi divulgado um estudo que demonstrou que o aspartame, quando consumido por ratos nas doses de 34, 150 ou 200 mg/kg corporal/dia, resultou em redução da atividade de enzimas do cérebro (semelhantes àquelas encontradas em seres humanos) em 26%, 50% e 59%, respectivamente (Simintzi *et al.*, 2007b).

Também foi descrito que a administração de aspartame na alimentação de ratos, por 30 dias, na dose de 75 mg/kg corporal/dia, resultou em aumento na atividade de enzimas presentes no cérebro, que são responsáveis pela metabolização de substâncias tóxicas (Vences-Mejia *et al.*, 2006).

Kim e colaboradores (2015) descreveram que o aspartame e a sacarina afetam as lipoproteínas de alta densidade (HDL), resultando em perda de suas atividades antioxidantes e antiaterogênicas. Segundo os autores, tais resultados sugerem que o aspartame e a sacarina podem ser tóxicos para o sistema circulatório humano e para o desenvolvimento embrionário, devido àqueles danos causados às lipoproteínas.

Estudo publicado em 2016 descreveu haver correlação positiva entre o consumo de aspartame entre mulheres, e a obesidade abdominal (Wulaningsih *et al.*, 2016).

Em artigo de opinião publicado em 2014, Soffritti e colaboradores ressaltaram que os dados da literatura relatando a carcinogenicidade do aspartame justificam a reavaliação da regulação de tal adoçante, ressaltando a necessidade de seu banimento Outros autores relataram que, apesar dos órgãos governamentais não terem banido o aspartame, gestores da multinacional PepsiCo Inc. resolveram excluir este componente de todos os seus produtos, provavelmente, em decorrência do número crescente de estudos relatando os efeitos deletérios deste adoçante sobre a saúde humana (Paolini *et al.*, 2016).

Acessulfame K

Testes em laboratório revelaram que o acessulfame K e os derivados do seu tratamento com radiação UV causaram stress oxidativo no fígado do peixe *Carassius auratus*. Os autores sugeriram que, a partir de tais resultados, sejam reconhecidos os riscos ambientais relativos ao acessulfame K (Ren *et al.*, 2016).

Li e colaboradores (2016a) relataram que, em baixas concentrações, os produtos gerados pela fotólise do acessulfame, em condições semelhantes ao que acontece no ambiente, causaram danos severos e acentuada mortalidade em embriões de peixes em desenvolvimento, sendo tais produtos mais tóxicos do que o próprio adoçante. Os autores sugerem que as autoridades providenciem uma legislação mais rigorosa, visando o controle maior sobre os adoçantes com potenciais efeitos danosos sobre os recursos hídricos.

Dong e colaboradores (2015) relataram que o consumo diário de acessulfame K, por longo prazo, resultou em agravamento da isquemia cerebral, danos às células progenitoras do endotélio do cérebro de ratos, com concomitante redução da angiogênese no cérebro com isquemia. Os mesmos resultados não foram encontrados em ratos que consumiram açúcar comum.

Sucralose

Em artigo de revisão publicado em 2013, Schiffman e Rother descreveram que o consumo de sucralose resultou nos seguintes efeitos negativos sobre cobaias: redução da proporção de bactérias benéficas no trato digestivo; a sucralose e um de seus metabólitos apresentaram atividade mutagênica em concentrações elevadas; o cozimento em elevadas temperaturas, de alimentos contendo sucralose, resultou na formação de cloropropanóis, uma classe de compostos potencialmente tóxicos; alterações nos níveis de glicose, insulina e peptídeo-1 semelhante ao glucagon (GLP-1). Os autores concluem que, diante de tais resultados, a sucralose não pode ser classificada como uma substância biologicamente inerte.

Experimentos realizados com crustáceos revelaram que a exposição à sucralose resultou em mudanças no comportamento e na fisiologia dos animais, a partir de interferências nos processos neurológicos e oxidativos. Os autores concluíram que os resultados reforçam a hipótese de que a sucralose pode induzir a efeitos relevantes nos animais (Wiklund *et al.*, 2012, 2014).

Dong e colaboradores (2013) demonstraram, em experimentos, que o aquecimento de sucralose em utensílios de aço inox ou de outros materiais metálicos, na presença de cinzas (Al_2O_3, Fe_2O_3, CuO), simulando o que pode ocorrer durante o cozimento de pães e outros alimentos em fornos, resultou na formação de dibenzo-p-dioxinas e dibenzofuranos, que são produtos orgânicos persistentes extremamente tóxicos (ver, neste livro, o capítulo sobre a queima do PVC).

Realçador de sabor – Glutamato

Os realçadores de sabor glutamato de sódio ($HOOCCH_2CH_2CH(NH_2)COO^-Na^+$), glutamato monossódico ($Na^{+-}OOCCH_2CH_2CH(NH_2)COO^-Na^+$), glutamato de monoamônio ($HOOCCH_2CH_2CH(NH_2)COO^-NH_4^+$), diglutamato de cálcio ($HOOCCH_2CH_2CH(NH_2)COO^-{}_2Ca^{+2}$), diglutamato de magnésio ($[HOOCCH_2CH_2CH(NH_2)COO^-]_2Mg^{+2}$) e ácido glutâmico ($HOOCCH_2CH_2CH(NH_2)COOH$), têm uso permitido no Brasil em molhos, condimentos, produtos cárneos entre outros alimentos (Anvisa, 2017; Mapa, 2006) e constam da lista das Boas Práticas de Fabricação do Mercosul (BPF) (Anvisa, 2010a,b).

Entretanto, tais produtos não têm uso permitido em alimentos à base de cereais para alimentação infantil (Anvisa, 2004). Por outro lado, crianças costumam comer salgadinhos e outros snacks contendo glutamato de sódio.

O glutamato monossódico é um dos realçadores de sabor mais utilizados no mundo, e foi apontado como sendo o causador de uma série de sintomas conhecidos como "Síndrome do Restaurante Chinês", que incluem dormência, fraqueza, rubor, sudorese, tontura e dor de cabeça. Foi descrito que o glutamato é um neurotransmissor excitatório abundante no cérebro, e que pode atuar como uma potente neurotoxina que pode induzir à morte de neurônios quando está presente em quantidades excessivas, ao aumentar a excitabilidade e ativar enzimas proteolíticas (Khalil; Khedr, 2016; Ramanathan *et al.*, 2007; Salinska *et al.*, 2005). Leussink e colaboradores (2016) inferiram que a presença de receptores de glutamato na região do cérebro responsável pelo equilíbrio (região vestibular) seria responsável pelo desencadeamento de tontura no caso de ingestão excessiva de glutamato monossódico.

Corantes artificiais

Dentre os corantes artificiais com uso permitido em alimentos no Brasil constam (Anvisa, 2015): amarelo crepúsculo F.C.F. (E-110, sunset yellow FCF; food yellow No.5, FD&C Yellow No.6), bordeaux S ou amaranto (E-123, amaranth; food red No.2; Bordeaus S), eritrosina (E-127, erythrosine B, food red 14, acid red 18), indigotina (E-132, índigo carmine, FD&C blue No. 2, food blue No.2), ponceau 4R (E-124, new coccine, food red 7, food red No.102), tartrazin (E-102, tartrazine, FD&C yellow No. 5, food yellow No.4), vermelho 40 (E-129, allura red AC, food red 17), azul brilhante (E-133, FD&C Blue No.1, food blue 2, brilliant blue FCF) e amarelo de quinoleína . Têm uso autorizado em: alimentos processados à base de cereais; balas, caramelos e similares; cerejas em calda (somente para reconstituição da cor); coberturas e xaropes para gelados comestíveis e sobremesas; gelados comestíveis; geleia de cereja; gomas de mascar; iogurtes aromatizados;

leites gelificados aromatizados leites aromatizados; leites fermentados aromatizados; licores; preparados líquidos ou sólidos para refrescos e refrigerantes; produtos de frutas, cereais, legumes e outros ingredientes para uso em iogurtes, queijos tipo petitsuisse e similares; queijos (fuccina ou magenta somente na crosta dos tipos consagrados; recheios de bombons e similares; recheios de chocolates; recheios e revestimentos de produtos de confeitaria, biscoitos e similares (com exceção dos recheios de cremes com ovos); refrescos e refrigerantes; sobremesas e pós para sobremesas de gelatinas, flans, pudins e similares; xaropes para refrescos (Resolução CNS/MS n. 04, de 24 de novembro de 1988; Anvisa, 2015). Nenhum destes corantes consta das listas das Boas Práticas de Fabricação (BPF) do Mercosul (Anvisa, 2010a,b).

No portal da internet do Instituto Brasileiro de Defesa do Consumidor – IDEC (2017), há informações relativas aos efeitos tóxicos dos corantes com uso permitido em alimentos no Brasil:

> Corante: Amarelo crepúsculo. Pode provocar: reações anafilactoides, angioedema, choque anafilático, vasculite e púrpura. Reação cruzada com paracetamol, ácido acetilsalicílico, benzoato de sódio (conservante) e outros corantes azoicos como a tartrazina. Pode provocar hiperatividade em crianças quando associado ao benzoato de sódio. Banido na Finlândia e Noruega. Corante: Amarelo quinolina. Pode provocar: suspeito de causar hiperatividade em crianças quando associado ao benzoato de sódio. Corante: amarelo tartrazina.Pode provocar: reações alérgicas como asma, bronquite, rinite, náusea, broncoespasmo, urticária, eczema, dor de cabeça, eosinofilia e inibição da agregação plaquetária à semelhança dos salicilatos. Insônia em crianças associada à falta de concentração e impulsividade. Reação alérgica cruzada com salicilatos (ácido acetilsalicílico), hipercinesia em pacientes hiperativos. Pode provocar hiperatividade em crianças quando associado ao benzoato de sódio. No Brasil, nos EUA e na Inglaterra seu uso deve ser indicado nos rótulos. Corante: Azul brilhante. Pode provocar: irritações cutâneas e constrição brônquica, quando associado a outros corantes. Banido na Alemanha, Áustria, França, Bélgica, Noruega, Suécia e Suíça. Corante: Vermelho 40. Pode

> provocar: Pode provocar hiperatividade em crianças quando associado ao benzoato de sódio. Banido na Alemanha, Áustria, França, Bélgica, Dinamarca, Suécia e Suíça. Corante: Vermelho ponceau 4R. Pode provocar: relacionado a anemia e doenças renais, associado a falta de concentração e impulsividade e pode provocar hiperatividade em crianças quando associado ao benzoato de sódio. Banido nos EUA e na Finlândia. Corante: Vermelho eritrosina. Pode provocar: suspeito de causar câncer de tireoide em ratos. Banido nos EUA e na Noruega. Corante: Vermelho bordeaux (mistura de amaranto e azul brilhante) Pode provocar: crises asmáticas e eczemas. Banido nos EUA, na Áustria, Noruega e Rússia (Idec, 2017).

As propriedades tóxicas daqueles corantes utilizados em alimentos citados no documento do Idec (2017) também são descritas em muitos trabalhos experimentais relatados na literatura científica, por exemplo: Arnold *et al.*, 2012; Gomes *et al.*, 2013; Kobylewski; Jacobson, 2012 e referências ali citadas, entre outros.

Antioxidantes

Butil hidroxianisol (BHA)

O antioxidante butil hidroxianisol (BHA) tem uso permitido em alimentos processados à base de cereais; côco ralado; creme vegetal; gomas de mascar; leite de coco; margarina; óleos e gorduras; e produtos de cacau (Anvisa, 2017; Resolução CNS/MS n. 04, de 24 de novembro de 1988), produtos cárneos industrializados (Mapa, 2006). Por outro lado, o BHA não consta da lista das Boas Práticas de Fabricação (BPF) do Mercosul (Anvisa, 2010a,b).

No portal da internet do grupo independente de pesquisadores denominado "Environmental Working Group" (EWG) são descritas informações sobre efeitos tóxicos de produtos industriais de uso doméstico, incluindo o butil hidroxianisol (BHA), onde consta que a agência internacional de câncer classifica esta substância como um possível carcinogenio humano, e está listado como um conhecido carcinogenio sob a Proposição 65 da Califórnia (Iarc 1986; NTP 2011; Oehha 2014 citados por EWG, 2017). Estas designações são baseadas em evidências consistentes de que o BHA provoca tumores em animais, embora haja debate se estes resultados são relevantes para os seres humanos. A União Europeia classifica o BHA como um desregulador endócrino. A exposição de ratos ao BHA resultou em subdesenvolvimento do sistema reprodutivo em ambos os sexos, além de distúrbios nos níveis dos hormônios T4 e testosterona, pesos dos órgãos sexuais, maturação sexual, além de lesões histológicas na glândula tireóide (Jeong *et al.*, 2005 citado por EWG, 2017). Também foi descrito que ratas fêmeas que receberam doses baixas de BHA tiveram diminuição no peso uterino, o que pode ter sido resultante de efeitos no metabolismo de estrogênio (Kang *et al.*, 2005; Zhu *et al.*, 1997 citados por EWG, 2017). Em outros trabalhos científicos foram relatados efeitos no desenvolvimento, como diminuição do crescimento e aumento da mortalidade em ratos que não foram desmamados, e efeitos comportamentais após o desmame (EFSA 2011; Vorhees *et al.*, 1981a citados por EWG, 2017).

Butil hidroxitolueno (BHT)

O butil hidroxitolueno (BHT) tem uso permitido em alimentos processados à base de cereais; coco ralado; creme vegetal; gomas de mascar; leite de coco; margarina; óleos e gorduras; e produtos de cacau (Anvisa, 2017; Resolução CNS/MS n. 04, de 24 de novembro de 1988), produtos cárneos industrializados (Mapa, 2006). O BHT não consta da lista das Boas Práticas de Fabricação (BPF) do Mercosul (Anvisa, 2010).

O BHT é quimicamente semelhante ao BHA e as duas substâncias frequentemente são utilizadas em conjunto, por atuarem sinergisticamente (EWG, 2017). Apesar de não constar de listas como agente cancerígeno, alguns dados mostraram que ele causa câncer em animais. Os ratos alimentados com BHT desenvolveram tumores pulmonares e hepáticos (EFSA, 2012 citado por EWG, 2017). O BHT também foi apontado como causador de efeitos no desenvolvimento e alterações da tiróide em animais, sugerindo que ele pode ser capaz de interromper a sinalização endócrina (EFSA, 2012 citado por EWG, 2017). Um estudo neurocomportamental de ratos expostos ao BHT ao longo do desenvolvimento descreveu efeitos sobre as habilidades motoras e coordenação antes dos animais serem desmamados (Vorhees *et al.*, 1981b citado por EWG, 2017).

Terc-butil-hidroquinona (TBHQ)

A terc-butil-hidroquinona (TBHQ) tem uso permitido em alimentos processados à base de cereais; coco ralado; creme vegetal; gomas de mascar; leite de coco; margarina; óleos e gorduras; e produtos de cacau (Anvisa, 2017; Resolução CNS/MS n. 04, de 24 de novembro de 1988). A TBHQ não consta da lista das Boas Práticas de Fabricação (BPF) do Mercosul (Anvisa, 2010a,b).

Há relatos na literatura descrevendo que a TBHQ, gerada no organismo humano como parte do metabolismo do BHA, apresenta atividades como indutor de câncer de rins e bexiga (Peters *et al.*, 1996 citado por EWG, 2017). O TBHQ também causou danos oxidativos ao DNA (Schilderman *et al.*, 1993a,b; Van Ommen *et al.*, 1992, citados por EWG, 2017). Por outro lado, em artigo publicado em 2016, Sanidad e colaboradores descreveram que a TBHQ atua como agente antiproliferativo de células de câncer.

Aroma natural de fumaça

O aroma natural de fumaça tem uso permitido em alimentos aos quais se deseja conferir sabor de defumado, incluindo os alimentos processados à base de cereais; balas; biscoitos e similares; condimentos preparados; molhos; produtos cárneos defumados (somente como reforço); produtos de pescado defumado (somente nos tipos consagrados); preparados desidratados e concentrados para sopas e caldos; queijos defumados (somente como reforço nos tipos consagrados) (Anvisa, 2017; Resolução CNS/MS n. 04, de 24 de novembro de 1988). Este aroma não consta da lista das Boas Práticas de Fabricação (BPF) do Mercosul (Anvisa, 2010a,b).

Estudos (Gomaa *et al.*, 1993; Garcia-Falcon; Simal-Gandara, 2005) demonstraram que diversos alimentos defumados, com aroma de fumaça, continham hidrocarbonetos policíclicos aromáticos (HPAs), o que representa riscos à saúde dos consumidores, uma vez que os HPAs apresentam atividades mutagênicas, carcinogênicas e como desreguladores do sistema endócrino (Godoi *et al.*, 2004; Zamperlini *et al.*, 1997).

Antiumectantes contendo alumínio

O alumínio e seus sais têm uso autorizado como agentes antiumectantes em condimentos em pó preparados; gemas desidratadas; ovo integral desidratado; preparados desidratados e concentrados para sopas e caldos; sal de mesa; café em pó solúvel; condimentos em pó preparados; pós para preparado de alimentos; preparados desidratados para sopas e caldos; preparados sólidos para refrescos e refrigerantes com sucos de frutas; sobremesas; pós para sobremesas de gelatinas, flans, pudins e similares (Resolução CNS/MS n. 04, DE 24 de novembro de 1988; Anvisa, 2017). O silicato de sódio e alumínio e o aluminossilicato de sódio constam na lista dos produtos das BPFs do Mercosul (Anvisa, 2010b), com uso permitido em pastilhas, sopas e caldos desidratados, molhos desidratados, condimentos preparados e preparações culinárias industriais desidratadas. O silicato de sódio, para uso em pastilhas.

Conforme foi descrito por Bondy (2014), o alumínio tem sido considerado inócuo à saúde humana e, por isto, utilizado em diversas etapas do processamento de alimentos e para a remoção de materiais particulados por floculação, em sistemas de tratamento de águas de abastecimento. Entretanto, estudos epidemiológicos têm sugerido que a exposição ao alumínio pode resultar na promoção e desenvolvimento do mal de Alzheimer. Além disso, evidências experimentais têm revelado que a exposição ao alumínio resulta em atividade inflamatória no cérebro, o que acontece em diversas doenças neurodegenerativas. Portanto, há um crescente e coerente corpo de evidências que implicam o alumínio como sendo um agente significativo de degeneração do cérebro (Bondy, 2014).

Diante do exposto, conclui-se que deveria haver uma revisão da lista dos aditivos permitidos para uso em alimentos no Brasil, para excluir-se aqueles que apresentam relevantes efeitos tóxicos, e para os quais o uso em alimentos já foi desautorizado em outros países.

Referências

AGÊNCIA NACIONAL DE VIGILÂNCIA SANITÁRIA – ANVISA. Resolução da Diretoria Colegiada – RDC nº 27, de 13 de fevereiro de 2004. Aditivos alimentares para alimentos à base de cereais para alimentação infantil. *Diário Oficial da União*, n. 32, 16 de fevereiro de 2004.

______. Resolução da Diretoria Colegiada – RDC nº 18, de 25 e março de 2008. Dispõe sobre o "Regulamento Técnico que autoriza o uso de aditivos edulcorantes em alimentos, com seus respectivos limites máximos". *Diário Oficial da União*, n. 57, 25 de março de 2008.

______. Resolução da Diretoria Colegiada – RDC nº 45, de 03 de novembro de 2010. Dispõe sobre aditivos alimentares autorizados para uso segundo as Boas Práticas de Fabricação (BPF). *Diário Oficial da União*, n. 212, 05 de novembro de 2010a.

______. Resolução da Diretoria Colegiada – RDC nº 46, de 03 de novembro de 2010. Dispõe sobre limites máximos para aditivos excluídos da lista de "aditivos alimentares autorizados para uso segundo as Boas Práticas de Fabricação (BPF)". *Diário Oficial da União*, n. 212, 05 de novembro de 2010b.

______. *Informe Técnico n. 68, de 3 de setembro de 2015. Assunto: classificação dos corantes caramelos II, III e IV e dos demais corantes autorizados para uso em alimentos*. Disponível em: <http://portal.anvisa.gov.br/documents/33916/388729/Informe+T%C3%A9cnico+n%C2%BA+68,+de+3+de+setembro+de+2015/b4c841fc-b6b5-4d5a-af18-d4b9ad16158f>. Acesso em janeiro de 2017.

______. *Aditivos alimentares e coadjuvantes de tecnologia*. Disponível em: <http://portal.anvisa.gov.br/aditivos-alimentares-e-coadjuvantes>. Acesso em janeiro de 2017.

AKDOGAN, I.; KOCAMAZ, E.; KUCUKATAY, V.; YONGUC, N. G.; OZDEMIR, M. B.; MURK, W. Hippocampal neuron number loss in rats exposed to ingested sulfite. *Toxicol. Ind. Health*, v. 27, n. 9, p. 771-778, 2011.

ARNOLD, L. E.; LOFTHOUSE, N.; HURT, E. Artificial food colors and attention-deficit/hyperactivity symptoms: conclusions to dye for. *Neurotherapeutics*, v. 9, n. 3, p. 599–609, 2012.

ASCHEBROOK-KILFOY, B.;, SHU, X. O.; GAO, Y. T.; JI, B. T.; YANG, G.; LI, H. L. *et al*. Thyroid cancer risk and dietary nitrate and nitrite intake in the Shanghai women's health study. *Int. J. Cancer*, v. 132, n. 4, p. 897-904, 2013.

BAHADORAN, Z.; MIRMIRAN, P.; GHASEMI, A.; KABIR, A.; AZIZI, F.; HADAEGH, F. Is dietary nitrate/nitrite exposure a risk factor for development of thyroid abnormality? A systematic review and meta-analysis. *Nitric Oxide*, v. 47, p. 65-76, 2015.

BELPOGGI, F.; SOFFRITTI, M.; PADOVANI, M.; ESPOSTI, D. D.; LAURIOLA, M; MINARDI, F. Results of long-term carcinogenicity bioassay on Sprague-Dawley rats exposed to aspartame administered in feed. *Annals of the New York Academy of Sciences*. 1076 (Living in a Chemical World), p. 559-577, 2006.

BERGLUND, F. Food additives. *Arch. Toxicol. Suppl.*, v. 1, p. 33-46, 1978.

BERGSTROM, B. P.; CUMMINGS, D. R.; SKAGGS, T. A. Aspartame decreases evoked extracellular dopamine levels in the rat brain: An in vivo voltammetry study. *Neuropharmacology*, v. 53, p. 967-974, 2007.

BIRCH, G. F.; DRAGE, D. S.; THOMPSON, K.; EAGLESHAM, G.; MUELLER, J. F. Emerging contaminants (pharmaceuticals, personal care products, a food additive and pesticides) in waters of Sydney estuary, Australia. *Mar. Pollut. Bull.*, v. 97, n. 1-2, p. 56-66, 2015.

BONDY, S. C. Prolonged exposure to low levels of aluminum leads to changes associated with brain aging and neurodegeneration. *Toxicology*, v. 315, p. 1-7, 2014.

CARVALHO, I. M. C. M. M.; CAVALCANTE, A. A. M.; DANTAS, A. F.; PEREIRA, D. L. A.; ROCHA, F. C. C.; OLIVEIRA, F. M. *et al.* Environmental mutagenicity and toxicity caused by sodium metabisulfite in sea shrimp harvesting in Piauí, Brazil. *Chemosphere*, v. 82, p. 1056-1061, 2011b.

CARVALHO, I. M.; MELO CAVALCANTE, A. A.; DANTAS, A. F.; PEREIRA, D. L.; COSTA ROCHA, F. C.; ANDRADE, T. J. *et al.* Genotoxicity of sodium metabisulfite in mouse tissues evaluated by the comet assay and the micronucleus test. *Mutat. Res.*, v. 720, n. 1-2, p. 58-61, 2011a.

DELLAVALLE, C. T.; XIAO, Q.; YANG, G.; SHU, X. O.; ASCHEBROOK-KILFOY, B.; ZHENG, W. *et al.* Dietary nitrate and nitrite intake and risk of colorectal cancer in the Shanghai Women's Health Study. *Int. J. Cancer*, v. 134, n. 12, p. 2917-2926, 2014.

DONG, S.; LIU, G.; HU, J.; ZHENG, M. Polychlorinated dibenzo-p-dioxins and dibenzofurans formed from sucralose at high temperatures. *Sci. Rep.*, v. 3, p. 2946, 2013.

DONG, X. H.; SUN, X.; JIANG, G. J.; CHEN, A. F.; XIE, H. H. Dietary intake of sugar substitutes aggravates cerebral ischemic injury and impairs endothelial progenitor cells in mice. *Stroke*, v. 46, n. 6, p. 1714-1718, 2015.

ENVIRONMENTAL WORKING GROUP – EWG. Disponível em: <www.ewg.org/>. Acesso em janeiro de 2017.

EUROPEAN FOOD SAFETY AUTHORITY – EFSA. Panel on Food Additives and Nutrient Sources added to Food (ANS). Scientific opinion on the re-evaluation of butylated hydroxyanisole – BHA (E 320) as a food additive. *EFSA Journal*, v. 19, n. 10, p. 2392, 2011.

_____. Scientific Opinion on the re-evaluation of butylated hydroxytoluene BHT (E 321) as a food additive. *EFSA Journal*, v. 10, n. 3, p. 2588, 2012.

FOWLER, S. P. Low-calorie sweetener use and energy balance: Results from experimental studies in animals, and large-scale prospective studies in humans. *Physiol. Behav.*, v. 164, parte B, p. 517-523, 2016.

FRANKENFELD, C. L.; SIKAROODI, M.; LAMB, E.; SHOEMAKER, S.; GILLEVET, P. M. High-intensity sweetener consumption and gut microbiome content and predicted gene function in a cross-sectional study of adults in the United States. *Ann. Epidemiol.*, v. 25, n. 10, p. 736-742, 2015.

GARCÍA-FALCÓN, M. S.; SIMAL-GÁNDARA, J. Polycyclic aromatic hydrocarbons in smoke from different woods and their transfer during traditional smoking into chorizo sausages with collagen and tripe casings. *Food Additives & Contaminants*, v. 22, p. 1-8, 2005.

GODOI, A. F. L.; RAVINDRA, K.; GODOI, R. H. M.; ANDRADE, S. J.; SANTIAGO-SILVA, M.; VAN VAECK, L. *et al.* Fast chromatographic determination of polycyclic aromatic hydrocarbons in aerosol samples from sugar cane burning. *Journal of Chromatography A,* v. 1027, p. 49-53, 2004.

GOMAA, E. A.; GRAY, J. I.; BOOREN, A. M. Polycyclic aromatic hydrocarbons in smoked food products and commercial liquid smoke flavourings. *Food Additives & Contaminants*, v. 10, p. 503-521, 1993.

GOMBOS, K.; VARJAS, T.; ORSOS, Z.; POLYAK, E.; PEREDI, J.; VARGA, Z.; NOWRASTEH, G.; TETTINGER, A.; MUCSI, G.; EMBER, I. The effect of aspartame administration on oncogene and suppressor gene expressions. *In Vivo*, v. 21, p. 89-92, 2007.

GOMES, K. M. S.; OLIVEIRA, M. V. G. A.; CARVALHO, F. R. S.; MENEZES, C. C.; PERON, A. P. Citotoxicity of food dyes Sunset Yellow (E-110), Bordeaux Red (E-123), and Tartrazine Yellow (E-102) on *Allium cepa* L. root meristematic cells. *Food Sci. Technol.*, v. 33, n. 1, p. 218-223, 2013.

GUZMAN, D. L. Safety of aspartame in human nutrition. *Informe Médico* , v. 9, p. 29-34, 2007.

HUMPHRIES, P.; PRETORIUS, E.; NAUDE, H. Direct and indirect cellular effects of aspartame on the brain. *European Journal of Clinical Nutrition*, v. 62, p. 451-462, 2008.

INSTITUTO BRASILEIRO DE DEFESA DO CONSUMIDOR – IDEC. *Industrializados – cuidado com os corantes dos alimentos.* Disponível em: <www.idec.org.br/consultas/dicas-e-direitos/cuidados-com-os-corantes--dos-alimentos>. Acesso em janeiro de 2017.

INSTITUTO NACIONAL DE METROLOGIA, QUALIDADE E TECNOLOGIA – INMETRO. *Edulcorantes e suas características.* Disponível em: <www.inmetro.gov.br/consumidor/produtos/adocantes.pdf>. Acesso em janeiro de 2017.

INTERNATIONAL AGENCY FOR RESEARCH ON CANCER – IARC. Ingested nitrate and ntrite and cyanobacterial peptide toxins. *IARC monographs on the evaluation of carcinogenic risks to humans,* v. 94, 2010. Disponível em: <http://monographs.iarc.fr/ENG/Monographs/vol94/mono94.pdf>. Acesso em janeiro de 2017.

______. IARC monographs evaluate consumption of red meat and processed meat. *Press release* 240, 2015. Disponível em: <https://www.iarc.fr/en/media-centre/pr/2015/pdfs/pr240_E.pdf>. Acesso em novembro de 2017.

______. Some naturally occurring and synthetic food components, furocoumarins and ultraviolet radiation. *IARC Monogr. Eval. Carcinog. Risk. Chem. Hum.,* v. 40, p. 1-415, 1986.

JEONG, S. H.; KIM, B. Y.; KANG, H. G.; KU, H. O.; CHO, J. H. Effects of butylated hydroxyanisole on the development and functions of reproductive system in rats. *Toxicology*, v. 208, n. 1, p. 49-62, 2005.

KANG, H. G.; JEONG, S. H.; CHO, J. H.; KIM, D. G.; PARK, J. M.; CHO, M. H. Evaluation of estrogenic and androgenic activity of butylated hydroxyanisole in immature female and castrated rats. *Toxicology*, v. 213, n. 1-2, p. 147-156, 2005.

KHALIL, R. M.; KHEDR, N. F. Curcumin protects against monosodium glutamate neurotoxicity and decreasing NMDA2B and mGluR5 expression in rat hippocampus. *Neurosignals*, v. 24, p. 81-87, 2016.

KIM, J. Y.; PARK, K. H.; KIM, J.; CHOI, I.; CHO, K. H. Modified high-density lipoproteins by artificial sweetener, aspartame, and saccharin, showed loss of anti-atherosclerotic activity and toxicity in zebrafish. *Cardiovasc. Toxicol.*, v. 15, n. 1, p.79-89, 2015.

KOBYLEWSKI, S.; JACOBSON, M. F. Toxicology of food dyes. *International Journal of Occupational and Environmental Health*, v. 18, n. 3, p. 220-246, 2012.

LEUSSINK, V. I.; HARTUNG, H. P.; STUVE, O.; KIESEIER, B. C. Vestibular hypofunction after monosodium glutamate ingestion: broadening the spectrum of 'Chinese restaurant syndrome'. *J. Neurol.*, v. 263, p. 1027-1028, 2016.

LI, A. J.; SCHMITZ, O. J.; STEPHAN, S.; LENZEN, C.; YUE, P. Y.; LI, K.; *et al.* Photocatalytic transformation of acesulfame: Transformation products identification and embryotoxicity study. *Water Res.*, v. 89, p. 68-75, 2016a.

LI, Z.; SOBEK, A.; RADKE, M. Fate of pharmaceuticals and their transformation products in four small european rivers receiving treated wastewater. *Environ. Sci. Technol.*, v. 50, n. 11, p. 5614-5621, 2016b.

MAGNUSON, B. A.; BURDOCK, G. A.; DOULL, J.; KROES, R. M.; MARSH, G. M.; PARIZA, M. W.; SPENCER, P. S.; WADDELL, W. J.; WALKER, R.; WILLIAMS, G. M. Aspartame : A safety evaluation based on current use levels, regulations, and toxicological and epidemiological studies. *Critical Reviews in Toxicology*, v. 37, p. 629-727, 2007.

MINISTÉRIO DA AGRICULTURA, PECUÁRIA E ABASTECIMENTO – MAPA. Instrução normativa n. 51, de 29 de dezembro de 2006. Regulamento técnico de atribuição de aditivos, e seus limites das seguintes categorias de alimentos 8: carne e produtos cárneos. *Diário Oficial da União*, 04 de janeiro de 2007, Seção 1, p. 14.

NATIONAL TOXICOLOGY PROGRAM – NTP, Department of Health and Human Services. *Report on carcinogens.* 14. ed. Disponível em: <https://ntp.niehs.nih.gov/ntp/roc/content/listed_substances_508.pdf>. Acesso em janeiro de 2017.

OFFICE OF ENVIRONMENTAL HEALTH HAZARD ASSESSMENT – OEHHA. State of California Environmental Protection Agency, Safe Drinking Water and Toxic Enforcement Act of 1986. *Chemicals known to the state to cause câncer or reproductive toxicity.* 2016. Disponível em: <http://oehha.ca.gov/prop65/prop65_list/newlist.html>. Acesso em janeiro de 2017.

PAOLINI, M.; VIVARELLI, F.; SAPONE, A.; CANISTRO, D. Aspartame, a bittersweet pill. *Carcinogenesis.* 2016. Epub ahead of print. Disponível em: <http://carcin.oxfordjournals.org/content/early/2016/03/10/carcin.bgw025.long>. Acesso em dezembro de 2016.

PETERS, M. M.; RIVERA, M. I.; JONES, T. W.; MONKS, T. J.; LAU, S. S. Glutathione conjugates of tert-butyl-hydroquinone, a metabolite of the urinary tract tumor promoter 3-tert-butyl-hydroxyanisole, are toxic to kidney and bladder. *Cancer Res.*, v. 56, n.5, p. 1006-1011, 1996.

POGODA, J. M.; PRESTON-MARTIN, S. Maternal cured meat consumption during pregnancy and risk of paediatric brain tumour in offspring: potentially harmful levels of intake. *Public Health Nutr.*, v. 4, p. 183–189, 2001.

PRESTON-MARTIN, S.; POGODA, J. M.; MUELLER, B. A.; HOLLY, E. A.; LIJINSKY, W.; DAVIS, R. L. Maternal consumption of cured meats and vitamins in relation to pediatric brain tumors. *Cancer Epidemiol. Biomarkers Prev.*, v. 5, p. 599–605, 1996.

RAMANATHAN, M.; SIVAKUMAR, S.; ANANDVIJAYAKUMAR, P. R.; SARAVANABABU, C.; PANDIAN, P. R. Neuroprotective evaluation of standardized extract of *Centella asiatica* in monosodium glutamate treated rats. *Indian J. Exp. Biol.*, v. 45, n. 5, p. 425-431, 2007.

RAMASARMA, T.; RAFI, M. A glucose-centric perspective of hyperglycemia. *Indian J. Exp. Biol.*, v. 54, n. 2, p. 83-99, 2016.

REN, Y.; GENG, J.; LI, F.; REN, H.; DING, L.; XU, K. The oxidative stress in the liver of Carassius auratus exposed to acesulfame and its UV irradiance products. *Sci. Total Environ.*, v. 571, p. 755-762, 2016.

ROBERTSON, W. D.; VAN STEMPVOORT, D. R.; ROY, J. W.; BROWN, S. J.; SPOELSTRA, J. SCHIFF, S. L. *et al.* Use of an artificial sweetener to identify sources of groundwater nitrate contamination. *Ground Water*, v. 54 n. 4, p. 579-587, 2016.

ROGERS, M .A.; VAUGHAN, T. L.; DAVIS, S.; THOMAS, D. B. Consumption of nitrate, nitrite, and nitrosodimethylamine and the risk of upper aerodigestive tract cancer. *Cancer Epidemiol. Biomarkers Prev.*, v. 4, p. 29–36, 1995.

SALINSKA, E.; DANYSZ, W.; LAZAREWICZ, J. W. The role of excitotoxicity in neurodegeneration. *Folia Neuropathol.*, v. 43, n. 4, p. 322-339, 2005.

SANIDAD, K. Z.; SUKAMTOH, E.; WANG, W.; DU, Z.; FLORIO, E.; HE, L.; XIAO, H. *et al.* Oxidative conversion mediates antiproliferative effects of tert-butylhydroquinone: structure and activity relationship study. *J. Agric. Food Chem.*, v. 64, n. 19, p. 3743-3748, 2016.

SCHIFFMAN, S. S.; ROTHER, K. I. Sucralose, a synthetic organochlorine sweetener: overview of biological issues. *J. Toxicol. Environ. Health B. Crit. Rev.*, v. 16, n. 7, p. 399-451, 2013.

SCHILDERMAN, P. A.; VAN MAANEN, J. M.; SMEETS, E.J.; TEN HOOR, F.; KLEINJANS, J. C.Oxygen radical formation during prostaglandin H synthase-mediated biotransformation of butylated hydroxyanisole. *Carcinogenesis*, v. 14, n.3, p. 347-353, 1993b.

SCHILDERMAN, P. A.; VAN MAANEN, J. M.; TEN VAARWERK, F. J.; LAFLEUR, M. V.; WESTMIJZE, E. J., TEN HOOR, F. *ET AL.* The role of prostaglandin H synthase-mediated metabolism in the induction of oxidative DNA damage by BHA metabolites. *Carcinogenesis*, v. 14, n. 7, p. 1297-1302, 1993a.

SHEKARFOROUSH, S.; EBRAHIMI, Z.; HOSEINI, M. Sodium metabisulfite-induced changes on testes, spermatogenesis and epididymal morphometric values in adult rats. *Int. J. Reprod. Biomed. (Yazd)*, v. 13, n. 12, p. 765-770, 2015.

SIMINTZI, I.; SCHULPIS, K. H.; ANGELOGIANNI, P.; LIAPI, C.; TSAKIRIS, S. The effect of aspartame metabolites on the suckling rat frontal cortex acetylcholinesterase. An in vitro study. *Food and Chemical Toxicology*, v. 45, p. 2397-2401, 2007a.

SIMINTZI, I.; SCHULPIS, K. H.; ANGELOGIANNI, P.; LIAPI, C.; TSAKIRIS, S. L-Cysteine and glutathione restore the reduction of rat hippocampal Na+, K+-ATPase activity induced by aspartame metabolites. *Toxicology*, v. 237, p. 177-183, 2007b.

SOFFRITTI, M.; BELPOGGI, F.; ESPOSTI, D. D.; LAMBERTINI, L.; TIBALDI, E.; RIGANO, A. First experimental demonstration of the multipotential carcinogenic effects of aspartame administered in the feed to Sprague-Dawley rats. *Environmental Health Perspectives*, v. 114, p. 379-385, 2006.

SOFFRITTI, M.; BELPOGGI, F.; TIBALDI, E.; ESPOSTI, D. D.; LAURIOLA, M. Life-span exposure to low doses of aspartame beginning during prenatal life increases cancer effects in rats. *Environmental Health Perspectives*, v. 115, p. 1293-1297, 2007.

SOFFRITTI, M.; PADOVANI, M.; TIBALDI, E.; FALCIONI, L.; MANSERVISI, F.; BELPOGGI, F. The carcinogenic effects of aspartame: The urgent need for regulatory re-evaluation. *Am. J. Ind. Med.*, v. 57, n.4, p. 383-397, 2014.

SULTANA, T.; MURAY, C.; EHSANUL HOQUE, M. METCALFE, C. D. Monitoring contaminants of emerging concern from tertiary wastewater treatment plants using passive sampling modelled with performance reference compounds. *Environ. Monit. Assess.*, v. 189, n. 1, p. 1-19, 2017.

SYLVETSKY, A. C.; GARDNER, A. L.; BAUMAN, V.; VLAU, J. E.; GARRAFFO, H. M.; WALTER, P. J. *et al.* Nonnutritive sweeteners in breast milk. *J. Toxicol. Environ. Health A*, v. 78, n. 16, p. 1029-1032, 2015.

TOXICOLOGY DATA NETWORK – TOXNET. *Sodium metabisulfite.* Disponível em: <https://toxnet.nlm.nih.gov/cgi-bin/sis/search/a?dbs+hsdb:@term+@DOCNO+378>. Acesso em janeiro de 2017.

TROCHO, C.; PARDO, R.; RAFECAS, I.; VIRGILI, J.; REMESAR, X.; FERNANDEZ-LOPEZ, J. A.; ALEMANY, M. Formaldehyde derived from dietary aspartame binds to tissue components in vivo. *Life Sciences*, v. 63, p. 337-349, 1998.

VAN OMMEN, B.; KOSTER, A.; VERHAGEN, H.; VAN BLADEREN, P. J. The glutathione conjugates of tert-butyl hydroquinone as potent redox cycling agents and possible reactive agents underlying the toxicity of butylated hydroxyanisole. *Biochem. Biophys. Res. Commun.*, v. 189, n. 1, p. 309-314, 1992.

VENCES-MEJIA, A.; LABRA-RUIZ, N.; HERNANDEZ-MARTINEZ, N.; DORADO-GONZALEZ, V.; GOMEZ-GARDUNO, J.; PEREZ-LOPEZ, I.; NOSTI-PALACIOS, R.; CARRANZA, R. CAMACHO; ESPINOSA-AGUIRRE, J. J. The effect of aspartame on rat brain xenobiotic-metabolizing enzymes. *Human & Experimental Toxicology*, v. 25, 453-459, 2006.

VORHEES, C. V.; BUTCHER, R. E.; BRUNNER, R. L.; SOBOTKA, T. J. Developmental neurobehavioural toxicity of butylated hydroxytoluene in rats. *Food Cosmet. Toxicol.*, v. 19, n. 2, p. 153-162, 1981b.

VORHEES, C. V.; BUTCHER, R. E.; BRUNNER, R. L.; WOOTTEN, V.; SOBOTKA, T. J. Developmental neurobehavioral toxicity of butylated hydroxyanisole (BHA) in rats. Neurobehav. *Toxicol. Teratol.*, v. 3, n. 3, p. 321-329, 1981a.

WIKLUND, A. K. E.; ADOLFSSON-ERICI, M.; LIEWENBORG, B.; GOROKHOVA, E. Sucralose induces biochemical responses in *Daphnia magna*. *PLoS One*, v. 9, n. 4, e92771, 2014.

WIKLUND, A. K. E.; BREITHOLTZ, M.; BENGTSSON, B. E.; ADOLFSSON-ERICI, M. Sucralose – an ecotoxicological challenger? *Chemosphere*, v. 86, n. 1, p. 50-55, 2012.

WULANINGSIH, W.; VAN HEMELRIJCK, M.;TSILIDIS, K. K.; TZOULAKI, I.; PATEL, C.; ROHRMANN, S. Investigating nutrition and lifestyle factors as determinants of abdominal obesity: an environment-wide study. *International Journal of Obesity*. 06/12/2016. Doi: 10.1038/ijo.2016.203. Resumo disponível em <https://www.ncbi.nlm.nih.gov/pubmed/27840415>. Acesso em dezembro de 2016.

ZAMPERLINI, G. C. M.; SILVA, M. R. S.; VILEGAS, W. Identification of polycyclic aromatic hydrocarbons in sugar cane soot by gas chromatography-mass spectrometry. *Chromatographia*, v. 46, p. 655-663, 1997.

ZHU, B. T.; LECH, J.; ROSEN, R. T.; CONNEY, A. H. Effect of dietary 2(3)-tert-butyl-4-hydroxyanisole on the metabolism and action of estradiol and estrone in female CD-1 mice. *Cancer Res.*, v. 57, n. 12, p. 2419-2427, 1997.

10. Poluição do ar e efeitos para a saúde

Laís Fajersztajn, Mariana Matera Veras,
Paulo Hilário Nascimento Saldiva

Introdução

Responsável por 3,5 milhões de mortes prematuras no mundo em 2012 (Who, 2014), a poluição do ar ambiente figura hoje entre os principais fatores de risco que mais contribuem para a sobrecarga global da doença, precedendo riscos mais amplamente conhecidos como hipercolesterolemia e inatividade física. Em 2050, a poluição do ar será a principal causa de morte prematura por fatores ambientais, ultrapassando malária e diarreia (OECD, 2012). Ao longo dos últimos anos a poluição atmosférica consolidou-se como um problema de saúde pública global e o Laboratório de Poluição Atmosférica Experimental Faculdade de Medicina da Universidade de São Paulo (LPAE) teve contribuição importante nesta trajetória. Afinal, são quatro décadas de produção científica sobre poluição do ar e saúde, contribuindo para o entendimento e para o reconhecimento dos males causados pela poluição do ar.

Os primeiros registros na literatura sobre poluição do ar e saúde datam da década de 30 (Anonymous 1930; Firket, 1936) e reportam o aumento da mortalidade e do adoecimento por causas cardiovasculares e respiratórias durante o episódio do Meuse Valley, Bélgica (Nemery *et al.*, 2001). Na ocasião, a combinação de emissões industriais e domésticas, com dificuldades climáticas de dispersão, formou uma densa fumaça que cobriu a região por vários dias. Episódios similares extremos de poluição nas décadas seguintes em Londres (Bell; Davis, 2001) e Donora (Helfand *et al.*, 2001) consolidaram a associação entre exposição de curto período a altas concentrações de poluentes e mortalidade e morbidade. Metade dos 14 mil habitantes de Donora adoeceram (Helfand *et al.*, 2001) e em Londres ocorreu um excesso de três mil mortes em três semanas (Bell *et al.*, 2001).

De lá para cá, o número de evidências científicas sobre poluição do ar e saúde cresceu exponencialmente, mostrando efeitos adversos das exposições de curto e longo período em concentrações cada vez mais baixas de poluentes. Tamanhos diferentes de partículas foram estudados, assim como outros poluentes atmosféricos, incluindo poluentes gasosos e o efeito combinado dos poluentes. Descobriu-se efeitos e mecanismos plausíveis não só no sistema cardiorrespiratório, como também nos sistemas endócrino, neurocognitivo, reprodutivo, entre outros. Ainda, a poluição do ar for classificada como cancerígena para humanos. As populações mais vulneráveis foram definidas e análises custo-benefício mostraram que melhorar a qualidade do ar se traduz em economia de recursos financeiros e ganhos para a saúde.

O LPAE sempre teve a vocação de usar o conhecimento científico em saúde para informar decisões da sociedade. Fundado em 1977 pelo prof. György Böhm, com a proposta de estudar os efeitos da poluição do ar para a saúde humana, o LPAE iniciou seus trabalhos com estudos comparativos dos efeitos da gasolina e do etanol. Na década de 70 o mundo estava vivendo uma série de crises econômicas relacionadas a oferta e ao preço do petróleo, que eram modulados por guerras na região produtora, e também pela forte atuação da Organização dos Países Exportadores de Petróleo, a OPEP. No Brasil, a resposta à crise foi um forte investindo em veículos movidos a etanol, através do Programa Nacional do Álcool (Decreto nº 76.593 de 1975).

De início, a exposição aos poluentes dos estudos do LPAE eram simuladas em ambiente de laboratório (Böhm *et al.*, 1983). Posteriormente o LPAE passou a incorporar experimentos em condições reais de exposição à poluição atmosférica, introduzindo metodologias inovadoras, como expor animais no centro de São Paulo (Reymão *et al.*, 1997) ou, mais recentemente, fazendo uso de câmeras de topo aberto (Akinaga *et al.*, 2009) e de bioindicadores de exposição e efeito (Carvalho-Oliveira *et al.*, 2017). O laboratório também desenvolveu uma série de estudos epidemiológicos com dados secundários (Braga *et al.*, 2001; Saldiva *et al.*, 1995) e clínicos (Santos *et al.*, 2016), além de revisões (Hamra *et al.*, 2014; Veras *et al.*, 2016;), entre outros. Desta forma, o LPAE tem contribuição determinante para liderança global da Universidade de São Paulo entre as 15 que mais publicam sobre poluição do ar e saúde no mundo

Os estudos em escala local e regional resultaram em visibilidade e notoriedade internacional e numa crescente participação do laboratório na elaboração e embasamento de políticas públicas de poluição do ar no Brasil e no exterior. No final dos anos 90, enquanto os Estados Unidos discutiam sua legislação nacional de controle da qualidade do ar, o prof. Paulo Saldiva foi convidado para falar na câmara norte americana, sobre a toxicologia da poluição do ar. Na pessoa do prof. Paulo Saldiva, o laboratório também participou das discussões globais dos padrões de qualidade do ar da Organização Mundial da Saúde de 2005 (Who, 2006) e das discussões do Iarc (sigla em inglês para a Agência Internacional de Pesquisa sobre o Câncer da Organização Mundial da Saúde) sobre o potencial carcinogênico da poluição do ar ambiente em 2013, que resultaram na classificação da poluição do ar ambiente como carcinogênica para humanos (Iarc/Who, 2013).

No Brasil, o laboratório tem contribuído para as discussões sobre regulamentação e controle da poluição do ar e tem sido responsável por dar mais visibilidade na mídia dos riscos para a saúde impostos pela exposição à poluição do ar (Lobarinhas, 2008), tanto nas grandes cidades (ex: poluição de origem veicular), quanto no campo (ex: queima de cana). Por exemplo, no caso da cana de açúcar, os estudos do laboratório serviram como justificativa para acelerar a eliminação do uso do fogo durante o processo de colheita, processo já concluído no Estado de São Paulo através de um acordo entre governo e produtores.[1]

Dentre as políticas nacionais voltadas à melhoria da qualidade do ar, destaca-se o Proconve (Programa de Controle de Poluição do Ar por Veículos Automotores)., um programa extremamente importante num país como Brasil, onde o transporte de cargas e pessoas é feito majoritariamente sobre rodas. Criado em 1986, o Proconve estabeleceu limites de emissão de poluentes para veículos. De acordo com o programa, os limites de emissão deveriam ser atendidos em fases sucessivas (6 a 7 fases dependendo do tipo de veículo), com limites cada vez mais restritivos, e com prazos de adoção pré-definidos (prazo para o desenvolvimento dos veículos, adaptação da indústria de auto-peças e dos combustíveis). A fase Euro IV do programa deveria ser implantada em 2009. Entretanto, devido a questões econômicas e a não possibilidade de atendimento desta fase pela indústria de veículos e combustíveis, adiou-se por 3 anos esta etapa. Para a implantação seria necessário a redução do teor de enxofre no diesel utilizado, ou seja, um diesel que produz menos poluentes. Diante da justificativa dos custos altos de produção deste combustível mais limpo e da necessidade de adaptação dos veículos, o LPAE desenhou um estudo específico para quantificar em termos monetários os prejuízos em saúde desta medida (André *et al.*, 2012). O estudo mostrou que o adiamento teria um custo projetado de 11,5 bilhões de dólares nos anos seguintes, considerando-se apenas alguns poucos desfechos sobre a saúde da população em seis grandes capitais. Infelizmente, o adiamento não foi revisto, porém, os dados deste estudo emba-

---

[1] O Protocolo Agroambiental do Setor Sucroenergético, é um acordo voluntário assinado em 2007 pelo Governador de São Paulo, pelos Secretários de Estado do Meio Ambiente e de Agricultura e Abastecimento e pelo presidente da União da Indústria Sucroalcooleira (Única) que antecipou o fim da despalha da cana por meio do uso de fogo para 2014 (nas áreas mecanizáveis, para todas as unidades industriais signatárias) e 2017 (áreas não mecanizáveis), além da recuperação de matas em nascentes e a proteção das áreas de preservação de outros cursos d'água. Disponível em: <www.ambiente.sp.gov.br/etanolverde/files/2011/10/Protocolo-Cooperacao-SMA-SAA-Orplana.pdf>. Acesso em janeiro de 2017.

saram discussões e fortaleceram o exercício de usar a ciência para guiar políticas públicas no nosso país.

O laboratório teve ainda participações em outras discussões públicas, como sobre a importância para a saúde da inspeção veicular municipal em São Paulo, a despeito de limitações importantes na forma como estava sendo feita, como a não abrangência de toda a frota da região metropolitana. Similar ao adiamento da diminuição do teor de enxofre no combustível, a inspeção veicular permanece suspensa no município, a despeito das evidências de prejuízo para a saúde pública da medida. Entretanto, é provável que a realização de estudos e a penetração na mídia por parte do LPAE tenha contribuído para que o Estado de São Paulo assumisse o compromisso, embora sem prazo, de seguir os padrões de qualidade do ar recomendados pela OMS. Os padrões nacionais vigentes datam de 1990 e refletem o conhecimento produzido na década de 1980.

A seguir discutiremos vários aspectos da ciência sobre poluição do ar e saúde, iniciando com uma introdução dos poluentes atmosféricos e suas fontes. Depois falaremos dos efeitos da poluição atmosférica na saúde humana, enfatizando os estudos conduzidos pelo LPAE. Destacaremos os fatores ambientais sociais e individuais que podem modificar e modular o efeito da poluição do ar sobre a saúde. Por fim, falaremos da importância da ciência como um guia na formulação de políticas públicas de controle da qualidade do ar.

Poluentes e fontes

Embora parte da poluição atmosférica global possa ser atribuída a eventos naturais, como incêndios florestais e erupções vulcânicas, uma parte significativa tem origem em eventos provocados pelo homem (fonte antropogênica) que, por sua vez, são mais passíveis de serem controlados.

Falar sobre a fonte emissora de poluentes é importante, pois ela determina a composição e características dos poluentes lançados na atmosfera, o que interfere nos danos potenciais à saúde humana. Por exemplo, o chumbo é um metal pesado fortemente associado a alterações cognitivas e comportamentais em crianças. Num passado recente, o chumbo era adicionado à gasolina para melhorar a eficiência dos motores, de modo que esta fonte já foi responsável por até 90% da exposição infantil ao chumbo nos Estados Unidos. Hoje, apenas seis nações ainda comercializam gasolina com chumbo e, felizmente, o Brasil não está entre elas (Attina; Trasande, 2013). A retirada do chumbo da gasolina resultou em benefícios sociais e para a saúde estimados em 2,4 trilhões de dólares anuais (Tsai; Hatfield, 2011).

As fontes emissoras são classificadas em fixas e móveis, as segundas mais difíceis de serem controladas, dada a sua natureza. Entre as fontes fixas estão as atividades industriais, cuja contribuição química para a poluição atmosférica varia conforme a atividade, as queimadas e a produção de energia. Antes pouco comuns no Brasil, o recente aumento do uso de termelétricas como fonte energética trouxe à tona a produção de energia como fonte emissora de poluentes no país. Vale ressaltar ainda, a mudança do perfil preferencial da localização de atividades industriais, que vem, ano a ano, deixando as cidades. Na cidade de São Paulo, a indústria já é uma fonte com pouca relevância, comparada aos veículos automotores. Entre as fontes móveis, destacam-se veículos leves, movidos a etanol ou gasolina, e veículos pesados, movidos a diesel. As fontes determinam a composição química dos poluentes atmosféricos, de modo que diferentes regiões vão apresentar diferentes tipos de poluente. Por exemplo a presença de HPAs (hidrocarbonetos policíclicos aromáticos) é mais característica da queima de biomassa e a presença de enxofre, de emissões de motores a diesel. A concentração dos poluentes atmosféricos depende em grade de condições de dispersão, moduladas por características geográficas e condições meteorológicas.

Os poluentes também podem ser classificados como primários e secundários. Os poluentes primários são emitidos diretamente pelas fontes emissoras. Já os poluentes secundários são formados a partir dos primários, através de reações fotoquímicas (luz solar). Os poluentes monitorados no Brasil, e para os quais há limites de concentração na legislação são: o dióxido de nitrogênio (NO_2 ou NOx), dióxido de enxofre (SO_2), monóxido de carbono (CO), fumaça (FMC), ozônio (O_3), chumbo (Pb) e material particulado (MP). Dentre estes poluentes, destacamos o material particulado e o ozônio como os principais poluentes, aos quais atribuem-se os efeitos de longo e curto prazo sobre a saúde.

O material particulado é produzido pela queima incompleta de combustíveis fósseis e matéria orgânica. Constitui-se como um núcleo de carbono ao qual diversas substâncias estão adsorvidas. Trata-se de uma mistura complexa, cuja composição é muito variável e é determinada por sua origem e condições climáticas. A poluição particulada de origem antropogênica pode conter material biológico, compostos orgânicos, hidrocarbonetos, aerossóis ácidos e metais. A densidade de tráfego veicular é um dos principais determinantes da concentração ambiental de MP em áreas urbanas.

O material particulado pode ser classificado de acordo com seu diâmetro aerodinâmico, podendo variar de 0,001 a 100 micrometros. As partículas mais estudadas são o MP10 e o MP2.5 (partículas menores que 10 e 2.5 micrômetros de diâmetro, respectivamente) (Hei, 2002). O tamanho e a composição elementar do MP estão relacionados aos seus efeitos adversos sobre a saúde. De uma maneira geral, as menores frações estão associadas a maior incidência de efeitos adversos. A maior toxicidade é atribuída ao fato de que esta fração é capaz de atingir as regiões mais distais do sistema respiratório e, até mesmo, atravessar a barreira alveolar, chegando desta forma à corrente sanguínea (Hei, 2002). Além disto, o material particulado contém altas concentrações de hidrocarbonetos policíclicos aromáticos (HPAs), semiquinonas,[2] metais pesados e metais de transição.

O ozônio é um poluente secundário, considerado prejudicial para a saúde e para o meio ambiente quando presente próximo ao solo. O ozônio é produzido pela reação de óxidos de nitrogênio

2 Quinonas são compostos orgânicos derivados de compostos aromáticos, tais como o benzeno, pela conversão de um número de –CH= em –C; As semiquinonas são radicais livres formados pela adição de um átomo de hidrogênio a uma quinona.

(emitidos diretamente pelas fontes) e compostos orgânicos voláteis na presença de luz solar. Devido à sua capacidade oxidante, pode provocar uma série de problemas de saúde relacionados, principalmente, ao trato respiratório. As plantas também são sensíveis e afetadas por níveis elevados de ozônio.

Por fim, vale fazer uma nota sobre a poluição nos ambientes internos, ou poluição *indoor*. Felizmente, cada vez menos frequente em regiões urbanas brasileiras, a queima de biomassa em ambiente interno para cozinhar (ex: fogão a lenha) ou aquecer o ambiente (ex: lareira) ainda é bastante prevalente em áreas rurais brasileiras e em regiões mais amplas de países vizinhos, além de Ásia e África. A poluição produzida pela queima da biomassa fica concentrada dentro do lar, expondo principalmente mulheres e crianças, que costumam passar mais tempo em casa e na cozinha, a altas concentrações de poluentes atmosféricos. Como resultado, há um aumento no risco de pneumonia em crianças menores de cinco anos. A pneumonia é atualmente responsável por 15% das mortes em crianças menores de 5 anos. A poluição *indoor* também aumenta o risco de doença pulmonar obstrutiva crônica (DPOC) em adultos, além de doenças cardiovasculares, catarata, queimaduras, acidentes e intoxicação (Smith *et al.*, 2013). Juntas, poluição do ar *indoor* e ambiente foram responsáveis por 7 milhões de mortes no mundo somente em 2012 (Who, 2014).

Efeitos da poluição do ar na saúde

Desde os episódios extremos de poluição ocorridos no século XIX, que se sabe que a poluição do afeta o sistema cardiorrespiratório humano. No entanto, é crescente o número de evidências mostrando efeitos deletérios em outros órgãos e sistemas. Por exemplo, a poluição do ar tem sido considerada uma possível variável explicadora para parte do enorme aumento nos casos de diabetes tipo 2 nos países em desenvolvimento (Rajagopalan; Brook, 2012). Neste artigo focaremos nos efeitos da poluição do ar nos sistemas respiratório, reprodutivo e neurocognitivo e sobre os modificadores de efeito da poluição do ar.

Sistema cardiorrespiratório

Os efeitos de curto prazo da exposição à poluição do ar sobre o sistema respiratório vão desde desconforto geral (ardor nos olhos, narinas, garganta e etc.) e exacerbação dos sintomas em indivíduos com asma e doença pulmonar obstrutiva crônica (DPOC), até aumento das consultas médicas, internações hospitalares e da mortalidade (Arbex *et al.*, 2012). Em São Paulo, na década de 90, altas concentrações de poluentes atmosféricos chegaram a aumentar em 15% a mortalidade por causa respiratória em crianças (Conceição *et al.*, 2001). A exposição prolongada à poluição do ar está relacionada tanto com o surgimento de casos de doenças respiratórias (asma, pneumonia, DPOC e câncer de pulmão), quanto com aumento na mortalidade relacionada a essas doenças (Arbex *et al.*, 2012; Hamra *et al.*, 2014). A exposição gestacional e mesmo a exposição anterior à gestação da mãe pode comprometer o desenvolvimento pulmonar da criança, predispondo-a a doenças respiratórias na vida adulta (Veras *et al.*, 2016).

Dentre os mecanismos de ação propostos, o mais aceito é que, em contato com o epitélio respiratório, os poluentes produzam uma reação oxidativa e uma resposta inflamatória. Esta inflamação, inicialmente gerada no sistema respiratório, se dissemina de forma sistêmica, prejudicando os demais órgãos e suas funções (Arbex *et al.*, 2012).

Os poluentes gasosos, em especial o ozônio, parecem estar mais relacionados aos casos de asma (Guarnieri; Balmes, 2014). No caso específico do material particulado, a poluição do ar parece diminuir a atividade mucociliar e dos macrófagos. Já a combinação do CO com a hemoglobina interfere no transporte de oxigênio (Arbex *et al.*, 2012).

Em termos globais, a mortalidade por causa cardiovascular parece menor que a mortalidade por causa respiratória, mas também significativa (Atkinson *et al.*, 2014). Os efeitos no sistema cardiovascular são muito similares aos efeitos no sistema respiratório e, frequentemente, são descritos em conjunto. Como doenças cardiovasculares relacionadas à exposição à poluição do ar, destacam-se o infarto do miocárdio e doenças cerebrovasculares.

Revisões sistemáticas recentes mostraram que poluentes importantes (NO_2, SO_2, CO, PM2.5) estão relacionados a um aumento significativo no risco de internação e mortalidade por essas doenças (Mustafic *et al.*, 2012), mas que o papel do ozônio ainda é questionável. Vale ressaltar que, por ser um poluente secundário, o ozônio é mais difícil de ser monitorado e, portanto, mais difícil de ser estudado.

Sistema reprodutivo

As evidências dos efeitos nocivos da poluição do ar sobre a saúde reprodutiva de homens e mulheres são provenientes de estudos epidemiológicos. Como desfechos reprodutivos podemos também considerar os impactos sobre a gestação e o desenvolvimento fetal.

Aumento do risco para o baixo peso ao nascer, prematuridade, mortalidade neonatal, pré-eclâmpsia, defeitos congênitos e redução da fertilidade são alguns dos efeitos descritos na literatura. Estudos realizados em diferentes continentes (Europa, Ásia e Américas) relatam que mulheres grávidas expostas à poluição do ar têm maior risco de terem algum problema durante a gestação (Gouveia *et al.*, 2004). No entanto, não sabemos se os efeitos negativos são devidos a um poluente específico ou às interações de diferentes poluentes. Os mecanismos envolvidos nesta associação não são bem conhecidos, e o LPAE, desde 2005, desenvolve estudos para desvendá-los. Segundo esses estudos, uma inflamação intrauterina e alterações no desenvolvimento e funcionamento da placenta parecem ser responsáveis, gerando prejuízos na nutrição do feto e manutenção da gestação (Veras *et al.*, 2008). Um dos principais desfechos gestacionais associados à exposição pré-natal é o baixo peso ao nascer. A prevalência de baixo peso ao nascer (BPN), que é definido pela OMS como peso ao nascimento menor que 2.500 g, é estimado em 15% e ocorre principalmente em países em desenvolvimento. Coincidentemente, nesses países encontramos níveis maiores de poluição atmosférica.

O peso ao nascer é um importante indicador de problemas de saúde futuros. Bebês que nascem com menos de 2,5 kg são mais propensos a desenvolver hipertensão, doença coronariana e diabetes não insulina-dependente durante a idade adulta (Osmond; Barker, 2000). Evidências de estudos realizados em países desenvolvidos e em desenvolvimento, apontam que PM_{10}, $PM_{2,5}$ e SO_2 são os principais poluentes associados ao aumento dos riscos de BPN (Mannes *et al.*, 2005).

Vrijheid e colaboradores (2011) revisaram sistematicamente estudos sobre poluição do ar ambiente e anomalias congênitas e encontraram que há uma possível associação entre alterações no desenvolvimento do coração (coarctação da aorta, comunicação interatrial e da tetralogia de Fallot) e a exposição gestacional ao NO_2, SO_2 e PM_{10}. Há também na literatura evidências de que a exposição gestacional provoca uma lateração na razão sexual secundária, ou seja, em lugares poluídos nascem mais mulheres do que homens (Miraglia *et al.*, 2013).

A associação positiva dos efeitos adversos da exposição à poluição atmosférica sobre os resultados da gravidez tem redirecionado a atenção dos pesquisadores para outros aspectos importantes da saúde reprodutiva, incluindo a fertilidade. No entanto, poucos estudos abordaram os efeitos da poluição do ar ambiente sobre a fertilidade humana. Os estudos disponíveis concentram-se principalmente no impacto sobre a fertilidade masculina, provavelmente devido à aquisição e análise de sêmen facilmente acessíveis (Sokol *et al.*, 2006). Alterações prejudiciais em vários parâmetros do sêmen como motilidade, morfologia espermática e DNA são relatados, o que pode causar redução da fertilidade nos machos ou aborto em mulheres.

Além dos efeitos “visíveis” da poluição do ar sobre a saúde fetal como o baixo peso ao nascer, há evidências crescentes do impacto da exposição materna à poluição do ar e efeitos fetais “não visíveis”. Por exemplo, os níveis séricos de vitamina D na mãe e no feto parecem ser afetados pela poluição do ar. A vitamina D é escassa nos alimentos naturais e a principal fonte de vitamina D para os seres humanos é a sua síntese a partir de 7-desidro colesterol após a exposição à radiação solar UVB e conversão ao metabolito circulante chamado 25-hidroxivitamina D [25 (OH) D] no fígado. As deficiências de vitamina D estão associadas a diferentes doenças ósseas e, mais recentemente, têm Estado envolvidas em outras doenças, incluindo cardiovasculares e doenças autoimunes (Lange *et al.*, 2009).

Sistema neurocognitivo

Recentemente começaram a aparecer na literatura científica evidencias de que a exposição à poluição do ar também poderia afetar nosso sistema nervoso central. Em todas as idades parece haver um impacto significativo, com consequências extremamente sérias. Pesquisas adicionais ainda são necessárias para expandir nossa compreensão dessas relações, incluindo estudos focando em substâncias tóxicas específicas e suas relações com distúrbios do desenvolvimento neurológico e doenças neurodegenerativas. No entanto, apesar de ser uma área relativamente nova de investigação, há dados suficientes que indicam efeitos sobre o sistema nervoso, tanto em adultos, como em crianças. A poluição do ar ambiente pode estar associada a alterações biológicas no cérebro como, por exemplo, alterações na atividade cerebral, aumento da reação inflamatória e alterações patológicas nos tecidos cerebrais em crianças e / ou adultos (Calderón-Garcidueñas *et al.*, 2008). Além disso, estudos mostram de forma consistente que a poluição do ar ambiente, particularmente a poluição atmosférica relacionada ao tráfego, está associada à diminuição das capacidades neurocognitivas, como memória e respostas motoras; sequelas do sistema nervoso, como fadiga, dor de cabeça e incapacidade de se concentrar; e outros distúrbios neurológicos, tais como Alzheimer, Parkinson, TDAH e autismo (Genc *et al.*, 2012).

O cérebro em desenvolvimento é especialmente vulnerável à toxicidade, devido à imaturidade dos mecanismos de defesa. A barreira hemato-encefálica não está completamente desenvolvida até aos 6 meses de idade. No entanto, mesmo quando totalmente desenvolvida, apenas protege parcialmente o cérebro de substâncias tóxicas ambientais, como o chumbo, o metilmercúrio, os hidrocarbonetos policíclicos aromáticos (Rice; Barone, 2000).

A exposição gestacional, na infância e adolescência à poluição atmosférica urbana é considerada um fator de risco para alterações do neurodesenvolvimento, tais como deficiências cognitivas, autismo, distúrbios de ansiedade, depressão, esquizofrenia, hiperatividade e déficit de atenção. Também parece haver uma relação entre os níveis de poluentes no ar e doenças neurodegenerativas, tais como a doença de Parkinson, demência, doença de Alzheimer e outros. Calderón-Garcidueñas e colaboradores (2011) avaliaram o funcionamento neuropsicológico e as alterações estruturais cerebrais de crianças clinicamente saudáveis (cerca de 9-10 anos de idade) com residência vitalícia em dois ambientes urbanos significativamente diferentes, um com altas concentrações de poluentes atmosféricos na Cidade do México, e o outro com baixos níveis de poluentes atmosféricos. Os dados mostraram déficits cognitivos significativos em áreas de memória e funções executivas quando comparados com crianças que residem em um ambiente de baixa poluição. Ressonâncias magnéticas dos cérebros destas crianças mostrou que a exposição também estava associada a alterações estruturais reveladas por lesões na substância branca pré-frontal. Em Quanzhou, China, Wang e colaboradores (2009) investigaram a exposição à poluição do ar relacionada com o trânsito e diminuição da função neurocomportamental em 928 crianças (8-10 anos de idade) de dois ambientes escolares, um localizado em uma área de ar limpo e o outro em uma área poluída. As concentrações médias de NO_2 na escola limpa e poluída foram de 7 µg / m3 e 36 µg / m3, respectivamente, e os resultados dos testes neurocomportamentais revelaram que as crianças da área poluída apresentaram mau desempenho em seis dos nove testes (66,7%).

Quanto às doenças neurodegenerativas, Finkelstein e Jerrett, em um estudo retrospectivo, investigaram a associação entre a doença de Parkinson e os níveis no ar ambiente de Mn em uma coorte de 110 mil indivíduos nas cidades de Toronto e Hamilton, no Canadá, e encontraram uma associação pequena, porém significativa. De fato, o aumento da incidência de doenças neurodegenerativas, tais como as doenças de Alzheimer e Parkinson, sugerem que a poluição do ar pode contribuir para a etiopatogenia destas doenças (Calderón-Garcidueas *et al.*, 2008, 2011).

Modificadores de efeito

Existem fatores não ligados diretamente à poluição do ar, que podem modificar o modo como os poluentes irão afetar a saúde. Em primeiro lugar, está o tempo de exposição. Como previamente comentado, podemos ter desfechos mais ou menos graves, dependendo do tempo que o indivíduo fica exposto à poluição do ar. Um exemplo simples, é comparar o tempo de exposição dos guardas de trânsito com o de um indivíduo que trabalha em um escritório fechado com ar condicionado. O tempo de exposição aos poluentes do guarda será bem maior, e também serão seus riscos de problemas de saúde de curto e longo prazo.

A presença de uma doença não ligada à poluição do ar também pode agir como um modificador. O indivíduo doente é mais sensível aos efeitos da poluição, dada sua saúde debilitada. O risco de diabéticos serem internados por causas cardiovasculares após dias muito poluídos é mais que o dobro do risco de não diabéticos (Pereira-Filho *et al.*, 2008). Dias poluídos também aumentaram a procura por pronto socorro de crianças portadoras de anemia falciforme (Barbosa *et al.*, 2015). Outras condições de saúde também se mostraram vulneráveis.

Condições socioeconômicas menos privilegiadas também têm sido associadas a um maior risco de adoecer ou mesmo morrer por conta da poluição do ar (Martins *et al.*, 2004). Pessoas nestas condições geralmente moram em áreas mais poluídas e tem menor acesso a serviços de saúde. No geral, elas também gastam mais tempo para se deslocar para o trabalho e, desta forma, estão expostas por mais tempo à poluição nas vias de tráfego.

A idade do indivíduo também é um importante modificador de efeito. De modo geral, idosos e crianças são mais vulneráveis à poluição atmosférica. Os idosos, porque seu sistema imunológico já está debilitado por características inerentes à idade e porque mais frequentemente são portadores de doenças cardiovasculares ou metabólicas. Já as crianças são mais vulneráveis aos efeitos da poluição do ar porque o seu sistema de defesa ainda é imaturo e por proporcionalmente (comparado a um adulto) inalarem muito mais poluentes.

Poluição do ar, ciência e saúde pública

De modo geral, países com maior produção científica sobre poluição do ar e saúde apresentam melhor qualidade do ar local (Fajersztajn *et al.*, 2013), reforçando a importância da ciência em fundamentar políticas públicas de controle da poluição do ar.

De fato, a produção científica das últimas décadas foi fundamental para a emergência de políticas de controle da qualidade do ar. Muitas regiões do mundo conseguiram melhorar a qualidade do ar local e, aquelas com dados históricos de qualidade, como os Estado Unidos, por exemplo (Correia *et al.*, 2013), demostraram cientificamente que a melhora na qualidade do ar se traduz em benefícios concretos para a saúde.

No Brasil, os padrões de qualidade do ar foram estabelecidos em 1990, refletindo o conhecimento da década de 80 e não foram mais revistos desde então, exceto no Estado de São Paulo, onde os parâmetros já são mais restritos. O acúmulo de evidências científicas sobre os prejuízos da poluição do ar para a saúde foi crucial no processo de estabelecimento dos novos parâmetros de qualidade do ar paulistas. No entanto, mesmo em São Paulo, ainda há muito espaço para melhora, visto que o Estado não estabeleceu prazo para a adoção dos parâmetros recomendados pela Organização Mundial da Saúde.

A ciência tem apontado efeitos deletérios para a saúde em concentrações cada vez mais baixas, indicando que não há limite seguro de exposição. Embora o risco da poluição do ar para muitas das doenças descritas neste artigo seja relativamente baixo, comparado a riscos individuais conhecidos como o tabagismo, ainda assim a exposição à poluição do ar é um grave problema de saúde pública, pois toda a população está de certa forma exposta a este risco. Ademais, evidências dos efeitos da poluição ambiental em outras doenças, como diabetes e Alzheimer, estão cada vez mais robustas. Ou seja, o efeito da poluição do ar na saúde é possivelmente muito maior do que aquele que a ciência consegue hoje demonstrar. Soma-se a isso os efeitos da poluição do ar no período de vida intrauterino, podendo prejudicar de maneira permanente o futuro desenvolvimento desta criança. Neste contexto, faz-se necessário um contínuo esforço para melhorar a qualidade do ar no Brasil e no mundo. A produção científica sobre o tema é uma ferramenta fundamental para o embasamento e o fortalecimento de políticas públicas de controle da poluição do ar.

Referências

AKINAGA, L. M .; LICHTENFELS, A. J.; CARVALHO-OLIVEIRA, R.; CALDINI, E. G.; DOLHNIKOFF, M.; SILVA, L. F. *et al.* Effects of chronic exposure to air pollution from Sao Paulo city on coronary of Swiss mice, from birth to adulthood. *Toxicol. Pathol.*, v. 37, n. 3, p. 306-314, 2009.

ANDRÉ, P. S.; VERAS, M. M.; MIRAGLIA, S. E. K.; SALDIVA, P. H. N. Lean diesel technology and human health: a case study in six Brazilian metropolitan regions. *Clinics*, v. 67, n. 6, p. 639-645, 2012.

ANONYMOUS. Fog and mortality in the Meuse Valley. *Nature*, v. 126, p. 940, 1930.

ARBEX, M. A.; SANTOS, U. P.; MARTINS, L. C.; SALDIVA, P. H. N.; PEREIRA, L. A. A.; BRAGA, A. L. F. A poluição do ar e o sistema respiratório. *J. Bras. Pneumol.*, v. 38, n. 5, p. 643-655, 2012.

ATKINSON, R. W.; KANG, S.; ANDERSON, H. R.; MILLS, I. C.; WALTON, H. A. Epidemiological time series studies of PM2.5 and daily mortality and hospital admissions: a systematic review and meta-analysis. *Thorax*, v. 69, p. 660–665, 2014.

ATTINA, T. M.; TRASANDE, L. Economic costs of childhood lead exposure in low- and middle-income countries. *Environ. Health Perspect.*, v. 121, n. 9, p. 1097-1102, 2013.

BARBOSA, S. M. M.; FARHAT, S. C. L.; MARTINS, L. C.; PEREIRA, L. A. A.; SALDIVA, P. H. N.; ZANOBETTI, A. *et al.* Air pollution and children's health: sickle cell disease. *Cad. Saúde Pública*, v. 31, n. 2, p. 265-275, 2015.

BELL, M. L.; DAVIS, D. L. Reassessment of the lethal London fog of 1952: novel indicators of acute and chronic consequences of acute exposure to air pollution. *Environ. Health Perspect.*, v. 109, Suppl. 3, p. 389-394, 2001.

BÖHM, G. M.; MASSAD, E.; SALDIVA, P. H. N.; GOUVEIA, M. A.; PASQUALUCCI , C. A. G., *et al.* Comparative toxicity of alcohol and gasoline fueled automobile exhaust fumes. *In:* HAYES, A. W.; SCENELL, R. C.; MIYA, T. S. (Eds). *Developments in the science and practice of toxicology.* Amsterdam: Elsevier Science, 1983. p. 479-482,1983.

BRAGA, A. L. F.; SALDIVA, P. H. N.; PEREIRA, L. A. A.; MENEZES, J. J. C.; CONCEIÇÃO, G. M. S.; LIN, C. A. *et al.* Health effects of air pollution exposure on children and adolescents in São Paulo, Brazil. *Pediatric. Pulmonology*, v. 31, n. 2, p. 106–113, 2001.

CALDERÓN-GARCIDUEÑAS, L.; ENGLE, R.; MORA-TISCAREÑO, A.; STYNER, M.; GÓMEZ-GARZA G.; ZHU, H. *et al.* 2011. Exposure to severe urban air pollution influences cognitive outcomes, brain volume and systemic inflammation in clinically healthy children. *Brain Cogn.*, v. 77, n. 3, p. 345-355, 2011.

CALDERÓN-GARCIDUEÑAS, L.; MORA-TISCARENO, A.; ONTIVEROS, E.; GOMEZ-GARZA, G.; BARRAGAN-MEJIA, G.; BROADWAY, J. *et al.* Air pollution, cognitive deficits and brain abnormalities: a pilot study with children and dogs. *Brain Cogn.*, v. 68, n. 2, p. 117-127, 2008.

CARVALHO-OLIVEIRA, R.; AMATO-LOURENÇO, L. F.; MOREIRA, T. C.; SILVA, D. R.; VIEIRA, B. D.; MAUAD, T. *et al.* Effectiveness of traffic-related elements in tree bark and pollen abortion rates for assessing air pollution exposure on respiratory mortality rates. *Environ. Int.*, v. 99, p. 161–169, 2017.

CONCEIÇÃO, G. M. S.; MIRAGLIA, S. G. E. K.; KISHI, H. S.; SALDIVA, P. H. N.; SINGER, J. M. Air pollution and child mortality: A time–series study in São Paulo, Brazil. *Environ. Health Perspect.*, v. 109, n. 3, p. 347-350, 2001.

CORREIA, A. W.; POPE, C. A.; DOCKERY, D. W.; WANG, Y.; EZZATI, M.; DOMINICI, F. The effect of air pollution control on life expectancy in the United States: an analysis of 545 US counties for the period 2000 to 2007. *Epidemiology*, v. 24, n. 1, p. 23–31, 2013.

FAJERSZTAJN, L.; VERAS, M.; BARROZO, L. V.; SALDIVA, P. Air pollution: a potentially modifiable risk factor for lung cancer. *Nat. Rev. Cancer*, v. 13, n. 9, p. 674–678, 2013.

FIRKET, J. Fog and mortality along the Meuse Valley. *Transactions of the Faraday Society*, v. 32, n. 2, p.1192-1196, 1936.

GENC, S.; ZADEOGLULARI, Z.; FUSS, S. H.; GENC, K. The adverse effects of air pollution on the nervous system. *J. Toxicol.*, article ID 782462, 2012, 23 p.

GOUVEIA, N.; BREMNER, S. A.; NOVAES, H. M. Association between ambient air pollution and birth weight in São Paulo, Brazil. *J. Epidemiol. Community Health*, v. 58, n. 1, p. 11–17, 2004.

GUARNIERI, M.; BALMES, J. R. Outdoor air pollution and asthma. *Lancet*, v. 383, n. 9928, p. 1581-1592, 2014.

HAMRA, G. B.; GUHA, N.; COHEN, A.; LADEN, F.; RAASCHOU-NIELSEN, O.; SAMET, J. M. *et al.* Outdoor particulate matter exposure and lung cancer: a systematic review and meta-analysis. *Environmental Health Perspectives*, v. 122, n. 9, p. 906-911, 2014.

HEALTH EFFECTS INSTITUTE – HEI. *Understanding the health effects of components of the particulate matter mix: progress and next steps.* 2002. Disponível em: <https://www.healtheffects.org/publication/understanding-health-effects-components-particulate-matter-mix-progress-and-next-steps>. Acesso em janeiro de 2017.

HELFAND, W.H.; LAZARUS, J.; THEERMAN, P. Donora, Pennsylvania: an environmental disaster of the 20th century. *J. Public Health*, v. 91, n. 4, p. 553, 2001.

INTERNATIONAL AGENCY FOR RESEARCH ON CANCER – IARC, WORLD HEALTH ORGANIZATION – WHO. Outdoor air pollution a leading environmental cause of cancer deaths. *IARC/WHO Press Release* n. 221, 17 de outubro de 2013. Disponível em: <www.iarc.fr/en/media-centre/iarcnews/pdf/pr221_E.pdf>. Acesso em janeiro de 2017.

LANGE, N. E.; LITONJUA, A.; HAWRYLOWICZ, C. M.; WEISS, S. Vitamin D, the immune system and asthma. *Expert Rev. Clin. Immunol.*, v. 5, p. 693–702, 2009.

LOBARINHAS, M. L. *Análise de possibilidades e limites de comunicação pública da ciência realizada através do Laboratório de Poluição Atmosférica Experimental da Faculdade de Medicina da Universidade de São Paulo*. 2008. 169p. Tese (Doutorado em Medicina) – Faculdade de Medicina, Universidade de São Paulo. São Paulo, 2008.

MANNES, T.; JALALUDIN, B.; MORGAN, G.; LINCOLN, D.; SHEPPEARD, V.; CORBETT, S. Impact of ambient air pollution on birth weight in Sydney, Australia. *Occup. Environ. Med.*, v. 62, n. 8, p. 524–530, 2005.

MARTINS, M. C. H.; FATIGATI, F. L.; VÉSPOLI, T. C.; MARTINS, L. C.; PEREIRA, L. A. A.; MARTINS, M. A. *et al.* Influence of socioeconomic conditions on air pollution adverse health effects in elderly people: an analysis of six regions in São Paulo, Brazil. *J. Epidemiol. Community Health*, v. 58, n. 1, p. 41–46, 2004.

MIRAGLIA, S. G.; VERAS, M. M.; AMATO-LOURENÇO, L. F.; RODRIGUES-SILVA, F.; SALDIVA, P. H. Follow-up of the air pollution and the human male-to-female ratio analysis in Sao Paulo, Brazil: a times series study. *BMJ Open*, v. 3, n. 7, pii, e002552, 2013.

MUSTAFIC, H.; JABRE, P.; CAUSSIN, C.; MURAD, M. H.; ESCOLANO, S.; TAFFLET, M. *et al.* Main air pollutants and myocardial infarction. A systematic review and meta-analysis. *JAMA*, v. 307, n. 7, p. 713-721, 2012.

NEMERY, B.; HOET, P. H. M.; NEMMAR, A. The Meuse Valley fog of 1930: an air pollution disaster. *Lancet*, v. 357, p. 704–708, 2001.

ORGANIZATION FOR ECONOMIC COOPERATION AND DEVELOPMENT – OECD. *Environmental outlook to 2050: the consequences of inaction.* 2012. Disponível em: <www.keepeek.com/Digital-Asset-Management/oecd/environment/oecd-environmental-outlook-to-2050_9789264122246-en#.WI9JfVyVNzI>. Acesso em janeiro de 2017.

OSMOND, C.; BARKER, D. J. Fetal, infant, and childhood growth are predictors of coronary heart disease, diabetes, and hypertension in adult men and women. *Environ. Health Perspect.*, v. 108, Suppl. 3, p. 545–553, 2000.

PEREIRA FILHO, M. A.; PEREIRA, L. A. A.; ARBEX, F. F.; ARBEX, M.; CONCEIÇÃO, G. M.; SANTOS, U. P. *et al.* Effect of air pollution on diabetes and cardiovascular diseases in São Paulo, Brazil. *J. Med. Biol. Res.*, v. 41, n. 6, p. 526-532, 2008.

RAJAGOPALAN, S.; BROOK, R. D. Air pollution and Type 2 Diabetes: mechanisms insights. *Diabetes*, v. 61, n. 12, p. 3037-2045, 2012.

REYMÃO, M. S.; CURY, P.M.; LICHTENFELS, A. J.; LEMOS, M.; BATTLEHNER, C. N., CONCEIÇÃO, G. M. *et al.* Urban air pollution enhances the formation of urethane-induced lung tumors in mice. *Environ. Res.*, v. 74, n. 2, p. 150-158, 1997.

RICE, D.; BARONE JR., S. Critical periods of vulnerability for the developing nervous system: evidence from humans and animal models. *Environ. Health Perspect.*, v. 108, Suppl. 3, p. 511-533, 2000.

SALDIVA, P. H. N.; POPE III, C. A.; SCHWARTZ, J.; DOCKERY, D. W.; LICHTENFELS, A. J.; SALGE, J. M. Air pollution and mortality in elderly people: a time-series study in Sao Paulo, Brazil. *Archives of Environmental Health*, v. 50, n. 2, p. 159–163, 1995.

SANTOS, U. P.; GARCIA, M. L. S. B.; BRAGA, A. L. F.; PEREIRA, L. A. A.; LIN, C. A.; ANDRÉ, P. A. *et al.* Association between traffic air pollution and reduced forced vital capacity: a study using personal monitors for outdoor workers. *Plos One*, v. 11, n. 10, e0163225, 2016.

SMITH, K. R.; FRUMKIN, H.; BALAKRISHNAN, K.; BUTLER, C. D.; CHAFE, Z. A.; FAIRLIE, I. *et al.* Energy and human health. *Annu. Rev. Public Health*, v. 34, p. 159-188, 2013.

SOKOL, R. Z.; KRAFT, P.; FOWLER, I. M.; MAMET, R.; KIM, E.; BERHANE, K. T. Exposure to environmental ozone alters semen quality. *Environ. Health Perspect.*, v. 114, n. 3, p. 360–365, 2006.

TSAI, P. L.; HATFIELD, T. H. Global benefits from the phaseout of leaded fuel. *Journal of Environmental Health*, v. 74, n. 5, p. 8-14, 2011.

VERAS, M. M.; DAMACENO-RODRIGUES, N. R.; CALDINI, E. G.; MACIEL RIBEIRO, A. A.; MAYHEW, T. M.; SALDIVA, P. H. *et al.* Particulate urban air pollution affects the functional morphology of mouse placenta. *Biol. Reprod.*, v. 79, n. 3, p. 578–584, 2008.

VERAS, M.; ALVES, N. O.; FAJERSZTAJN, L.; SALDIVA, P. 2016. Before the first breath: prenatal exposures to air pollution and lung development. *Cell & Tissue Research*, 2016. Disponível em: <http://link.springer.com/article/10.1007%2Fs00441-016-2509-4#Abs1>. Acesso em janeiro de 2017.

VRIJHEID, M.; MARTINEZ, D.; MANZANARES, S.; DADVAND, P.; SCHEMBARI, A.; RANKIN, J. *et al.* Ambient air pollution and risk of congenital anomalies: a systematic review. *Environ. Health Perspect.*, v. 119, p. 598–606, 2011.

WANG, S.; ZHANG, J.; ZENG, X.; ZENG, Y.; WANG, S.; CHEN, S. Association of traffic-related air pollution with children's neurobehavioral functions in Quanzhou, China. *Environ. Health Perspect.*, v. 117, n. 10, p. 1612-1618, 2009.

WORLD HEALTH ORGANIZATION – WHO, REGIONAL OFFICE FOR EUROPE. *Air quality guidelines – global update 2005:* particulate matter, ozone, nitrogen dioxide and sulfur dioxide. 2006. Disponível em: <www.euro.who.int/__data/assets/pdf_file/0005/78638/E90038.pdf>. Acesso em janeiro de 2017.

WORLD HEALTH ORGANIZATION -WHO. *Burden of disease from household air pollution for 2012*. 2014. Disponível em: <www.who.int/phe/health_topics/outdoorair/databases/FINAL_HAP_AAP_BoD_24March2014.pdf?ua=1>. Acesso em janeiro de 2017.

11. PVC: queimar é um perigo

Sônia Corina Hess

Introdução

As dioxinas e furanos policlorados são produtos artificiais que ocorrem como subprodutos não intencionais de muitos processos químicos nos quais o cloro e produtos dele derivados são produzidos, utilizados e eliminados. As dibenzo-p-dioxinas policloradas *(PCDD – polychlorinated-p-dibenzodioxins)* e os dibenzofuranos policlorados (*PCDF – polychlorinated-p-dibenzofurans*), comumente chamadas de dioxinas e furanos, são duas classes de compostos aromáticos nos quais átomos de cloro estão ligados aos anéis benzênicos, possibilitando a formação de um grande número de congêneres: 75 substâncias para as dioxinas e 135 para os furanos, totalizando 210 compostos (Assunção; Pesquero, 1999).

Tem se ampliado o número de trabalhos científicos relatando o grande espectro de agravos à saúde humana decorrentes da exposição às dioxinas e furanos, que incluem: cânceres; efeitos reprodutivos e no desenvolvimento; deficiência imunológica; disrupção endócrina incluindo *diabetes mellitus*; níveis de testosterona e do hormônio da tireoide alterados; danos neurológicos em recém-nascidos de mães expostas a dioxinas e furanos, incluindo alterações cognitivas e comportamentais; danos ao fígado; elevação de lipídios no sangue (o que se constitui em fator de risco para doenças cardiovasculares e danos à pele); entre outros (Apha, 1995 *apud* Assunção; Pesquero, 1999; Jacobson *et al.*, 1990; Khoury, 1999; Newby; Howard, 2005).

A 2,3,7,8-tetraclorodibenzodioxina (TCDD) está entre as substâncias mais tóxicas conhecidas, tendo ocasionado, em testes com animais de laboratório, defeitos congênitos, câncer, distúrbios de pele, danos ao fígado, supressão do sistema imunológico e morte por causas indefinidas. A dose letal (LD_{50}) aferida em cobaias foi de apenas 0,6 microgramas por quilograma (Spiro; Stigliani, 2009).

As dioxinas e furanos fazem parte das substâncias orgânicas persistentes (POP`s), que não são degradadas no meio natural pela ação da luz, água, ar ou microorganismos, permanecendo inalteradas por longos períodos de tempo. Devido à persistência, as PCDD e os PCDF têm sido encontrados em quase todo o meio ambiente ao serem transportadas a longas distâncias por correntes de ar e pela água. São absorvidas por seres vivos e se magnificam na cadeia alimentar e, como são é solúveis na gordura, bioacumulam na cadeia alimentar e são encontradas principalmente na carne e no leite e seus derivados (Assunção; Pesquero, 1999; Baird, 1995; Braga *et al.*, 2005; Spiro; Stigliani, 2009)

Durante a guerra do Vietnam, tropas americanas aplicaram grandes quantidades de um agente desfolhante conhecido como *agente laranja*, que continha dioxinas como contaminantes. Outra notável contaminação ambiental por dioxinas e furanos ocorreu como consequência da explosão de uma fábrica de pesticidas em Seveso, na Itália, em 1976. Naqueles dois episódios, drásticos efeitos sobre a saúde humana e a vida selvagem foram relatados como consequências da exposição a dioxinas e furanos liberados no ambiente (Braga *et al.*, 2005). Na figura 5.6 foram apresentadas imagens de pessoas nascidas com malformações em decorrência da exposição dos pais a tais substâncias, no Vietnam.

Segundo Who/Euro (1987) citado por Assunção e Pesquero (1999), as fontes de PCDD e PCDF podem ser divididas em dois grandes grupos, o dos produtos químicos e o dos processos de combustão:

> a) Produtos químicos: PCB (formação de furanos somente), componentes do agente-laranja (2,4,5-T e 2,4-D), pentaclorofenol, hexaclorofeno, herbicidas do grupo difenileter, benzenos clorados, compostos de cloro e bromo assemelhados; b) processos de combustão: incineradores de lixo municipais,

incineradores de resíduos industriais, incineradores de lodos, incineradores hospitalares, plantas de preparação de carvão, termelétricas a carvão, produção de papel e celulose, e outros.

Nos Estados Unidos, muitos locais foram declarados inabitáveis devido à presença de elevados níveis de TCDD e outras dioxinas e furanos. Por exemplo, em 1980, parte da comunidade de Love Canal, New York, foi fechada e os moradores relocados porque TCDD e outros organoclorados estavam contaminando as casas, construídas sobre um antigo aterro de resíduos. A cidade de Times Beach, Missouri, foi comprada e fechada pelo governo federal em 1984, devido ao elevado nível de TCDD e outros organoclorados presentes no solo do local (Bailey *et al.*, 2002).

A queima do PVC e a liberação de dioxinas e furanos

Segundo Crosby (1998), constatou-se que as mais importantes fontes de dioxinas e furanos no ambiente eram os incineradores de resíduos urbanos e hospitalares, onde eram queimados PVC (cloreto de polivinila) e outros plásticos contendo cloro.

Há muitos trabalhos científicos nos quais tem sido descrito que a queima do PVC a temperaturas inferiores a 850 graus centígrados resulta na formação de quantidades significativas de dioxinas e furanos (Bailey *et al.*, 2002; Castro *et al.*, 2012; Font *et al.*, 2010; Jin *et al.*, 2008; Shibamoto *et al.*, 2007; Stec *et al.*, 2013). Portanto, quando o PVC é queimado acidentalmente (em incêndios, por exemplo) ou propositalmente, de forma inadequada (em incineradores, dispositivos de geração de energia ou a céu aberto), o ambiente fica irremediavelmente contaminado por dioxinas e furanos, colocando em risco a saúde das pessoas que vierem a ser expostas a tais materiais.

Segundo o Instituto do PVC (2016), em 2013, o consumo aparente deste material plástico no Brasil foi de 1.345.621 toneladas, mais do que o dobro do registrado em 2003 (603.620 toneladas) (tabela 11.1). Segundo o IBGE, em 2015 foram comercializadas 1.198.524 toneladas de PVC (IBGE, 2017). A maior parte (mais de 45%) do PVC produzido no Brasil é destinada à fabricação de tubos e conexões, sendo este produto também empregado em perfis para a construção civil, embalagens, laminados, calçados, fios e cabos, mangueiras, entre outros materiais (Instituto do PVC, 2016). Se, por um lado, o PVC se mostrou adequado a tais aplicações, por outro, a ampliação do seu uso repercute em crescentes riscos à saúde pública, devido à possível liberação de dioxinas e furanos durante a sua queima acidental (em incêndios), ou intencional. Quanto à queima intencional, ressalta-se a queima de plásticos contendo PVC pode estar ocorrendo como forma de descarte de tais materiais.

Portanto, diante do exposto, sugerimos urgência na implantação das seguintes medidas:

– que as empresas produtoras de PVC desencadeiem campanhas educativas em meios de comunicação, esclarecendo a população quanto aos riscos associados à queima deste material;

– que todos os itens à base de PVC contenham nas embalagens, de forma muito visível ao consumidor, alertas e orientações para que o material não seja queimado.

Tabela 11.1 Consumo aparente das resinas de PVC

	Produção	Importações	Exportações	Consumo Aparente	Crescimento Anual (%)
1995	581.332	63.654	146.743	498.243	–
1996	626.959	82.548	132.573	576.934	15,8
1997	631.851	61.471	69.482	623.840	8,1
1998	632.267	122.673	42.500	712.440	14,2
1999	658.471	62.889	59.696	661.664	(7,1)
2000	648.199	117.847	34.904	731.142	10,5
2001	538.091	129.166	46.759	620.498	(15,1)
2002	602.458	141.852	55.469	688.841	11,0
2003	604.088	86.397	86.865	603.620	(12,4)
2004	629.747	94.521	50.235	674.033	11,7
2005	640.319	119.491	65.632	694.178	3,0
2006	676.263	126.647	35.617	767.292	10,5
2007	686.464	176.748	43.211	820.001	6,9
2008	698.667	365.632	21.655	1.042.644	27,1
2009	689.484	285.768	42.012	933.240	(10,5)
2010	724.927	386.972	2.189	1.109.710	18,9
2011	696.491	477.706	1.412	1.172.785	5,7
2012	758.588	403.164	2.179	1.159.573	(1,1)
2013	865.671	484.246	4.296	1.345.621	16,0

* Fórmula do consumo aparente: consumo aparente = produção + importações – importações. Dados em toneladas. Fonte: INSTITUTO DO PVC, 2016

Referências

ASSUNÇÃO, J. V.; PESQUERO, C. R. Dioxinas e furanos: origens e riscos. *Rev. Saúde Pública*, v. 33, n. 5, p. 523-530,1999.

BAILEY, R. A.; CLARK, H. M.; FERRIS, J. P.; KRAUSE, S.; STRONG, R. L. *Chemistry of the environment*. 2. Ed. New York: Academic Press, 2002.

BAIRD, C. *Environmental chemistry*. W. F. Freeman and Co.: New York, 1995.

BRAGA, B.; HESPANHOL, I.; CONEJO, J. G. L.; MIERZWA, J. C.; BARROS, M. T. L.; SPENCER, M.; PORTO, M.; NUCCI, N.; JULIANO, N.; EIGER, S. *Introdução à engenharia ambiental:* o desafio do desenvolvimento sustentável. 2. Ed. São Paulo: Pearson, 2005.

CASTRO, A.; SOARES, D.; VILARINHO, C.; CASTRO, F. Kinetics of thermal de-chlorination of PVC under pyrolytic conditions. *Waste Manag.*, v. 32, n. 5, p. 847-851, 2012.

CROSBY, D. G. *Environmental toxicology and chemistry*. Oxford: Oxford University Press, 1998.

FONT, R.; GALVEZ, A.; MOLTÓ, J.; FULLANA, A.; ARACIL, I. Formation of polychlorinated compounds in the combustion of PVC with iron nanoparticles. *Chemosphere*, v. 78, p. 152-159, 2010.

INSTITUTO DO PVC. *Consumo aparente das resinas de PVC*. Disponível em: <www.institutodopvc.org/publico/?a=conteudo&canal_id=65&subcanal_id=66>. Acesso em outubro de 2016.

INSTITUTO BRASILEIRO DE GEOGRAFIA E ESTATÍSTICA - IBGE. *Produção e vendas dos produtos e/ou serviços industriais, segundo as classes de atividades e a descrição dos produtos – Brasil – 2015*. Disponível em: <https://www.ibge.gov.br/estatisticas-novoportal/economicas/industria/9044-pesquisa-industrial-anual-produto.html?&t=downloads>. Acesso em novembro de 2017.

JACOBSON, J. L.; JACOBSON, S. W.; HUMPHREY, H. E. Effects of exposure to PCBs and related compounds on growth and activity in children. *Neurotoxicology and Teratology*, v. 12, p. 319-326, 1990.

JIN, G. Z.; LEE, S. J.; KANG, J. H.; CHANG, Y. S.; CHANG, Y. Y. Suppressing effect of goethite on PCDD/F and HCB emissions from plastic materials incineration. *Chemosphere*, v. 70, p. 1568-1570, 2008.

KHOURY, M. J. Epidemiology of birth defects. *Epidemiologic Reviews*, v. 11, p. 244-248, 1989.

MOSTAFALOU, S.; ABDOLLAHI, M. Pesticides: an update of human exposure and toxicity. *Arch. Toxicol.*, v. 91, p. 549–599, 2017.

NEWBY, J. A.; HOWARD, C. V. Environmental influences in cancer aetiology. *Journal of Nutritional and Environmental Medicine*, v. 15, p. 56-114, 2005.

SHIBAMOTO, T.; YASUHARA, A.; KATAMI, T. Dioxin formation from waste incineration. *Rev. Environ. Contam. Toxicol.*, v. 190, p. 1-41, 2007.

SPIRO, T. G.; STIGLIANI, W. M. *Química ambiental*. 2. Ed. São Paulo: Pearson, 2009.

STEC, A. A.; READMAN, J.; BLOMQVIST, P.; GYLESTAM, D.; KARLSSON, D.; WOJTALEWICZ, D. *et al.* Analysis of toxic effluents released from PVC carpet under different fire conditions. *Chemosphere*, v. 90, p. 65-71, 2013.

12. Riscos à saúde humana decorrentes da contaminação ambiental por arsênio, cádmio, chumbo e mercúrio

Mari Lucia Campos, Ariane Andreola, Dreyce Kisholli Bueno, Eduardo da Silva Daniel, Humbelina Silva Siqueira Lopes, Karine Sousa Carsten Borges, Leticia Cristina Souza

Introdução

Arsênio (As), cádmio (Cd), mercúrio (Hg) e chumbo (Pb) são elementos que ocorrem naturalmente em minerais e rochas que compõem a crosta terrestre, porém, a atividade humana promoveu sua ampla dispersão, ao alterar os ciclos biogeoquímicos (Singh *et al.*, 2011; Morais *et al.*, 2012). Esses elementos não possuem função biológica conhecida e são tóxicos aos seres vivos (Morais *et al.*, 2012).

A alta toxicidade desses elementos para homens e animais tem tornado crescente a preocupação com a contaminação do meio ambiente. A exposição de seres humanos a Cd, Hg e Pb resulta em redução da capacidade de regular o estresse oxidativo, induzindo a danos no DNA, à peroxidação lipídica, à modificação de proteínas e a outros efeitos que resultam em inúmeras doenças como câncer, doença cardiovascular, diabetes, aterosclerose, desordens neurológicas (doença de Alzheimer, doença de Parkinson), inflamações crônicas, entre outras (Atsdr, 1999, 2007b, 2013; Castro-González *et al.*, 2008; Méndez-Armenta; Rios, 2007; Wani *et al.*, 2015).O As é genotóxico, mutagênico e carcinogênico e inibe mais de 200 enzimas em humanos (Mandal; Suzuki, 2002; Atsdr, 2007a).

É impossível viver em um ambiente livre de As, Cd, Hg e Pb, pois há muitas maneiras desses ingressarem no organismo humano, tais como o consumo de alimentos, geofagia, bebidas, exposição da pele, e pelo ar inalado (Pandey *et al.*, 2016). A ingestão de água contaminada talvez seja a via mais comum de intoxicação de seres humanos (Barra *et al.*, 2000; Fitz; Wenzel, 2002; Merrington; Schoeters, 2010). Entretanto, a exposição via ingestão de produtos agrícolas e de solo contaminados resultam em significante risco à saúde (Merrington; Schoeters, 2010). As várias fontes de exposição da população a esses elementos tóxicos resultam em um grave problema de saúde pública.

Mercúrio

O mercúrio, elemento químico de símbolo Hg, possui propriedades físico-químicas que o diferenciam das demais formas de metais pesados, como por exemplo, se apresenta em estado líquido em pressão normal (1 atm) e temperatura ambiente. Possui ponto fusão de -38,83 °C e temperatura de ebulição de 356,73 °C. É um metal de alta densidade: 13,546g.cm^{-3} a 20 °C (Hammond, 2014). Na natureza encontra-se, predominantemente, na forma do minério cinabre (HgS) de cor vermelha ou preta. Sua concentração de vapor depende da temperatura, podendo variar de 5,5 mg.m^{-3} a 10 °C a cerca de 72 mg.m^{-3} a 100 °C sendo, portanto, volátil com o aumento da temperatura ambiente (Jackson, 1998).

Os principais usos deste metal residem na fabricação de aparelhos de medição de temperatura e pressão, materiais eletro-eletrônicos, inseticidas, bactericidas e fungicidas (compostos orgânicos) e nas reações de catálise na indústria de polímeros sintéticos (compostos inorgânicos) (Soares, 2015). Suas vias de inclusão no meio ambiente ocorrem durante a queima de combustíveis fósseis, atividades mineradoras, incineração e uso de produtos comerciais e atividades industriais como a produção de cloro e soda (Unep, 2008).

Um fator muito importante do impacto do mercúrio no meio ambiente é a sua capacidade de se acumular nos organismos ao longo da cadeia alimentar, magnificando-se. A forma de mercúrio com maior capacidade de acúmulo é o metilmercúrio (Azevedo, 2003; WHO, 2007). O mercúrio inorgânico sofre processo de alquilação, ganhando lipossolubilidade, o que facilita o transporte pela membranas celulares e assim se depositando nos tecidos dos organismos (Azevedo, 2003; Boening, 2000; Davidson *et al.*, 2004). Sempre que um organismo contaminado por mercúrio ocupa um nível inferior em uma cadeia trófica, seu predador absorverá o mercúrio orgânico e apresentará uma concentração comparativamente aumentada (biomagnificação) (Azevedo, 2003; WHO, 2007).

O metilmercúrio é rapidamente absorvido (até 95%) após a exposição oral, sendo eliminado principalmente pelas fezes. Seus efeitos neurológicos são devastadores, em particular nos sistemas nervosos central e periférico de crianças. A intoxicação aguda resulta em incoordenação da atividade muscular voluntária (ataxia), dificuldade na articulação das palavras (disartrias), perda da sensibilidade das mãos e dos pés (parestesia), retardo mental, cegueira e perda da audição (Azevedo, 2003; Tchounwou, 2003).

Em intoxicações crônicas, os sinais clínicos são mudança comportamental, tremor anormal, inclusive em Estado de descanso, e reflexos exagerados, síndrome semelhante à esclerose lateral amiotrófica, distúrbios sensoriais, ataxia, e distúrbios visuais e auditivos. Também hiperatividade mental, irritação mórbida, bem como arritmias, cardiomiopatias, e danos nos rins têm sido associados com a exposição ao mercúrio (Azevedo, 2003; Tchounwou *et al.*, 2003).

Dependendo do nível de exposição, o mercúrio pode agir como um estimulante ou supressor do sistema imunológico e ainda conduzir a patologias e sequelas, incluindo linfoproliferação e hipergamaglobulinemia (Tchounwou *et al.*, 2003).

A exposição transplacentária é a mais perigosa porque o cérebro do feto é muito sensível. Danos neurológico foram observados em filhos de mulheres cuja ingestão de metilmercúrio resultou em 20 $mg.kg^{-1}$ de peso corporal. Nestes casos, os sintomas neurológicos são retardo mental, convulsões, perda de visão e audição e atraso no desenvolvimento. A exposição crônica da criança ao mercúrio resulta em uma síndrome que afeta as extremidades dos membros chamada acrodinia infantil (ATSDR, 1999; Davidson *et al.*, 2004).

O íon Hg^{2+} ou Hg (II) é o que possui a maior atividade química/biológica, aparecendo sob a forma de diversos sais. Constitui-se no precursor ambiental das espécies de mercúrio que apresentam maior toxidade, as organometálicas (Azevedo, 2003). O Hg (II) forma uma variedade de complexos estáveis, além de compostos de ligações covalentes com S, N, P e C. Dessa forma, a maior parte está ligada aos minerais do solo ou adsorvida nas superfícies sólidas orgânicas e inorgânicas (Diniz, 2011).

Há muitos relatos de intoxicação por mercúrio descritos na literatura. Por exemplo, nos anos de 1950, na cidade de Minamata, no Japão, 600 pessoas morreram e outras 3.000 foram diagnosticadas com intoxicação por mercúrio, devido ao consumo de frutos do mar contaminados. Devido àquele episódio, o conjunto de agravos à saúde apresentados por vítimas de intoxicação por mercúrio passou a ser reconhecido na medicina como a "Doença de Minamata" (Davidson *et al.*, 2004).

Análises realizadas em peixes e pessoas residindo na beira do Rio Tapajós, na comunidade de Barreiras, Pará, revelou que tanto peixes carnívoros quanto homens e mulheres apresentavam em seus corpos teores de mercúrio muito acima do recomendado. Os pesquisadores atribuem a origem da contaminação ambiental por mercúrio ao garimpo clandestino de ouro naquela região (Faial *et al.*, 2015). No Rio Bacajá, principal tributário da margem direita do Rio Xingu, também foram aferidas elevadas concentrações de mercúrio em peixes (Souza-Araújo *et al.*, 2016).

Ainda na região amazônica, estudo realizado com bebês nascidos na região da bacia hidrográfica do Rio Madeira, revelou que as crianças nascidas em casa, e suas mães, apresentavam teores mais elevados de mercúrio em seus organismos do que aquelas nascidas em hospitais. Segundo os autores, o motivo de tal diferença seria o maior consumo de peixesentre as mães que tiveram filhos em casa (Marques *et al.*, 2016).

Chumbo

O chumbo, elemento químico de símbolo Pb, é um metal que possui temperatura de fusão de 327,5 °C e temperatura de ebulição de 1749 °C, estando no Estado sólido em pressão normal (1 atm) à temperatura ambiente (Harris *et al.*, 1988). É encontrado na natureza na forma de sulfeto, no mineral galena (PbS). Possui coloração branco azulada em temperatura ambiente e, quando exposto ao ar, se torna acinzentado (Bosso; Enzweiler, 2008).

A extração de Pb através da mineração e seu uso em processos industriais, como na fabricação de soldas, lâminas de alta resistência, munições, ácidos sulfúrico e clorídrico, na composição de ligas metálicas, tintas e em baterias, constituem os principais usos e também as fontes de inserção desse elemento traço ao meio ambiente, principalmente, devido à disposição inadequada de seus resíduos e efluentes no solo (Andrade *et al.*, 2007).

O chumbo é comumente encontrado no solo especialmente proximo a rodovias, casas antigas, pomares antigos, áreas de mineração, instalações industriais, incineradores, aterros sanitários e depósitos de resíduos perigosos (Atdsr, 2007b).Os níveis ambientais de chumbo aumentaram mais de mil vezes ao longo dos últimos três séculos, como resultado da atividade humana. O maior aumento ocorreu entre os anos de 1950 e 2000, devido ao uso mundial do chumbo tetraetila como aditivo da gasolina (Atdsr, 2007b).

A absorção de Pb pelos seres humanos pode ocorrer por via digestiva, respiratória e pela pele. Esta absorção é diferencial entre crianças e adultos. O Pb inalado é completamente absorvido em crianças e adultos. Entretanto, pelo trato gastrointestinal, adultos absorvem 10 a 15% da quantidade ingerida, enquanto que crianças e mulheres gestantes podem absorver mais de 50% do total ingerido. Esta absorção aumenta quando há deficiência orgânica de Fe, Ca e Zn, muito comuns em mulheres gestantes e crianças em países em desenvolvimento, como o Brasil(Atdsr, 2007b; Usepa, 2017).

A presença de Pb no organismo humano interfere na produção da hemoglobina, causa danos renais (nefrite) e neurológicos (plumbismo) (Brown; Margolis, 2012; Oliver, 1997; Usepa, 1994;

2017). O Pb é transferido através da membrana placentária e acumula-se nos tecidos fetais, sendo que exposição pré-natal ao Pb tem sido associada ao aumento do número de abortos, anomalias fetais e atraso no crescimento uterino (CDC, 2012). Retardamento mental é dos efeitos mais alarmantes da intoxicação com Pb em crianças (Oliver, 1997). O Pb tem sido relacionado a hiperatividade infantil, déficit de atenção, menor quociente de inteligência (QI) e criminalidade na adolescência. A estimativa de queda de inteligência é de 1 a 3 pontos de QI para cada aumento de 0,1 $mg.L^{-1}$ de Pb no sangue em crianças (FAO/WHO, 1994). Estudo realizado no Brasil demonstrou haver forte associação entre a exposição ao chumbo e o comportamento antissocial em adolescentes (Olympio *et al.*, 2010). O nível de Pb, considerado aceitável, medido no sangue humano, é de 0,1 $mg.L^{-1}$ (FAO/WHO, 1994; Usepa, 1994) e a ingestão diária de Pb considerada aceitável é menor que 0,3 mg (Oliver, 1997).

No Brasil as principais fontes de contaminação do solo e água por Pb são a mineração e a reciclagem do metal. Um exemplo importante de contaminação foi a provocada pela Cobrac, subsidiária da multinacional Penarroya, em Santo Amaro da Purificação, Bahia. A fábrica foi fundada em 1960 e sinais de contaminação foram observado após a morte de animais em fazendas próximas (Ceped, 1977 citado por Andrade; Moraes, 2013). O Pb e outros metais pesados tem sido encontrado em varios compartimentos ambientais e em amostras biológicas de crianças, mulheres grávidas, pescadores e funcionarios da Cobrac (Andrade; Moraes, 2013).

Andrade e Moraes (2013) afirmam que o fato de ainda nascerem crianças em Santo Amaro da Purificação com concentrações de chumbo no sangue indicam que quase quatro décadas de pesquisa não foi o bastante para afastar o risco de contaminação humana. A primeira ação do governo só ocorreu 20 anos após terem sido publicados os primeiros artigos científicos que atestavam a contaminação ambiental em trabalhadores e em crianças. Ante a impotência da ciência em mobilizar os poderes públicos a agir em prol das medidas necessárias, os autores afirmam que é premente a necessidade de ampliar a comunidade de pares para além do círculo acadêmico.

Ao longo do século XX, a mineração e a metalurgia realizadas no Alto Vale do Ribeira, localizado entre os Estados do Paraná (cidade de Andrianópolis) e São Paulo (cidades de Iporanga e Riberia) geraram como passivo ambiental a contaminação de rios e solos em diversas áreas da região (Cetem, 2011). Estudos diagnosticaram presença de altos teores de chumbo no sangue de crianças em Adrianópolis e adjacências (Cunha *et al.*, 2006).

Elevados teores de chumbo foram aferidos nos solos da região próxima a uma indústria abandonada onde chumbo era derretido, localizada na Baía de Todos os Santos, na Bahia (Santos *et al.*, 2016).

Uma indústria de baterias causou grave contaminação ambiental por chumbo na cidade de Bauru, São Paulo, tendo sido fechada pelas autoridades em 2002. Como resultado, 317 crianças e uma gestante que moravam nas proximidades daquela empresa apresentaram dosagens de chumbo superiores a 10 µg/dL (Abreu *et al.*, 2009). Posteriormente, estudo realizado com jovens de 14 a 18 anos, moradores de Bauru, revelou que os jovens apresentando os maiores teores de chumbo em seus corpos (análise da dentina), apresentavam maior tendência aocomportamento antissocial e violento (Olympio *et al.*, 2010).

Em Campo Grande, Mato Grosso do Sul, chumbo foi liberado na atmosfera, a partir de uma fábrica de reciclagem de baterias. O metal contaminou a pastagem de uma fazenda vizinha, onde 35 vacas morreram em decorrência da intoxicação por chumbo (Lemos *et al.*, 2004). Não foram divulgados estudos abordando a avaliação dos impactos daquela contaminação nos trabalhadores da empresa e nos moradores das áreas próximas àquela indústria.

Foram aferidas elevadas concentrações de chumbo em moradores de regiões remotas da Amazônia, e a fonte de tal contaminação foi atribuída à presença deste metal na farinha de mandioca, que está na base da alimentação daquela população (Carneiro *et al.*, 2013).

Em estudo divulgado em 2003, Marçal e colaboradores revelaram que suplementos minerais comercializados em Mato Grosso do Sul apresentavam teores de chumbo muito acima do recomendado, o que representava riscos aos animais alimentados com aqueles materiais e à saúde dos consumidores de leite, carnes e subprodutos produzidos a deles (Marçal *et al.*, 2003).

Arsênio

O arsênio é um metalóide largamente distribuído na crosta terrestre e que está presente em mais de 200 minerais, sendo o mais comum desses a arsenopirita (Mandal; Suzuki, 2002; WHO, 2001). Pertence ao grupo V da tabela periódica, juntamente com o nitrogênio, fósforo, antimônio e bismuto. O arsênio comporta-se como o fósforo, embora tenha uma maior tendência para formar ligação iônica, em vez de covalente, devido ao seu maior caráter metálico (Simon *et al.*, 1999).

Os compostos orgânicos e inorgânicos naturais de maior interesse são: arsenato de sódio, arsenito de sódio, ácido metilarsônico, ácido dimetilarsínico, óxido de trimetilarsina, íon tetrametilarsônio, arsenobetaína, arsenocolina, dimertilarsinoilribosídeo, trialquilarsonioribosídeo e sulfato de dimetilarsinoilribitol (Burguera; Burguera, 1997; Sakuma *et al.*, 2003).

O entendimento do efeito tóxico do arsênio aos organismos passa por estudos de especiação, pois a toxicidade depende da forma química, sendo que o arsênio trivalente (arsenito) é mais tóxico e mais móvel do que a forma pentavalente (arsenato) (ATSDR, 2007a; Barra *et al.*, 2000; Fitz; Wenzel, 2002; Mandal; Suzuki, 2002; McSheehy *et al.*, 2003; Valberg *et al.*,1997).

No solo, o arsênio pode ser originário de fontes naturais como intemperismo de rochas, a atividade vulcânica, aerossóis de água do mar e volatilização microbiana (Nriagu; Pacyna, 1988), e de fontes antropogênicas como pesticidas, herbicidas, fertilizantes, emitido durante a mineração e fundição do ouro, chumbo, cobre e níquel, produção de ferro e aço, combustão de carvão (Smith *et al.*, 1998; Sparks, 1995) e irrigação com água contaminada

(Roychowdhury *et al.*, 2002). A lixiviação de minas de ouro abandonadas pode constituir ainda uma fonte significativa de poluição por arsênio nos sistemas aquáticos (Sakuma *et al.*, 2003).

A maioria dos humanos está exposta a baixos níveis de As, principalmente, através da ingestão de alimentos e água e, em alguns casos, devido à inalação de arsênio presente no ar (Basu *et al.*, 2001). Ingestão de água, solo, produtos agrícolas contaminados e o contato com a pele resultam em significante risco à saúde (Barra *et al.*, 2000; Fitz; Wenzel, 2002; Zakharova *et al.*, 2002). A ingestão de solo pode não ser uma significante via de contaminação de adultos, porém pode ser significante para crianças, particularmente em locais próximos a indústrias ou de locais de descarte de resíduos de mineração e outros (WHO, 2001).

A bioacessibilidade do As depende da solubilidade nos fluidos e absorção gastrointestinais, sendo que ambas, solubilidade e absorção, dependem, por sua vez, da espécie química do As e das condições nutricionais do indivíduo (Valberg *et al.*, 1997). A exposição aguda e crônica provocam danos a saúde humana que vão desde mudanças dermatológicas (pigmentação, hiperqueratose e ulcerações), pulmonares, respiratórias, cardiovasculares, gastrointestinais, hematológicas, hepáticas, renais, neurológicas, no desenvolvimento, reprodutivo, imunológicos, até efeitos genotóxico, mutagênico e carcinogênico (Mandal; Suzuki, 2002, WHO, 2001). O As é genotóxico, multagênico e carcinogênico e inibe mais de 200 enzimas em humanos (Mandal; Suzuki, 2002), pois reage fortemente com grupamentos sulfidrila (SH) presentes em proteínas e enzimas específicas (Sakuma *et al.*, 2003).

Os efeitos não carcinogênicos do As estão relacionados à inibição da respiração celular e alteração na síntese heme, no metabolismo das porfirinas e na expressão genética de proteínas de estresse (Sakuma *et al.*, 2003). Segundo Basu *et al.* (2001), o arsênio parece induzir a danos indiretos no DNA pela inibição da duplicação, porém o exato mecanismo de inibição ainda é desconhecido. Resultados de ensaios citogenéticos *in vivo* e *in vitro* mostram claramente o comportamento do arsênio como um agente genotóxico.

Eventos de intoxicação humana por arsênio já foram relatados em muitos locais no mundo. Por exemplo, em Antofagasta, no Chile, cerca de 130.000 pessoas consumiram água contaminada naturalmente, com concentração média de arsênio de 0,8 $mg.L^{-1}$, enquanto o máximo recomendado pela Organização Mundial de Saúde é de 10 $g.L^{-1}$. Nessa comunidade, na década de sessenta,foram observadas as primeiras manifestações dermatológicas, principalmente em crianças, sendo que essas apresentavam síndrome de Raynaud, hemiplegia com oclusão da artéria carótida, trombose da artéria mesentérica e isquemia do miocárdio.

A Organização Mundial da Saúde estima que, dos 125 milhões de habitantes de Bangladesh, entre 35 milhões e 77 milhões correm risco de consumir água contaminada com arsênio, o que torna este desastre ambiental superior ao de Chernobyl, na Ucrânia, ocorrido em 1986 (Smith *et al.*, 2000).

Na América Latina, o problema da contaminação de água é conhecido em 14 de 20 países: Argentina, Bolívia, Brasil, Chile, Colômbia, Cuba, Equador, El Salvador, Guatemala, Honduras, México, Nicarágua, Peru e Uruguai. Estima-se 14 milhões de pessoas estejam exposta ao As. Neste caso as fontes de arsênio são tanto naturais, por exemplo intemperismo de rochas vulcânicas jovens, quanto as atividades antropogênicas nas áreas de mineração que aumentam a mobilização de As (Bundschuh *et al.*, 2012).

No Brasil, Matschullat *et al.* (2000) avaliaram amostras de urina de 126 crianças com aproximadamente 10 anos de idade residentes nas cidades de Nova Lima e Santa Bárbara, Minas Gerais. A concentração média de arsênio na urina de tais crianças foi de 24,32 $g.L^{-1}$ para meninas e de 27,12 $g.L^{-1}$ para meninos, sendo que observações em estudos de biomonitoramento em humanos apontaram valores de 5,92 $g.L^{-1}$ e 6,10 $g.L^{-1}$, respectivamente (KRAUSE *et al.*, 1992, citados por Matschullat *et al.*, 2000). Os autores encontraram concentração média de 30,5 g de $arsênio.L^{-1}$ em corpos d'água da região, sendo que o máximo de arsênio permitido pela portaria 2.914 de 2011, do Ministério da Saúde, que regulamenta a qualidade da água para consumo humano, é de 10 $g.L^{-1}$. Por outro lado, a dose (intake) máxima semanal tolerável de As estabelecida pela Joint Food and Agriculture Organization of the United Nations (JECFA-FAO/WHO Expert Committee on Food Additives) é de 15 g.kg^{-1} de peso corporal, equivalente a 2,1 g.kg^{-1}de peso corporal por dia (WHO, 2001). No Vale do Ribeira, o As ocorre em resíduos de minas de Pb-Zn e naturalmente em rochas e solos e na região amazônica, mais precisamente em Santana (Amapá), onde o As está associado a minérios de manganês extraídos nos últimos 50 anos (Figueiredo *et al.*, 2007).

Cádmio

O cádmio, elemento químico de símbolo Cd, é um metal de transição de temperatura de ebulição de 766,8 °C, estando no Estado sólido em pressão normal (1 atm) e temperatura ambiente. É um elemento calcófilo, não ocorre na forma pura na natureza, ocorrendo comumente como um substituto de Hg, Cu, Pb e Zn em sulfetos minerais, especialmente na esfarelita (McBride, 1994; Pérez-Sirvent *et al.*, 2009).

Este elemento é utilizado como pigmento de tintas, no revestimento de materiais, na fabricação de baterias, pigmentos, soldagens, placas de circuitos eletrônicos, na fabricação do plástico, atividades de mineração de Cu, Ni e Zn e fabricação de fertilizantes (Guimarães, 2008). O processo de entrada no meio ambiente ocorre através dos resíduos de mineração, deposição de lodos de esgoto ou efluentes urbanos e industriais, descarte de resíduos sólidos como lixo urbano e pela aplicação de fertilizantes fosfatados (Campos *et al.*, 2005), queima de combustíveis fósseis, e incineração (ATSDR, 2012; Cardoso; Chasin, 2001).

Outra fonte difusora de Cd no ambiente é o seu uso em recobrimentos de aço e ferro, no processo conhecido por galvanização que, por tornar os materiais altamente resistentes à corrosão, tem sido aplicado no tratamento de muitos itens, tais como parafusos, porcas, fechaduras, motores de veículos e maquinários industriais (Spiro, 2009).

Na agricultura, uma das fontes de contaminação do solo por Cd tem origem no uso de fertilizantes fosfatados. A concentração de Cd nestes fertilizantes é muito variável, dependendo diretamente da origem da rocha fosfatada. Essa variação pode ser observada comparando fertilizantes nacionais, que contêm em média 8,7 $mg.kg^{-1}$de Cd, com fertilizantes importados, que apresentaram aproximadamente nove vezes mais Cd (77 mg.kg-1) (Campos *et al.*, 2005).

Além dos fertilizantes fosfatados usados na agricultura, a aplicação de lodo de esgoto como fertilizantes também representa um fonte de entrada de Cd no solo (Oliveira *et al.*, 2005).

São ainda importantes fontes de contaminação do solo o uso de Cd sob a forma de vários sais inorgânicos, utilizado em combustíveis fósseis (carvão, óleo, gás, turfa e madeira), aditivos em indústria têxtil, fungicidas, como estabilizadores de produtos de policloreto de vinila (PVC), cimentos, sistemas de proteção contra incêndios, soldas para alumínio, fotocélulas e células solares (sulfito de cádmio), fios de transmissão de energia, entre outros (Martí-Cid *et al.*, 2008; WHO, 1992).

Para Cd, a dose máxima semanal tolerável é 400-500 mg e a ingestão por massa corporal de 7 $mg.kg^{-1}$ (WHO, 1992). Dietas pobres em proteínas e sais minerais essenciais, tais como o zinco, cálcio, cobre e ferro aumentam a absorção de cádmio, enquanto, em contraste, dietas adequadas reduzem a sua absorção. Depois da absorção, o cádmio é distribuído principalmente para o fígado, posteriormente para o rim, em formas conjugadas, tais como metalotioneína-cádmio (ATSDR, 2012; WHO, 1992).

Experimentos com animais indicam que a exposição ao Cd durante a fase uterina resulta em menor ganho de pesado do feto, má formação dos ossos e aumentodo numero de natimortos (morte fetal), indicando que não há barreiras placentárias para o Cd, ou seja, esse se acumula no feto (ATSDR, 2012).

A ingestão de alimentos ou água potável com níveis muito elevados de cádmio irrita severamente o estômago, levando a vômitos e diarreia, acúmulo nos rins e, às vezes, à morte. A exposição a baixos níveis de cádmio por muito tempo resulta em dano renal, osteomalácia (ossos tornam-se frágeis e quebram com facilidade), anemia, doença hepática e neurológica. O Departamento de Saúde e Serviços Humanos (DHHS) dos EUA aponta o cádmio e seus compostos como cancerígenos humanos (ATSDR, 2012).

Os fumantes possuem níveis de Cd no sangue que alcançam 1,58 g.L^{-1}, enquanto não fumantes em média possuem teor de 0,7 g.L^{-1}. Isso porque o tabaco é um acumulador de Cd (ATSDR, 2012). Já para para os não fumantes, a principal fonte de Cd são os alimentos. No geral hortaliças folhosas tais como espinafre e alface, além de batatas, grãos, amêndoas, soja e sementes de girassol contém alto concentração de Cd (0,05-0,12 mg.kg^{-1}).

A avaliação da absorção do Cd na dieta dos países Austrália, Croácia, França, Grécia, Japão, Lituânia, Nigéria, Eslováquia, Espanha e da União Europeia inferiu concentrações de cádmio entre 0,01 e 0,05 mg.kg^{-1} na maioria dos alimentos. As concentrações mais elevadas foram encontradas em nozes, sementes oleaginosas, moluscos, fígado e rim (WHO, 1992). Em estudo publicado em 2014, Villa e colaboradores relataram a presença de cádmio e chumbo em chocolates comercializados no Brasil.

No início do século XX, campos de produção de arroz irrigado foram contaminados com Cd oriundos mineração do zinco, na cidade de Toyama, no Japão. Centenas de pessoas foram contaminadas e desenvolveram uma doença com dor óssea grave conhecida como doença de Itai-itai, osteoporose, e disfunção renal (Kasuya, 1992). Teranishi e colaboradores (1992) realizaram estudo epidemiológico 15 anos após a contaminação dos campos de arroz em Toyama e observaram que o solo continuava poluido e que os habitantes apresentavam disfunção tubular renal e diminuição da massa óssea característica da doença de Itai-itai.

Referências

ABREU, M. H.; PEREIRA, M. L. S.; MARASCO, A. M.; PAULA E SILVA, M. R.; MIYAZAKI, L. C. Y.; TAVARES, A. Q. S. T. Contaminação por chumbo em Bauru: vigilância sanitária e ações ambientais no período de 2002 a 2007. *Saúde e Sociedade*, v. 18, supl. 1, p. 83-84, 2009.

AGENCY FOR TOXIC SUBSTANCES & DISEASE REGISTRY – ATSDR. *Addendum to the toxicological profile for mercury*. Atlanta, EUA: U.S. Department of Health and Human Services/Public Health Service/ Agency for Toxic Substances and Disease Registry, 2013. 168 p. Disponível em:<https://www.atsdr.cdc.gov/toxprofiles/mercury_organic_addendum.pdf>. Acesso em janeiro de 2017.

______. *Toxicological profile for arsenic*. Atlanta, EUA: U.S. Department of Health and Human Services/Public Health Service/Agency for Toxic Substances and Disease Registry, 2007a. 559 p. Disponível em: <https://www.atsdr.cdc.gov/toxprofiles/tp2.pdf>. Acesso em janeiro de 2017.

______. *Toxicological profile for cadmium*. Atlanta, EUA: U.S. Department of Health and Human Services/Public Health Service/Agency for Toxic Substances and Disease Registry, 2012. 487 p. Disponível em: <https://www.atsdr.cdc.gov/toxprofiles/tp5.pdf >. Acesso em janeiro de 2017.

______. *Toxicological profile for lead*. Atlanta, EUA: U.S. Department of Health and Human Services/Public Health Service/Agency for Toxic Substances and Disease Registry, 2007b. 582 p. Disponível em: <https://www.atsdr.cdc.gov/toxprofiles/tp13.pdf>. Acesso em janeiro de 2017.

______. *Toxicological profile for mercury*. Atlanta, EUA: U.S. Department of Health and Human Services/Public Health Service/Agency for Toxic Substances and Disease Registry, 1999. 676 p. Disponível em:<https://www.atsdr.cdc.gov/toxprofiles/tp46.pdf>. Acesso em janeiro de 2017.

ANDRADE, J. C. M.; TAVARES, S. R. L.; MAHLER, C. F.*Fitorremediação*: o uso de plantas na melhoria da qualidade ambiental. São Paulo: Oficina de textos, 2007. 176 p.

ANDRADE, M.F.; MORAES, L.R.S. Contaminação por chumbo em Santo Amaro desafia décadas de pesquisas e a morosidade do poder público. *Ambiente e Sociedade,* v.16, n.2, p. 63-80, 2013.

AZEVEDO, F. A. *Toxicologia do mercúrio*. São Carlos: Rima, 2003. 272 p.

BARRA, C. M.; SANTELLI, R. E.; ABRÃO, J. J.; GUARDIA, M. Especiação de Arsênio: uma revisão. *Química Nova*, v. 23, p. 58-70, 2000.

BASU, A.; MAHATA, J.; GUPTA, S.; GIRI, A.R. Genetic toxicology of a paradoxical human carcinogen, arsenic: a review. *Mutation Research*, v. 488, p.171-194, 2001.

BOENING, D.W. Ecological effects, transport and fate of mercury: a general review. *Chemosphere,* v.40, p.1335-1351, 2000.

BORGES, K.S.C. *Germinação e desenvolvimento inicial de plantas de cobertura e forrageiras em exposição a cádmio, cobre e chumbo*. 2015. Tese (Doutorado em Ciência do Solo). Universidade Estadual de Santa Catarina, Lages, 2015.

BOSSO, S. T.; ENZWEILER, J. Ensaios para determinar a (bio)disponibilidade de chumbo em solos contaminados: revisão. *Química Nova,* v. 31, n. 2, p. 394-400, 2008.

BROWN, M.J.; MARGOLIS, S. Lead in drinking water and human blood lead levels in the United States. *Centers for Disease Control and Prevention – CDC*, v. 61, n. 04, p. 1-9, 2012. Disponível em: <https://www.cdc.gov/mmWR/preview/mmwrhtml/su6104a1.htm>. Acesso em janeiro de 2017.

BUNDSCHUHA, J.; LITTERD, M. I; PARVEZG, F.; ROMÁN-ROSSH, G.; NICOLLII, H.; JEAN, J.; LIJ, C.; LÓPEZ, D.; ARMIENTA, M. A.; GUILHERME, L.R.G. , CUEVAS, A.G. , CORNEJO, L.; CUMBAL, L.; TOUJAGUEZ, R. One century of arsenic exposure in Latin America: A review of history and occurrence from 14 countries. *Science of The Total Environment*, v. 429, p. 2-35, 2012.

BURGUERA, M.; BURGUERA, J.L. Analytical methodology for speciation of arsenic in environmental and biological samples. *Talanta*, v.44, p. 1581-1604, 1997.

CAMPOS, M. L.; SILVA, F. N.; FURTINI NETO, A. E.; GUILHERME, L. R. G; MARQUES, J. J.; ANTUNES, A. S. Determinação de cádmio, cobre, cromo, níquel, chumbo e zinco em fosfatos de rocha. *Pesquisa Agropecuária Brasileira*, v. 40, n. 4, p. 361-367, 2005.

CARDOSO, L. M. N.; CHASIN, A. A. M. Ecotoxicologia do cádmio e seus compostos. *Cadernos de Referência Ambiental*, v. 6, 2001. 122 p.

CARNEIRO, M. F.; EVANGELISTA, F. S.; BARBOSA JR., F. Manioc flour consumption as a risk factor for lead poisoning in the Brazilian Amazon. *J. Toxicol. Environ. Health A*, v. 76, n. 3, p. 206-216, 2013.

CASTRO-GONZÁLEZ, M. I.; MÉNDEZ-ARMENTA, M. Heavy metals: implications associated to fish consumption. *Environ. Toxicol. Pharmacol.*, v. 23, n. 3, p. 263-271, 2008.

CENTRO DE TECNOLOGIA MINERAL – CETEM. *Chumbo contamina solo e habitantes da região do Alto Vale do Ribeira.* 2011. Disponível em: <www.cetem.gov.br/santo_amaro/pdf/Vale_do_Ribeira.pdf> Acesso em janeiro de 2017.

CUNHA, F.G.; FIGUEIREDO, B. R.; PAOLIELLO, M. M. B.; CAPITANI, E. M. *Diagnóstico ambiental e de saúde humana: contaminação por chumbo em Adrianópolis, no Estado do Paraná, Brasil.* CPRM, 2006. Disponivel em <www.cprm.gov.br/publique/media/geo_med15.pdf>. Acesso em janeiro de 2017.

DAVIDSON, P. W.; MYERS, G. J.; WEISS, B. Mercury exposure and child development outcomes. *Pediatrics*, v. 113, S3, p. 1023-1029, 2004.

DINIZ, A. D. *Origem e dinâmica do mercúrio em sistemas de transformação latossolo-espodossolo na bacia do Rio Negro, Amazonas.* 2011. 132 p. (Tese de Doutorado). Universidade Estadual Paulista – Instituto de Geociências e Ciências Exatas. Rio Claro, São Paulo. 2011.

FAIAL, K.; DEUS, R.; DEUS, S.; NEVES, R.; JESUS, I.; SANTOS, E. *et al.* Mercury levels assessment in hair of riverside inhabitants of the Tapajós River, Pará State, Amazon, Brazil: fish consumption as a possible route of exposure. *J. Trace Elem. Med. Biol.*, v. 30, p. 66-76, 2015.

FIGUEIREDO, B.R.; BORBA, R.P.; ANGÉLICA, R.S. Arsenic occurrence in Brazil and human exposure. *Environmental Geochemistry Health*, v. 29, p.109–118, 2007.

FITZ, W. J.; WENZEL, W. W. Arsenic transformations in soil-rhizosphere--plant system: fundamentals and potential application to phytoremediation. *Journal of Biotechnology*, v. 99, p. 259-278, 2002.

FOOD AND AGRICULTURE ORGANIZATION OF THE UNITED NATIONS -FAO/WHO – Documento de Trabajo sobre el Plombo – 26ª Reunión del Comité Del Codex sobre Aditivos Contaminantes de los Alimentos, February: São Paulo, 1994.

GUIMARÃES, M. de A.; SANTANA, T. A. de.; SILVA, E.V. ZENZEN, I. L.; LOUREIRO, M. E. Toxicidade e tolerância ao cádmio em plantas. *Revista Trópica – Ciências Agrárias e Biológicas*, v. 1, n. 3, p. 58-68, 2008.

HAMMOND, C.R. The elements. *In:* LIDE, D.R. (ed.). *CRC Handbook of Chemistry and Physics*, Internet Version 2005. Boca Raton: CRC Press,

2005. 720 p. Disponível em <www.hbcpnetbase.com>, acesso em dezembro de 2016.

HAMMOND, D. *Mercury poisoning: the undiagnosed epidemic.* Createspace Independent Publishing Platform, 2014. 342 p.

HARRIS, W. G.; HOLLIEN, K.A.; YUAN, T. L.; BATES, S. R.; ACREE, W. A. Nonexchangeable potassium associated with hydroxy-interlayered vermiculite from Coastal Plain soils. *Soil Science Society of America Journal*, v.52, p.1489-1492, 1988.

JACKSON, T. A. Mercury in aquatic environments. *In:* LANGSTON, W. J.; BEBIANNO, M. J. *Metal metabolism in aquatic environments.* London: Chapman and Hall Publishers, 1998. p.76–157.

JOMOVA, K.; VALKO, M. Advances in metal-induced oxidative stress and human disease. *Toxicology*, v. 10, p. 65-87, 2011.

KASUYA, M.; TERANISHI, H.; AOSHIMA, K.; KATOH, T.; HORIGUCHI, H.; MORIKAWA, Y.; NISHIJO, M.; IWATA, K. Water pollution by cadmium and the onset of Itai-Itai disease. *Water Science and Technology*, v. 25, n.11, p. 149-156, 1992.

MANDAL, B.K.; SUZUKI, K.T. Arsenic round the world: a review. *Talanta*, v. 58, p. 201-235, 2002.

MARÇAL, W. S.; GASTE, L.; NASCIMENTO, M. R. L.; OLIVEIRA, H. S. Teores de chumbo em suplementos minerais comercializados no Estado de Mato Grosso do Sul. *Ciência Rural*, v. 33, n. 4, p. 775-778, 2003.

MARQUES, R. C.; BERNARDI, J. V.; CUNHA, M. P.; DÓREA, J. G. Impact of organic Mercury exposure and home delivery on neurodevelopment of Amazonian children. *Int. J. Hyg. Environ. Health*, v. 219, n. 6, p. 498-502, 2016.

MARTÍ, L.; FILIPPINI, M. F.; BERMEJILLO, A.; TROILO, S.; SALCEDO, C.; VALDÉS, A. Monitoreo de cadmio y plomo en los principales fungicidas cúpricos comercializados en Mendoza, Argentina. *Rev. FCA UNCuy*,v.41. n. 2, p. 109-116, 2009.

MARTI-CID, R.; LLOBET, J. M.; CASTELL, V.; DOMINGO, J. L. Dietary intake of arsenic, cadmium, mercury, and lead by the population of Catalonia, Spain. *Biol. Trace Elem. Res.*, v. 125, n. 2, p. 120-132, 2008.

MATSCHULLAT, J.; BORBA, R.P.; DESCHAMPS, E.; FIGUEIREDO, B.R.; GABRIO, T. & SCHWENK, M. Human and environmental contamination in the Iron Quadrangle, Brazil. *Applied Geochemistry*, v.15, p.193-202, 2000.

MCBRIDE, M. B. *Environmental chemistry of soils.* New York: Oxford University Press, 1994. 406 p.

MCSHEEHY, S.; SZPUNAR, J.; MORABITO, R.; QUEVAUVILLER, P. The speciation of arsenic in biological tissues and the certification of reference materials for quality control. *Trends Anal. Chem.*, v. 22, n. 4, p.191-209, 2003.

MÉNDEZ-ARMENTA, M.; RIOS, C. Cadmium neurotoxicity. *Environ. Toxicol. Pharmacol.*, v. 23, p. 350-358, 2007.

MERRINGTON, G.; SCHETERS, I. (editores). *Soil quality standards for trace elements: derivation, implementation, and interpretation.* Boca Raton, EUA: CRC Press, 2010. 184 p.

MORAIS, S.; GARCIA E COSTA, F.; PEREIRA, M.L. Heavy metals and human health. *In:* OOSTHUIZEN, J. (editor). *Environmental health:*

emerging issues and practice, 2012. p. 227-246. Disponível em <www.intechopen.com/books/environmental-health-emerging-issues-and-practice/heavy-metals-and-human-health>. Acesso em dezembro de 2016.

NRIAGU, J.O.; PACYNA, J.M. Quantitative assessment of worldwide contamination of air, water and soils with trace metals. *Nature*, v. 333, p. 134-139, 1988.

OLIVEIRA, C.; AMARAL SOBRINHO, N. M. B. do; MARQUES, V. S.; MAZUR, N. Efeitos da aplicação do lodo de esgoto enriquecido com cádmio e zinco na cultura do arroz. *Revista Brasileira de Ciência do Solo*, v.29, n.1, p. 109-116, 2005.

OLIVER, M.A. Soil and human health: a review. *European Journal of Soil Science*, v.48, n.4, p. 573-592, 1994.

OLYMPIO, K. P. K.; OLIVEIRA, P. V.; NAOZUKA, J.; CARDOSO, M. R. A.; MARQUES, A. F.; GUNTHER, W. M. R.; BECHARA, E. J. H. Surface dental enamel lead levels and antisocial behavior in Brazilian adolescents. *Neurotoxicology and Teratology*, v.32, n. 2, p. 273-279, 2010.

PANDEY, R.; DWIVEDI, M. K.; SINGH, P. K.; PATEL, B.; PANDEY, S.; PATEL, B.; PATEL, A.; SINGH, B. Effluences of heavy metals, way of exposure and bio-toxic impacts: an update. *Journal of Chemistry and Chemical Sciences*, v. 6, n. 5, p. 458-475, 2016.

PÉREZ-SIRVENT, C.; MARTÍNEZ-SÁNCHEZ, M. J.; GARCÍA-LORENZO, M. L.; MOLINA, J.; TUDELA, M. L. Geochemical background levels of zinc, cadmium and mercury in anthropically influenced soils located in a semi-arid zone (SE, Spain). *Geoderma*, v. 148, p. 307-317, 2009.

ROYCHOWDHURY, T.; UCHINO, T.; TOKUNAGA, H.; ANDO, M. Survey of arsenic in food composites from an arsenic-affected area of West Bengal, India. Food Chem. Toxicol., v. 40, n. 11, p. 1611-1621, 2002.

SAKUMA, A.M.; DE CAPITANI, E.M.; TIGLEA, P. Arsênio. *In:* AZEVEDO, F.A.; CHASIN, A.A.M. (Eds). *Metais:* gerenciamento da toxicidade. São Paulo: Atheneu, 2003. p. 203-238.

SANTOS, N. M.; NASCIMENTO, C. W.; MATSCHULLAT, J.; DE OLINDA, R. A. AssessmentoftheSpatialDistributionofMetal(Oid)s in SoilsAroundanAbandonedPb-SmelterPlant. *Environ. Manage.*, 2016. Disponível em: <https://www.ncbi.nlm.nih.gov/pubmed/27826694>. Acesso em janeiro de 2017.

SIMON, G.; HUAN,; H.; PENNER-HAHN, J.E.; KESLER, S.E.; KAO, L. Oxidation state of gold and arsenic in gold-bearing arsenic pyrite. *American Mineralogist*, v.84, p.1071–1079, 1999.

SINGH, R.; GAUTAM, N.; MISHRA, A. *Heavy metals and living systems:* An overview. *Indian J Pharmacol.*, v. 43, n. 3, p. 246–253, 2011.

SMITH, A. H.; LINGAS, E. O.; RAHMAN, M. Contamination of drinking-water by arsenic in Bangladesh: a public health emergency. *Bulletin of the World Health Organization*, v. 78, n. 9, p.1093-1103, 2000.

SMITH, E.; NAIDU, R. & ALSTON, A.M. Arsenic in the soil environment: A review. *Advances in Agronomy*, v. 64, p.149-195, 1998.

SOARES, L.C. *Mercúrio em solos do sudeste brasileiro*: interações e avaliação da vulnerabilidade perante mercúrio elementar e mercúrio (II). 2015. 167 p. Tese (Doutorado). Universidade Federal de Minas Gerais – Departamento de Química. Belo Horizonte, Minas Gerais. 2015.

SOUZA-ARAUJO, J.; GIARRIZZO, T.; LIMA, M. O.; SOUZA, M. B. Mercury and methylmercury in fishes from Bacajá River (Brazilian Amazon): evidence for bioaccumulation and biomagnification. *J. Fish Biol.*, v. 89, n. 1, p. 249-263, 2016.

SPARKS, D. L. *Environmental soil chemistry*. California: Academic Press, 1995. 267 p.

SPIRO, T. G. *Química ambiental*. 2. Ed. São Paulo: Pearson Prentice Hall, 2009.

TCHOUNWOU, P. B.; AYENSU, W. K.; NINASHVILI, N.; SUTTON, D. Environmental exposure to mercury and its toxicopathologic implications for public health. *Environ Toxicol.*, v. 18, n. 3, p. 149-175, 2003.

TERANISHI, H.; MORIKAWA, Y.; NISHIJO, M.; IWATA, K.; KATOH, T.; AOSHIMA, K. *et al.* A fifteen-year follow-up study on renal dysfunction among people living in cadmium-polluted area. *Water Science and Technology*, v. 25, n. 11, p. 157-164, 1992.

UNITED NATIONS ENVIRONMENTAL PROGRAM – UNEP. Chemicals Branch. *The global atmospheric mercury assessment*: sources, emissions and transport. Geneva: UNEP-Chemicals, 2008.

UNITED STATES ENVIRONMENTAL PROTECTION AGENCY – USEPA. *Guidance manual for the integrated exposure uptake biokinetic model for lead in children*. 1994. Disponível em: <https://nepis.epa.gov/> Acesso em janeiro de 2017.

______. *Lead*, 2017. Disponível em: < https://www.epa.gov/lead>. Acesso em janeiro de 2017.

VALBERG, P. A.; BECK, B. D.; BOWERS, J. L.; BERGSTROM, P. D.; BOARDMAN, P. D. Issues in setting health-based cleanup levels for arsenic in soil. *Regulatory Toxicology and Pharmacology*, v. 26, p. 219-229, 1997.

VILLA, J. E. L.; PEIXOTO, R. R. A.; CADORE, S. Cadmium and lead in chocolates commercialized in Brazil. *J. Agric. Food Chem.*, v. 62, n. 34, p. 8759–8763, 2014.

WANI, A. L.; ARA, A.; USMANI, J. A. Lead toxicity: a review. *Interdiscip. Toxicol.*, v. 8, n. 2, p. 55-64, 2015.

WORLD HEALTH ORGANIZATION – WHO. *Arsenic and arsenic compounds*. 2 ed. Environmental Health Criteria Series, n. 224, 2001. 187 p. Disponível em: <www.inchem.org/documents/ehc/ehc/ehc224.htm>. Acesso em dezembro de 2016.

______. *Cadmium*. Environmental Health Criteria Series, n. 134, 1992. Disponível em: <www.who.int/ipcs/assessment/public_health/cadmium/en/>. Acesso em janeiro de 2017.

______. *Exposure to mercury: a major public health concern*. Preventing diseases through healthy environments. 2007. Disponível em: <www.who.int/phe/news/Mercury-flyer.pdf>. Acesso em janeiro de 2017.

ZAKHAROVA, T.; TATÀNO, F.; MENSHIKOV, V. Health cancer risk assessment for arsenic exposure in potentially contaminated areas by plants fertilizer: A possible regulatory approach applied to a case study in Moscow Region – Russia. *Reg. Toxicol. Pharmacol.*, v. 36, p. 22-23, 2002.

13. Câncer – uma epidemia ambiental?

Sonia Corina Hess, Telma de Cassia dos Santos Nery, Bruno Bignardi, Cicero Benedito Junior, Fernanda Cristina de Santana e Sarti, Flávia Munhoz Granja, Gustavo Garcia Marques, Ingredy Tavares da Silva, Renato Magalhães Patriani Rodrigues

Dados numéricos da mortalidade por neoplasias no Brasil

Os registros de mortalidade segundo o capítulo do Código Internacional de Doenças – CID-10, disponíveis no Sistema de Informações de Mortalidade do Ministério da Saúde (SIM/DATASUS, 2017) revelam que, entre os anos de 2011 e 2015, as neoplasias vitimaram 984.663 pessoas no Brasil. No período, o número de óbitos anuais foi crescente, passando de 184.384 em 2011 a 209.780 em 2015 (tabela 13.1).

Tabela 13.1 Causas de óbito segundo o Código Internacional de Doenças CID-10 no Brasil, de 2011 a 2015

Capítulo CID-10	2011	2012	2013	2014	2015	Total
TOTAL	1.170.498	1.181.166	1.210.474	1.227.039	1.264.174	6.053.351
I.	49.175	49.608	52.058	52.174	55.022	258.037
II.	184.384	191.577	196.954	201.968	209.780	984.663
III.	6.344	6.358	6.388	6.108	6.506	31.704
IV.	73.929	72.495	74.726	73.972	76.235	371.357
V.	13.725	12.641	13.052	12.480	12.558	64.456
VI.	26.948	28.712	30.300	32.381	34.721	153.062
VII.	23	38	15	18	21	115
VIII.	150	139	143	157	147	736
IX.	335.213	333.295	339.672	340.284	349.642	1.698.106
X.	126.693	127.204	137.832	139.045	149.541	680.315

XI.	59.707	60.509	61.934	62.763	64.202	309.115
XII.	3.395	3.722	3.919	4.300	4.970	20.306
XIII.	4.488	4.607	5.001	5.325	5.385	24.806
XIV.	26.317	27.975	29.709	32.510	36.549	153.060
XV.	1.680	1.647	1.787	1.889	1.896	8.899
XVI.	23.579	23.069	22.745	22.482	22.162	114.037
XVII.	10.543	10.622	10.752	11.050	10.989	53.956
XVIII.	78.363	74.935	71.804	71.191	71.713	368.006
XX.	145.842	152.013	151.683	156.942	152.135	758.615

Nota: Causas de óbito segundo o Código Internacional de Doenças CID-10: Cap. I – Algumas doenças infecciosas e parasitárias; Cap. II – Neoplasias (tumores); Cap. IV – Doenças endócrinas, nutricionais e metabólicas; Cap. IX – Doenças do aparelho circulatório; Cap. X – Doenças do aparelho respiratório; Cap. XI – Doenças do aparelho digestivo; Cap. XVIII – Sintomas, sinais e achados anormais em exames clínicos e laboratoriais; Cap. XX – Causas externas de morbidade e mortalidade. Fonte dos dados: SIM/ DATASUS, 2017. Nota: construção dos autores

As neoplasias (CID-10, capítulo II) constaram como a terceira principal causa de óbito entre os homens (figura 13.1), respondendo por aproximadamente 15% do total de óbitos, e a segunda entre as mulheres (figura 13.2), em torno de 17% do total.

Figura 13.1 Proporções (%) dos óbitos segundo as causas CID-10 em relação aos totais de óbitos registrados no Brasil, sexo masculino, de 2011 a 2015

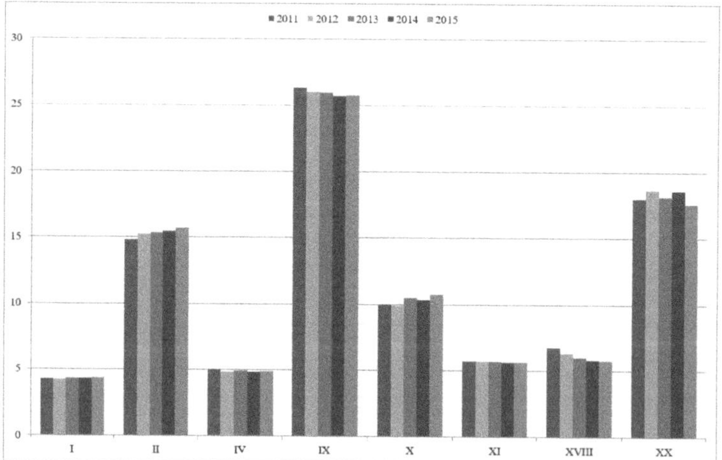

Nota: Causas de óbito segundo o Código Internacional de Doenças CID-10: Cap. I – Algumas doenças infecciosas e parasitárias; Cap. II – Neoplasias (tumores); Cap. IV – Doenças endócrinas, nutricionais e metabólicas; Cap. IX – Doenças do aparelho circulatório; Cap. X – Doenças do aparelho respiratório; Cap. XI – Doenças do aparelho digestivo; Cap. XVIII – Sintomas, sinais e achados anormais em exames clínicos e laboratoriais; Cap. XX – Causas externas de morbidade e mortalidade. Fonte dos dados: SIM/ DATASUS, 2017. Nota: construção dos autores.

Figura 13.2 Proporções (%) dos óbitos segundo as causas CID-10 em relação aos totais de óbitos registrados no Brasil, sexo feminino, de 2011 a 2015

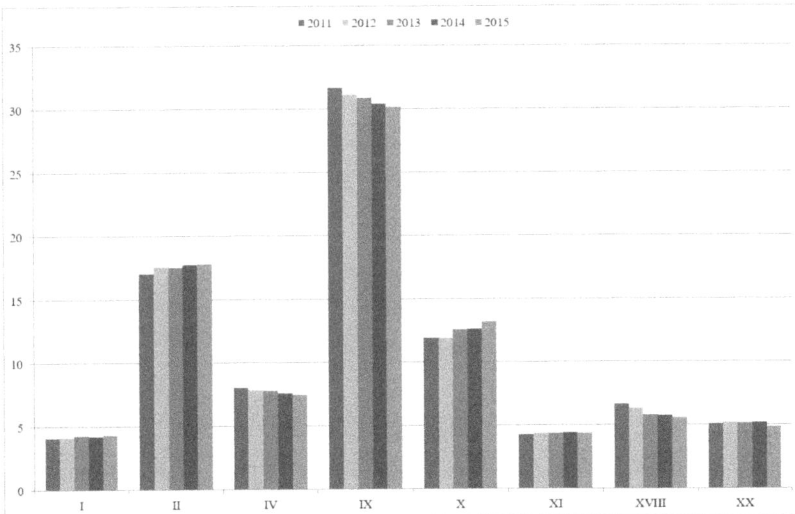

Fonte dos dados: SIM/DATASUS, 2017. Nota: construção dos autores

Dentre os homens, os sete grupos CID-10 de neoplasias que causaram os maiores números de óbitos foram, em ordem decrescente, as neoplasias malignas dos órgãos digestivos; do aparelho respiratório e órgãos intratorácicos; dos órgãos genitais; de localização mal definida; do tecido linfático, hematopoiético e correlato; do lábio, cavidade oral e faringe; dos olhos, encéfalo e outras partes do sistema nervoso central; e do trato urinário. Dentre as mulheres, as neoplasias que causaram o maior número de óbitos naquele mesmo período foram as neoplasias malignas dos órgãos digestivos; da mama; dos órgãos genitais; do aparelho respiratório e órgãos intratorácicos; de localização mal definida; do tecido linfático, hematopoiético e correlato; dos olhos, encéfalo e outras partes do sistema nervoso central (tabela 13.2).

Tabela 13.2 Óbitos por neoplasias no Brasil segundo o Grupo CID-10, totais de 2011 a 2015, sexos masculino e feminino

Total de óbitos segundo Grupo CID-10, neoplasias 2011-2015, Brasil	Masculino	Feminino
TOTAL	524.035	460.533
Neoplasias malignas	514.673	451.527
. Neoplasias malignas de localizações especificada	440.235	385.102
... Neoplasias malig do lábio, cavidade oral e far	28.572	7.656
... Neoplasias malignas dos órgãos digestivos	175.649	135.395
... Neopl malig aparelho respirat e órgãos intrato	94.906	53.970
... Neopl malig dos ossos e cartilagens articulare	5.145	3.668
... Melanoma e outras(os) neoplasias malignas da p	9.645	7.120
... Neopl malig do tecido mesotelial e tecidos mol	5.850	6.421
... Neoplasias malignas da mama	803	71.047
... Neoplasias malignas dos órgãos genitais mascul	72.638	64.120
... Neoplasias malignas do trato urinário	21.816	11.420
... Neopl malig olhos encéf outr part sist nerv ce	22.513	20.496
... Neopl malig tireóide e outras glândulas endócr	2.698	3.789
. Neopl malig local mal def, secund e local n espe	36.818	34.073
. Neopl malig tecido linfát hematopoét e correlato	37.183	31.936
. Neopl malig local múltiplas independentes (prim)	437	416
Neoplasias [tumores] in situ	1.327	1.107
Neoplasias [tumores] benignas(os)	1.417	2.003
Neopl de comportamento incerto ou desconhecido	6.618	5.896

Fonte dos dados: SIM/DATASUS, 2017. Nota: construção dos autores.

As taxas de mortalidade por neoplasias a cada 100 mil habitantes aferidas nos Estados da federação superaram os índices do país nos seguintes Estados, entre 2011 e 2015: sexo masculino – RS, PR, SC, RJ, SP, ES, MG e MS (figura 13.3); sexo feminino – RS, RJ, SP, PR e SC (figura 13.4). As taxas apresentadas ficaram inferiores às aferidas Estados Unidos, entre 2008 e 2012, onde foram registrados 207,9 óbitos por neoplasias a cada 100 mil habitantes do sexo masculino e 145,4 do sexo feminino (ACS, 2016), e também na Europa onde, em 2012, as taxas de mortalidade por neoplasias alcançaram 222,6 óbitos a cada 100 mil habitantes do sexo masculino e 128,8 do sexo feminino (Ferlay *et al.*, 2013).

Figura 13.3 Mortalidade masculina por 100 mil habitantes, neoplasias, unidades da federação, 2011 a 2015

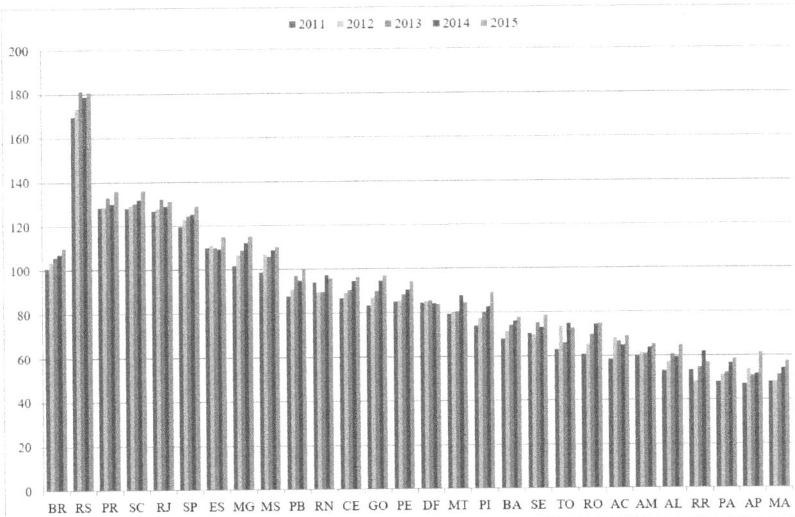

Fonte dos dados: SIM/DATASUS, 2017. Nota: construção dos autores

Figura 13.4 Mortalidade feminina por 100 mil habitantes, neoplasias, unidades da federação, 2011 a 2015

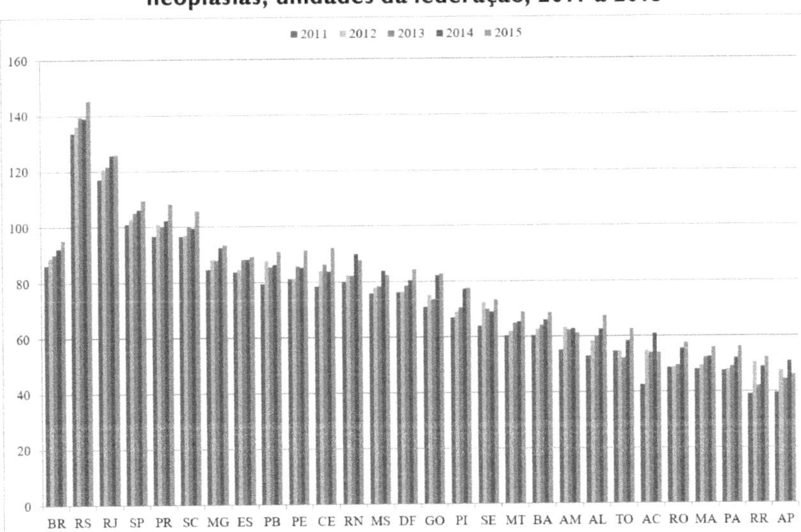

Fonte dos dados: SIM/DATASUS, 2017. Nota: construção dos autores

No Estado do Rio Grande do Sul chamam a atenção, particularmente, oito microrregiões que apresentaram taxas de mortalidade por neoplasias superiores àquelas aferidas tanto nos EUA, quanto na Europa, no Brasil e no RS, para ambos os sexos: 43019 Restinga Seca, 43022 Cachoeira Sul, 43030 Campanha Central, 43031 Campanha Meridional, 43032 Serras Sudeste, 43033 Pelotas, 43034 Jaguarão e 43035 Litoral Lagunar (figuras 13.5 e 13.6). No mapa apresentado na figura 13.7 é possível visualizar as oito microrregiões destacadas em cor mais escura. Verifica-se que as oito regiões destacadas são contíguas, formando uma grande região abrangendo o sudeste e centro do Estado do Rio Grande do Sul. Diante do exposto, naquelas oito microrregiões do RS com taxas de mortalidade por neoplasias muito acima da média nacional justifica-se a realização de estudos epidemiológicos e de avaliação ambiental para verificar-se a presença de substâncias cancerígenas, principalmente, nas águas de abastecimento público.

Figura 13.5 Mortalidade por 100 mil habitantes, sexo masculino, neoplasias, microrregiões do Rio Grande do Sul, 2011 a 2015

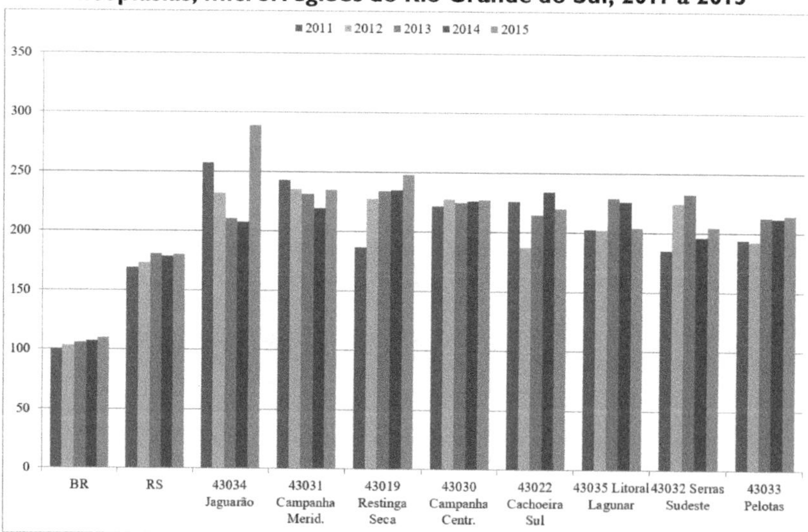

Fonte dos dados: SIM/DATASUS, 2017. Nota: construção dos autores

Figura 13.6 Mortalidade por 100 mil habitantes, sexo feminino, neoplasias, microrregiões do Rio Grande do Sul, 2011 a 2015

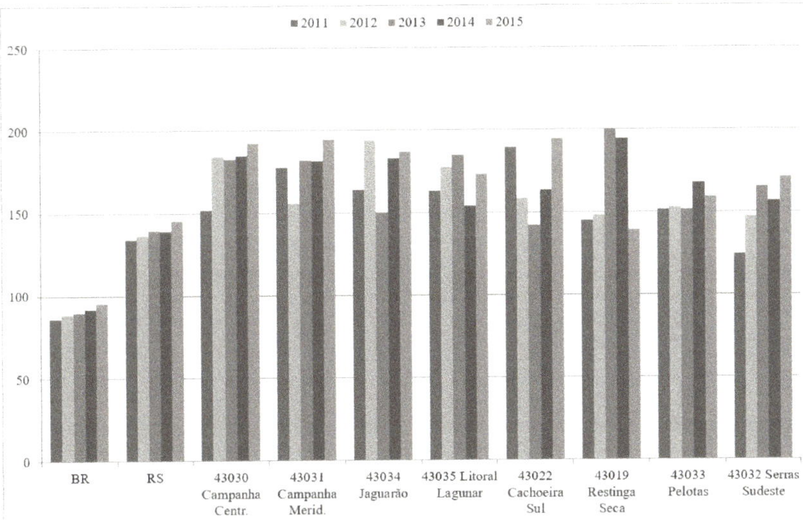

Fonte dos dados: SIM/DATASUS, 2016. Nota: construção dos autores

Figura 13.7 Mapa do Rio Grande do Sul com destaque para as oito microrregiões que apresentaram taxas de mortalidade por neoplasias por 100 mil habitantes, superiores às do país e do RS, para os sexos masculino e feminino, 2011 a 2015.

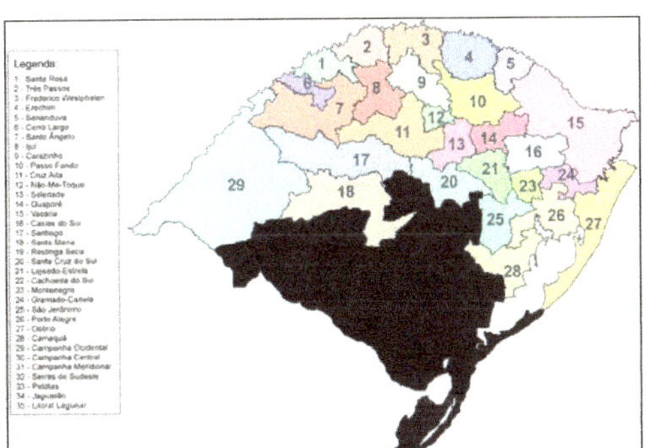

Fonte do mapa das microrregiões do RS[1]. Nota: modificação dos autores.

[1] Ver em: <www.infoescola.com/wp-content/uploads/2010/04/microrregioes--rs.png>.

Substâncias cancerígenas no ambiente e o desenvolvimento de neoplasias em seres humanos

Numerosos estudos divulgados na literatura científica têm relatado propriedades cancerígenas atribuídas a substâncias industriais amplamente utilizadas no Brasil e em muitos outros países, e que têm contaminado águas, ar e alimentos. Em capítulos deste livro (ver capítulos 4, 6, 7, 9, 10, 11, 12 e 13) foram descritas propriedades cancerígenas de substâncias industriais tais como o bisfenol A, ftalatos, alquilfenóis (desreguladores endócrinos, componentes de plásticos, detergentes, e outros materiais de amplo emprego), protetores solares, glifosato e outros princípios ativos de agrotóxicos com uso ainda permitido no Brasil. Conforme foi descrito no capítulo 3, a presença de tais substâncias cancerígenas em águas de abastecimento tem sido aferida, inclusive, no Brasil.

Em documento divulgado pelo governo dos Estados Unidos, foi descrito que aproximadamente 41% dos norte americanos terão diagnóstico de câncer e que, em torno de 21% dos mortos registrados naquele país terão sido vitimados por neoplasias (Leffall Jr.; Kripke, 2010). Muitos autores têm concluído que, em vários tipos de neoplasias, a susceptibilidade genética tem papel importante, mas é a interação entre esta e os fatores de risco associados ao modo de vida e ao ambiente, que determina o potencial de adoecimento (Leffall Jr.; Kripke, 2010; Newby; Howard, 2005).

A seguir, descrevemos os resultados de estudos epidemiológicos relatando correlações causa-efeito da exposição a produtos industriais cancerígenos, com o incremento na morbi-mortalidade por neoplasias em seres humanos.

Lipworth (1995) citado por Darbre (2006) descreveu que estudos epidemiológicos demonstraram que 90% das neoplasias de mama são originadas pela exposição a fatores de risco presentes no ambiente.

Williams (2010) também reuniu informações descritas em diversos trabalhos científicos que revelam que a contaminação ambiental por pesticidas e desreguladores endócrinos com atividades estrogênicas (hormônio feminino) têm resultado no aumento da incidência de câncer de mama e de próstata.

Band e colaboradores (2011) relataram ter encontrado correlação estatística significativa entre o desenvolvimento de câncer de próstata e a exposição aos pesticidas DDT, simazina, lindano, diclone, amina dinoseb, malation, endosulfan, 2,4-D, 2,4-DB e carbaril.

Nas ilhas de Martinica e Guadalupe, a crescente incidência de câncer de próstata foi atribuída à contaminação ambiental por agrotóxicos mutagênicos, carcinogênicos e que afetam o sistema reprodutivo (Belpomme *et al.*, 2009).

Estudo realizado no Egito concluiu que a exposição a agrotóxicos é o fator preponderante para o desenvolvimento de câncer de bexiga entre os agricultores (Amr *et al.*, 2015).

Alguacil e colaboradores (2000) relataram que a exposição ocupacional a agrotóxicos, incluindo glifosato e organoclorados, é um fator de risco para o desencadeamento de câncer de pâncreas nos trabalhadores.

Além disto, a exposição de agricultores ao 2,4-D foi aferida como fator de risco para o adoecimento por câncer gástrico (Mills; Yang, 2007).

Também foi descrito que os agricultores expostos ao clorpirifós apresentaram maior chance de desenvolverem câncer no reto (Lee et al., 2007), lembrando que este é o princípio ativo em quinto lugar dentre os agrotóxicos mais comercializados no Brasil.

Em um extenso trabalho de revisão da literatura, Schinasi e Leon (2014) reportaram que estudos descreveram haver associação positiva entre o desenvolvimento de linfoma não-Hodgkin e a exposição a agrotóxicos das classes dos herbicidas fenoxi (incluindo o 2,4-D), inseticidas carbamatos, organofosforados e o organoclorado lindano. O desenvolvimento do linfoma da célula B foi positivamente associado com a exposição a herbicidas fenoxi e o glifosato. Além disso, o grande linfoma da célula difuso também foi associado com a exposição aos herbicidas fenoxi.

Dennis e colaboradores (2010), ao realizarem estudo com o desenvolvimento de melanoma entre os aplicadores de pesticidas na agricultura, concluíram que o risco é aumentado entre os trabalhadores expostos aos agrotóxicos maneb/mancozebe, paration e carbaril.

Dentre os fatores de risco para o desencadeamento de tumores malignos em crianças, foi descrito que a exposição (inclusive, durante a gestação) a herbicidas da classe dos clorofenóxidos, incluindo o 2,4-D, repercute no aumento da probabilidade de desenvolvimento de tumores no fígado (Ferrís I Tortajada *et al.*, 2008).

Crianças cujos pais estiveram expostos a pesticidas também têm maior probabilidade de desenvolverem tumores no cérebro (Van Maele-Fabry *et al.*, 2013), e a exposição das mães a agrotóxicos repercute no aumento da incidência de leucemia em seus filhos (Van Maele-Fabry *et al.*, 2010). Crianças expostas à poluição veicular também têm maior chance de adoecerem por leucemia (Filippini *et al.*, 2015).

Em artigo publicado em 2015, Silva e colaboradores relataram terem encontrado uma correlação positiva entre toneladas de soja plantada nos estados brasileiros e a mortalidade por câncer de próstata (Silva *et al.*, 2015).

Em artigo de revisão publicado em 2017, Mostafalou e Abdollahi citaram muitos estudos em que são descritas propriedades cancerígenas para agrotóxicos com uso permitido no Brasil.

Durante o ano de 2015, uma equipe técnica da Secretaria de Saúde do Estado de São Paulo estruturou o observatório em saúde ambiental (2017). Este observatório possibilita a criação de mapas com dados de consumo e morbi mortalidade abrangendo os municípios do Estado. Com base nas informações do SIM/ Datasus (2016), aquela equipe elaborou mapas com as taxas de mortalidade por variadas patologias, dentre elas, dos tipos de câncer com localização mais definida e frequentemente citada na literatura em estudos de exposição a agrotóxicos: câncer de fígado (figura 13.8); os do grupo relacionado com a desregulação endócrina (câncer genital masculino) (figura 13.9); e a leucemia linfoide (figura 13.10).

Figura 13.8 Mapa das taxas padronizadas de mortalidade por câncer de fígado segundo município de residência do Estado de São Paulo, 2000 a 2012.

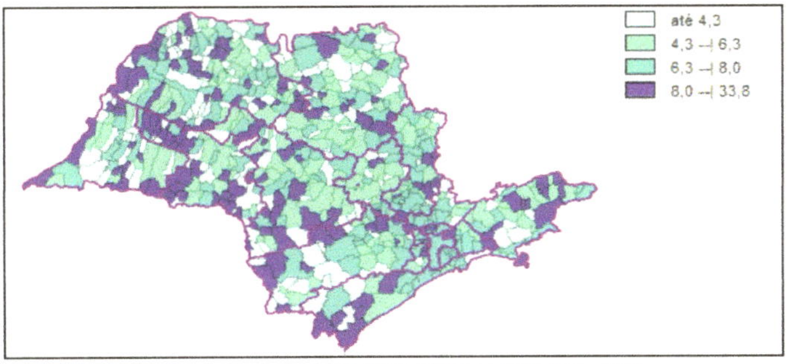

Fonte: OBSERVATÓRIO EM SAÚDE AMBIENTAL, 2017.

Figura 13.9 Mapa das taxas padronizadas de mortalidade por câncer genital masculino segundo município de residência do Estado de São Paulo, 2000 a 2012

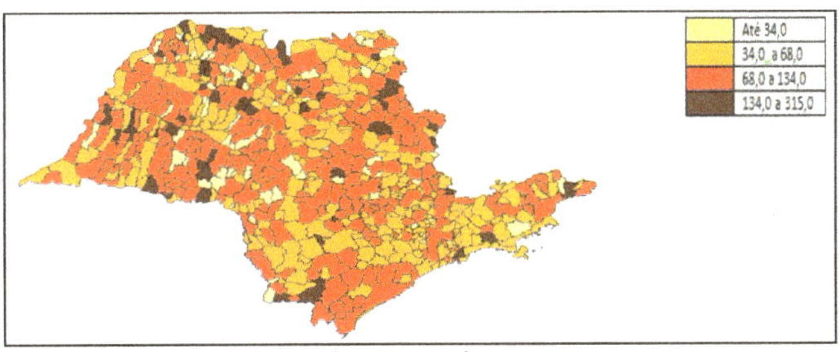

Fonte: OBSERVATÓRIO EM SAÚDE AMBIENTAL, 2017

Figura 13.10 Mapa das taxas padronizadas de mortalidade por leucemia linfoide segundo município de residência do Estado de São Paulo, 2000 a 2012

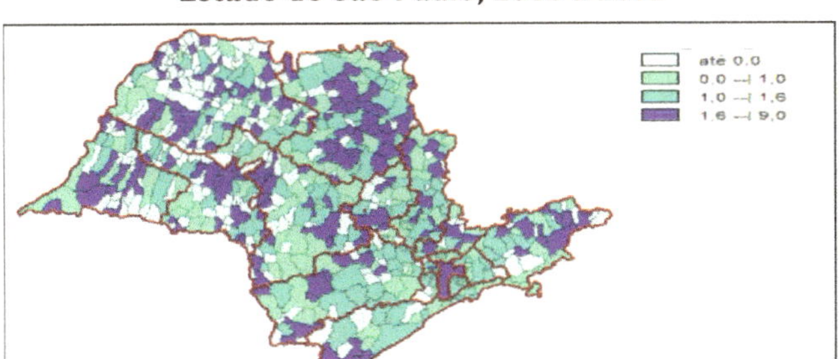

Fonte: OBSERVATÓRIO EM SAÚDE AMBIENTAL, 2017

No mapa da figura 13.11 é representada a produção agrícola por município do Estado de São Paulo, para o ano de 2012.

Figura 13.11 Mapa da produção agrícola por município do Estado de São Paulo

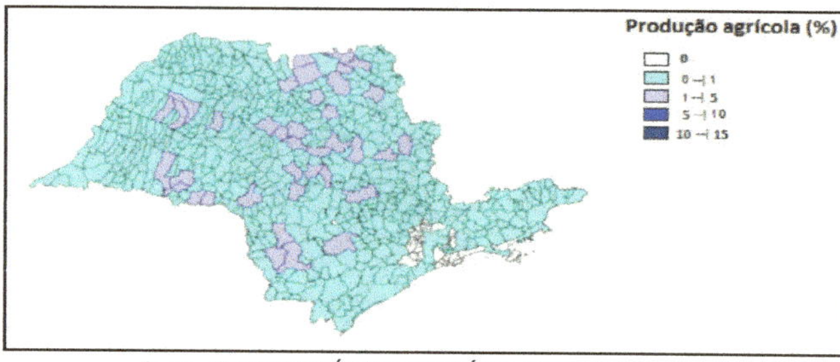

Fonte: OBSERVATÓRIO EM SAÚDE AMBIENTAL, 2017

Ao comparar-se as figuras 13.8, 13.9 e 13.10 com a figura 13.11, é possível inferir que as taxas mais expressivas de mortalidade por câncer foram aferidas nas regiões próximas àquelas com maior produção agrícola, e consequente maior consumo de agrotóxicos no Estado de São Paulo. Estes resultados descritos para o Estado de São Paulo, que indicam haver correlação entre a exposição a agrotóxicos com o aumento das taxas de mortalidade por câncer, também foram verificados em estudos realizados no Estado de Mato Grosso (ver capítulo 8), onde o uso de agrotóxicos: foi associado à morbimortalidade por câncer na população infanto-juvenil (0 a 19 anos) (Curvo *et al.*, 2013); e houve associação entre níveis alto/médio de uso de agrotóxicos em 1998 e a mortalidade por neoplasias malignas de esôfago, estômago, pâncreas, encéfalo, próstata, leucemias e linfomas para as faixas etárias de 60 a 69 anos e 70 anos ou mais. Em relação ao câncer de mama, foi observada uma associação com o uso alto/médio de agrotóxicos para as faixas etárias de 40 a 49 anos e de 50 a 59 anos (Cunha, 2010).

Diante do exposto, infere-se que a presença, no ambiente, de substâncias cancerígenas, tem sido descrita na literatura como fator de risco preponderante para o desenvolvimento de neoplasias na população exposta. Portanto, é necessário aprimorar a legislação brasileira para que as substâncias sob suspeita tenham seu uso proibido ou limitado no país. Também é preciso investigar possíveis fatores de risco presentes nas águas de abastecimento fornecidas às populações, nos locais com as maiores taxas de mortalidade por neoplasias. Sugere-se que as avaliações ambientais aconteçam inicialmente nas oito microrregiões do Rio Grande do Sul destacadas neste trabalho, por apresentarem taxas de mortalidade por neoplasias muito acima da média do país.

Referências

ALGUACIL, J.; KAUPPINEN, T.; PORTA, M.; PARTANEN, T.; MALATS, N. R.; KOGEVINAS, M. *et al.* Risk of pancreatic cancer and occupational exposures in Spain. *Ann. Occup. Hyg.*, v. 44, n. 5, p. 391-403, 2000.

AMERICAN CANCER SOCIETY – ACS. *Cancer facts & figures 2016*. Disponível em: <www.cancer.org/acs/groups/content/@research/documents/document/acspc-047079.pdf>. Acesso em dezembro de 2016.

AMR, S.; DAWSON, R.; SALEH, D. A.; MAGDER, L. S.; ST GEORGE, D. M.; EL-DALY, M. *et al.* Pesticides, gene polymorphisms, and bladder cancer among Egyptian agricultural workers. *Arch. Environ. Occup. Health*, v. 70, n. 1, p. 19-26, 2015.

BAND, P. R.; ABANTO, Z.; BERT, J.; LANG, B.; FANG, R.; GALLAGHER, R. P. *et al.* Prostate cancer risk and exposure to pesticides in British Columbia farmers. *Prostate*, v. 71, n. 2, p. 168-183, 2011.

BELPOMME, D.; IRIGARAY, P.; OSSONDO, M.; VACQUE, D.; MARTIN, M. Prostate cancer as an environmental disease: an ecological study in the French Caribbean islands, Martinique and Guadeloupe. *Int. J. Oncol.*, v. 34, n. 4, p. 1037-1044, 2009.

CUNHA, M. L. O. N. *Mortalidade por câncer e a utilização de agrotóxicos no Estado de Mato Grosso no período de 1998 a 2006*. 2010. 86p. Dissertação (Mestrado em Saúde Coletiva) – Faculdade de Medicina da Santa Casa de São Paulo, São Paulo. 2010.

CURVO, H. R. M.; PIGNATI, W. A.; PIGNATTI, M. G. Morbimortalidade por câncer infantojuvenil associada ao uso agrícola de agrotóxicos no Estado de Mato Grosso, Brasil. *Cad. Saúde Colet.*, v. 21, p. 10-17, 2013.

DARBRE, P. D. Environmental oestrogens, cosmetics and breast cancer. *Best Practice & Research Clinical Endocrinology & Metabolism*, v. 20, n. 1, p. 121–143, 2006.

DENNIS, L. K.; LYNCH, C. F.; SANDLER, D. P.; ALAVANJA, M. C. Pesticide use and cutaneous melanoma in pesticide applicators in the agricultural heath study. *Environ. Health Perspect.*, v. 118, n. 6, p. 812-817, 2010.

FERLAY, J.; STELIAROVA-FOUCHER, E.; LORTET-TIEULENT, J.; ROSSO, S.; COEBERGH, J.W.W.; COMBER, H.; FORMAN, D. *ET AL*. Cancer incidence and mortality patterns in Europe: estimates for 40 countries in 2012. *European Journal of Cancer*, v. 49, p. 1374–1403, 2013.

FERRÍS I TORTAJADA, J.; ORTEGA GARCÍA, J. A.; GARCIA I CASTELL, J.; LÓPEZ ANDREU, J. A.; C. RIBES KONINCKX, C.et al. Factores de riesgo para los tumores hepáticos malignos pediátricos. *An. Pediatr.* (Barc), v. 68, n. 4, p. 377-384, 2008.

FILIPPINI, T.; HECK, J. E.; MALAGOLI, C.; DEL GIOVANE, C.; VINCETI, M. A review and meta-analysis of outdoor air pollution and risk of childhood leukemia. *J. Environ. Sci. Health C. Environ. Carcinog. Ecotoxicol. Rev.*, v. 33, n. 1, p. 36-66, 2015.

LEFFALL JR., L. D.; KRIPKE, M. L. *Reducing environmental cancer risk*: what we can do now. Washington DC: U.S. Department of Health and Human Services; 2010.

LEE, W. J.; SANDLER, D. P.; BLAIR, A.; SAMANIC, C.; CROSS, A. J.; ALAVANJA, M. C. Pesticide use and colorectal cancer risk in the Agricultural Health Study. *Int. J. Cancer*, v. 121, n. 2, p. 339-346, 2007.

MILLS, P. K.; YANG, R. C. Agricultural exposures and gastric cancer risk in Hispanic farm workers in California. *Environ. Res.*, v. 104, n. 2, p. 282-289, 2007.

MOSTAFALOU, S.; ABDOLLAHI, M. Pesticides: an update of human exposure and toxicity. *Arch. Toxicol.*, v. 91, p. 549–599, 2017.

NEWBY, J. A.; HOWARD, C. V. Environmental influences in cancer aetiology. *J. Nutr. Environ. Med.*, v. 15, p. 56-114, 2005.

OBSERVATÓRIO EM SAÚDE AMBIENTAL. Disponível em: <www.observatoriosaudeambiental.eco.br/o/>. Acesso em janeiro de 2017.

SCHINASI, L.; LEON, M. E. Non-Hodgkin lymphoma and occupational exposure to agricultural pesticide chemical groups and active ingredients: a systematic review and meta-analysis. *Int. J. Environ. Res. Public Health*, v. 11, p. 4449-4527, 2014.

SILVA, J. F. S.; SILVA, A. M. C.; LIMA-LUZ, L.; AYDOS, R. D.; MATTOS, I. E. Correlação entre produção agrícola, variáveis clínicas-demográficas e câncer de próstata: um estudo ecológico. Ciência e Saúde Coletiva, v. 20, n. 9, p. 2805-2812, 2015.

SISTEMA DE INFORMAÇÕES DE MORTALIDADE – SIM. DEPARTAMENTO DE INFORMÁTICA DO SISTEMA ÚNICO DE SAÚDE – DATASUS. *TABNET. Informações de saúde. Estatísticas vitais.* Disponível em: <http://tabnet.datasus.gov.br/cgi/deftohtm.exe?sim/cnv/obt10uf.def>. Acesso em julho de 2017.

VAN MAELE-FABRY, G.; HOET, P.; LISON, D. Parental occupational exposure to pesticides as risk factor for brain tumors in children and young adults: a systematic review and meta-analysis. *Environ Int*, v. 56, p. 19-31, 2013.

VAN MAELE-FABRY, G.; LANTIN, A. C.; HOET, P.; LISON, D. Childhood leukaemia and parental occupational exposure to pesticides: a systematic review and meta-analysis. *Cancer Causes Control*, v. 21, n. 6, p. 787-809, 2010.

WILLIAMS, G. P. The role of oestrogen in the pathogenesis of obesity, type 2 diabetes, breast cancer and prostate disease. *Eur. J. Cancer Prev.*, v. 19, n. 4, p. 256-271, 2010.

14. Conversão de ambientes naturais – uma tragédia brasileira[1]

Aldem Bourscheit

Introdução

Poucos autores foram tão assertivos em sintetizar os atuais paradigmas científico e de relacionamento com os ambientes e recursos naturais quanto o político, filósofo e ensaísta inglês Francis Bacon (1561 – 1626) ao afirmar que "devemos tratar a natureza como o inquisidor da Santa Inquisição trata o inquirido: deve torturá-la até ela entregar todos os seus segredos" (Boff, 2012, p. 93).

Tal modelo permeia práticas de nosso dia-a-dia, dos meios e métodos de pesquisa, das instituições de ensino, das cadeias produtivas e influencia, inclusive, as interfaces entre sociedades e indivíduos humanos.

Entre os efeitos colaterais desse *modus operandi*, figuram: mudanças globais do clima; mau uso e contaminação das águas; eliminação de incontáveis formas de vida pela destruição de habitats; erosão, salinização e perda da fertilidade de solos; caça e pesca excessivas; bem como desequilíbrios ecológicos provocados pela introdução de espécies exóticas. Esses processos são historicamente responsáveis por levar sociedades a corromper suas bases naturais de sustentação (Diamond, 2006; MMA, 2017b) e são sintomáticos do alto grau de insustentabilidade do modelo de desen-

[1] Redação finalizada em Fevereiro de 2017.

volvimento em voga, ainda não sentido em escala mais profunda pelo balanço compensatório de recursos naturais renováveis e não renováveis proporcionado pelas economias globalizadas.

Desde que o chamado *Homo sapiens* começou a lapidar sua inventividade, eficiência e habilidades de caçador e coletor, o manejo de recursos naturais vem ganhando complexidade. Mesmo que isso tenha se iniciado há cerca de 50 mil anos, diferentes povos ainda são conduzidos a armadilhas ligadas à exploração desenfreada de recursos naturais.

Tamanhas ciladas estão geralmente camufladas sob doutrinas errôneas, como se os recursos naturais fossem inesgotáveis, como se a complexidade dos ecossistemas permitisse previsões exatas sobre os impactos das ações humanas no tempo e no espaço.

Um exemplo vem do Brasil Colônia, quando a manutenção de estoques florestais nativos ganhou espaço na agenda dos governantes. No fim do século XVII, a construção de novos engenhos de cana-de-açúcar (na hoje chamada Mata Atlântica) foi proibida a, pelo menos, dois quilômetros de distância de empreendimentos semelhantes. Assim, haveria espaço para o plantio e a manutenção de florestas suficientes para garantir o funcionamento dos engenhos.

À época, se constatou que, se a localização dos mesmos fosse deixada ao critério dos cidadãos, dentro de pouco tempo não haveria mais combustível para abastecer nenhum engenho e toda a indústria ficaria arruinada (Perling, 1992).

Como nos lembra Alexander Von Humboldt [1769-1859] em sua obra *Kosmos* (1845 à 1862), "a espécie humana participa de maneira essencial da vida que anima nosso globo inteiro" (Menegat, 2009). Nesse sentido, é justamente quando uma cultura se considera essencialmente autônoma em relação à natureza que decorrem os problemas ambientais e sociais mais graves.

Conversão e remanescentes por domínio biogeográfico

Dados coletados junto a organismos oficiais, como o Instituto Nacional de Pesquisas Espaciais (INPE), vinculado ao Ministério da Ciência, Tecnologia, Inovações e Comunicações (MCTI), e o Instituto Brasileiro do Meio Ambiente e dos Recursos Naturais

Renováveis (Ibama), esse inserido no Ministério do Meio Ambiente (MMA), demonstram as taxas de conversão de ambientes naturais e de remanescentes de vegetação nativa nos seis domínios biogeográficos brasileiros – Pampa, Caatinga, Cerrado, Amazônia, Mata Atlântica e Pantanal (figura 14.1).

"Conversão de ambientes naturais", "supressão da vegetação nativa" ou "mudanças no uso do solo" são termos tecnicamente mais corretos e mais abrangentes do que "desmatamento", esse mais aplicável a regiões dominadas por formações florestais, por matas.

Conforme as estatísticas, a Mata Atlântica é o domínio com o maior grau de supressão do *verde nativo*, onde quase 76% foram eliminados, enquanto Pantanal e Amazônia figuram como os mais íntegros, abrigando respectivamente 83% e 63% de vegetação natural. Já o Pampa, a Caatinga e o Cerrado perderam, cada um, aproximadamente metade de suas formações originais.

Entre os nossos domínios, apenas a Amazônia tem um monitoramento por satélites sobre o Estado de sua cobertura vegetal atrelado à divulgação anual de taxas de desmatamento pelo Poder Público, desde 1988, graças ao *Programa de Monitoramento da Floresta Amazônica Brasileira por Satélite* (INPE-PRODES, 2017; MMA, 2017c).

A partir de 2004 e de 2007, respectivamente, foram disponibilizados os sistemas de *Detecção de Desmatamento em Tempo Real* (Deter) e de *Mapeamento da Degradação Florestal na Amazônia Brasileira* (Degrad), que emitem alertas para áreas impactadas por corte raso e por degradação florestal na Amazônia Legal, com o objetivo de direcionar ações e políticas públicas para o combate às perdas de vegetação nativa.

Outra iniciativa é o *Projeto TerraClass* (INPE-Terraclass, 2010; INPE, 2014), dedicado a qualificar a ocupação das áreas desflorestadas na Amazônia Legal com base nos dados do *Projeto de Monitoramento da Floresta Amazônica Brasileira por Satélite* (Prodes) e de imagens de satélite complementares.

Excetuando-se para a Amazônia, que dispõe de atualizações anuais sobre desmatamento, os dados do Poder Público Federal sobre supressão de vegetação nativa para os demais domínios biogeográficos são de 2009 para a Mata Atlântica, Caatinga, Pampa e Pantanal, e de 2013, para o Cerrado (Ibama, 2009a,b,c,d).

Figura 14.1 Índices de vegetação nativa remanescente e convertida nos domínios biogeográficos brasileiros

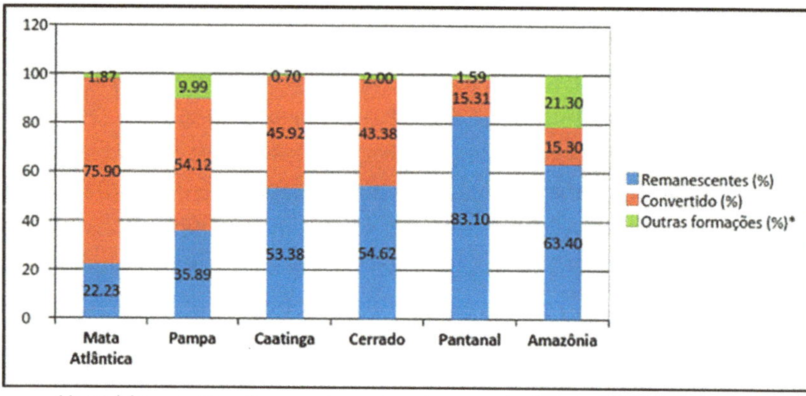

Notas: * águas, regiões não mapeadas ou tipos de vegetação não contabilizáveis no domínio biogeográfico, como áreas de "não floresta" na Amazônia. Fontes: INPE, 2014, 2016; IBAMA, 2009a,b,c,d

TerraClass, Prodes, Deter e Degrad são iniciativas conjuntas dos ministérios do Meio Ambiente (MMA), da Agricultura, Pecuária e Abastecimento (Mapa) e da Ciência, Tecnologia, Inovações e Comunicações (MCTI). Monitoramentos não oficiais têm sido conduzidos sistematicamente por Organizações Não Governamentais, para a Amazônia (Imazongeo, 2016), a Mata Atlântica (Sosma, 2014) e o Pantanal (WWF-Brasil, 2015).

Os domínios biogeográficos brasileiros compartilham agentes quanto à supressão de vegetação nativa, comumente resumidos no avanço desregrado da pecuária, de monoculturas agrícolas e arbóreas, bem como no uso de vegetação nativa para o carvoejamento. Essa atividade é geradora de expressivos impactos socioambientais em regiões fornecedoras de carvão à siderurgia (WWF-Brasil, 2012a), concentradas no Cerrado e na Amazônia.

Pastagens ocupam aproximadamente 65% da área desmatada na Amazônia (INPE, 2016), enquanto a área aproveitada pela Agricultura de Ciclo Anual vem crescendo em média 8% ao ano (figura 14.2) na região, especialmente sobre pastagens e desflorestamentos conformados antes do ano de 2008.

No Cerrado, pastagens respondem por 30% da vegetação nativa convertida. Atualmente, o domínio enfrenta significativa conversão de habitats devido à abertura de novas fronteiras agrossilvopastoris, novamente incentivadas por programas governamentais (Gite-Embrapa, 2014), e também pela exploração predatória de seu material lenhoso para a produção de carvão.

A partir do fim dos anos 1960, com fundamento no desenvolvimento e na aplicação de novas tecnologias produtivas e de programas governamentais de incentivo à ocupação humana do território, o Cerrado foi transformado na mais importante fronteira agropecuária nacional, o que ajudou a tornar o Brasil um dos líderes mundiais em produção e exportação de *commodities* agrícolas (WWF-Brasil, 2012b).

A partir da década de 1980, com a expansão da fronteira produtiva baseada no fortalecimento de práticas agrícolas ligadas à "revolução verde" (traduzida na criação e na disseminação de sementes, de tecnologias e de práticas agrícolas baseadas na monocultura e no amplo uso de agrotóxicos para a produção agrícola, a partir da década de 1960), Amazônia e Cerrado perderam juntos 170 milhões de hectares de vegetação nativa. Entre os anos de 2009 e 2012, a eliminação de Cerrado cresceu 156%, associada à queda do desmatamento na Amazônia, a novas tecnologias para a produção de *commodities* e à alta demanda por soja e carne de China, Índia, Rússia e outros mercados globalizados (OCF, 2015).

Na Caatinga, as mudanças no uso do solo se concentram nos Estados da Bahia, do Ceará e do Piauí (Ibama, 2009a), especialmente para a produção de carvão e de lenha voltada ao abastecimento de polos gesseiros, cerâmicos, siderúrgicos e também de residências (Ibama, 2010).

A liderança em perdas de vegetação natural na Mata Atlântica cabe aos Estados de Minas Gerais e do Piauí (Ibama, 2009b), o que revela pressões contínuas sobre um domínio amplamente desmatado e que, ainda, abriga espécies endêmicas e cujos recursos hídricos abastecem mais de 120 milhões de brasileiros.

Nos ambientes pantaneiros, as mudanças no uso do solo ocorrem com mais intensidade nas áreas de planalto, de onde fluem corpos hídricos relevantes para a manutenção dos ciclos de cheias e de vazantes. A substituição da vegetação nativa nas regiões mais elevadas por lavouras e pastagens e a destruição de *habitats* acelera processos erosivos nas bordas do Pantanal e intensifica o assoreamento de rios na planície, com sérios prejuízos à fauna, flora e economia pantaneiras (Embrapa, 2017; Ibama, 2009d).

Figura 14.2 Evolução das áreas cobertas por agricultura, pastagens e vegetação secundária na Amazônia Legal no período 2004 – 2014

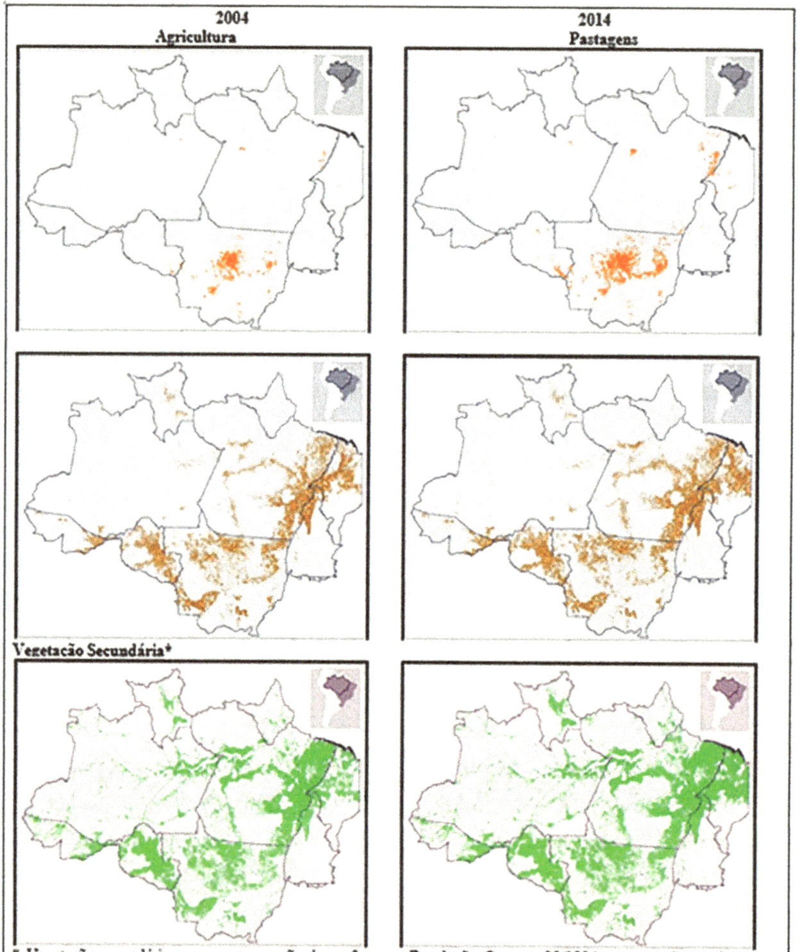

* Vegetação secundária ou em regeneração é, conforme a Resolução Conama 28/1994, a vegetação resultante de processos naturais de sucessão, após supressão total ou parcial de vegetação primária por ações antrópicas ou causas naturais, podendo ocorrer árvores remanescentes de vegetação primária.

Fonte: INPE/EMBRAPA, 2016

O Pampa, único domínio biogeográfico restrito a um Estado, o Rio Grande do Sul, tem na invasão da monocultura do eucalipto e na implantação de barragens para ampliação do cultivo de arroz irrigado as principais fontes para a conversão de sua vegetação nativa (G1, 2012; Ibama, 2009c).

Efeitos da supressão de vegetação nativa

A conversão de solos cobertos por vegetação nativa para usos econômicos convencionais tem impactos variados em magnitude e temporalidade, como a redução ou extinção de diversidade biológica, o aumento de erosões e de perdas de solos férteis, o assoreamento de corpos hídricos, a elevação da temperatura média local ou regional, o maior uso de agrotóxicos em lavouras anuais (MMA, 2017a), a redução dos índices pluviométricos (Cruz *et al.*, 2016), o agravamento de processos de desertificação e de arenização (UFRGS, 2016) e, ainda, uma maior emissão de gases de efeito estufa (OC, 2014).

Como exemplo, a transformação de áreas florestais em pastagens e pastagens em canaviais, eliminou 90% da biodiversidade original do solo – formada por cupins, formigas, minhocas, besouros, aranhas e escorpiões –, conforme experimento realizado no município paulista de Piracicaba (Franco *et al.*, 2016).

Já a pecuária, responsável por menos de 2% do Produto Interno Bruto (PIB) global, figura entre as principais causas do aquecimento do planeta (Meirelles Filho, 2014). Isso se deve à expressiva supressão de vegetação nativa para a formação de pastagens e produção de grãos para alimentação de rebanhos – no Brasil, especialmente no Cerrado e na Amazônia –, e também à liberação de metano (CH_4) por meio da fermentação entérica dos bovinos (Embrapa, 2014). O gás é um potente amplificador do efeito estufa, magnificando o aquecimento global (Embrapa, 2010).

De maneira geral, a escala dos impactos da supressão de vegetação nativa em todos os domínios biogeográficos brasileiros é potencializada por uma agropecuária *monocultural*, fundamentada na supervalorização da ciência ocidental e na supressão da vegetação nativa para a expansão permanente de terras cultivadas (Porto-Gonçalves, 2006), valendo-se de suporte político e normativo. Esse modelo tem sido implantado em distintas regiões do planeta especialmente desde a chamada "revolução verde", provocando não apenas perdas de diversidade biológica e de serviços ecossistêmicos (Fearnside, 2006), mas também de variabilidade cultural e de múltiplas formas de uso da terra diferentes da propriedade privada.

Outro efeito colateral das mudanças no aproveitamento do solo em larga escala é o rompimento cognitivo entre ambientes e paisagens com vegetação nativa e populações humanas, especialmente as indígenas e as tradicionais, quando forçadas a se deslocar para aglomerados urbanos e peri-urbanos, que já abrigam mais da metade da população global. Eliminar a vegetação nativa fraciona a proximidade, as relações e o entendimento dos ambientes naturais. Essa realidade também é fruto do modelo vigente de desenvolvimento, que homogeneíza culturas e domestica a natureza que propiciava, justamente, uma diversidade ambiental e cultural. Desta maneira, a sociedade está adotando fortemente um código cultural associado às paisagens urbanas e não mais observa os ambientes naturais como entidades vivas, mas como simples estoques (ilimitados) de itens a serem extraídos (Menegat, 2009).

Bases da conversão de ambientes naturais

Como até agora descrito, o desmatamento e outras formas de conversão de ambientes naturais são fundamentados no avanço desregrado de atividades econômicas convencionais, especialmente da pecuária e das monoculturas agrícolas sob a égide do agronegócio, atividade cujas cadeias produtiva e exportadora respondem por aproximadamente 20% do Produto Interno Bruto brasileiro (Mapa, 2014, 2016).

A realidade brasileira não é distinta da verificada em dezenas de outros países ainda dependentes de uma indústria de base extrativista, de minérios, pescado, petróleo, gás e madeira, por exemplo, onde as sociedades e as economias são estreitamente comprometidas com a tomada, uso e descarte desses recursos (Diamond, 2006).

A criação extensiva de gado sobre pastagens, predominantemente exóticas, ocupa mais de 170 milhões de hectares (Embrapa, 2014) no Brasil, enquanto que a agricultura cobre por volta de 60 milhões de hectares do território nacional, especialmente com soja – responsável por 57% da área cultivada com grãos no país (Mapa, 2016).

Mais de 82 milhões de hectares de pastagens estão degradados ou subutilizados no Brasil, o correspondente a sete em cada dez hectares da área nacional com pastagens cultivadas (OCF, 2015).

Especialmente sobre a Amazônia, o avanço da fronteira produtiva se dá com incentivos do Poder Público desde a década de 1960, quando se instaurou a Ditadura Militar. Mesmo com a abertura democrática, em 1985, com o aprimoramento da legislação ambiental e das capacidades de fiscalização, de monitoramento de satélite, da sociedade civil organizada, dos órgãos e entidades de pesquisa, do Ministério Público e, inclusive, dos meios de comunicação (Meirelles Filho, 2014), o desmatamento persiste, com lastro econômico e incidindo em terras públicas, territórios indígenas e quilombolas e Unidades de Conservação da Natureza.

Entre as causas, a valorização de terras no sudeste e outras regiões do país pela expansão de mercados como de cana-de-açúcar e de produção de grãos *empurra* a agropecuária para regiões de fronteira agrícola, no Norte, Nordeste e Centro-Oeste, onde a terra é comparativamente mais barata. No caso da Região Norte, condições climáticas permitem, por exemplo, que pastagens componham a base alimentar da pecuária de corte durante o ano todo, reduzindo os custos de produção (Embrapa, 2010).

Distribuído entre as regiões Norte, Nordeste e Centro-Oeste, está o chamado "Arco do Desmatamento", que centraliza as perdas de floresta nativa nas últimas cinco décadas. Mais de 55% do desmatamento da Amazônia Legal estão concentrados em 43 municípios dos Estados do Amazonas (AM), Maranhão (MA), Mato Grosso (MT), Pará (PA), Rondônia (RO) e Roraima (RR) (Meirelles Filho, 2014).

A supressão de vegetação nativa pode ser legalmente autorizada por órgãos Federais e Estaduais, em índices diferenciados para os distintos domínios biogeográficos. Enquanto para a Amazônia o máximo a ser desmatado alcança 20% dos imóveis rurais, para as demais regiões essa taxa alcança 80% das propriedades e posses rurais. Nas áreas de Cerrado na Amazônia Legal, essa proporção chega a 35%, conforme o chamado novo Código Florestal (Lei 12.651, de 25 de Maio de 2012).

Além da redução das perdas de vegetação nativa, persiste no Brasil o desafio de se distinguir com a maior precisão possível a supressão de vegetação nativa legal da não autorizada pelos órgãos públicos, sempre objetivando a eliminação da prática contrária à legislação e à promoção de políticas públicas para contenção da supressão autorizada. Nesse ínterim, a apropriação privada irregular ou ilegal de terras públicas, a grilagem, tem expressiva contribuição à conversão de ambientes naturais em todo o país, historicamente se valendo de mecanismos jurídicos e sociais para assegurar o acesso à terra e a outros recursos naturais (MMA-IPAM, 2006).

Grilo ou grilagem são usados na tentativa de dar aparência legal a títulos de terra falsificados. Para tanto, no passado, documentos eram guardados em gavetas e afins na companhia de grilos (insetos), cuja alimentação e excreção dão tons amarelados e envelhecidos aos documentos. Atualmente, técnicas modernas são empregadas com os mesmos fins, como falsificação e venda de documentos fundiários (MMA-IPAM, 2006).

Desrespeito a normas ambientais, agrárias, civis, criminais e tributárias, bem como violência contra comunidades indígenas, tradicionais e camponesas são elementos comuns à usurpação de terras, um típico problema brasileiro. Somente no Pará, cerca de 30 milhões de hectares foram grilados. No país, estimativas oficiais apontam para cerca de 100 milhões de hectares em terras sob a suspeita de grilagem – quatro vezes a área do Estado de São Paulo, ou quase 12% do território nacional (MMA-IPAM, 2006).

Uma das formas usuais para se tentar a legitimação da posse ilegal da terra é o deslocamento de gado para áreas griladas e desmatadas, esperando assim se obter um aspecto de empreendimento produtivo a um processo de dilapidação do patrimônio coletivo, com altos custos políticos, sociais, econômicos e ambientais.

Aproximadamente metade das terras públicas disponíveis na Amazônia ainda não foi oficialmente destinada, seja para reforma agrária seja para a proteção ambiental. Apenas as terras devolutas federais na Amazônia somam mais de 60 milhões de hectares (Azevedo, 2009) – área superior à do Estado de Minas Gerais. Em termos globais, regiões no Brasil, África e Caribe se configuram como as últimas fronteiras para a expansão territorial do agronegócio (Clements; Fernandes, 2013).

Com tamanha disponibilidade de terras, não se pode desconsiderar a atuação econômica e política desse segmento como motor da conversão de ambientes naturais a partir da maximização das fronteiras produtivas. Afinal, a produção nos moldes de uma agricultura altamente capitalizada depende de fatores como a imposição do seu modo de produção de conhecimento, em laboratórios sofisticados, e da ampla oferta de terras, sobretudo planas e com disponibilidade hídrica. Para tanto, o modelo agrário-agrícola predominante se perpetua por meio de uma aliança entre corporações financeiras internacionais, indústrias e laboratórios de adubos, fertilizantes, herbicidas e sementes, bem como das grandes cadeias de produção e de comercialização ligadas aos latifúndios exportadores de grãos e aos supermercados (Porto-Gonçalves, 2005). Tal hegemonia também se sustenta por meio da atuação de deputados federais e senadores eleitos com apoio de recursos de empresas privadas.

Dados declarados à Justiça Eleitoral mostram que mais de 60% dos 236 parlamentares da Frente Parlamentar da Agropecuária na 55ª Legislatura (FPA – Câmara Dos Deputados, 2017) receberam R$ 36,5 milhões na campanha eleitoral de 2014 dos frigoríficos *JBS* e *Brasil Foods*, além de outras empresas ligadas direta e indiretamente ao setor da pecuária. Os demais membros da bancada foram igualmente financiados por empresas de agrotóxicos e de biotecnologia, de armamentos e de celulose, além de bancos, siderúrgicas e empreiteiras (SPCE WEB – TSE, 2017). A atividade de parlamentares com esse perfil tem sido dedicada a políticas para, por exemplo: reduzir o controle estatal sobre o mercado; oferecer mais crédito e mais água para a irrigação de lavouras; ampliar o uso de agrotóxicos; abrir a agropecuária nacional ao capital estrangeiro; retirar o poder deliberativo do Conselho Nacional do Meio Ambiente (Conama); ampliar as indenizações para proprietários de fazendas *sombreadas* com Terras Indígenas e outras Áreas Protegidas; *flexibilizar* prazos e regras para a aplicação do Novo Código Florestal (Lei 12.651/2012); enfraquecer a legislação contra o trabalho escravo ou degradante; reduzir a força do Licenciamento Ambiental em nível federal; e vincular à aprovação do Congresso Nacional a destinação de terras a indígenas, quilombolas e à conservação da natureza (FPA-IPA, 2016).

Com a opinião pública se consolidando contrariamente aos altos índices de supressão da vegetação nativa no país e com ações orquestradas pelo Poder Público logrando reduzir as taxas anuais de perdas de florestas na Amazônia, a ampliação da fronteira produtiva para o agronegócio tem se assentado em outras estratégias.

A aprovação do chamado Novo Código Florestal (Lei 12.651/2012) levou à anistia de desmatamentos estimados em aproximadamente 21 milhões de hectares no Brasil (Soares Filho *et al.*, 2014), bem como manteve uma abertura para a supressão legal de vegetação nativa em outros 88 milhões de hectares, área semelhante a do Estado do Mato Grosso.

Outra frente de disputa territorial envolve as Áreas Protegidas. No Parlamento Federal, se multiplicam as proposições legislativas (O eco, 2013) demandando a eliminação de Unidades de Conservação da Natureza ou sua redução em área ou de categoria, de Proteção Integral para Uso Sustentável, sempre para dar mais espaço a atividades econômicas convencionais.

Na Amazônia, 1,05 milhão de km^2 estão distribuídos em 330 Territórios Indígenas. Outros 87 mil km^2 aguardam este enquadramento pelo Poder Público (Cruz *et al.*, 2017). Caso essa medida não se concretize, por exemplo pela aprovação e entrada em vigor da Proposta de Emenda Constitucional (PEC) 215/2000, quase 15 mil km^2 de floresta tropical podem ser desmatados. Em tramitação, a PEC 215/2000 propõe que a destinação de terras a indígenas, quilombolas e à conservação da natureza dependa de aprovação do Congresso Nacional. Hoje, esses processos estão vinculados, em última instância, a atos do Poder Executivo (MMA, 2017d).

Iniciativas para a contenção da conversão de ambientes naturais

Frente ao incessante desmatamento e outras formas de supressão da vegetação nativa no território nacional, governos, organizações da sociedade civil, academia e mercados, conjunta ou isoladamente, têm desenvolvido e aplicado modelos e mecanismos para tentar refrear a destruição de ambientes naturais. Todos, todavia, ainda são carentes de maior escala para fazer frente à amplitude dos desafios no território nacional.

Estabelecido em 2004, o *Plano de Ação para Prevenção e Controle do Desmatamento na Amazônia Legal* (PPCDAM) pretende reduzir contínua e permanentemente as perdas florestais e criar condições para um desenvolvimento com mais sustentabilidade na Amazônia Legal, com foco em: ordenamento fundiário e territorial; monitoramento e controle ambiental; e fomento às atividades produtivas sustentáveis. Além de ter reduzido as taxas de desmatamento em 80% em uma década (figura 14.3), de 27.772 km^2 em 2004 para 5.831 km^2 em 2015, também logrou tornar o combate ao desmatamento uma política não mais exclusiva dos órgãos ambientais, mas sim do Estado, com o plano sendo conduzido por mais de uma dezena de ministérios. Todavia, ao contrário do projetado, o desmatamento na Amazônia Legal vem registrando tendência de crescimento, pois foram perdidos 6.207 km^2 de florestas em 2015 e 7.989 km^2 de vegetação nativa em 2016. Até março de 2013, o PPCDAM foi coordenado pela Casa Civil da Presidência da República; depois daquela data, pelo Ministério do Meio Ambiente (MMA-PPCDAM, 2017).

A publicação do Decreto Federal 6.231, de 21 de dezembro de 2007, demandou ao Ministério do Meio Ambiente a publicação anual de uma lista com municípios líderes em desmatamento na

Amazônia, que terão prioridade para ações de prevenção, monitoramento e controle do desmatamento ilegal, além de medidas que fomentem o ordenamento fundiário e territorial e o incentivo a atividades econômicas sustentáveis. Além disso, há restrição de créditos rurais até a regularização das ilegalidades constatadas.

Figura 14.3 Histórico de desmatamento na Amazônia Legal e projeção de atingimento da meta da Política Nacional sobre Mudanças do Clima

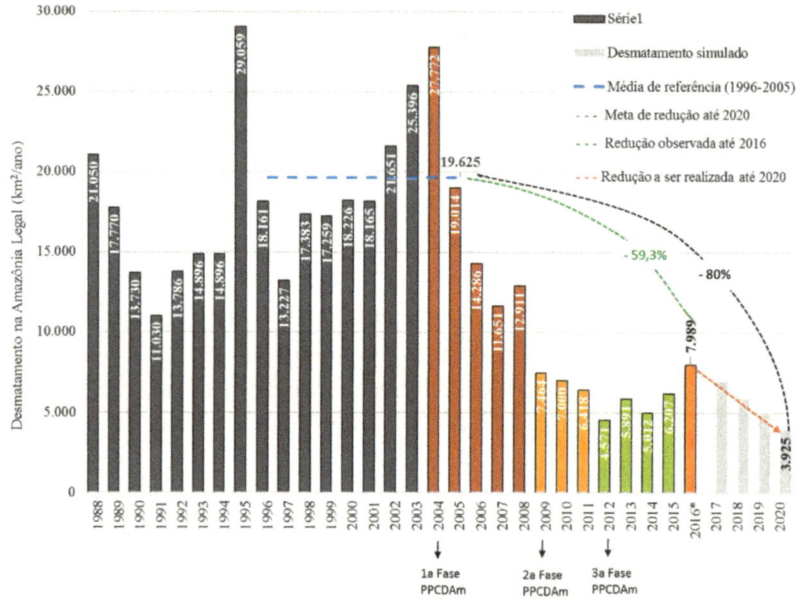

Fontes: MMA-PPCDAM, 2017; PRODES, 2017

O PPCDAM e o Decreto 6.231/2007 evitaram o desmatamento de 62.100 km^2 na Amazônia no período 2005-2009, ou 52,1% do total que seria eliminado em vegetação nativa regional sem essas políticas públicas. O corte nas emissões de gases de efeito estufa resultante desse desmatamento evitado foi estimado em 621 milhões de toneladas de Dióxido de Carbono (CO_2) (Gaetani *et al.*, 2013). Outra ação com impacto positivo na contenção do desmatamento da Amazônia é a Moratória da Soja, em operação desde 2006 sob a chancela do chamado Grupo de Trabalho da Soja (GTS), que reúne a Associação Brasileira Indústrias Óleos

Vegetais (Abiove), a Associação Nacional dos Exportadores de Cereais (Anec), que controlam cerca de 90% da produção de soja no Brasil, o Ministério do Meio Ambiente e o Banco do Brasil, e as organizações não governamentais Conservação Internacional, Greenpeace, Ipam, Imaflora, TNC e WWF-Brasil. No período de vigência do acordo multilateral, a área plantada com soja passou de 1,2 milhão de hectares para 3,9 milhões de hectares, mas esse crescimento se deu majoritariamente sobre pastagens. De acordo com os dados do monitoramento, que incide sobre 76 municípios nos Estados do Mato Grosso, Rondônia e Pará, 28.768 hectares de soja estavam em desacordo com a Moratória em 2015, representando apenas 0,79% da área cultivada com a oleaginosa no domínio biogeográfico (Abiove, 2017). Desta maneira, a participação direta da soja no desmatamento da Amazônia vem caindo fortemente (Rudorff *et al.*, 2011).

Frente a demandas da academia e de organizações da sociedade civil, há promessas oficiais para a implantação de uma moratória da soja em domínios onde a produção da oleaginosa tem relevância econômica e provoca severos impactos socioambientais, como o Cerrado (Valor Econômico, 2016).

Por outro lado, apesar de ser a principal fonte de conversão primária de vegetação nativa no país, não há previsão de uma moratória para a abertura de novas pastagens atreladas à pecuária extensiva.

Com foco na Amazônia, mas com lógica de aplicação passível de beneficiar todos os outros domínios biogeográficos, uma série de medidas para contenção das perdas de vegetação nativa tem sido elencada, com foco em: aplicar integralmente a legislação socioambiental, especialmente o Novo Código Florestal (Lei n. 12.651/2012); aumentar a governança sobre a terra, destinando as terras devolutas para proteção legal, assentamentos e atividades produtivas sustentáveis; conter o assentamento de populações em áreas remotas; definir e/ou executar políticas públicas que incentivem a intensificação da pecuária; desenvolver um amplo planejamento do desenvolvimento regional, incluindo populações tradicionais e indígenas e governos locais; encerrar a tramitação da PEC 215/2000 e de propostas semelhantes, destinadas a frear a destinação de terras a indígenas, quilombolas e à conservação da natureza; estimular parcerias entre indígenas e produtores rurais para manutenção de serviços que as florestas prestam à produção rural; investir em geração de energia com fontes alternativas, como solar e eólica, e não em modelos geradores de maior desmatamento, como as hidrelétricas; promover usos sustentáveis de terras devolutas, de áreas abertas e da floresta nativa com assistência técnica, mecanismos financeiros, manejo florestal e assentamentos verdes; prosseguir com a destinação de territórios a populações indígenas e ampliar o financiamento para sistemas de terras indígenas e unidades de conservação como parte das estratégias climáticas brasileiras; qualificar o monitoramento do desmate e do avanço da fronteira produtiva e reforçar o combate à grilagem de terras; reconhecer e providenciar o Pagamento por Serviços Ambientais oriundo de terras indígenas e outras áreas protegidas; reduzir custos para restauração e manutenção de florestas e de outros ecossistemas, inclusive inserindo-os em projetos governamentais; e estabelecer uma moratória para a abertura de novas pastagens na Amazônia e no Cerrado (Bent *et al.*, 2016; Cruz *et al.*, 2017; Deb *et al.*, 2017; Gu; Inkote, 2016; Mcindewar, 2017; O eco, 2016).

Referências

ASSOCIAÇÃO BRASILEIRA DA INDÚSTRIA DE ÓLEO VEGETAL – ABIOVE . *Moratória da soja – relatório do 8° ano*. Disponível em <www.abiove.org.br/site/_FILES/Portugues/17062016-122943-moratoria2016_(1).pdf>. Acesso em janeiro de 2017.

ASSOCIAÇÃO O ECO – O ECO. *Intensificação da pecuária no Mato Grosso pode liberar 16 milhões de hectares*. 2016. Disponível em <www.oeco.org.br/reportagens/intensificacao-da-pecuaria-no-mato-grosso-pode-liberar-16-milhoes-de-hectares/>. Acesso em janeiro de 2017.

_____. *Mais de 400 projetos tramitam no congresso para redefinir limites de UC's*. 2013. Disponível em <www.oeco.org.br/noticias/27875-mais-de-400-projetos-tramitam-no-congresso-para-redefinir-limites-de-ucs/>. Acesso em janeiro de 2017.

AZEVEDO, A. A. *Legitimação da insustentabilidade?* Análise do sistema de licenciamento ambiental de propriedades rurais – SLAPR (Mato Grosso). 2009. 325 p. Tese (Doutorado em Desenvolvimento Sustentável) – Centro de Desenvolvimento Sustentável, Universidade de Brasília, Brasília, 2009.

Disponível em <www.mstemdados.org/sites/default/files/2009_AndreaAguiarAzevedo_orig_0.pdf>. Acesso em janeiro de 2017.

BENT, H.; SILVA, W. C.; MOUTINHO, P. *Paving BR-319: effects of deforestation and climate*. 2016. Disponível em <http://whrc.org/wp-content/uploads/2016/09/PB_Paving_BR-319_Effects_on_Deforestation_and_Climate.pdf>. Acesso em janeiro de 2017.

BOFF, L. *Sustentabilidade – O que é? O que não é?* Petrópolis: Editora Vozes, 2012. 200 p.

CLEMENTS, E. A.; FERNANDES, B. M. *Estrangeirização da terra, agronegócio e campesinato no Brasil e Moçambique*. Programa de Pós– Graduação em Geografia – Universidade Estadual Paulista – UNESP, Campus de Presidente Prudente, 2013. Disponível em <www2.fct.unesp.br/nera/projetos/clements_fernandes-2013.pdf> Acesso em janeiro de 2017.

CRUZ, A. B.; RODRIGUES, A. A.; MACEDO, M. N.; MOUTINHO, P.; SILVÉRIO, D. V.; RATTIS, L. *et al*. *Legal recognition of Indigenous Territories supports climate balance in the Brazilian Amazon*. Disponível em <http://whrc.org/wp-content/uploads/2016/09/PB_Legal-Recognition_of_Indigenous_Territories.pdf>. Acesso em janeiro de 2017.

DEB, S.; SMITH, J.; ALENCAR, A.; COE, M. *Hydropower construction and deforestation: linking forest cover to changes in water balance*. Disponível em <http://whrc.org/wp-content/uploads/2016/09/PB_Hydropower_Construction_and_Deforestation.pdf>. Acesso em janeiro de 2017.

DIAMOND, J. *Colapso* – Como as sociedades escolhem o fracasso ou o sucesso. 4. ed. Rio de Janeiro: Record, 2006. 686 p.

EMPRESA BRASILEIRA DE PESQUISA AGROPECUÁRIA – EMBRAPA. *Diagnóstico das pastagens no Brasil*. 2014. Disponível em <http://ainfo.cnptia.embrapa.br/digital/bitstream/item/102203/1/DOC-402.pdf>. Acesso em janeiro de 2017.

______. Emissões de metano por fermentação entérica e manejo de dejetos de animais. *Segundo inventário brasileiro de emissões antrópicas de gases de efeito estufa*. 2010. Disponível em <https://www.alice.cnptia.embrapa.br/alice/bitstream/doc/921485/1/2011MZ02.pdf>. Acesso em janeiro de 2017.

______. *Impactos ambientais e socioeconômicos no Pantanal*. Disponível em <https://www.embrapa.br/pantanal/impactos-ambientais-e-socioeconomicos-no-pantanal>. Acesso em janeiro de 2017.

FEARNSIDE, P. M. Desmatamento na Amazônia: dinâmica, impactos e controle. *Acta Amazonica*, v. 36, n. 3, p. 395-400, 2006.

FRANCO, A. L.C; BARTZ, M. L.C.; CHERUBIN, M. R.; BARETTA, D.; CERRI, C. E.P.; FEIGL, B. J. *et al*. Loss of soil (macro) fauna due to the expansion of brazilian sugarcane acreage. *Sci. Total Environ.*, v. 563-564, p. 160-168, 2016.

FRENTE PARLAMENTAR MISTA DA AGROPECUÁRIA – FPA; INSTITUTO PENSAR AGRO – IPA. *Pauta positiva – biênio 2016/2017*. Disponível em <www.fpagropecuaria.org.br/wp-content/uploads/2016/05/ACOES-MANDATO-MARCOS-MONTES.docx>. Acesso em outubro de 2016.

______. CÂMARA DOS DEPUTADOS. Disponível em <www.camara.leg.br/internet/deputado/frenteDetalhe.asp?id=53476> Acesso em janeiro de 2017.

FUNDAÇÃO SOS MATA ATLÂNTICA – SOSMA. *Divulgados novos dados sobre o desmatamento da Mata Atlântica*, 2014. Disponível em <https://www.sosma.org.br/17811/divulgados-novos-dados-sobre-o-desmatamento-da-mata-atlantica/>. Acesso em janeiro de 2017.

G1. *Pampa gaúcho é o segundo bioma mais desmatado no Brasil*. 2012. Disponível em <http://g1.globo.com/rs/rio-grande-do-sul/noticia/2012/06/pampa-gaucho-e-o-segundo-bioma-mais-desmatado-no-brasil.html> Acesso em janeiro de 2017.

GAETANI, F.; FAZIO, V.; BATMANIAN, G.; BRAKARATZ, B. *O Brasil na agenda internacional para o desenvolvimento sustentável* – um olhar externo sobre os desafios e oportunidades nas negociações de clima, biodiversidade e substâncias químicas. Brasília: MMA, 2013.

GRUPO DE INTELIGÊNCIA TERRITORIAL – GITE, EMPRESA BRASILEIRA DE PESQUISA AGROPECUÁRIA – EMBRAPA. *Desenvolvimento territorial estratégico para a região do Matopiba*. 2014. Disponível em <https://www.embrapa.br/gite/projetos/matopiba/matopiba.html> Acesso em janeiro de 2017.

GU, N.; INKOTTE, J. *GHG emissions of pasture intensification to meet Mato Grosso's COP21 PCI 2030 targets*. 2016. Disponível em <http://whrc.org/wp-content/uploads/2016/09/PB_GHG_Emissions_of_Pature_Intensification.pdf>. Acesso em janeiro de 2017.

INSTITUTO BRASILEIRO DO MEIO AMBIENTE E DOS RECURSOS NATURAIS RENOVÁVEIS – IBAMA. *Desmatamento na Caatinga já destruiu metade da vegetação original*. 2010. Disponível em <www.ibama.gov.br/publicadas/desmatamento-na-caatinga-ja-destruiu-metade-da-vegetacao-original>. Acesso em janeiro de 2017.

_____. *Projeto de Monitoramento do Desmatamento dos Biomas Brasileiros por Satélite – PMDBBS. Caatinga*. 2009a. Disponível em: <http://siscom.ibama.gov.br/monitora_biomas/PMDBBS%20-%20CAATINGA.html>. Acesso em janeiro de 2017.

_____. *Projeto de Monitoramento do Desmatamento dos Biomas Brasileiros por Satélite – PMDBBS. Mata Atlântica*. 2009b. Disponível em: <http://siscom.ibama.gov.br/monitora_biomas/PMDBBS%20-%20MATA%20ATLANTICA.html>. Acesso em janeiro de 2017.

_____. *Projeto de Monitoramento do Desmatamento dos Biomas Brasileiros por Satélite – PMDBBS. Pampa*. 2009c. Disponível em: <http://siscom.ibama.gov.br/monitora_biomas/PMDBBS%20-%20PAMPA.html>. Acesso em janeiro de 2017.

_____. *Projeto de Monitoramento do Desmatamento dos Biomas Brasileiros por Satélite – PMDBBS. Pantanal*. 2009d. Disponível em: <http://siscom.ibama.gov.br/monitora_biomas/PMDBBS%20-%20PANTANAL.html>. Acesso em janeiro de 2017.

INSTITUTO NACIONAL DE PESQUISAS ESPACIAIS – INPE. *Dados TerraClass*. 2010. Disponível em <www.inpe.br/cra/projetos_pesquisas/terraclass2010.php>. Acesso em janeiro de 2017.

_____. *Dados TerraClass*. 2014. Disponível em: <www.inpe.br/cra/projetos_pesquisas/terraclass2014.php>. Acesso em janeiro de 2017.

_____. *Dinâmica do uso e cobertura da terra no período de 10 Anos nas áreas desflorestadas da Amazônia Legal brasileira*. 2016. Disponível em <www.inpe.br/cra/projetos_pesquisas/arquivos/TerraClass_2014_v3.pdf>. Acesso em janeiro de 2017.

_____. *Projeto de monitoramento da floresta amazônica brasileira por satélite – PRODES*. Disponível em <www.obt.inpe.br/prodes/prodes_1988_2015n.htm>. Acesso em janeiro de 2017.

_____. *TerraClass 2004 a 2014*: dinâmica do uso e cobertura da terra no período de 10 anos nas áreas desflorestadas da Amazônia Legal Brasileira. Brasília: INPE/EMBRAPA, 2016. Disponível em: <www.inpe.br/cra/projetos_pesquisas/arquivos/TerraClass_2014_v3.pdf>. Acesso em janeiro de 2017.

MCINDEWAR, L. *Land tenure and the effect of the Terra Legal Program on deforestation*. 2016. Disponível em: <http://whrc.org/wp-content/uploads/2016/09/PB_Land_Tenure_and_the_Effects_of_the_Terra_Legal_Program.pdf>. Acesso em janeiro de 2017.

MEIRELLES FILHO, J. É possível superar a herança da ditadura brasileira (1964-1985) e controlar o desmatamento na Amazônia? Não enquanto a pecuária bovina prosseguir como principal vetor de desmatamento. *Boletim Ciências Humanas*, v. 9, p. 224, 2014.

MENEGAT, R. Geoparques como laboratórios de inteligência da Terra. *Revista do Instituto de Geociências da USP*, v. 5, p. 91-103, 2009.

MINISTÉRIO DA AGRICULTURA, PECUÁRIA E ABASTECIMENTO – MAPA. *Brasil colhe 186,4 milhões de toneladas na safra 2015/2016*. 2016. Disponível em <www.agricultura.gov.br/politica-agricola/noticias/2016/09/brasil-colhe-186-milhoes-de-toneladas-na-safra-20152016> Acesso em janeiro de 2017.

_____. *Produto interno bruto da agropecuária deve ser de R$ 1,1 trilhão*. 2014. Disponível em <www.agricultura.gov.br/comunicacao/noticias/2014/12/produto-interno-bruto-da-agropecuaria-deve-ser-de-rs-1-trilhao> Acesso em janeiro de 2017.

MINISTÉRIO DO MEIO AMBIENTE – MMA. *Agrotóxicos*. Disponível em <www.mma.gov.br/seguranca-quimica/agrotoxicos>. Acesso em janeiro de 2017a.

_____. *Impactos sobre a biodiversidade*. Disponível em <www.mma.gov.br/biodiversidade/biodiversidade-global/impactos>. Acesso em janeiro de 2017b.

_____. *Inpe monitora Amazônia*. Disponível em <www.mma.gov.br/florestas/controle-e-preven%C3%A7%C3%A3o-do-desmatamento/inpe-monitora-amaz%C3%B4nia>. Acesso em janeiro de 2017c.

_____. *Plano de prevenção e controle do desmatamento na Amazônia Legal – PPCDAM*. Disponível em: <www.mma.gov.br/florestas/controle-e-preven%C3%A7%C3%A3o-do-desmatamento/plano-de-a%C3%A7%C3%A3o-para-amaz%C3%B4nia-ppcdam>. Acesso em janeiro de 2017.

_____. *Unidades de Conservação – o que são*. Disponível em <www.mma.gov.br/areas-protegidas/unidades-de-conservacao/o-que-sao>. Acesso em janeiro de 2017bd.

_____. INSTITUTO DE PESQUISA AMBIENTAL DA AMAZÔNIA – IPAM. *A grilagem de terras públicas na Amazônia Brasileira*. 2006. Disponível em <www.mma.gov.br/estruturas/168/_publicacao/168_publicacao30012009114114.pdf>. Acesso em janeiro de 2017.

OBSERVATÓRIO DO CLIMA – OC. *Análise das emissões brasileiras (1990-2012)*. 2014. Disponível em <www.observatoriodoclima.eco.br/analise-das-emissoes-brasileiras/>. Acesso em janeiro de 2017.

OBSERVATÓRIO DO CÓDIGO FLORESTAL – OCF. *Desafios e oportunidades para a implantação do Novo Código Florestal Brasileiro*. 2015. Disponível em <http://ipam.org.br/wp-content/uploads/2015/12/relat%C3%B3rio_c%C3%B3digoflorestal_pt_web.pdf>. Acesso em janeiro de 2017.

PERLING, J. A *História das florestas* – a importância da madeira no desenvolvimento da civilização. Rio de Janeiro: Imago, 1992. 490 p.

PORTAL DE GEOINFORMAÇÕES SOBRE A AMAZÔNIA – IMAZONGEO. *Instituto do Homem e Meio Ambiente da Amazônia – Imazon*. Disponível em <www.imazongeo.org.br/imazongeo.php#>. Acesso em janeiro de 2017.

PORTO-GONÇALVES, C. W. *A Globalização da natureza e a natureza da globalização*. São Paulo: Civilização Brasileira, 2005. 420 p.

PROJETO DE MONITORAMENTO DA FLORESTA AMAZÔNICA BRASILEIRA POR SATÉLITE – PRODES. Disponível em: <www.obt.inpe.br/prodes/index.php>. Acesso em janeiro de 2017.

RUDORFF, B. F. T.; ADAMI, M.; AGUIAR, D. A.; MOREIRA, M. A.; MELLO, M. P.; FABIANI, L. *et al.* The soy moratorium in the Amazon Biome monitored by remote sensing images. *Remote Sens., v. 3, n. 1, p.* 185-202, 2011.

SISTEMA DE PRESTAÇÃO DE CONTAS ELEITORAIS – SPCE WEB. TRIBUNAL SUPERIOR ELEITORAL – TSE. Disponível em <http://inter01.tse.jus.br/spceweb.consulta.receitasdespesas2014/abrirTelaReceitasCandidato.action>. Acesso em janeiro de 2017.

SOARES FILHO, B; RAJÃO, R.; MACEDO, M.; CARNEIRO, A.; COSTA, W.; COE, M. *et al. Cracking Brazil's forest code.* 2014. Disponível em <http://lerf.eco.br/img/publicacoes/Soares_Filho_etal_2014_artigo_Science.pdf>. Acesso em janeiro de 2017.

UNIVERSIDADE FEDERAL DO RIO GRANDE DO SUL – UFRGS. Grupo de Pesquisa em arenização/desertificação – questões ambientais. *A arenização no sudoeste do Rio Grande do Sul.* Disponível em <www.ufrgs.br/areais-pampa/p_historia.htm>. Acesso em janeiro de 2017.

VALOR ECONÔMICO. *Depois da Amazônia, "moratória da soja" chegará ao Cerrado.* 2016. Disponível em <www.valor.com.br/agro/4750103/depois-da-amazonia-moratoria-da-soja-chegara-ao-cerrado>. Acesso em janeiro de 2017.

WORLD WIDE FUND FOR NATURE – WWF-BRASIL. *Estudo analisa cobertura vegetal e uso do solo no Pantanal*, 2015. Disponível em <www.wwf.org.br/informacoes/noticias_meio_ambiente_e_natureza/?uNewsID=49022>. Acesso em janeiro de 2017.

______. *Estudo revela elos nacionais e internacionais do carvão ilegal e do trabalho escravo*, 2012a. Disponível em <www.wwf.org.br/?uNewsID=31543>. Acesso em janeiro de 2017.

______. *Produção e exportação de soja brasileira e o Cerrado (2001 – 2010)*, 2012b. Disponível em <http://d3nehc6yl9qzo4.cloudfront.net/downloads/wwf_soja_cerrado_web.pdf>. Acesso em janeiro de 2017.

15. Nanotecnologia e seus impactos na saúde, meio ambiente e no mundo do trabalho

Arline Sydneia Abel Arcuri, Jorge Marques Pontes

Introdução

Na história da humanidade, a maioria dos avanços em ciência e tecnologias se deu a partir de práticas empíricas de ensaio e erro. Isto também ocorreu com o desenvolvimento da nanociência e nanotecnologia.

Já na idade média, os artesões que produziam os vitrais das igrejas conseguiam cores vermelha e amarela na utilização de sais de ouro e prata, que no processo eram transformadas em nanopartículas destes metais (Zenner, 2008). Naquela época, eles não sabiam que eram nanotecnólogos.

Além disto, nanopartículas, ocorrem naturalmente no leite, na produção de maionese, na combustão de material orgânico, na queima do cigarro e até no cozimento.

O marco inicial atribuído ao desenvolvimento da nanotecnologia é associado à palestra proferida em 1959 pelo físico americano Richard Feynman, intitulada "Há muito espaço lá em baixo". Conforme descrevem Melo e Pimenta (2004):

> Nessa palestra, que é hoje considerada o momento definidor das nanociências e nanotecnologia como uma atividade científica, Feynman (que veio a receber o prêmio Nobel de Física em 1965, por suas contribuições ao avanço da teoria quântica) sugeriu que um dia o homem conseguiria manipular

> objetos de dimensões atômicas e assim construir estruturas de dimensões nanométricas segundo seu livre arbítrio (Melo; Pimenta, 2004).

Em 1980, Eric Drexler contribuiu para que as ideias de Feynman começassem a encontrar destaque. Primeiro, porque resgatou a palavra "nanotecnologia", criada por um autor japonês, N. Taniguchi, em artigo de 1974. Depois, através do livro "Engines of creation" (Máquinas da criação), de 1986, colocou a possibilidade de se construir máquinas moleculares, e que elas poderiam se autorreplicar sem controle, formando a chamada "meleca/gosma cinzenta" (gray goo) (Christante, 2011).

O prefixo nano é derivado da palavra "nános" que , em grego, que significa anão.

A nanotecnologia começou a ter um impulso mais significativo após o desenvolvimento, por físicos europeus, dos microscópios eletrônicos de varredura por sonda, dentre os quais hoje se incluem o microscópio de tunelamento e o microscópio de força atômica. Estes microscópios, na verdade, são nanoscópios que permitem não só a visualização nanométrica de uma superfície mas, também, a manipulação de átomos e moléculas, que podem ser arrastados a partir de um ponto e depositados em um outro, previamente selecionado (Christante, 2011).

A primeira experiência de manipulação de átomos foi feita por cientistas da IBM, que conseguiram escrever o nome da empresa com átomos de xenônio em cima de uma placa de níquel (Christante, 2011).

O que é nanotecnologia?

Há vários entendimentos do que vem a ser nanotecnologia. A National Science Foundation (NSF, 2000) considera nanotecnologia como o desenvolvimento da pesquisa e da tecnologia em nível atômico, molecular e macromolecular, em uma escala de aproximadamente 1-100 nanômetros, para a produção de conhecimentos fundamentais dos fenômenos e dos materiais em nanoescala, com isto possibilitando a criação e o uso de estruturas, dispositivos e sistemas com novas propriedades e funções devido a estes tamanhos. Considera ainda que, em determinados casos, as mudanças de propriedades, que serão vistas adiante, podem ocorrer, em tamanho inferior a 1 nm (por exemplo, a manipulação de átomos a aproximadamente 0,1 nm) ou ser maior do que 100 nm (por exemplo, os polímeros reforçados com nanopartículas possuem a característica única em aproximadamente 200-300 nm em função das pontes ou ligações locais entre as nanopartículas e o polímero).

Para o Grupo Técnico da ISO 229, a nanotecnologia inclui um ou ambos os conceitos a seguir:

> Compreensão e controle da matéria e processos em nanoescala, normalmente, mas não exclusivamente, abaixo de 100 nanômetros em uma ou mais dimensões, onde o aparecimento de fenômenos dependentes do tamanho geralmente permite novas aplicações;
>
> Utilização das propriedades dos materiais em escala nano que diferem das propriedades de átomos individuais, moléculas e da matéria em escala maior, para criar os melhores materiais, dispositivos e sistemas que exploram essas novas propriedades. (ISO 229, 2005 – tradução livre)

O que representa 1 nanômetro?

Nanômetro é apenas uma medida de tamanho, que representa 1 bilionésimo do metro. Para se ter ideia de quanto pequena é esta dimensão, podemos fazer uma comparação. A distância entre Rio de Janeiro e Rio Branco, em linha reta, é de aproximadamente 4 mil km. 4 mil km são equivalentes a 4 milhões de metros ou 4 bilhões de milímetros.Uma joaninha tem cerca de 4 milímetros. Assim, podemos comparar um nanômetro em relação a um metro, com o tamanho de uma joaninha em relação à distância entre Rio de Janeiro e Rio Branco. A figura 15.1 contém um desenho que ilustra tal comparação. Visualiza-se, desta maneira, que um nanômetro é uma medida muito pequena!

Figura 15.1 Ilustração do tamanho de uma joaninha em relação à distância entre Rio de Janeiro e Rio Branco, equivalente à diferença de tamanho entre 1 nanometro e 1 metro.

Por que aparecem fenômenos novos?

Por que reduzir o tamanho dos materiais até a nanoescala pode ocasionar mudanças significativas em suas propriedades?

Por serem tão pequenas, as nanopartículas têm uma grande relação superfície/volume, que é um dos fatores responsáveis pelas novas propriedades físicas e químicas apresentadas por estas partículas, já que a diminuição do seu tamanho faz com que aumente a sua área superficial. Por outro lado, a área superficial é importante porque muitas reações químicas envolvendo sólidos acontecem na superfície, onde as ligações químicas são incompletas. Isto provoca um grande aumento da energia superficial e, em consequência, da reatividade das partículas, o que, por exemplo, provoca um aumento na atividade catalítica de alguns materiais (Arcuri *et al.*, 2014).

Outra razão para as substâncias mudarem de comportamento é o fato de que, à medida que a matéria é reduzida à escala nanométrica, as suas propriedades começam a ser dominadas por efeitos quânticos (Pimenta, Melo, 2007).

Segundo o guia da American Society for Testing and Materials (ASTM, 2007; Arcuri *et al.*, 2014), as características das nanopartículas dependem não apenas do tamanho. Podem ser consequência de uma ou algumas das seguintes propriedades: tamanho e distribuição de tamanho; forma; estado de agregação; biopersistência, durabilidade e solubilidade (em água e em gordura); área superficial; porosidade (pós porosos possuem área superficial muito maior do que os não porosos); química da superfície, incluindo sua composição, energia superficial, molhabilidade, carga, reatividade, espécies adsorvidas, contaminação; a possível modificação da cobertura da partícula também é citada por alguns autores; contaminantes ou traços de impurezas; composição química, incluindo dispersão da composição; propriedades físicas, tais como densidade, condutividade. Alguns artigos incluem: dureza, deformabilidade; e estrutura cristalina (ASTM, 2007; Arcuri *et al.*, 2014).

Dependendo das características das nanopartículas, podem haver alterações do material, tais como cor, solubilidade, resistência, condutividade elétrica, comportamento magnético, mobilidade (no corpo humano e no ambiente), propriedades físico-químicas (como ponto de fusão), reatividade química e atividade biológica (inclusive toxicidade), entre outras alterações. Alguns exemplos: o alumínio, em escala nano, entra em combustão espontaneamente quando em contato com o oxigênio; a absorção de radiação solar em células fotovoltaicas é muito maior em nanopartículas do que em filmes finos formados por lâminas de material em escala maior (como as nanopartículas são menores, elas absorvem quantidade maior de radiação solar); o ouro muda de cor em vários níveis nano, e muda também o seu ponto de fusão – em escala macro, ele funde a 1064 °C; dividido em partículas de 5 nm, ele pode fundir a cerca de 830 °C, enquanto que partículas de cerca de 2 nm podem liquefazer a 350 °C.

Desta forma, conhecer as características das substâncias em tamanho maior não fornece informações compreensíveis sobre suas propriedades no nível nano.

Onde se aplica a nanotecnologia?

Na verdade existem várias "Nanotecnologias". As tecnologias que manipulam materiais em tamanho nano são diferentes, dependendo do campo de aplicação: medicina, condutores, informática etc. O que todas têm em comum é que envolvem o estudo e a manipulação da matéria em uma escala muito pequena, geralmente da ordem de 1 a 100 nanômetros.

Na figura 15.2 são ilustradas aplicações das nanotecnologias, que demonstram a amplitude de seus usos.

Figura 15.2 Aplicações das nanotecnologias

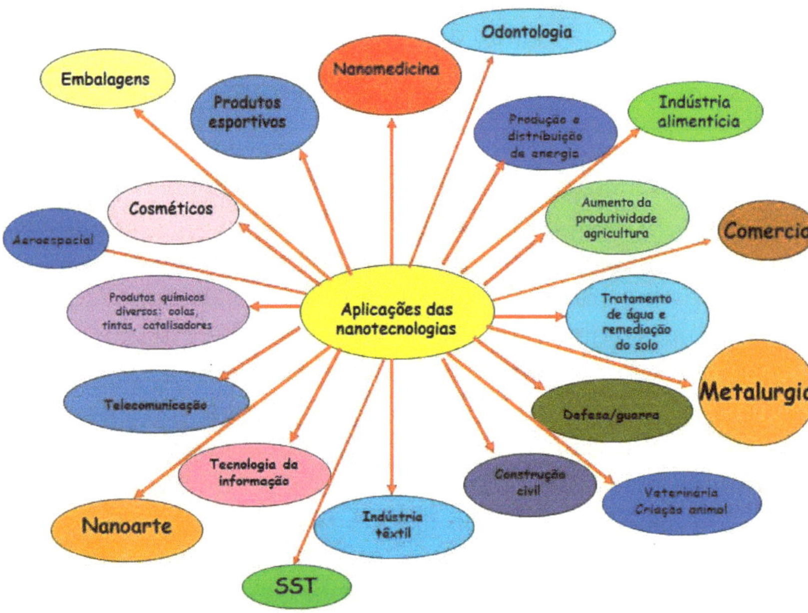

O carro chefe das notícias que se tem destas novas tecnologias é sua aplicação em nanomedicina, que Kendall e Lynch (2016) resumiram em um desenho que foi traduzido e representado na figura 15.3.

Estas novas descobertas e usos de materiais nanoestruturados na área médica levam a alguns questionamentos sobre o futuro: qual será o desenvolvimento da biologia sintética, que pode ser considerada como sucessora da engenharia genética? Trata-se de nanobiotecnologia, porque lida com o DNA, que é uma molécula de diâmetro de cerca de 2 nanômetros. "É uma nova área de estudo que busca 'reprogramar' seres vivos para a execução de tarefas complexas de forma controlada e precisa" (Rocha; Koide, 2014).

Carvalho (2007) descreve a sociedade pós humana, formada por seres pós humanos:

> O pós-humano, de uma maneira geral, pode ser definido como um ser híbrido, uma união de dois elementos – o humano e o tecnológico – que faz com que o homem ultrapasse suas limitações físicas ou mentais expandindo suas próprias capacidades utilizando-se de artifícios e recursos tecnológicos (Carvalho, 2007)

Voltolini (2015) infere que as nanotecnologias, associadas à biotecnologia e à neurotecnologia, possibilitariam a vida eterna:

> Nanorrobôs fundidos ao corpo poderiam desde combater vírus até otimizar algumas de nossas habilidades (músculos mais fortes? Ouvidos e olhos à la Superman?). Se aplicada, essa tecnologia colocaria fim às limitações biológicas das pessoas e as transformaria, quem sabe, em 'seres imortais' (Voltolini, 2015).

Figura 15.3 Aplicações da nanomedicina

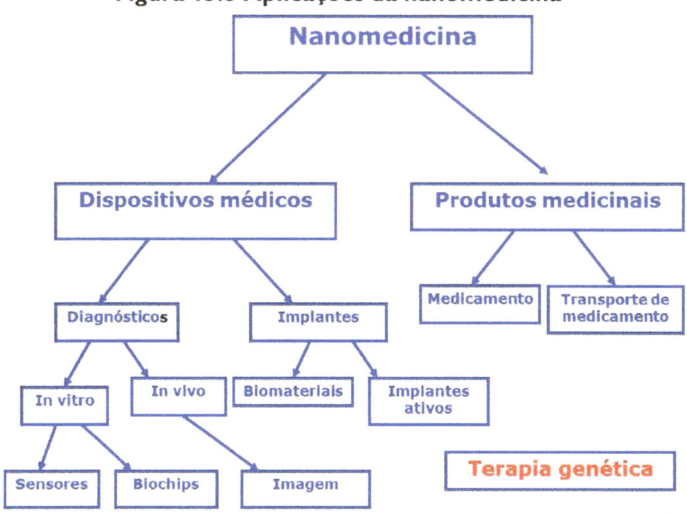

Fonte: Adaptação da figura apresentada por David Rickerby como parte da palestra "Safety and Ethical Aspects of Nanomedicine" no V SENANOSOMA realizado em Natal, 2008

Impactos à saúde

Os trabalhadores de empresas que produzem ou manipulam nanomateriais são em geral, os mais expostos a estes produtos. Ficam mais horas e por períodos mais longos na presença destes materiais, do que a população em geral.

Um material que pode ser considerado "seguro" para ser manuseado em tamanho maior, pode com mais facilidade penetrar na pele na forma de nanopartícula ou se tornar um aerossol e entrar no organismo por via respiratória. A maior reatividade devido à grande área superficial e aos efeitos quânticos pode provocar consequências não pretendidas, e até desconhecidas, quando elas entram em contato com o organismo humano, ou mesmo, em outros sistemas biológicos. Apesar de já existirem vários trabalhos publicados, ainda há uma séria falta de conhecimento sobre os aspectos de segurança desta tecnologia.

Desde 2013, a poluição do ar é considerada reconhecidamente cancerígena para humanos pela International Agency for Research on Cancer (Iarc, 2013). Esta conclusão ocorreu a partir de estudos epidemiológicos que relacionaram a exposição a material particulado fino e ultrafino, além de alguns outros poluentes, ao aumento na incidência de câncer na população exposta.

É bem conhecido que os efeitos toxicológicos das partículas ultrafinas, assim chamadas as partículas em escala nanométrica, fabricadas não intencionalmente pela atividade humana, ficam muito mais severos conforme diminui o seu tamanho, mas ainda não está bem conhecido o mecanismo pela qual as partículas extremamente pequenas migram para dentro do corpo e se acumulam em tecidos e órgãos (Terzano *et al.*, 2010).

Estudos epidemiológicos mostram haver uma correlação significativa entre a morbidade e a mortalidade devido a doenças cardiorrespiratórias e a concentração de partículas de dimensões nanométricas presentes em situações de poluição do ar. São diversos os mecanismos pelos quais a exposição a nanopartículas resulta em aumento do risco de desenvolvimento de doenças cardiovasculares. Por exemplo, foram associados com a exposição a partículas presentes no ambiente: elevação da frequência cardíaca; diminuição da variabilidade da frequência cardíaca; vasoconstrição arterial; pressão arterial sistólica aumentada; e aumento da viscosidade plasmática. Estas alterações podem resultar em consequências negativas para a função cardíaca, especialmente em pacientes com doença cardíaca isquêmica, arritmias cardíacas e insuficiência cardíaca congestiva (Terzano *et al.*, 2010).

Pelo fato dos materiais apresentarem comportamento muito diferente em nanoescala, comparado ao mesmo produto em escala maior, e esta diferença também ocorrer em relação à interação das nanopartículas com seres vivos, houve o desenvolvimento de uma subespecialidade da toxicologia: a nanotoxicologia. Trata-se da toxicologia das nanopartículas (principalmente partículas <100 nm), que podem ter alguns efeitos tóxicos não usuais e diferentes das partículas da mesma substância, mas de tamanho maior. As nanopartículas podem penetrar no organismo através da inalação, pela pele ou pela ingestão. Ainda, se for medicamento, pode ter outras formas de penetração. Como as nanopartículas são da mesma escala de tamanho dos componentes celulares típicos e das proteínas, tais partículas são suspeitas de escapar das defesas naturais do organismo humano, e podem levar a danos celulares permanentes. As células dos tecidos humanos podem absorver muitas nanopartículas e esta habilidade tem sido aproveitada para desenvolver medicamentos com princípios ativos em nanoescala. Mas esta habilidade também pode facilitar a entrada de materiais tóxicos para dentro das células (Hubbs *et al.*, 2011).

Vários estudos mostram que as nanopartículas, ao serem absorvidas pela respiração, podem se depositar em todo o sistema respiratório. Podem escapar de mecanismos de defesa específicos e se translocar (deslocar) do pulmão para o sistema circulatório. Podem ainda se translocar pelo nervo olfativo e trigêmeo. Pela pele, podem atravessar as células do extrato córneo, por entre as células do extrato córneo, facilitado, por exemplo, pela movimentação dos pulsos; pelo folículo do cabelo; pelas glândulas de suor e através da pele inflamada ou ferida (Hubbs *et al.*, 2011).

Pela ingestão, a penetração é mais improvável para os trabalhadores, a não ser em casos de acidente ou problemas de higiene.

Para a população em geral, esta é uma forma que pode ser importante para a absorção de nanopartículas, já que elas podem estar presentes em alimentos, medicamentos, roupas, utensílios domésticos, etc (Hubbs *et al.*, 2011).

Gesta-se a possibilidade das nanopartículas se deslocarem através do nervo ótico até o cérebro. Desde 1941 que se conhece que as partículas do vírus pólio, que tem dimensão nanométrica, podem entrar no cérebro via nervos olfativos. Estudos com macacos, nos quais foi feita a instilação de partículas ultrafinas (UFPs) de ouro (UFPs < 100 nm) e em ratos, com carbono inalável (UFPs < 36 nm), sugerem que UFPs sólidas depositadas no nariz caminham através do nervo olfativo até o bulbo olfativo (Oberdörster *et al.*, 2004).

Outro experimento que comprovou a presença de nanopartículas no cérebro foi realizada com suspensão de nanopartículas de TiO_2 (80 nm e 155 nm) no bulbo olfativo de camundongos. Os dois tipos de partículas de TiO_2 investigadas foram até o bulbo olfativo através dos neurônios olfativos primários e, em seguida, acumuladas na camada do nervo olfativo, ventrículo olfatório, e camada granular do bulbo olfatório. O conteúdo de TiO_2 foi aumentado em todas as regiões investigadas do cérebro (bulbo olfativo, córtex cerebral, hipocampo e cerebelo), com aumento mais significativo no hipocampo. Foram documentados sinais de estresse oxidativo em todas as regiões do cérebro (Simkó; Mattsson, 2010).

Há estudos que indicam a translocação das nanopartículas pelo organismo, como o de Miller e colaboradores (Miller *et al.*, 2017). A equipe realizou estudo com inalação de nanopartículas de ouro e demonstrou que o ouro foi detectado no sangue e na urina, entre 15 minutos e 24 horas após a exposição. Estava ainda presente 3 meses após a exposição. Os níveis foram maiores após a inalação de partículas de 5 nm (diâmetro primário) em comparação com partículas de 30 nm. Estudos em camundongos demonstraram a acumulação no sangue e no fígado após a exposição pulmonar a uma gama mais ampla de nanopartículas de ouro (diâmetro primário de 2 a 200 nm), com translocação marcadamente maior para partículas com menos de 10 nm de diâmetro.

Interessante estudo de caso foi relatado no livro "Nanopathology – the health impact of nanoparticles" (Gatti; Montanari, 2008). Foi examinada uma mulher de 25 anos, não fumante, com problemas vasculares nas mãos e alteração da condução elétrica nos nervos periféricos. Foram encontradas partículas submicrômicas (nano) de carbeto de tungstênio fora dos vasos sanguíneos. Todos os hábitos dela foram investigados e não foi identificada nenhuma fonte de exposição. Descobriu-se que o companheiro trabalhou em uma fábrica de ladrilhos, perto de setor que usava o carbeto de tungstênio em ferramentas de corte. A conclusão da investigação da contaminação é que ela se deu pelo esperma do companheiro.

Merecem destaque estudos feitos em animais, com nanotubos de carbono com várias camadas que apresentaram toxicidade semelhante ao amianto. Como ainda não há estudos suficientes de exposição de seres humanos, a Iarc classificou os nanotubos de carbono de paredes múltiplas como possivelmente cancerígenos para seres humanos (Iarc, 2017).

A exposição continuada a nanopartículas de prata, mesmo que em pequenas concentrações, compromete a capacidade da mitocôndria de exercer a sua função de "fábrica" de energia, podendo mesmo levar ao colapso do organito celular. É uma das principais conclusões de um estudo realizado por investigadores de Coimbra para o US Air Force Office of Scientific Research, através do European Office of Aerospace Research and Development (Eoard). O estudo de avaliação de toxicidade das nanopartículas de prata, utilizadas em diversas aplicações tecnológicas e militares, demonstrou que estes nanocompostos podem destruir a membrana da mitocôndria e provocar diversos danos, nomeadamente ao nível hepático (FCTUC, 2009).

Impactos no meio ambiente

São relatados vários benefícios da nanotecnologia nesta área, sendo que são muito pouco conhecidos os riscos da dispersão dos nanomateriais no ambiente, assim como para a saúde humana.

Como benefícios têm sido destacados: redução da poluição; produção limpa; remediação da contaminação ambiental, menos uso de matéria prima. Estes benefícios estão presentes nas seguintes situações: tratamento e purificação de água; geração, estocagem e conservação de energia; redução da emissão dos carros; saúde das culturas agrícolas protegidas por nanosensores. Ocorre que vários autores apontam para o fato das mesmas propriedades que tornam os nanomateriais tão úteis podem, por sua vez, provocar efeitos nocivos aos organismos vivos, com microorganismos, algas, peixes, ratos além de células humanas (Paschoalino *et al.*, 2010).

Sabe-se que nanopartículas provenientes da queima de combustível de aeronaves, as quais são constituídas principalmente por nanofibras de carbono, podem ter uma influência direta sobre fenômenos que ocorrem na estratosfera, podendo alterar o clima devido à absorção/reflexão da radiação solar, o ciclo de formação de nuvens e o processo de destruição de ozônio pela inclusão de uma área superficial ativa adicional (apud. Paschoalino *et al.*, 2010).

Segundo Metcalfe e colaboradores (2008), bactérias, plantas e invertebrados são os organismos mais sensíveis aos efeitos biológicos dos nanomateriais. Assim, os efeitos podem ser observados em primeiro lugar nos organismos mais simples da cadeia alimentar (Metcalfe *et al.*, 2008). Estes autores representaram a dispersão dos nanomateriais (NM) no meio ambiente através da figura 15.4. Ocorre desta forma uma biomagnificação, isto é, o aumento na concentração de um contaminante a cada nível da cadeia alimentar. Esse fenômeno ocorre porque a fonte de alimento para organismos de um nível superior na cadeia alimentar é progressivamente mais concentrada, aumentando assim a bioacumulação no topo da cadeia alimentar.

Estudos com nanopartículas de ouro que foram aplicadas em plantas de tabaco mostraram que as lagartas que se alimentaram com as folhas desta planta apresentaram maior concentração de nanopartículas do que as próprias folhas. Há animais que comem estes herbívoros e, desta forma, estas nanopartículas podem ir se acumulando na cadeia alimentar (Zurer, 2010).

Figura 15.4 Modelo de dispersão dos nanomateriais no ambiente

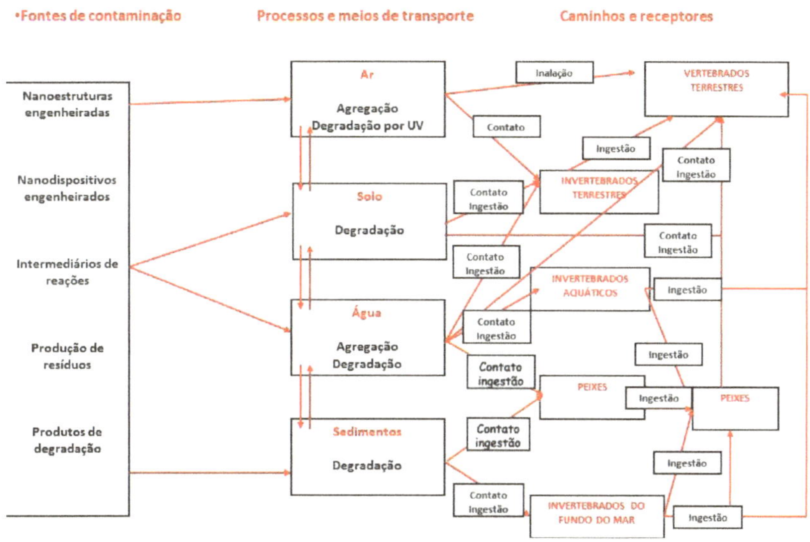

Fonte: METCALFE *et al.*, 2008

Nanopartículas de alumínio podem provocar a redução do crescimento das raízes de milho, pepino, soja e cenoura. Este efeito não foi produzido por partículas maiores de alumínio. Devido à sua ação biocida, isto é, à sua capacidade de matar bactérias, algumas nanopartículas podem interferir na composição da população microbiana do solo (Uba, 2006).

A Dra. Cyndee Gruden estou os efeitos das nanopartículas do óxido de titânio usando a bactéria *Escherichia coli* (*E. coli*) como cobaia. O óxido de titânio neste formato é usado em protetores solares, criação de janelas autolimpantes e em produtos bactericidas. Porém, quando a pele ou o material onde este produto é aplicado são lavados, as nanopartículas são descartados no esgoto, indo parar no meio ambiente. No estudo realizado, a pesquisadora descobriu "grandes reduções na sobrevivência do microrganismo em amostras expostas às concentrações mínimas das nanopartículas de titânio, por períodos de menos de uma hora". A morte das bactérias deu-se por que as nanopartículas danificam a membrana externa dos micróbios (IT, 2009).

Esses estudos ressaltam a importância de se fazer uma destinação apropriada dos resíduos contendo nanomateriais. Publicação recente da OECD Observer (OECD, 2016), por exemplo, destacou entre outras coisas que a presença de nanomateriais em forma seca ou em pó e na compostagem do lodo de águas residuais, que é muitas vezes disseminada em terras agrícolas como fertilizante, representa uma preocupação particular. Na França, a metade do lodo de águas residuais produzida em todo o país é utilizada para a fertilização agrícola. A transformação potencial de nanomateriais artificiais no solo, suas interações com plantas e bactérias, e sua transferência para as águas superficiais nunca foi estudada em profundidade (OECD, 2016).

Engelmann e Silva (2016) realizaram um estudo sobre a destinação final dos nanomateriais, destacando as dificuldades neste processo e a importância de protocolo elaborado pela OECD, que propõe recomendações e orientações para quatro destinos diferentes dos resíduos: reciclagem, incineração, deposição em aterros e tratamento de águas residuais. Os autores destacam ainda a importância de se considerar o princípio da precaução na avaliação dos riscos associados aos nanomateriais (Engelmann; Silva, 2016). Com base no protocolo da OECD (OECD, 2016), Engelmann e Silva (2016) construíram a tabela 15.1, reproduzida a seguir.

Tabela 15.1 Relação entre a categoria de tratamento de resíduos versus a explicação da técnica, com o resultado em nanomateriais

Categoria de tratamento de resíduos contendo nanomateriais	Explicação dos respectivos tratamentos de resíduos com nanomateriais e resultados
Reciclagem	Neste processo seria possível a separação dos materiais em nanoescala. O problema é a identificação dos que são (e não são) produzidos em nanoescala. Observa-se neste procedimento que pode ocorrer a liberação de poeira na manipulação dos resíduos com nanopartículas e, desta forma, seriam necessárias condições específicas de segurança de trabalho, tanto para prevenir o contato humano, quanto com o meio ambiente. Resultado: o destino dos nanomateriais em processo de reciclagem não é claro em virtude dos desafios na exposição dos produtos com nano escala, em relação ao ambiente real de trabalho.

Incineração	Os resíduos são misturados e tratados termicamente em instalações de incineração. Ocorre que as partes inflamáveis são destruídas, os quais deixam partículas não destruídas na câmara de combustão. Desta forma, seriam necessários modernos filtros e procedimentos de limpeza específicos. Poderia reduzir a quantidade dos resíduos perigosos. Entretanto, não existem muitas informações sobre a influência da limpeza em relação às nanopartículas que persistem nas chaminés. E este seria o pior caso, onde persistiriam as partículas não destruídas, que permaneceriam assim no ambiente. Resultado: o estudo revela que poderia ser capturada uma parcela significativa de nanopartículas, desviando-as em cinzas volantes e cinzas. Mas a remoção das partículas restantes e sua eficiência foram relatadas de formas diversas em vários estudos. Ainda, mesmo com este tratamento, 20% do total do material não seriam alcançados e restariam após a aplicação da técnica, o que exigiria mecanismos preventivos adicionais.
Tratamento de águas residuais	Os produtos com nanomateriais podem liberar partículas durante a sua utilização, bem como em contato com a água. Exemplo disso é a lavagem de roupas em máquinas. Assim, os nanomateriais podem ser encontrados nos tratamentos de águas residuais, inclusive no lodo incinerado e utilizado como fertilizante para a agricultura. Portanto, existe ausência de conhecimento no que tange aos impactos ambientais decorrentes de utilização deste lodo como fertilizante. Resultado: na investigação de alguns tipos de produtos em nanoescala em estações de água piloto, contatou-se que foram capazes de desviar e capturar 80% de nanomateriais em massa em lama sólida, mas o restante dos resíduos com nanopartículas permaneciam nas águas superficiais.
Deposição em aterros	A deposição em aterros, de resíduos com nanomateriais não tratados (biodegradáveis), é o principal destino deste resíduo, pois é a técnica de gestão mais utilizada pelos países. Dependendo de como e onde o aterro está organizado, as nanopartículas podem deixar o aterro por emissão na atmosfera, água e ainda no solo. Resultado: aqui se assemelha ao caso do tratamento da água, em que a captura se daria ante a agregação ou aglomeração com matéria orgânica e bactérias. Mas, no caso específico da eficácia dos impermeabilizantes dos aterros na contenção dos nanomateriais, evitando a sua emissão para o meio ambiente, os resultados são contraditórios, e a extensão em que as superfícies do aterro ou gás permitem a liberação de nanopartículas não foi estudada com profundidade.

Fonte: ENGELMANN; SILVA, 2016, p. 433-434

Fogo e explosão

Um dos fatores que contribuem para a facilidade de ignição e violência explosiva de uma nuvem de pó é o tamanho da partícula ou área superficial específica. Portanto, a tendência geral é: quanto menor o tamanho, maior a área específica e maior a facilidade de ignição e violência explosiva.

A habilidade dos nanomateriais se tornarem eletrostaticamente carregados durante o transporte, manuseio e processamento é também um fator de risco a ser considerado. Esta tendência de se carregar aumenta drasticamente com o aumento da área superficial do nanomaterial.

Alguns nanomateriais podem iniciar reações catalíticas dependendo se suas composições e estruturas, o que não pode ser antecipado apenas com base em sua composição química.

Nanopartículas também podem provocar curto circuito em equipamentos elétricos, devido à sua facilidade em penetrar em pequenas frestas destes equipamentos.

A quarta revolução industrial

A nanotecnologia, em convergência com outras novas tecnologias, está se constituído no que é chamada de quarta revolução industrial (Macedo, 2016). Uma forma de apresentação destas revoluções pode ser notada na figura 15.1.

Segundo Bloem (2014 *apud* Pontes, 2017) a Quarta Revolução Industrial é um conceito-chave usado para descrever a fase de desenvolvimento tecnológico e de industrialização na qual nos encontramos. A fase inicial ocorreu com a introdução das máquinas a vapor e dos primeiros teares mecânicos, que datam 1.784, há mais de 200 anos. A segunda fase situa-se no início do século XX, com o uso da eletricidade para movimentar as correias transportadoras, esteiras rolantes e a produção em massa, época em que se destacaram nomes como Henry Ford e Frederick Taylor (Fordismo-Taylorismo). A terceira fase corresponde à da introdução da automação digital, da produção através de eletrônicos, e do uso da informática. Hoje nos encontramos no início de uma quarta fase, caracterizada pelos chamados "Cyber-Physical Systems" (CPS), em que há integração entre computação e processos físicos. Computadores e redes integrados monitoram e controlam os processos físicos, geralmente com *loops* de *feedback*, onde os processos físicos afetam os cálculos, e vice-versa. Estes sistemas são a consequência de pesquisas que integram produção, sustentabilidade e satisfação do consumidor, formando a base de sistemas e processos em redes inteligentes.

Figura 15.5 Características das quatro revoluções industriais

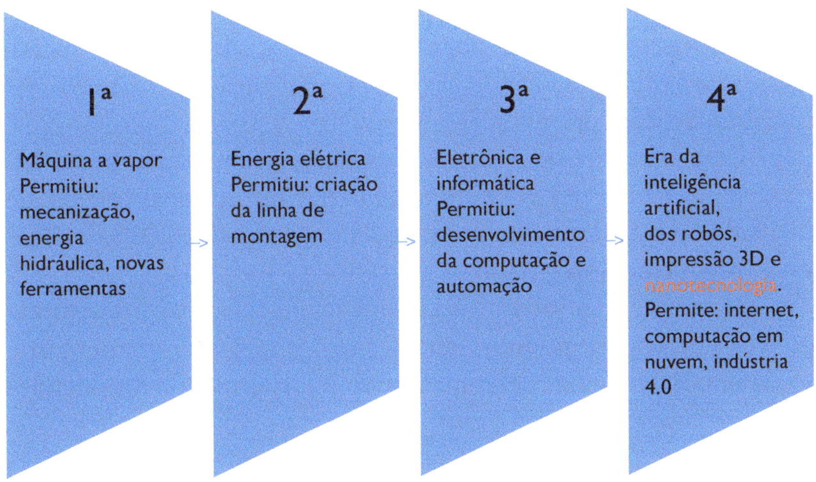

Mudanças nas práticas de gestão e organização do trabalho

Além dos riscos da toxicidade dos materiais, ou originados no seu processo de produção, as tecnologias emergentes, entre elas as nanotecnologias, proporcionam mudanças organizacionais significativas no ambiente de trabalho, ora em razão das peculiaridades para A sua produção, ora pela aplicação destas tecnologias nos postos de trabalho.

É preocupação efetiva da Saúde e Segurança do Trabalho (SST), levar em consideração, durante o reconhecimento, avaliação e controle dos riscos, fatores ambientais que podem causar lesão, doença ou inaptidão, ou afetar o bem-estar dos trabalhadores e da comunidade (OHSAS, 2007). É justamente na afetação do bem-estar dos trabalhadores e da comunidade que estão alguns dos riscos que passamos a enumerar.

Que a precarização do trabalho é um risco ao bem-estar do trabalhador e de seus dependentes, isto é notório. Entretanto, a tipologia da "precarização" está diretamente ligada ao despreparo de empregadores e empregados para lidar com novos momentos econômicos como o que vivemos, com a inserção da nanotecnologia. Este fenômeno pode ocorrer na convergência de diferentes dimensões: na estruturação ou desestruturação do mercado de trabalho; na mudança do papel do Estado e sua proteção social; na mudança das práticas de gestão e organização do trabalho; na fragilização da representação sindical.

Destacaremos duas dimensões que podem estar ligadas diretamente à inserção da nanotecnologia: na desestruturação do mercado de trabalho; e na mudança das práticas de gestão e organização do trabalho.

Na primeira dimensão escolhida encontraremos o desemprego tecnológico, que pode ser gerado pelo emprego direto ou indireto da nanotecnologia, desempregando aqueles que forem julgados inaptos para trabalharem com a adaptação tecnológica feita ou, simplesmente, na redução do número mínimo de trabalhadores por posto. Isto poderá aumentar o desemprego na sociedade e, consequentemente, a despesa do Estado com estes trabalhadores. Por outro lado, um trabalhador desempregado impacta na renda familiar e no acesso a bens, podendo aumentar a desigualdade social e, relativo à saúde, amplificar a ocorrência de transtornos mentais e de comportamento.

Na segunda dimensão escolhida, encontramos a insegurança gerada pelo uso das novas tecnologias, a exemplo da nanotecnologia, na transformação dos postos de trabalho, que pode compor fatores estressores em razão dos processos (internos e externos) de (re)qualificação, para ocupar postos de trabalho, a intensificação do trabalho em razão da diminuição do número mínimo, e o risco iminente da perda do emprego. Neste contexto, mesmo não havendo a imediata perda do emprego, o trabalhador se vê diante da tensão da adaptação às novas condições, o que pode levar à imperícia ou imprudência nas atividades laborais, o que poderá gerar acidentes e exposições a fatores de risco à saúde, aumentando os índices de afastamentos e absenteísmo, inclusive e especialmente, pela ocorrência dos mesmos transtornos mentais e de comportamento citados acima.

Considerações finais

Ainda não é possível avaliar todos os impactos das nanotecnologias no mundo do emprego, na saúde, no meio ambiente, nas relações sociais. No campo das profissões, por exemplo, já foi desenvolvida uma espécie de roda nanoestrutura para substituir os pneus de veículos, que são cheios de ar. Eles não furam, e, portanto, a profissão de borracheiro é também uma que deve ser extinta.

Soldas em empresas do tipo 4.0 e, mesmo em outras menores, estão sendo executadas por robôs. Soldadores também se incluem em profissões a serem extintas.

Por outro lado, dentre as profissões possíveis no futuro estão os nanomédicos, que atuarão em um ramo da medicina muito mais personalizada, onde os remédios serão administrados no local exato onde a doença se desenvolveu; e os cirurgiões especializados em aumento da memória, que possivelmente realizarão procedimentos para a implantação de um chip para armazenar nele os fatos que o ser humano não seja capaz de se lembrar (Nusca, 2010; Talwar; Hancock, 2010).

Referências

AMERICAN SOCIETY FOR TESTING AND MATERIALS – ASTM. *Standard guide for handling unbound engineered nanoscale particles in occupational settings*. Designation: E 2535 – 07. 2007. Resumo disponível em: <www.astm.org/Standards/E2535.htm>. Acesso em setembro de 2017.

ARCURI, A. S. A.; VIEGAS, M. F. T. F.; PINTO, V. R. S. Nanotecnologia e os potenciais riscos aos trabalhadores. *In* SILVA, T. E. M.; WAISSMANN, W. *Nanotecnologias, alimentação e biocombustíveis:* um olhar transdisciplinar. Aracaju: Editora Criação, 2014. P. 97-124. Disponível em: <https://pt.scribd.com/document/255678542/Nanotecnologias-Alimentacao-e-Biocombustiveis>. Acesso em setembro de 2017.

CARVALHO, M. S. Pós-humano, demasiado pós-humano. *XXX Congresso Brasileiro de Ciências da Comunicação*. Santos/SP, 2007. Disponível em: <www.intercom.org.br/papers/nacionais/2007/resumos/R1147-1.pdf>. Acesso em setembro de 2017.

CHRISTANTE, L. O real tamanho do mundo nano. *Revista Unesp Ciência*, n. 22, 2011. Disponível em: <http://scienceblogs.com.br/efeitoadverso/2011/08/nanotecnologia_em_tamanho_real/>. Acesso em setembro de 2017.

ENGELMANN, W.; SILVA, D. W. A destinação final dos nanomateriais: o princípio da precaução como fundamento para a normatização das nanotecnologias e seus resíduos finais. Direito Ambiental e Socioambientalismo II. *In* GORDILHO, H. J. S.; CAMPELLO, L. G. B.; SOUZA, M. C. S. A. *Anais do XXV Encontro Nacional do CONPEDI*. BRASÍLIA/DF. p. 421-440, 2016. Disponível em: <https://www.conpedi.org.br/publicacoes/y0ii48h0/q923c0e2/eW2u7WV6kSygr378.pdf>. Acesso em setembro de 2017.

FACULDADE DE CIÊNCIAS E TECNOLOGIA DA UNIVERSIDADE DE COIMBRA – FCTUC. FCTUC investiga para o US Air Force Office of Scientific Research. 2009. Disponível em: <https://www.uc.pt/fctuc/noticias/2009/n20091209n01>. Acesso em setembro de 2017.

GATTI, A. M.; MONTANARI, S. *Nanopathology* – the health impact of nanoparticles. Singapore: Pan Stanford Publishing, 2008.

HUBBS, A. F.; MERCER, R. R.; BENKOVIC, S. A.; HARKEMA, J.; SRIRAM, K.; SCHWEGLER-BERRY, D. *et al.* Nanotoxicology – a pathologist's perspective. *Toxicologic Pathology*, v. 39, p. 301-324, 2011. Disponível em: <http://journals.sagepub.com/doi/pdf/10.1177/0192623310390705>. Acesso em setembro de 2017.

INOVAÇÃO TECNOLÓGICA – IT. Nanopartículas presentes em produtos causam danos ao meio ambiente. Redação do Site Inovação Tecnológica – 03/04/2009. Disponível em: <www.inovacaotecnologica.com.br/noticias/noticia.php?artigo=nanoparticulas-presentes-em-produtos-causam-danos-ao-meio-ambiente&id=010125090403#.Wa7uQbKGOM8>. Acesso em setembro de 2017.

INTERNATIONAL AGENCY FOR RESEARCH ON CANCER – IARC. Air pollution and cancer. *IARC SCIENTIFIC PUBLICATION*, n. 161, 2013. Disponível em: <https://www.iarc.fr/en/publications/books/sp161/AirPollutionandCancer161.pdf>. Acesso em setembro de 2017.

______. Some nanomaterials and some fibres. *IARC monographs on the evaluation of carcinogenic risks to humans*, v. 111, p. 192, 2017. Disponível em: <http://monographs.iarc.fr/ENG/Monographs/vol111/index.php>. Acesso em setembro de 2017.

INTERNATIONAL ORGANIZATION FOR STANDARDIZATION – ISO. *ISO/TC 229 – Nanotechnologies*. 2005. Disponível em: <https://www.iso.org/committee/381983.html>. Acesso em setembro de 2017.

KENDALL, M.; LYNCH, I. Long-term monitoring for nanomedicine implants and drugs. *Nature Nanotechnology*, v. 11, p. 206–210, 2016. Disponivel em: <www.nature.com/nnano/journal/v11/n3/full/nnano.2015.341.html?WT.feed_name=subjects_nanomedicine&foxtrotcallback=true>. Acesso em setembro de 2017.

MACEDO, D. A. A quarta revolução industrial. *Gazeta Digital*. 2016. Disponível em: <www.gazetadigital.com.br/conteudo/show/secao/60/

materia/467815/t/a-quarta-revolucao-industrial>. Acesso em setembro de 2017.

MELO, C. P.; PIMENTA , M. A. Nanociências e nanotecnologia, *Parcerias Estratégicas*, n. 18, p. 9-22, 2004. Disponível em: <www.cgee.org.br/arquivos/pe_18.pdf>. Acesso em agosto de 2017.

METCALFE, C.; BENNETT, E.; CHAPPELL, M.; STEEVENS, J.; DEPLEDGE, M.; GOSS, G. *et al.* SMARTEN: Strategic management and assessment of risks and toxicity of engineered nanomaterials. *In* LINKOV, I.; STEEVENS, J. (editores). *Nanomaterials:* risks and benefits. NATO Science for Peace and Security Series – C: Environmental Security. Dordrecht: Springer, 2008. P. 95-110. Disponível em: <https://link.springer.com/content/pdf/10.1007%2F978-1-4020-9491-0.pdf>. Acesso em setembro de 2017.

MILLER, M. R.; RAFTIS, J. B.; LANGRISH, J. P.; MCLEAN, S. G.; SAMUTRTAI, P.; CONNEL, S. P. *et al.* Inhaled nanoparticles accumulate at sites of vascular disease. *ACS Nano*, v. 11, n. 5, p 4542–4552, 2017. Disponível em: <http://pubs.acs.org/doi/abs/10.1021/acsnano.6b08551>. Acesso em setembro de 2017.

NATIONAL SCIENCE FOUNDATION – NSF. Nanotechnology definition. *NSET,* 2000. Disponível em: <https://www.nsf.gov/crssprgm/nano/reports/omb_nifty50.jsp>. Acesso em setembro de 2017.

NUSCA, A. Top 20 most popular future jobs of 2030: vertical farmer, limb maker, waste data handler, narrowcaster. *ZDNet*, 2010. Disponível em: <www.zdnet.com/article/top-20-most-popular-future-jobs-of-2030-vertical-farmer-limb-maker-waste-data-handler-narrowcaster/>. Acesso em setembro de 2017.

OBERDÖRSTER, G.; SHARP, Z.; ATUDOREI, V.; ELDER, A.; GELEIN, R.; KREYLING, W. *et al.* Translocation of inhaled ultrafine particles to the brain. *Inhalation Toxicology*, v. 16, p. 437–445, 2004. Disponível em: <https://pdfs.semanticscholar.org/21f5/16c95d44060473d805902b9566e8ebbc8deb.pdf>. Acesso em setembro de 2017.

OCCUPATIONAL HEALTH AND SAFETY MANAGEMENT SYSTEMS – OHSAS. Sistemas de gestão da segurança e da saúde do trabalho – requisitos. *OHSAS 18001*, 2007. Disponível em: <https://comum.rcaap.pt/bitstream/10400.26/7319/2/Anexo%20I%20OHSAS180012007_pt.pdf>. Acesso em setembro de 2017.

ORGANISATION FOR ECONOMIC CO-OPERATION AND DEVELOPMENT -OECD. Nano bodies. *OECD Observer*, n. 306, Q2, 2016. Disponível em: <http://oecdobserver.org/news/fullstory.php/aid/5614/Nano_bodies.html>. Acesso em setembro de 2017.

______. *Nanomaterials in waste streams*: current knowledge on risks and impacts. Paris: OECD Publishing, 2016. Disponível em: <www.keepeek.com/Digital-Asset-Management/oecd/environment/nanomaterials-in-waste-streams_9789264249752-en#.Wa73zrKGOM8#page3>. Acesso em setembro de 2017.

PASCHOALINO, M. P; MARCONE, G. P. S.; JARDIM, W. Os nanomateriais e a questão ambiental. *Quím. Nova,* v., 33 n. 2, 2010. Disponível em: <www.scielo.br/scielo.php?script=sci_arttext&pid=S0100-40422010000200033>. Acesso em setembro de 2017.

PIMENTA, M. A.; MELO, C. Nanociências e nanotecnologia. *Ciência e Natura Especial*, III Escola de Inverno de Física, UFSM, p. 9-19, 2007. Disponível em: <https://periodicos.ufsm.br/cienciaenatura/article/view/9701>. Acesso em setembro de 2017.

PONTES, F. Gadgets de sangue. *Revista Galileu*, 2011. Disponível em: <http://revistagalileu.globo.com/Revista/Common/0,,EMI220844-17773,00-GADGETS+DE+SANGUE.html>. Acesso em setembro de 2017.

PONTES, J. M. *A nanotecnologia e seus impactos éticos e sociais no mundo do trabalho*. Aula ministrada no curso "Conceitos de Nanotecnologia e Impactos à Saúde dos Trabalhadores", 2017. Disponível em: <https://www.researchgate.net/publication/318725941_A_Nanotecnologia_e_seus_Impactos_Eticos_e_Sociais_no_Mundo_do_Trabalho>. Acesso setembro de 2017.

ROCHA, R. S.; KOIDE, T. 2014. Desafios da biologia sintética. *Revista Ciência Hoje*, n. 315, 2014. Disponível em: <www.cienciahoje.org.br/revista/materia/id/844/n/desafios_da_biologia_sintetica>. Acesso em setembro de 2017.

SCHWAB, K. *A quarta revolução industrial*. São Paulo: Edipro, 2016.

SIMKÓ, M.; MATTSSON, MATS-OLOF. Risks from accidental exposures to engineered nanoparticles and neurological health effects: a critical review. *Part. Fibre Toxicol.*, v. 7, n. 42, p. 1-15, 2010. Disponível em: <https://www.ncbi.nlm.nih.gov/pmc/articles/PMC3016300/>. Acesso em setembro de 2017.

TALWAR, R.; HANCOCK, T. *The shape of jobs to come. Possible new careers emerging from advances in science and technology (2010 – 2030). Final report*. 2010. Disponível em: <http://fastfuture.com/wp-content/uploads/2010/01/FastFuture_Shapeofjobstocome_FullReport1.pdf>. Acesso em setembro de 2017.

TERZANO, C.; DI STEFANO, F.; CONTI, V.; GRAZIANI, E.; PETROIANNI, A. Air pollution ultrafine particles: toxicity beyond the lung. *European Review for Medical and Pharmacological Sciences*, v. 14, p. 809-821, 2010. Disponível em: <https://www.ncbi.nlm.nih.gov/pubmed/21222367>. Acesso em setembro de 2017.

UMWELT BUNDES AMT – UBA. Germany Federal Environment Agency. *Nanotechnology*: opportunities and risks for humans and the environment. Background Paper. 2006. Disponível em: <www.technologylawsource.com/files/2009/10/Nanotechnology-Opportunities-and-Risks-for-Humans.pdf>. Acesso em setembro de 2017.

VOLTOLINI, R. Vida eterna e cérebro digital: como será o homem daqui a 1000 anos? *Tecmundo*. 2015. Disponível em: <https://www.tecmundo.com.br/ciencia/88385-vida-eterna-cerebro-digital-homem-daqui-1000--anos.htm>. Acesso em setembro de 2017.

ZENNER, G. M. Nanoparticle stained glass. *NISE Nanoscale Informal Science Education Network* 2008. Disponível em: <www.exo.net/~pauld/summer_institute/Nano%20Institute/Day%203/stainedglassclassroom_lessonplan.pdf>. Acesso em 30/08/2017.

ZURER, R.A. Nanoparticles accumulate in the food chain. *Chemical & Engineering News*. DECEMBER 14, 2010. Disponível em: <https://pubs.acs.org/cen/news/88/i51/8851news.html>. Acesso em setembro de 2017.

SOBRE OS AUTORES

ALDEM BOURSCHEIT

Jornalista formado pela Universidade do Vale do Rio dos Sinos (RS). Especialista em *Meio Ambiente, Economia e Sociedade* pela Faculdade Latino-americana de Ciências Sociais (Flacso). Mestrando em *Desenvolvimento Sustentável* pelo Fórum Latino-americano de Ciências Ambientais (Flacam). Membro da Comissão sobre Educação e Comunicação da União Internacional para a Conservação da Natureza (UICN) e da Rede Brasileira de Jornalismo Ambiental (RBJA).

ARIANE ANDREOLA

Possui graduação em Engenharia Agronômica (2008), mestrado (2011) e doutorado (2015) em Ciência do Solo pela Universidade do Estado de Santa Catarina, CAV/Udesc, com ênfase em levantamentos e análises ambientais.

ARLINE SYDNEIA ABEL ARCURI

Pesquisadora titular III da Fundação Jorge Duprat Figueiredo de Segurança e Medicina do Trabalho (Fundacentro) e membro do conselho científico do Departamento Intersindical de Estudos e Pesquisas de Saúde e dos Ambientes. Possui bacharelado e licenciatura em Química pela Universidade de São Paulo (1969), graduação em Química com Atribuições Tecnológicas pela Universidade de São Paulo (1970) e doutorado em Ciências, área de concentração: Físico-Química, pela Universidade de São Paulo (1975).

BRUNO BIGNARDI
Aluno do curso de graduação em Medicina do Centro Universitário São Camilo.

CICERO BENEDITO JUNIOR
Aluno do curso de graduação em Medicina do Centro Universitário São Camilo.

CRISTIAN SOLDI
Professor da Universidade Federal de Santa Catarina, Campus de Curitibanos. É bacharel em Química pela Universidade Federal de Santa Catarina (2005), e doutor em Química Orgânica pelo programa de pós-graduação do Departamento de Química da Universidade Federal de Santa Catarina. Atuou como pesquisador em pós-doutorado realizado no Departamento de Química da Universidade da California (Davis).

DÉBORA FERNANDES CALHEIROS
Pesquisadora da Empresa Brasileira de Pesquisa Agropecuária, Embrapa Pantanal, desde 1989. Possui graduação em Ciências Biológicas pelo Instituto de Biociências da Universidade de São Paulo (1983); mestrado em Engenharia Civil – Área de Hidráulica e Saneamento, pela Universidade de São Paulo (1993) na Escola de Engenharia de São Carlos (EESC-USP), com enfoque em Ecotoxicologia; e doutorado em Ciências, pela Universidade de São Paulo (2003) no Centro de Energia Nuclear na Agricultura (Cena-USP), com enfoque em Ecologia Isotópica. Realizou doutorado sanduíche (2001-2002) na Kellogg Biological Station – Michigan State University (EUA).

DILMA BUDZIAK
Professora da Universidade Federal de Santa Catarina, Campus de Curitibanos. Possui graduação em Química (2003), mestrado

(2005) e doutorado em Química Analítica (2009) pela Universidade Federal de Santa Catarina, com período sanduíche na Università Degli Studi di Torino, em Turim, Itália.

DREYCE KISHOLLI BUENO
Engenheira Florestal, formada pela Universidade do Estado de Santa Catarina, através do Centro de Ciências Agroveterinárias, atuando como colaboradora nas áreas de Manejo do Solo e Educação Ambiental.

EDUARDO DA SILVA DANIEL
Possui graduação em Agronomia/Bacharelado e mestrado acadêmico em Manejo do Solo pela Universidade do Estado de Santa Catarina (Udesc). Atualmente é bolsista de doutorado em Ciências do Solo no Centro de Ciências Agroveterinárias da Udesc.

FERNANDA CRISTINA DE SANTANA E SARTI
Aluna do curso de graduação em Medicina do Centro Universitário São Camilo.

FLÁVIA MUNHOS GRANJA
Aluna do curso de graduação em Medicina do Centro Universitário São Camilo.

FRANCCO ANTONIO NERI DE SOUZA E LIMA
Licenciado em Ciências Biológicas pela Universidade Federal de Mato Grosso – UFMT (2011), Mestre em Saúde Coletiva pela UFMT (2015) com a temática diversidade Sócio-Cultural, Ambiente e Trabalho. Integrante do Núcleo de Estudos Ambientais e Saúde do Trabalhador – NEAST.

GUSTAVO GARCIA MARQUES
Aluno do curso de graduação em Medicina do Centro Universitário São Camilo.

HUMBELINA SILVA SIQUEIRA LOPES
Possui graduação em Agronomia pela Universidade Federal Rural do Semiárido (2009) e mestrado em Ciência do Solo pela Universidade Federal Rural do Semiárido (2012).

INGREDY TAVARES DA SILVAAluna do curso de graduação em Medicina do Centro Universitário São Camilo.

JORGE MARQUES PONTES
Licenciado em Filosofia pela Universidade Metodista de São Paulo; Especialista em Gestão Pública e Mestre em Políticas Públicas pela Universidade de Mogi das Cruzes. Servidor da Fundação Jorge Duprat Figueiredo de Segurança e Medicina do Trabalho (FUNDACENTRO). Professor da Faculdade de Tecnologia Carlos Drummond de Andrade (São Paulo / SP).

KARINE SOUSA CARSTEN BORGES
Possui graduação em Ciências Biológicas pela Universidade do Planalto Catarinense – UNIPLAC (2007). Mestre em Ciência do Solo (2010). Doutora em Manejo do Solo pela Universidade do Estado de Santa Catarina, CAV – UDESC.

LAÍS FAJERSZTAJN
Doutora em Ciências pela Faculdade de Medicina da Universidade de São Paulo. Graduada em Fisioterapia e especialista em Reabilitação Gerontológica, trabalhou no terceiro setor na área de saúde e sustentabilidade. Atualmente é faz parte do comitê executivo do Programa USP Cidades Globais e é membro do Grupo de Estudos Espaço Urbano e Saúde, ambos hospedados no Instituto de Estudos Avançados da Universidade de São Paulo.

LETICIA CRISTINA SOUZA
Possui graduação em Química Licenciatura Plena pela Universidade de Cruz Alta (2004), mestrado em Ciência do Solo (2010) e doutorado em Ciência do Solo pela Universidade do Estado de Santa Catarina (2015).

MARIANA MATERA VERAS

Licenciada e bacharel em Biologia pela UBC (2001), mestre em Anatomia dos Animais Domésticos e Silvestres pela FMVZ-USP (2004), especialista em Histologia (UNIFESP) e Biologia do Desenvolvimento (FMVZ-USP) e doutora em Fisiopatologia Experimental (FM-USP). Atualmente é pesquisadora científica (PqC-VI) do Hospital das Clínicas da Faculdade de Medicina da Universidade de São Paulo.

MARI LUCIA CAMPOS

Professora associada do Centro de Ciências Agroveterinárias (CAV) da Universidade do Estado de Santa Catarina (UDESC). Possui graduação em Agronomia pela Universidade do Estado de Santa Catarina (1997), mestrado em Manejo do Solo pela Universidade do Estado de Santa Catarina (2000) e doutorado em Ciência do Solo pela Universidade Federal de Lavras (2004).

PAULO HILÁRIO NASCIMENTO SALDIVA

Formado pela Faculdade de Medicina da Universidade de São Paulo em 1977, doutorado em 1983, livre-docente em 1986 e professor titular do Departamento de Patologia da Faculdade de Medicina da Universidade de São Paulo em 1996. Concentra atividades de Pesquisa nas áreas de Anatomia Patológica, Fisiopatologia Pulmonar, Doenças Respiratórias e Saúde Ambiental e Ecologia Aplicada. Ciclista e gaitista. Diretor do Instituto de Estudos Avançados da USP desde abril de 2016.

RENATO MAGALHÃES PATRIANI RODRIGUES

Aluno do Curso de Graduação em Medicina do Centro Universitário São Camilo.

RUBENS ONOFRE NODARI

Professor titular da Universidade Federal de Santa Catarina. Possui graduação em Agronomia pela Universidade de Passo Fundo (1977), mestrado em Agronomia (Fitotecnia) pela Universidade Federal do Rio Grande do Sul (1980) e doutorado em Genética pela University of California at Davis (1992). De agosto de 2016 a fevereiro de 2017 realizou Estágio Sênior na University of California, em Berkeley, sob a supervisão do Prof. Miguel Altieri.

SONIA CORINA HESS
Professora titular da Universidade Federal de Santa Catarina, Campus de Curitibanos. Possui graduação em Engenharia Química (1985), mestrado em Química (1989) e doutorado em Química (1995) pela Universidade Federal de Santa Catarina – UFSC, e três pós-doutorados em Química (IQ-UNICAMP, 1996-1997; Universitá Cattolica del Sacro Cuore, Roma, 1997; Universidade Federal de Santa Catarina – MIP/CCB, 2009-2010).

SÔNIA T. FELIPE
Professora, pesquisadora e orientadora aposentada da Universidade Federal de Santa Catarina. Possui graduação em Filosofia pela Universidade Federal de Santa Catarina (1976), mestrado em Filosofia pela Pontifícia Universidade Católica do Rio Grande do Sul (1979) e doutorado em Filosofia pela Universität Konstanz (1991) e Pós-doutorado em Bioética Ética Animal pela Universidade de Lisboa (2002).

TELMA DE CASSIA DOS SANTOS NERY
Docente do Curso de Graduação em Medicina do Centro Universitário São Camilo e Médica Sanitarista da Divisão de Pneumologia do Instituto do Coração – INCOR. Possui graduação em Medicina pela Universidade Federal Fluminense (1977-1983), Residência Médica em Medicina Preventiva e Social pela Universidade Federal Fluminense e Especialização em Medicina do Trabalho pela Faculdade de Ciências Médicas da Santa Casa de São Paulo. Especialização em Homeopatia pelo Instituto Brasileiro de Estudos Homeopáticos.

WANDERLEI ANTONIO PIGNATI
Professor da Universidade Federal de Mato Grosso. Possui graduação em Medicina pela Universidade de Brasília (1976), mes-

trado em Saúde e Ambiente pela Universidade Federal de Mato Grosso (1996) e doutorado em Saúde Pública pela Escola Nacional de Saúde Pública Fundação Oswaldo Cruz (2007).